Moral Sentiments and Material Interests
the Foundations of Cooperation in Economic Life

当 代 世 界 学 术 名 著

道德情操与
物质利益
经济生活中合作的基础

赫尔伯特·金蒂斯（Herbert Gintis）
塞缪尔·鲍尔斯（Samuel Bowles）
罗伯特·博伊德（Robert Boyd）　／主编
恩斯特·费尔（Ernst Fehr）

李风华　彭正德　孙　毅／译

中国人民大学出版社
· 北京 ·

献给阿黛尔·西蒙斯，作为约翰和凯瑟琳·T·麦克阿瑟基金会（The John D. and Catherine T. MacArthur Foundation）的主席，她富有远见与勇气来支持行为科学中的非传统的跨学科研究。

"当代世界学术名著"
出版说明

中华民族历来有海纳百川的宽阔胸怀，她在创造灿烂文明的同时，不断吸纳整个人类文明的精华，滋养、壮大和发展自己。当前，全球化使得人类文明之间的相互交流和影响进一步加强，互动效应更为明显。以世界眼光和开放的视野，引介世界各国的优秀哲学社会科学的前沿成果，服务于我国的社会主义现代化建设，服务于我国的科教兴国战略，是新中国出版工作的优良传统，也是中国当代出版工作者的重要使命。

中国人民大学出版社历来注重对国外哲学社会科学成果的译介工作，所出版的"经济科学译丛"、"工商管理经典译丛"等系列译丛受到社会广泛欢迎。这些译丛侧重于西方经典性教材；同时，我们又推出了这套"当代世界学术名著"系列，旨在迻译国外当代学术名著。所谓"当代"，一般指近几十年发表的著作；所谓"名著"，是指这些著作在该领域产生巨大影响并被各类文献反复引用，成为研究者的必读著作。我们希望经过不断的筛选和积累，使这套丛书成为当代的"汉译世界学术名著丛书"，成为读书人的精神殿堂。

由于本套丛书所选著作距今时日较短，未经历史的充分淘洗，加之判断标准见仁见智，以及选择视野的局限，这项工作肯定难以尽如人意。我们期待着海内外学界积极参与推荐，并对我们的工作提出宝贵的意见和建议。我们深信，经过学界同仁和出版者的共同努力，这套丛书必将日臻完善。

中国人民大学出版社

前　言

　　行为科学历来存在两种有关合作的对立解释。一种解释是社会学家和人类学家所倾向的，将个人私利服从于群体需要的意愿视为人类本质的组成部分。另一种解释则为经济学家和生物学家所青睐，将合作看做自私的行动者为最大化其长期个人物质利益而彼此互动的产物。《道德情操与物质利益：经济生活中合作的基础》则认为绝大多数人都不属于这两种类型。相反，他们是有条件的合作者（conditional cooperators）和利他主义惩罚者（altruistic punishers）。我们将这类人称为强互惠者（strong reciprocators），并证明了当社会群体内部存在足够比例的强互惠者时，就能达成一定水平的合作，然后我们讨论了这种现象在政治哲学和社会政策上的含义。

　　本书所提出的研究酝酿于 1997 年，最初的想法是受到恩斯特·费尔（Ernst Fehr）及其苏黎世大学的同事的早期经验研究以及罗伯特·博伊德（Robert Boyd）和彼得·里彻逊（Peter Richerson）所开创的文化演进的分析模型的启示。1998 年 10 月，来自不同学科领域的行为科学家们聚在马萨诸塞大学，探讨了各种基本假设。我们从一些作者那里邀约了稿件，并于 2001 年 3 月在圣达菲研究所（Santa Fe Institute）重聚，以审查和交流我们的研究结果。经过对这些研究成果进行修改和更新，再加上一些新约的稿件，就构成了以下诸章的内容。

　　该研究的特色不仅在于其结论，而且也在于其方法。第一，我们根据实验室控制下的实验数据和田野调查得来的数据来做出有关人类动机的判断。第二，我们忽略了那些有碍发展出具有一般性意义的关于人类行为的分析模型的学科畛域，从而得以融合经济学、人类学、演进生物学、人类生物学、社会心理学和社会学的见解。我们共享相同的博弈论术语和具有一致性的行为方法论，从而得以在分析的层面上将这些学科结合起来。

　　对那些参与了我们的研讨会而其文章没有被收入本文集的学者，我们表示感谢。他们包括莱达·科斯米迪（Leda Cosmides）、乔舒亚·爱泼斯坦（Joshua Epstein）、史蒂夫·弗兰克（Steve Frank）、乔尔·古特曼（Joel Guttman）、凯文·麦凯布（Kevin McCabe）、阿瑟·罗布森（Arthur Robson）、罗伯特·索洛（Robert Solow）、弗农·史密斯（Vernon Smith）和约翰·托比（John Tooby）。我们受益于约翰和凯瑟琳·T·麦克阿瑟基金会的慷慨资助与精神鼓励，这让我们得以构建这个关于规范和偏好的本质与起源研究的网络组织，在五大洲的一些国家进行跨国的实验、收集和分析数据的工作。我们还特别感谢肯·宾默尔（Ken Binmore），他参加了我们的第一次会议，并鼓励我们将本书纳入他主持的麻省理工学院出版社出版的系列丛书"经济学习与社会演进"。我们还要感谢麻省理工学院出版社的高级编审伊丽莎白·莫瑞（Elizabeth Murry），她使本书得以完善并出版。我们还向麦克阿瑟基金会主席阿黛尔·西蒙斯（Adele Simmons）表示特别的感谢，她极力支持对人类行为进行跨学科研究的想法，并且坚持不懈地努力将这一想法付诸现实。

目　录

第一篇 | 引　言 ………………………………………… 1
　　　　1　道德情操与物质利益：
　　　　　　起源、证据与结果 ………………………… 3

第二篇 | 合作的行为生态学 …………………………… 41
　　　　2　灵长类动物群体中合作的演化 ………… 43
　　　　3　人类食物分享和合作的自然史：研究
　　　　　　综述和新的规范协商的多个体路径 ……… 77
　　　　4　高成本信号传递与合作行为 …………… 115

第三篇 | 强互惠的建模与检验 ………………………… 147
　　　　5　强互惠的经济学 …………………………… 149
　　　　6　构建强互惠模型 …………………………… 188
　　　　7　利他主义惩罚的演进 ……………………… 208
　　　　8　规范服从与强互惠 ………………………… 221

第四篇 | **互惠与社会政策** 241

9　挤出互惠与集体行动的政策 243

10　互惠与福利国家 266

11　公平、互惠和工资刚性 291

12　互惠的逻辑：信任、集体行动和法 327

13　社会资本、道德情操与社区治理 365

译名对照表 384

第一篇

引　言

1 道德情操与物质利益：起源、证据与结果

赫尔伯特·金蒂斯（Herbert Gintis）

塞缪尔·鲍尔斯（Samuel Bowles）

罗伯特·博伊德（Robert Boyd）

恩斯特·费尔（Ernst Fehr）

1.1 引言

亚当·斯密的《国富论》宣称市场竞争是繁荣的关键因素。他指出，市场竞争有许多美德，其中一个就是能够创造奇迹，哪怕买者和卖者都是完全自私的。事实上，当他们自私的时候，市场有时会效果更好。"我们不能期望从屠夫、酿酒师和面包师的慈善心得到我们的晚餐，"斯密写道，"而是从他们关怀他们自己的利益去得到。"由此，斯密往往被描述成经济人（homo economicus）——一种充斥于传统经济学教科书中的自私的、追求物质利益的生物——

的支持者。这一看法忽略了斯密的第二部——并且是同样重要的——著作《道德情操论》，该书对人类性格给出了更为复杂的描述。

"无论人们会认为某人怎样自私，"斯密在《道德情操论》中写道，"这个人的天赋中总是明显地存在着这样一些本性，这些本性使他关心别人的命运，把别人的幸福看成自己的事情，虽然他除了看到别人幸福而感到高兴以外，一无所得。"① 该书对人类行为进行了深刻的审查，致力于证明"同情"（sympathy）是我们对待他人的核心动机。

本书所提出的思想是亚当·斯密和其朋友兼导师大卫·休谟的知识传统的延续，这一知识传统还包括托马斯·马尔萨斯、查尔斯·达尔文和埃米尔·涂尔干，以及最近的生物学家威廉·汉密尔顿（William Hamilton）和罗伯特·特里弗斯（Robert Trivers）。但是，斯密的遗产也引向另外一个方向，通过大卫·李嘉图、弗朗西斯·埃奇沃斯和列昂·瓦尔拉斯（Leon Walras）一直到今天的新古典经济学，后一传统仅仅认可自利行为。

在 20 世纪中，市场经济体中的经济学家和政策制定者只留意于斯密的第二传统，认为社会政策的目标是提高社会福利，手段则是给予物质刺激来诱使那些仅仅关注自身利益的行动者对公共产品作出贡献。这一模式没有给伦理学留出任何位置。阿尔伯特·赫希曼（Albert Hirschman, 1985, 10）强调了这一方法在处理犯罪和腐败问题上的弱势：

> 在反伦理行为或反社会行为问题上，经济学家往往求助于行为的成本，而不是诉诸规范和惩罚……［然而，］将法和条例公之于众的主要目的就是让反社会行为成为耻辱，并以此影响公民的价值观和行为准则。

赫希曼反对的是政治哲学中一个可敬的传统。还在斯密《国富论》出版前五年的 1754 年，大卫·休谟建议道："创建任何政府形式的时候……每个人都应当被视做无赖，并且他的所有行动都被看做除了追求其私人利益之外再无其他目的的"（Hume, 1898［1754］）。然而，如果某个人恰巧拥有如斯密所描述的那种高尚情操，谨慎的人们则推荐了另外一句格言："有效的政策是那些支持被社会重视的目标的政策，它们不仅根据社会重视的目

---

① 亚当·斯密：《道德情操论》，5 页，北京，商务印书馆，1997。

标来限制自私动机，而且还激发、培养和鼓励富有公共精神的动机（public-spirited motives）。"本书的研究支持后面这一看法。

在本书所描述的研究进程中，我们学到了许多经验。首先，交叉学科研究现在能够实现许多传统学科内部研究所不能实现的目标。20 世纪是一个学科专业化的时代，而 21 世纪也许将成为一个跨学科的综合的时代。它的信条将是：当不同的学科集中关注某个知识主题时，在它们重叠的地方，模型将相互支持并且取得一致性。其次，将经济理论（尤其是博弈论）与社会心理学、经济学和其他行为科学的实验技术结合起来，我们就能够以令人耳目一新的方式对人类行为的复杂模型做出经验上的检验。在这种学科方法统一后所获得的数据将有助于我们推导出明确的人类行为原则，而依靠传统的经验数据我们无法明确无误地做到这一点。

这一实验方法的好处是显而易见的：在让其他参数成为常量的同时，它允许对那些我们认为影响行为的参数构造出精巧的实验变量。有了这些技术，实验经济学家就可以估计利他行为（altruist behaviors）的价格与成本效应，并且在经验上证明我们的直觉。该直觉认为，如果给予者（giver）慷慨施予的成本越高，接受者（recipient）获得的利益越少，那么这类实验对象将较少地出现慷慨行为（Andreoni and Miller，2002）。[1]实验可以得出这种"慷慨的供给函数"（supply function of generosity）和其他参数，这些结果将有助于确证这一观点，即涉他行为（other-regarding behaviors）与理性的根本观念并不相悖。在那些经常使用涉他行为方法的领域中，它们还有助于搭建通往应用经济学和生物学的模型分析的跨学科桥梁，让这些领域从其他不经常使用涉他行为的社会科学领域中的经验知识中获益。

由于我们在本书中广泛使用了实验室实验，所以有必要预先就实验方法的不足做一些说明。最明显的短处就是实验对象在实验室环境中与在"真实世界"环境中的行为完全两样（Loewenstein，1999）。物理学、化学和农艺学的精密实验设计的一个好处是，所研究的实体——原子、试剂和土壤等——不管在实验室环境里还是在实验室之外，其行为大体一致（默里·格尔曼［Murray Gell-Mann］曾经挖苦到，如果粒子也能够思考的话，那么物理学将难以自处）。一旦对象能够思考，那么"实验者效应"（experimenter effect）就很常见。不管实验环境是在实验室还是在室外，这都是一种不同寻常的情境，因此有可能会影响对象的行为反应。有证据显示，实验行为与非实验环境中的行为存在着匹配（Henrich et al.，2001），而在信任之类的行为问题上，实验行为要比那些被广泛使用的观察工具所得出的结论更具有预测力（Glaeser et al.，2000）。但在实验的行为效度问题上，我们仍然缺乏足够的数据来消除我们对实验者效应的疑虑。因此，不管实验方法如何重要，它仍然不可以代替统计学、历史学和人类学等方法。相反，实验方法可以对这些方法提出补充。比如，Henrich 等（2003）的著作就综合使用了实验方法、人类学描述和跨文化的统计假设检验方法。

本书是一种建立在可控人类行为实验研究基础之上的广泛的跨学科研究运动的一部分，这种研究既发生在实验室中，也发生在实验室外——工厂、学校、养老院、城市和农村社区、发达和简单的社会。在各种文化的特质的概念化和理解跨文化的社会可变性方面，人类学家已经开始将实验室博弈作为一种有力的数据处理工具（Henrich et al.，2003）。越来越多的社会心理学家利用博弈论工具来建构和检验有关社会互动的假设，从而提高了其实验数据的质量和可解释性（Hertwig and Ortmann，2001）。政治学家发现这类技术在投票行为的建模方面很有帮助（Frohlich and Oppenheimer，1990；Monroe，1991）。社会学家开始意识到，对他们所研究的社会互动行为进行分析性的建模有助于其他行为科学领域的学者接受他们的理论（Coleman，1990；Hechter and Kanazawa，1997）。

但从本书所提供的研究方法中获益最多的是经济学和人类生物学。正如我们所看到的，经济理论传统上认为，市场经济的基本结构可以从那些可以进行因果检验的明确原则中推导出来。其中一个假设就是个人是涉己的（self-regarding）。[2]这一涉己偏好的标准模型具有两个方面的含义，它们都与我们日常观察到的以及本章将提到的在实验室和室外观察到的现象完全不一致。该模型的第一个含义是行动者仅仅关注经济互动的结果，对达致该结果的过程（比如讨价还价、强迫、机会和自愿奉献）则毫不在意。该模型的第二个含义是行动者仅仅关注互动中他们个人的得失，而对其他人的得失（或其他人意向的实质）毫不在意。由于这些假设的地位丝毫未动，所以经济理论直到最近仍然更多类似于数学而不是自然科学，一个接一个地证明有关人类行为的定理，但这些定理却极少能够通过经验有效性的检验。事实上，经济学家们早就明白，只有预测的准确性——而不是其公理的似可信性（plausibility）——才能证明新古典经济人模型（Friedman，1953）。弗里德曼的一般立场无疑是正确的，因为所有可以处理的模型都是对现实的简化。但我们现在知道，建立在涉己行动者的模型之上的预测很难在经验审查中立住脚，这也使得这种模型在许多环境中无所作为。

人类生物学中也有类似的情景。生物学因两种理论——总括适应度（inclusive fitness）和互惠利他主义（reciprocal altruism）——的简洁而明显的解释力而自负（Hamilton，1964；Williams，1966；Trivers，1971）。汉密尔顿证明，我们并不需要用种类层面上的利他主义这种异常观念来解释个体之间的合作。如果在生物相关性 r 程度上（比如在父母—孩子或兄弟关系中假定 $r=0.5$，而在祖父母—孙辈之间则假定 $r=0.25$），某种行为使得某一个体付出成本 c 来让另外一个个体受益 b，那么，只有在 $r>c/b$ 的时候，该行为才有可能扩散。汉密尔顿的总括适应度对于现代有关动物行为的解释来说非常关键，也非常成功（Alcok，1993）。特里弗斯在汉密尔顿之后证明，一个自私的个体也可能会帮助与其无关的其他个体，只要存在一种充分的可能性，即这一帮助将来会得到回报。他明智地强调了几类加强适应度效应的貌似"非理性的"情感和行为，诸如罪恶感、感激、道德主义侵略（moralist aggression）和弥补性利他主义（reparative altruism）。特里弗斯的互惠利他主义反映出对自利的主体在缺乏低成本的第三方执行的情况下进行交换的经济分析（Axelrod and Hamilton，1981），虽然它在非人类物种上仅仅存在非常有限的应用，但已经成为人类行为的生物模型的基石（Dawkins，1976；Wilson，1975）。

这些理论让一整代研究者相信，除了为家庭而做出牺牲之外，那些表现为利他主义（个人为他人的利益而做出牺牲）的行为事实上只是为了长期的物质利益。具有讽刺意味的是，尽管人类生物学与经济学的起点不同、逻辑不同，但其却与经济学处于一样的情境。比如，理查德·道金斯（Richard Dawkins）在经济学家中获得了热烈的反响，他在《自私的基因》（1989［1976］，v.）中信心满怀地宣称，"我们是幸存下来的机器人，一无所知地被设定程序，其目的是保存被称为基因的分子……这些基因的自私性通常会导致个人行为的自私性"。R. D. 亚历山大（R. D. Alexander）的《道德体系的生物学》就反映了当时的学术氛围，该书声称，"只有将社会视为追求一己私利的个人的集合，伦理学、道德、人类行为和人类心理才能够得到理解……"（1987，3）

然而经验证据支持非涉己动机的普遍存在，这让经济学家和生物学家的涉己人类行动者模型蒙上了怀疑的阴影。许多这类实验检验了被我们称为强互惠（strong reciprocity）的行为现象。强互惠是一种与其他人合作的倾向，并且惩罚那些违反合作规范的人（如果必要的话，牺牲个人利益），但即使这样做，行动者也无法合理地预期在未来一个时期内是否能够补偿这些成本。[3]生物学、政治学和经济学中标准的利他主义行为模型（Trivers，1971；Taylor，1976；Axelrod and Hamilton，1981；Fudenberg and Maskin，1986）依赖于重复互动，从而建立起个人的信誉和对违背规范者的惩罚。而强互惠则恰恰相反，即使在非重复的匿名环境下它也能够起作用。[4]

强互惠不仅有助于建构人类行为的分析模型，而且也有助于建构更令人信服的 21 世纪政治哲学这一更为宏大的任务。以往伟大的政治哲学著作在人类行为方面的论述中往往透彻微妙，它们被简单地理解成或者假定人类行为本质上是涉己的（比如托马斯·霍布斯和约翰·洛克），或者打着正当社会秩序的名义假定人类行为本质上是利他主义的（比如让·雅克·卢梭和卡尔·马克思）。事实上，人们往往既不是完全涉己的，也不完全是利他主义的。强互惠者是一些有条件的合作者（conditional cooperators，他们行事之所以利他仅仅因为别人也这样做）和利他主义的惩罚者（altruistic punishers，他们对那些根据现行的合作规范来说行事不当的人实施制裁）。

演化理论认为，如果一个突变基因为了别人的利益而做出牺牲——此时那些得到帮助的人与给予者并不存在亲缘关系，因此不包含该突变基因并且自然选择仅仅在基因或个体层面上进行而不是在更高序列的群体上进行，那么，该突变基因必然会消失。在一个由乐意为他人牺牲的个体组成的人群中，如果某个突变体拒绝牺牲，那么该突变体将以其他利他主义同伴为代价而扩展到一个固定比例。任何其他涉及自然选择的模型都必然要高于个体这个层次。在许多社会科学领域中使用这些模型是非常自然的，但拒绝群体选择（group selection）的经典批判的生物学家却尽可能避免这样做，这些生物学家有 Williams（1966）、道金斯（1976）、迈纳德·史密斯（1976）、Crow 和 Kimura（1970）等人，汉密尔顿（1964）和特里弗斯（1971）则提供了更为合理的替代模型。

然而强互惠的证据则对这些（个体选择）模型的普遍存在提出了质疑。此外，对群体选择的批判一旦应用于人类而不是其他动物时，就显得不那么具有说服力。这些批判尤其在下面这些情况中极大地弱化了其力量：当（1）利他主义惩罚显著存在并且惩罚的成本相对较低时，比如智人（homo sapiens）；（2）存在着纯粹的文化选择（cultural seletion）或基因—文化共生演化（gene-culture coevolution）的情况。基因—文化共生演化指的是文化变迁导致基因改变，从而提高适应性的情况（Lumsden and Wilson，1981；Durham，1991；Feldman and Zhivotovsky，1992；Gintis，2003a）。比如灵长类动物之间日益增加的交流提高了可控发声的适应度值，它有助于现代人类的喉部和会厌软骨的形成。这些生理上的特征可以灵活控制空气的出入和声音的发送，反过来又有助于语言的产生。同理，如果违背规范者受到了强互惠者的惩罚，那么文化演化出的规范将影响适应度。比如，小规模社会将放逐反社会者，那些违背社会规范的妇女将很难找到丈夫或者被丈夫遗弃。

在文化演化的情况下，利他主义惩罚的成本要远低于无条件利他主义的成本，正如经典批判所描述的那样（参见本书第 7 章）。在基因—文化共生演化的情况下，要么对那些利他主义者来说，这里不存在群体内的适应成本（尽管对每一个拥有这种特征的人来说都存在成本），要么文化一致性显著降低了群体内行为变异的可能性，以至于经典的群体选择机制——比如普里斯方程（Price's equation，Price，1970，1972）——作用极其显著并有利于利他主义的形成。[5]

在这些有关利他主义的多层次选择模型中，还有一个纯粹的基因群体选择模型（Sober and Wilson，1998），在该模型中，弥补互惠者的适应性成本的方式是，拥有高比例互惠者的群体的数量将超过拥有低比例互惠者的群体的数量。[6] 还有一些模型蕴含了文化群体选择（cultural group selection，Gintis，2000；Henrich and Boyd，2001），该模型中传递互惠文化的群体将胜过那些不传递这类文化的群体。在本书第 7 章中，博伊德、金蒂斯、鲍尔斯和里彻逊对该过程进行了建模，与博伊德等（2003）一样。有关基因和文化共生演化的文献（Feldman，Cavalli-Sforza and Peck，1985；Bowles，Choi and Hopfensitz，2003；Gintis，2003a，2003b）证明，这两种情况可能会同时存在，并且相辅相成。所有这些解释都包含着一个共同的观念，即利他主义提高了那些践行该原则的群体的适应性，因为它提高了群体成员的合作水平，让这些群体胜过那些缺乏这种行为特征的群体。它们的差异在于，一些解释要求强群体层次的选择（其中利他主义者的群体内适应弱势将被该群体因拥有大量利他主义者而产生的群体成员平均适应性抵消），而其他的解释则仅仅要求弱群体层次的选择（其中利他主义的群体内适应弱势将通过某种社会机制而得到消除，该社会机制在该群体内部产生出高比例的利他主义者）。金蒂斯（2003a，2003b）和本书第 4 章提供了这类弱群体选择模型，其中超个人选择机制只是作为均衡选择工具而发挥作用，这样该模型就避免了强群体选择模型（Maynard Smith，1976；Williams，1966；Boorman and Levitt，1980）所面临的经典问题。

本章对《道德情操与物质利益：经济生活中合作的基础》全书做了一个概览式的介绍。尽管各章所给出的论述有不同的学科背景，但本章尽量让它们的基本思想变得更为通俗。我们首先概括出不同的支持强互惠的证据类型，以此作为解释人类利他主义的框架。恩斯特·费尔和乌尔斯·菲施巴赫尔（Urs Fischbacher）在第 5 章对这一问题给予了更为详尽的探讨。在第 6 章中，阿尔明·福尔克（Armin Falk）和非施巴赫尔明确指出，强互惠将如何在不同的环境中影响人们的行为。虽然我们提出的绝大多数证据是建立在行为实验的基础之上的，但在日常生活中也不难观察到相同的行为，比如在保护地方环境公共物品方面的合作（如埃莉诺·奥斯特罗姆在第 9 章中的论述），企业的工资设置（如特鲁曼·比利［Truman Bewley］在第 11 章中的论述），政治态度和投票行为问题（比如方、鲍尔斯和金蒂斯在第 10 章中的论述）以及税收服从问题（Andreoni，Erard and Feinstein，1998）。

本章后面有关"互惠的起源"的讨论回顾了各类模型，这些模型试图解释为什么在人类演化的早期阶段的通常条件下，一小部分强互惠者能够侵入由涉己者组成的群体，并且最后产生一个稳定均衡（其中存在相当一部分强互惠者和高水平的合作）。

本书许多章节都建立在某种强互惠的观念的基础之上，而琼·西尔克（Joan Silk）对有关灵长类动物中合作的论述（第 2 章）则揭示出，存在一些不需要复杂模型来解释的合作行为模式。灵长类动物建立同盟、分享食物、照顾其幼孩并且发出警报——所有这些行为都有可能用长期的自利和亲缘利他主义（kin altruism）来解释。毫无疑问，这些合作形式在人类社会中极其重要，强互惠可以被视为亲缘利他主义机制对非亲缘的扩展。在第 3 章中，希拉德·卡普兰（Hillard Kaplan）和迈克尔·居尔温（Michael Gurven）认为，人类合作是复杂的家庭内和家庭之间食物分享机制的扩展，这些食物分享机制在游猎—采集社会中相当普遍。即使在今天的市场社会中，这些食物分享机制仍然非常重要。

此外，在第 4 章中，埃里克·奥尔登·史密斯（Eric Alden Smith）和丽贝卡·布利奇·伯德（Rebecca Bliege Bird）认为，许多归结为强互惠的现象都可以用高成本信号传递（costly signaling）框架来描述。在这个框架中，不同的个人在某些社会看重的品质方面存在着差异，当社会其他成员以相互有利的方式回应这些信号时，高品质的个人只需付出更低的边际信号传递成本，因此拥有更高的最优信号密度水平。史密斯和布利奇·伯德概括了由金蒂斯、史密斯和鲍尔斯（2001）提出的 n 人博弈论信号传递模型，并讨论了如何将它应用到诸如免费供应食物、集体军事行动如惩罚违背规范者之类的现象中。这类信号以群体受益行动的形式出现有几个原因。提供群体利益可能要比集体中性或集体受损的行动更能够有效地传递该信号。信号接收者可以从那些以群体受益方式来传递信号的人那里获得更多的私人利益。此外，不同群体有不同的因信号传递博弈所产生的群体受益结果水平，文化（有时甚至是基因）群体选择将倾向于那些对平均适应度作出更大贡献的信号传递均衡。

在本章的最后，我们将描述这一理论在社会政策应用方面的含义。

1.2　最后通牒博弈

在最后通牒博弈（ultimatum game）中，两位匿名的参与人知道一笔钱的总金额（比如 10 美元）。其中一位是提议者，他可以向第二位参与人——回应者——提出任何从 1 美元至 10 美元的出价。提议者只能出价一次，而匿名的回应者或者接受或者拒绝该出价。如果回应者接受该出价，那么这笔钱将进行相应的分割；如果回应者拒绝该出价，那么两位参与人将什么也得不到。

由于博弈只进行一次，而且参与人不知道对方的身份，所以一位涉己的回应者将接受任何一笔数额为正的钱。一旦了解这点，一位涉己的提议者将给出尽可能低的价格（1 美元），并且回应者将会接受这一点。然而，当最后通牒博弈实际进行的时候，只有极少数的行动者以涉己的方式来行动。事实上，这类实验进行过多次，条件和金额都不相同，但它们的数据都表明，提议者往往出价相当慷慨（总金额的 50% 通常成为一个标准的出价），而回应者拒绝了任何低于占比 30% 的出价（Camerer and Thaler，1995；Güth and Tietz，1990；Roth et al.，1991）。

全世界都做过最后通牒博弈实验，绝大多数情况下都是大学生来参与。

我们在此发现许多的个体差异情况。比如，在前面段落所引述的所有研究中，有相当比例的实验对象（通常是占比 1/4 左右）行事的方式是涉己的。然而，在大学生实验对象中，各国的平均表现令人吃惊地一致。

因此，最后通牒博弈中的行为符合强互惠模型：对于大学生来说，最后通牒博弈中的"公平"行为就是五五分成。而回应者拒绝任何占比少于 40％ 出价的做法构成了一种对违反规范者的利他主义的惩罚。提议者之所以出价 50％，是因为他们是利他主义合作者，或者他们出价 40％ 是因为他们担心被拒绝。对这一解释的支持证据还有，如果由计算机而不是人来进行最后通牒博弈的话，那么那些低出价很少被拒（Blount，1995）。这意味着参与人的动机是互惠，他们依据行为规范而行事（Greenberg and Frisch，1972）。

此外，最后通牒博弈还有一个版本，其中回应者拒绝出价将会让他什么也得不到，而提议者能够获得他提议的有关自己的份额。在这种情况下，回应者从来不拒绝出价，而提议者则给出了相当低的出价（但仍然是正数）。证据表明，这种博弈仍然存在着强互惠因素。当博弈结束后，实验者问提议者为什么出高于最低可能的出价，提议者说他们担心回应者将认为该出价是不公平的而选择拒绝。当回应者拒绝出价的时候，他们的通常解释是他们希望以此惩罚那些不公平的行为。

1.3　劳动力市场中的强互惠

在费尔、加希特和基希斯泰格（1997）的论文中，实验者将 141 位实验对象（那些同意参与实验并挣得工资的大学生）分成一组"雇主"和人数更多的一组"工人"。博弈规则如下：如果一位雇主雇用了一位工人，后者付出努力 e 并获得工资 w，那么雇主的利润是 $100e-w$。工资应当在 1 和 100 之间，而努力的区间是 0.1 至 1。因此工人的收益是 $u=w-c(e)$，其中 $c(e)$ 指"努力成本"函数，它是递增的并且呈凸性（随着努力增长，其努力的边际成本递增）。所有支付都是真实的金钱，实验对象在实验结束后将获得这些金钱。

行动的顺序如下。雇主首先提供一份"合同"，其中规定了一份工资 w 以及所期望的努力 e^*。第一位同意该条款的工人将与他签订合同。一位雇主最多只能与一位工人签订一份合同（w, e^*）。同意该合同的工人将接受工资 w，并付出努力水平 e，该努力水平并不一定等于 e^*。事实上，就算工人没有遵守他或她的承诺，也不存在任何惩罚，因此该工人可以在 0.1 与 1 之间任意选择一种努力水平。虽然实验对象可以与不同的伙伴多次玩这个游戏，但每位雇主与工人的互动只是一次性（非重复）的。此外，互动伙伴的身份永远不会被公开。

如果工人是自利的，那么他们会选择零成本的努力水平，$e=0.1$，不管工资有多高。一旦明白这一点，雇主将不会支付任何高过最低的必要工资水平的工资以让工人接受合同，该工资水平是 1。工人将接受该工资，并且设定 $e=0.1$。由于 $c(0.1)=0$，所以工人的收益 $u=1$，而雇主的收益是 $(0.1 \times 100) - 1 = 9$。

然而事实上，绝大多数实验中的行动者都没有以这种涉己的方式来行事。[7]工人的平均净收益 $u=35$，而雇主支付给工人的工资越慷慨，工人的努力水平也越高。事实上，雇主预先假定了工人存在强互惠，并开出丰厚的工资，并获得丰厚的回报，以此作为增加他们自己和工人收益的手段，如图 1—1 所示。费尔、基希斯泰格和里德尔（1993，1998）也观察到类似的结果。

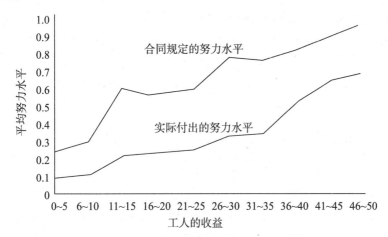

图 1—1　努力水平与工人的收益之间的关系

资料来源：费尔、加希特和基希斯泰格（1997）。

图 1—1 还说明，尽管这里存在水平相当高的合作，但在双方同意的努力水平与实际付出的努力水平之间仍然存在相当大的差距。这是因为：第

一，只有占比 50％到占比 60％的实验对象是互惠者；第二，只有占比 26％的互惠者按照其承诺付出了努力。我们的结论是，强互惠者在道德问题上做了一定程度的妥协。

这一证据与雇主们都是纯粹涉己的这一看法相符，因为相对于工人而言，他们的恩惠在增加雇主利润方面更为有效。为检验雇主是否同样是强互惠者，研究者们将博弈加以扩展：在第一轮实验过后，雇主可以对其所雇工人的实际努力做出互惠性的回应。在付出成本 1 之后，雇主可以增加或者减少其工人的收益，幅度为 2.5。如果雇主是涉己的，那么他们当然不会这样做，因为他们不会与该工人有第二次互动的机会。然而，这次有占比 68％的雇主惩罚了那些没有履行合同的工人，并且有占比 70％的雇主对那些超额履行合同的工人给予回报。事实上，还有占比 41％的雇主对那些刚好履行合同的工人给予奖励。此外，工人也预期到这种行为，证据是，当他们的老板有权惩罚或奖励的时候，他们的努力水平显著提高。合同违约率从 83％大幅降低到 26％，而超额履约率则从 3％上升到 38％。即使将雇主惩罚工人而导致的收益减少包括在内，允许雇主有权惩罚和奖励仍然让所有实验对象增加了 40％的净收益。

我们从这一研究得出的结论是，那些扮演工人的实验对象依据内化了的互惠标准行事，即使他们确知，就算以涉己的方式来行事，也不会有物质上的惩罚。此外，那些扮演雇主的实验对象预见到这种行为，并因为采取了相应的行动而获益。当雇主有权奖惩时，他们会依据奖善惩恶的内在规范行动，而工人可以预见到这一做法并做出相应的调整。

1.4　公共产品博弈

社会哲学家山岸纪雄（Toshio Yamagishi，1986，1988a，1998b）、政治学家埃莉诺·奥斯特罗姆和她的合作者（Ostrom，Walker and Gardner，1992）以及经济学家恩斯特·费尔和其合作者（Gächter and Fehr，1999；Fehr and Gächter，2000a，2002）所发表的一系列论文对公共产品博弈（public good game）进行过分析。这些研究一致发现，与涉己行动者的标准模型所预期的比较，群体展示出更高的合作水平，尤其是当实验对象可以承担成本来惩罚搭便车者（free-rider）的时候。

　　一个典型的公共产品博弈包含数轮互动，假定是 10 轮。实验对象知道博弈次数为 10 轮，以及博弈的其他情况，并且结束之后将获得其所赢的真实金钱。在每一轮中，每个实验对象与其他几个——假定 3 个——实验对象组成一组，但各自不知对方的身份。每个实验对象都被分配了一定数量的"点"，假定是 20，这些点数在实验结束时可以兑现为真实的货币。每个实验对象将他的部分点数投入"公共账户"，而其他的点数则属于他本人的"私人账户"。

　　实验者这时告知实验对象，已经有多少点数被投入了该公共账户，然后将公共账户中的一定比例——假定为 40%——加入到每个实验对象的私人账户中。这样，如果一个实验对象将他或她的全部 20 点都投入到公共账户中，那么在该轮结束的时候，该组的 4 个人中每一个都能够得到 8 点。这样，如果参与者将他或她的全部资产都投入到公共账户中，那么他或她将失去 12 点，而其余的 3 个人则获得总数为 24（＝8×3）点的收益。参与人在每轮结束后都继续拥有其私人账户中的数额。

　　一个涉己的参与人将拒绝对公共账户作出任何贡献。然而，只有一部分实验对象根据涉己模型来行事。实验对象开始将其所拥有的一半资产捐给公共账户。在这 10 轮过程中，捐献水平持续下降，到最后一轮时，绝大多数参与人都以涉己主义的方式行事（Dawes and Thaler, 1988；Ledyard, 1995）。在对 12 个公共产品实验的基础研究中，费尔和施密特（1999）发现，在最初几轮中，平均的和中位的捐献占资产的比重处在 40% 至 60% 之间，而在最后一个阶段中，所有参与个体（$N=1042$）中占比 73% 的人没有任何捐献，而大部分其他人的捐献比例也接近于零。这些结果与自私行动者模型不符（该模型预期在所有各轮中都是零捐献），但似乎可以被一个互惠利他主义模型预期到，其中实验接近尾声时互惠的可能性在减小。

　　但是这并不能解释公共产品博弈中的中等程度的、持续下降的合作水平。实验结束后，实验对象自己的解释是，合作的实验对象对那些捐献少于他的实验对象感到愤怒，并且对那些搭便车的低捐献者进行报复，而其唯一可行的手段就是降低自己的捐献水平（Andreoni, 1995）。

　　实验证据支持了这一解释。当实验对象可以惩罚未捐献者的时候，他们宁可自己遭受损失也要这样做（Orbell, Dawes and Van de Kragt, 1986；Sato, 1987；Yamagishi, 1988a, 1988b, 1992）。比如，在奥斯特罗姆、瓦尔克和加德纳（1992）的论文中，实验对象在公共产品博弈中共进行了 25 轮博弈。实验对象可以支付一笔"费用"，从而通过"罚款"把成本强加于其他实验对象。由于罚款成本是个人来承担的，而更多人遵守规则的收益则由群体所有人共享，所以如果参与人是涉己的，那么没有一个参与人会支付这笔费用，也不会有任何参与人因为违反规范而受到惩罚，并且所有人都会违反规范，拒绝向公共资源作出贡献。然而，作者们发现在公共产品博弈中存在相当高水平的惩罚行为。

这些实验允许个人有策略性行为，因为对违规者的高成本惩罚增加了未来合作的可能性，并为惩罚者带来了正的净收益。费尔和加希特（2000a）设置了一个实验环境，其中不存在策略性惩罚的可能性。他们采取三种不同的方法将每一个研究对象分配到四人小组中。这些小组进行 6 轮或 10 轮公共产品博弈，并且在每一轮结束后都可以实施高成本的惩罚。实验对象有许多，足以让 10 到 18 个小组同时进行实验。在伙伴方式中，4 个实验对象在全部 10 轮博弈中一直组成同一个小组。在陌生人方式中，实验对象在每一轮结束后将被随机分配。在完全陌生人方式中，实验对象被随机分配并且确保他不会与同一个实验对象相遇第二次。

费尔和加希特（2000a）进行了 10 轮带有惩罚的实验和 10 轮不带惩罚的实验。[8]结果如图 1—2 所示。我们看到，允许高成本的惩罚时，合作并未恶化，而且在伙伴方式中，虽然实验对象处于严格的匿名条件下，但是合作程度逐渐提高，最后一轮几乎是充分的合作。然而，当不允许惩罚的时候，相同的实验对象也经历了之前公共产品博弈所处的合作恶化。伙伴方式与两种陌生人方式中合作所占比例的反差也值得注意，因为在各种方式中惩罚的力度大体一致。这意味着，伙伴方式中惩罚威胁的可信度更大，因为被惩罚者知道，在他们被惩罚之后，惩罚者仍然停留在该小组中。因此当群体更为协调并且稳定的时候，强互惠对合作的影响尤其明显。

1.5 意向还是结果？

前述对公共产品博弈的讨论中漏掉了一个关键的事实，即对捐献与惩罚之间的关系的具体规定。强互惠理论认为，高水平捐献者同时也是高水平惩罚者，而被惩罚者将是捐献水平低于平均水平的捐献者。费尔和加希

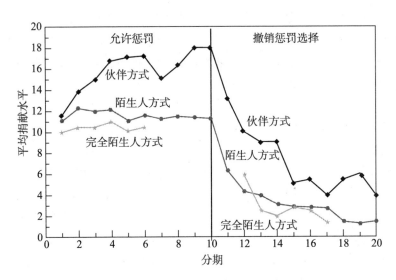

图1—2　存在惩罚条件时的长期平均捐献水平

资料来源：费尔和加希特（2000a）。

特（2002）证实了这一预测，在其实验中，共有240个实验对象实施了惩罚，其中占比75％的惩罚由高出平均水平的捐献者实施，并且在预测一个参与人惩罚另一个的程度时，最重要的变量是惩罚者的捐献与被惩罚者的捐献之间的差距。

公共产品博弈的另外一个关键问题是，互惠者是对公平或不公平的意向（intentions）做出回应还是对公平或不公平的结果（outcomes）做出回应。强互惠模型更倾向于意向而不是结果。在这个问题上，福尔克、费尔和菲施巴赫尔（2002）实施了两种不同版本的偷袭博弈（moonlighting game）：一次是意向方式（intention treatment，I-treatment），其中参与人的意向可以从其行动中推导出来；另一次是非意向方式（no-intention treatment，NI-treatment），其中参与人的意向无法从其行动中推导出来。在包括负互惠行为和正互惠行为在内的定义域中，他们对意向的行为相关性给出了清晰无误的证据。

偷袭博弈包含两个阶段。在博弈的初始阶段，两个参与人都被赋予12点。第一个阶段中，参与人A在集合 $\{-6, -5, \cdots, 5, 6\}$ 中选择一个行动 a。如果 A 选择 $a > 0$，那么他把 a 代币给参与人 B，但如果他选择 $a < 0$，那么他将从 B 那里拿走 $|a|$ 代币。在 $a \geq 0$ 的情况下，实验者将 a 乘以3，

这样 B 将收到 $3a$。当 B 观察到 a 之后，他可以在 $\{-6，-5，\cdots，17，18\}$ 选择行动 b。如果 $b \geqslant 0$，则 B 把 b 给 A。如果 $b < 0$，则 B 将失去 $|b|$，而 A 将失去 $|3b|$。由于 A 可以给予或者索取，而 B 也能够回报或者制裁，所以该博弈将允许出现正互惠行为和负互惠行为。每个实验对象仅仅只有一次参与该博弈的机会。

如果 B 都是涉己的，那么他们会全部选择 $b=0$，既不回报也不惩罚伙伴 A，因为博弈仅仅只进行一轮。而 A 知道这一点，如果 A 都是涉己的，那么他们全部会选择 $a=-6$，最大化他们的收益。在意向方式中，A 可以自主选择 a，而在非意向方式中，A 的选择由掷骰子来决定。如果参与人并非涉己的，并且仅仅关注结果的公平而不是意向，那么 B 在意向方式中和非意向方式中的行为并无任何差别。此外，如果扮演 A 的各位参与人知道伙伴 B 仅仅关注结果，那么他们的行为在这两类方式中也没有任何差别。如果扮演 B 的各位参与人仅仅关注伙伴 A 的意向，那么他们将在非意向方式中既不回报也不惩罚，但如果伙伴选择 $a>0$，则予以回报，而在 $a<0$ 时则予以惩罚。

实验的主要结论是，参与人 B 在意向方式中的行为与非意向方式中的行为存在显著差异，这说明公平意向的属性对行为的影响很大。事实上，在意向方式中，各个给予 B 的参与人 A 普遍获得的 B 的回报要远大于非意向方式，而意向方式中各个从 B 那里索取的 A 普遍受到的 B 的惩罚也远大于非意向方式。

回到个人行为模式问题上，在意向方式中，没有一位行动者完全以自私的方式行动（也就是说没有一个行动者设定 $b=0$，无论 a 的值是多少）；而在非意向方式中，约有 30 位实验对象的行为完全自私。相反，在意向方式中，占比 76% 的实验对象回报或制裁了他们的伙伴；而在非意向方式中，只有占比 39% 的实验对象实施了回报或制裁。我们的结论是，虽然绝大多数行动者受到他们的伙伴的意向的影响，但仍然有相当大一部分行动者或者仅关注结果，或者在关注伙伴意向之外还关注结果。

1.6 挤出

许多情况下，人们自愿参与某种行动，但是在货币激励因素加进来以提高行动水平的时候，实际行动水平反而下降了。这种现象叫挤出（crow-ding out），原因是那些因为货币激励而捐献的数量被因此而放弃捐献的数量抵消。蒂特马斯（1970）率先指出了这种现象的存在，他注意到英国在实施自愿献血之外还对献血者实施报酬政策的时候，自愿献血的数量大幅下降。最近，弗雷（1997a，1997b，1997c）还将这一观念用于各种制度分析。在本书第9章中，埃莉诺·奥斯特罗姆给出了一种极其重要的挤出案例。奥斯特罗姆分析了大量的证据，这些证据表明当国家对公共财产资源（比如稀缺水资源或近乎耗竭的鱼存量）实施罚金或补助以鼓励保护的时候，这些资源的过度使用也许反而会增加。这种现象是因为在面对相对无效的、正式的政府制裁时，自愿的、社区调节的约束制度崩溃了。

很多时候可以迂回地用强互惠来解释这类挤出现象。自愿行为是被我们称为乐意为合作行为贡献的倾向（predisposition to contribute to a coop-eration endeavor）的结果，它是否实现取决于其他人的合作。对捐献的货币激励破坏了这种任务的合作性质，而对违规者的罚款威胁又被视为非友善的或敌意的行动（尤其当那些与群体成员存在着对立关系的行动者来执行罚款的时候）。所以自愿合作和利他主义惩罚的挤出的发生，是因为一旦对这类任务实施明显的物质激励，强互惠的先决条件就不复存在了。

费尔和加希特（2000b）的实验室实验也支持这一解释。他们证明，在雇主—工人情境下（参见"劳动力市场中的强互惠"），如果雇主明确威胁对那些渎职的工人实施罚款，那么工人自愿合作的意愿显著减弱。同样，费尔和李斯特（2002）报告，与不存在罚款威胁时的情况比较，执行经理在面临罚款威胁时的处事行为更不诚实。

一个现实的事例是费尔和罗肯巴克（2002）所进行的包含238个实验对象的实验。首先，将所有实验对象两两分组并且彼此匿名，其中一个扮演投资者，另一个则扮演回应者。然后，他们进行信任博弈（trust game），两个参与人都收到10个货币单位。投资者可将他所拥有的资产中的任意一部分转移给回应者，并规定回应者的期望回报，该回报不得高于回应者得到的收入——它等于投资者支付金额的3倍。回应者在得知投资者的付出以及投资者期望的回报后，决定回送给投资者一定数目的金额（并不必然是投资者所要求的）。投资者接到这笔回报后（它不会乘以3），博弈结束。

这里存在两个实验条件——一个没有任何附加规则的信任条件和一个带有附加规则的激励条件。该附加规则是，如果回应者的回报少于投资者的期望，那么投资者可以对回应者罚款 4 个货币单位。当投资者决定支付金额和期望回报时，他还需要决定是否实施罚款规则。这样回应者知道支付金额、期望回报以及投资者是否实施了罚款规则。

由于所有互动是匿名的，并且博弈只有 1 轮，所以在信任条件下，涉己的回应者将拒绝支付回报，而在激励条件下，他最多付出 4 个货币单位。而涉己的投资者将预见回应者的涉己动机，因此在信任条件下将拒绝支付任何数额，而在激励条件下也不会要求多于 4 个货币单位的回报。假定回应者能够避免罚款并因此受益，则投资者将支付 2 个货币单位并要求 3 个货币单位的回报，回应者得到 6 个货币单位并回报 3 个货币单位给投资者。由此可以得出，如果所有行动者是涉己的，并且所有人都知道这种情况，那么投资者将永远实施罚款规则，并最后以 11 个货币单位结束博弈，回应者则以13 个货币单位结束博弈。

与该假设相反，事实上回应者在各种条件下都回报了一些数量的货币。此外，当投资者在激励条件下没有实施罚款规则时，回应者对投资者的回报是最高的；而当投资者在激励条件下实施罚款规则时，回应者的回报是最低的。在没有罚款规则的信任条件下，回报处于中间状态。

实验者确定，没有罚款时的高回报无法用下述两种情况解释：一是投资者给予了回应者更多；二是投资者对回应者要求较少的回报。但如果我们将实施罚款解释成回应者将它视为一种敌意的行动，因此不实施罚款被解释成一种善意和信任行动，那么强互惠则对下述问题提供了一种合理的解释，即当投资者拒绝罚款时，为什么回应者更加愿意接受投资者的要求。

1.7 强互惠的起源

某些行为科学家——包括许多社会学家和人类学家——非常相信这样一种观念，即利他主义动机是人类生活的重要组成部分，他们用文化传递（cultural transmission）来解释利他主义的流行。我们可以从对小规模社会中合作和惩罚的研究（Henrich 等［2001］和本章有关最后通牒博弈的讨论）中得出文化因素对利他主义合作和惩罚的强烈影响，我们还能够用社会变量来解释相当一部分的行为变化。虽然利他主义者在他们的行为未受涉己主义者的跟从时要承担一种适应性成本，但这种成本并不高——比如回避、流言和放逐（Bowles and Gintis，2004）。事实上，如果文化制度在传递利他主义价值时足够有力，完全可以抵消利他主义的适应性成本，社会将能够支持那些不是最大化适应性的动机（Boyd and Richerson，1985；Gintis，2003b）。此外，那些拥有可促进合作的文化制度的社会将最终胜过那些不这样做的社会，而个人则倾向于复制那些成功的群体的特征。总之，这几种力量将能够解释使群体受益的文化惯例的扩散（Soltis，Boyd and Richerson，1995；Boyd and Richerson，2002）。

虽然文化是解释的组成部分，但强互惠也有可能——就像亲缘利他主义和互惠利他主义一样——是一个重要的因素。比如，在许多社会中，人们经常参与利他主义惩罚，但这些社会文化并不传递利他主义惩罚（Brown，1991）。比如，犹太—基督教的传统是尊崇善行和原宥（"别人打你左脸时转过右脸让他打"），并且贬低报复行为。事实上，惩罚越界者的意愿并不被人们视为令人尊敬的个性，除了一些特殊的情况之外，就算人们没有惩罚那些伤害他们的人，也不会因此背上骂名。

如果这种情况成立，那么本书所记录的和模型化的利他主义行为意味着人类存在着基因—文化共生演化。这确实是我们所相信的情况，本节我们将描述一些合理的、支持强互惠的共生演化模型。因此，强互惠很可能是基因—文化共生演化的产物。由此可以推断，那些增加群体选择压力——比如相对较小的群体规模、限制移民、群体间的频繁冲突——的群体层次特征与合作行为共生演化。如果这一点成立，那么我们可以得出结论，合作部分源于人类构建制度环境的独特能力。该制度环境通过限制群体竞争并且减少群体的显著变异提高群体间竞争的相对重要性，并且通过内在群体选择过程容许个人利益受损，但使群体内受益的行为与这些支持环境共生演化。

抑制群体内竞争将强烈影响演化机制的观点在群居性昆虫和其他群居性动物中得到了广泛的认可。Boehm（1982）和 Eibl-Eibesfeldt（1982）首先使用这一逻辑研究了人类演化，他们探讨了文化传递惯例在减少群体内的显著变异行为方面的作用。像一夫一妻制和在非亲属中分享食物的惯例都是在制度水平上发挥作用的（也就是说，这些惯例在再生产适应性和物质福利时减少了群体内的差异）。这类结构在个人成功方面减少了群体内的差异，从而弱化了群体内的基因选择或文化选择对使个人利益受损但群体受益的行为的不利影响，并因此让该群体拥有在群体间竞争的优势。群体层次的制度就是如此建构的环境，它们能够确定特定的生物演化和文化变迁的方向并朝着它前进。因此，那些减少群体内显著变异的社会制度之所以演化成功，可以如此解释，即它们减少了针对使群体受益的个人行为特征的选择压力，而这类特征的高频率又降低了群体灭绝的概率（Bowles，Choi and Hopfensitz，2003）。

在第8章中，拉吉夫·塞蒂（Rajiv Sethi）和E. 索马纳坦（E. Somanathan）对符合前面所描述的逻辑的互惠演化模型做了一个文献回顾，同时也提出了他们自己的公共财产资源使用的模型。在他们的模型中，存在两类人：互惠者，他有效而公平地利用资源、监督他人、惩罚那些过度利用资源的人；机会主义者，后者在互惠者存在或不存在的情况下都选择最有利的方式利用资源并且拒绝惩罚别人。由于监督需要耗费成本，机会主义者只有在规范有利于他们的时候才服从规范，因此不管群体怎样组成，互惠者在所有的群体中所获得的利益都要少于机会主义者。然而，由于互惠者的存在改变了机会主义者的行为，从而有利于所有群体成员，所以机会主义者的人数在随机（非匹配性的）配对中是不稳定的。更令人惊讶的是，即使机会主义者的人数是稳定的，塞蒂和索马纳坦证明，互惠者和机会主义者共存的国家也是能够存在的。

在第7章中，罗伯特·博伊德、赫尔伯特·金蒂斯、塞缪尔·鲍尔斯和彼得·里彻逊探讨了利他主义合作与利他主义惩罚之间的严重的不对称。他们证明，利他主义惩罚将促成大群体中的合作，因为利他主义合作者相对于违规者的收益劣势独立于违规者在该群体中所占的比例，而当违规者很少的时候，那些参与利他主义惩罚的人的成本损失也将降低。因此，当利他主义惩罚者非常普遍的时候，针对他们的选择压力将是微弱的。当违规者很少时惩罚者享有一定优势，这一事实意味着一些微弱的群体内的演化力量——比如服从规范的传递——将稳定惩罚并允许合作的存在。计算机模拟显示，如果没有惩罚利他主义合作就无法维持，群体间的选择就会导致利他主义惩罚的出现。

感兴趣的读者将发现，最近的论文中许多相关的文化和基因—文化共生演化模型展示了利他主义在一般意义上的稳定性，以及强互惠在特殊意义上的稳定性（Gintis，2000；Bowles，2001；Henrich and Boyd，2001；Gintis，2003a）。

1.8 强互惠：利他主义适应或自利的错误?

另外还有一种处理利他主义的合作和惩罚的方式，许多人用它来应对我们的强互惠模型所依赖的证据。下面就是我们对该观点的理解，主要是以辩护的方式来阐述。

直到一万年以前——在定居农业、市场和城市生活出现之前，人类普遍过着与亲缘和长期社区伙伴群居的生活。人类很少需要应对陌生人或在一次性的情景中互动。因此，在我们的演化历史中的形成时期，人类发展出一种认知与情感体系，该体系强化了在扩展的亲缘人群和其他人——我们与他们经常密切接触——之间的合作。但我们并没有发展出在一次性的环境或匿名的环境中面临陌生人时行为变化的能力。因此，实验环境遇到的是这样一些实验对象，针对环境他们尚未演化出最优的回应。由此可以推断，强互惠是绝对非理性的和错误的行为。这可以解释这一事实，即同样的行为模式和情感关联支配了实验对象的行为，不管他们是处在匿名的一次性的互动还是长期的亲邻互动之中。总之，强互惠是一种开通的自利和亲缘利益的历史演化形式，当处在那些并不适应的社会环境中时它错误地表现为利他主义。

从操作的角度来看，这些看法是否正确无关紧要，因为无论采取哪一种解释，人类行为并不会变化。然而，如果利他主义事实上是自利的错误运用，那么我们就可以指望，长期来看，一贯涉己的个人行为可以推导出利他主义的存在。如果这些论点是正确的，那么这有可能导致文明社会中出现各种复杂的合作形式的崩溃。此外，该替代性看法认为，当行动者遇到次优的行为的结果时，他们利用自己的知识"学会"如何自私行动。无论如何，这一证据表明，如果没有对搭便车者的惩罚，那么基于强互惠的合作将解体；而目前没有解体仅仅只是因为行动者的重复。

这种替代性理论错在哪里? 第一，史前人类的群体完全是由亲缘或长期邻友组成的看法可能并不正确。史前人类经常发生社会危机，平均来说，大约每三十年就有一次，因为人口的骤减非常普遍（Boone and Kessler，1999），而且在觅食群体中的冲突大致每三十年就有一次（Keckler，1997）。这些及其相关的考古事实证明，觅食群体有相对较短的预期寿命。

如果人类是从类似于现代类人猿或当代游猎—采集社会的条件中产生的话，那么我们可以加强我们的看法，因为在这些社会中经常会有个人进入或离开群体。异族通婚——年轻男性或女性到其他族群寻求配偶——引发了相当程度的群体混合以及与陌生人或那些也许未来不再有接触的人之间的相遇。当代觅食群体——他们在移居模式方面与史前人类也许并没有大的差别——与最简单的农居社会相比较也显示出突出的远系繁殖，由此我们可以推断，与陌生人打短期交道是我们人类的演进史中一个共同的特征。亨利·哈彭丁（Henry Harpending）在其有关喀拉哈里沙漠的布须曼人（Bushmen in the Kalahari）的研究中发现，存在着一个数百公里外寻求配偶的随机模式。参见菲克斯（1999）对该问题的文献综述以及对相关证据的分析。

第二，如果史前人类很少与陌生人互动，那么我们的情感体系显然无法如此精妙地适应各种程度的熟悉——我们将把所有人都视为邻居。但事实上我们对不同程度的亲疏关系有良好的适应。绝大多数个人首先最关心他们的孩子，其次是他们的近亲，再次是他们的邻居，再然后是他们的同族，如此类推下去。当联系的纽带更为薄弱时，他们的利他主义情感也逐渐减弱。实际上在实验环境中，重复博弈和不存在匿名也大幅提高了合作和惩罚的水平。因此，有充分证据表明，在一次性互动和匿名环境中出现的利他主义的合作和惩罚是演化的产物，而绝不是错误的行为。

1.9 强互惠和文化演化

强互惠是一种与许多种文化规范相容的行为模式。强互惠者倾向于在社会困境中合作，但是这种被视为合作的适应场所的具体社会情境在不同的文化中有不同的定义。强互惠者惩罚那些自私行事的群体成员，但不同的文化对公平的规范和惩罚的本质有不同的理解。

在本节中，首先，我们提供证据表明了不同类型的文化形式都与强互惠相容。其次，我们认为强互惠模式能够稳定一系列的文化规范，不管这些规范是否增强了群体成员的适应性。最后，我们主张，强互惠倾向往往与亲社会规范相关联是因为群体间的竞争，那些在竞争中胜过其对手的社会是因为这些社会的文化制度有助于提高适应性。

1.9.1 文化多样性

文化差异的限度是什么，强互惠在不同的文化环境中是如何发挥作用的？为扩展实验对象的文化和经济环境的多样性，我们对包括最后通牒博弈在内的各种博弈进行了一次大规模的跨文化行为研究（Hernrich et al.，2001；Henrich et al.，2003）。来自四大洲 12 个国家的 12 位富有经验的实地调查研究者从 15 个足以展示经济和文化条件差异的小规模社会中募集实验对象。这些社会包括 3 个觅食群体（东非的哈扎［the Hadza of East Africa］、巴布亚新几内亚的奥和格瑙人［the Au and Gnau of Papua New Guinea］和印度尼西亚的拉马勒拉人［the Lamalera of Indonesia］）、6 个刀耕火种农业群体和农牧群体（南美的阿切人［Aché］、马奇根加人［machiguenga］、盖丘亚人［Quichua］、齐曼尼人［Tsimané］、阿丘阿尔人［Achuar］和东非的奥尔马人［Orma］）、4 个游牧群体（中亚的图尔古德人［Turguud］、蒙古人［Mongols］、哈萨克人［Kazakhs］和东非的桑古人［Sangu］）以及 2 个定居的小规模农业社会（南美的马普切人［Mapuche］和非洲的津巴布韦农民）。

我们的研究结果概述如下。第一，在所研究的任何一个社会中都不支持教条式的涉己行为模式。比如，在最后通牒博弈中，所有社会中不管是回应者还是提议者，都以互惠的方式行事。第二，与以前的研究比较，它显示出更多的跨群体的行为差异。在以学生为研究对象进行的最后通牒博弈中，平均出价通常在 43％至 48％之间，而在我们的研究样本中，提议者的平均出价在 26％至 78％之间。在大学生实验对象中，最常见的最后通牒博弈的出价一致是 50％，而在样本中的最常见的出价 15％至 50％。在某些群体中，拒绝极其罕见（虽然出价相当低），而在另外一些群体中，被拒绝的出价所占比例相当高，包括频繁拒绝那些超公平的（hyper-fair）出价（比如拒绝超过 40％的出价）。相形之下，马奇根加人的平均出价只有 26％，但从未被拒绝。而阿切人和齐曼尼人的出价类似美国人分配比例的倒转。奥尔马人和胡伊加人（Huinca，混居在马普切地区的非马普切智利人）的模式接近分配的中心，但在充分合作方面显示出第二高峰。第三，这些社会在"市场整合"（market integration）和"生产合作"（cooperation in production）方面的差异可以解释它们许多（大约占比 50％）的群体行为差异。市场整合程度越高，合作的收益也越高，实验博弈中的合作和分享水平也越高。这些社会可以依据五种因素排序，这些因素是市场整合（人们是否经常买卖？是否是工人？）、生产合作（生产是集体进行还是单打独斗？）、匿名性（匿名身份和交易是否占据主要地位？）、私人性（人们是否容易保证其所作所为不为人知？）和复杂性（在家务问题上集权决策有多频繁？）。使用统计回归分析后发现，只有前面两个因素是显著的，它们一起足以解释各个社会在最后通牒博弈中的占比 50% 的行为差异。第四，个人层次的经济和人口变量并不足以解释群体内或跨群体的行为差异。第五，实验中合作和惩罚的性质与程度普遍与这些社会中日常生活的经济模式相符。

值得一提的是该实验的某些方面对未来的研究极其重要。在许多情况下，实验博弈与日常生活的结构的类似程度高得惊人。实验对象也意识到这种关联。奥尔马人马上意识到，公共产品博弈类似于哈拉姆比（harambee），即当地社区发起的在决定建造马路或学校时家庭所需要做出的捐献。他们将实验称为"哈拉姆比游戏"，并且慷慨解囊。

在奥和格瑙人中，许多提议者的出价占总金额的比重超过了 50%，并且许多超公平的出价被拒绝！这反映出美拉尼西亚人通过礼物的给予获得社会地位的文化。给出大额赠予是对这些社会的日常生活中的社会支配地位的追求，而拒绝这些礼物意味着拒绝次人一等。

在以捕鲸为生的拉马勒拉人中，最后通牒博弈中有占比 63% 的提议者将总金额平均分割，而绝大多数的出价没有超过 50%（平均出价是 57%）。现实生活中，当捕到大鲸时——通常是众多个体捕鲸者的合作之物，按照预先的比例严格地分割并且在社区的成员中精心地分配。

在阿切人中，占比 79% 的提议者出价 40% 或 50%，占比 16% 的提议者的出价超过 50%，并且没有人拒绝这一出价。日常生活中，阿切人经常分享猎物，不管是哪一位猎人所获，都在所有的家庭中平均分配。

与阿切人相反，哈扎人出价很低并且在最后通牒博弈中有很高的拒绝比例。它反映出在这个小型的觅食群体中存在着分享食物的倾向，但同时也存在着较高的冲突水平以及猎人往往隐藏其猎物的企图。

马奇根加人和齐曼尼人在最后通牒博弈中的出价很低，但几乎不存在拒绝出价的现象。这些群体很少在家庭之外合作、交换或分享。人种学的研究显示，这两个群体几乎不担心社会制裁，而且对"公众舆论"毫不在意。

马普切人的社会关系具有互相猜疑、妒忌和害怕被妒忌的特征。这些模式与研究者在最后通牒博弈结束后从对马普切人的访谈得出的结论一致。马普切人提议者很少宣称他们的出价是出于公平的考虑，而更多是出于害怕被拒绝。甚至那些超公平出价的提议者也认为他们担心某些可能性很低的恶意回应者，后者甚至会拒绝五五分成的出价。

1.9.2　文化演进

设想有一个群体在促进群体和谐的名义下采取了和平调解争端的规范。如果成员都是自利的，那么没有第三方愿意介入两个成员之间的争端来阻止暴力和惩罚肇事者。相反，如果一个群体有足够比例的互惠者愿意介入，那么虽然有许多自利者的冷漠与相当比例的捣乱者的反对，但他们仍然能够使该规范持续存在。因此，强互惠能够稳定那些若没有该因素就无法在群体中持续存在的亲社会规范（prosocial norms）。

反过来，为了防止招人嫉妒的差别的出现，群体采取一种阻碍成员做出超过平均水平的努力的工作规范。这样一种规范无疑会降低成员的适应性。事实上，如果成员是自利的，那么一些人会违反该规范，而没有人会阻止这一行为。这样，该降低适应性的规范将消亡。无论如何，如果有一小部分认可该规范的强互惠者将惩罚违规者，那么哪怕许多人想破坏它，强互惠者也将令该规范稳定下去。

这里，我们的看法很简单。在绝大部分的人类历史中（直到几千年以前），不存在学校、教会、书籍、法律或国家。因此，并没有集权的制度机制执行那些影响全体成员的规范。强互惠在演化，因为拥有强互惠者的群体能够稳定亲社会规范，而这些亲社会规范单靠长期自利原则是无法维持的。自利只有在下述情况下才能够一般性地提高适应性，即自利者只有在侵权者针对本人时才进行惩罚，并且只有在时间段足够长以至于为保护个人利益建立起声誉时才能发挥作用。此外，稳定亲社会规范的执行的同一机制也可以同样轻易地用于执行与适应性无关的规范和反社会规范（Edgerton，1992；Boyd and Richerson，1992；Richerson and Boyd，2003）。

在这一解释框架下，亲社会规范得到演化并不是因为它们在群体内部有更好的适应性，而是因为那些实行亲社会规范的群体要胜过那些在这个方面不足的群体。比如，我们不难看到，那些"伟大的宗教"（犹太教、基督教、佛教、伊斯兰教、印度教等）都强调亲社会规范——诸如帮助你的邻居、公平对待、别人打你左脸时转过右脸让他打等。

存在许多证据说明自然选择在文化演进中的作用（Richerson and Boyd，2003）。比如，宗教中的差别对待蕴含了鼓励生育和生存（Roof and McKinney，1987），而人类组织分散成不同的单位并陷入持续的生死存亡斗争，这将导致那些具有亲社会组织和规范的群体的生存。绍尔蒂什、博伊德和里彻逊（1995）回顾了有关新几内亚高地上的简单社会中关于战争的人种学文献。在这些情况中，群体灭绝和新群体形成的模式都符合文化演化模型。新几内亚高地的文化群体演化力量非常强大，足以在一个集合种群（metapopulation）中维持一种有利的新制度达 1 000 年之久。通过人种扩散产生的群体选择的事例不一而足，比如苏丹南部的努尔人（Nuer）以丁卡人（Dinka）为代价而实现的扩散（Kelly，1985），马林德－阿尼姆人（Marind-anim）通过对邻族进行大规模的、有组织的猎头攻击——包括对妇女儿童的猎捕和收编——实现的扩张（Knarft，1993），以及西班牙人对拉丁美洲的征服（Foster，1963）。

1.10　社会政策应用

经济政策的基础通常是涉己个人的模型。如果我们的强互惠模型对标准的经济政策逻辑不做出重要的修正的话，那将是令人十分惊讶的。事实上，它确实可以对此做出修正。本节包括几个强互惠模型在社会政策方面的应用。事实上，只有一个相对较弱的强互惠模型进入到政策分析层面。它所需要的只是行动者在声誉能够确立的公共和重复情境中是有条件的合作者和利他主义惩罚者——该假设可以从行为证据中得到验证。具体而言，这些分析并不关心下述问题：强互惠是纯粹的文化产物还是基因—文化共生演化的产物？该行为是真正的利他主义还是包含某些难以观察的个人利益（比如第 4 章中史密斯和布利奇·伯德所建立的高成本信号传递）？这类行为究竟是适应性的还是非适应性的？

埃莉诺·奥斯特罗姆在第 9 章中声称，建立在标准的激励模型之上的公共资源管理往往失败，如果在当地社区管理与政府管制之间做出更为平衡的安排——往往是前者单独管理，就能够更为有效地实施公共资源的保护和平均主义的分配。这种替代性政策模型自然源自强互惠模型，并且其实施有赖于一部分强互惠者的存在。

在第 10 章中，克里斯蒂娜·方、塞缪尔·鲍尔斯和赫尔伯特·金蒂斯证明了强互惠模型的应用可以促进平等主义的收入分配。20 世纪最后几十年中，美国的公众舆论中涌现出对平等主义的再分配制度的史无前例的不满。这一观念变迁引发了社会福利制度的重要变化，许多人将它解释为这个国家的中高收入者的自利以及占多数的白人公民的种族主义的回潮。方、鲍尔斯和金蒂斯提出了大量证据来反驳这种看法，并支持以强互惠为基础的投票者的行为模型。

在第 11 章中，特鲁曼·比利使用强互惠对美国宏观经济中的失业建模。比利讨论的是经济学中最古老的也是最富争议的难题：为什么当失业率很高的时候，名义工资基本不降低（实际工资也没有降很多）？他用了一种新方法进行研究：在 20 世纪 90 年代，他对美国东北部的 300 多个人进行了访谈，其中包括商人、工会领袖、求职者、失业顾问。比利的结论是，雇主拒绝削减工资，因为低工资所节省的费用通常被降低工人士气带来的损失所超过。工人将削减工资视为一种不友好的和不公平的行动，他们的报复手段是怠工和不服从管理。比利由此证明，即使是最典型的经济问题——比如工资标准问题——也不能脱离关于个人行为的实证和行为方法的框架。

涉己行动者的标准模型对法律理论和立法政治学影响甚大。"法经济学"（Law and Economics）始于经济学家罗纳德·科斯（1960）的研究，理查德·波斯纳（1973）则对此进行发展，现在它已经成为研究社会福利的立法效应方面的一个强有力的分析工具。虽然我们并不怀疑这方面研究的意义，但是它对互惠性和其他非涉己动机的抽象严重限制了其普遍应用。在第 12 章中，丹·M·卡亨（Dan M. Kahan）说明了互惠性与法和公共政策的相关性。他认为，个人将会自愿对集体物品作出贡献，只要他相信别人也会这样做。因此，促进人们之间的信任，让他们相信其他公民也会贡献出应有的一份，这将是在解释社会集体行动问题上的高成本激励模型的替代性方案。事实上，互惠理论认为，锱铢必较的惩罚与补贴可能恶化了集体行动的困境而不是减少困难，因为它让公民有理由去怀疑其他公民是否自愿对社会性集体物品作出贡献。为了说明这一结论，卡亨分析了几个管制问题，这些问题包括避税、有毒废物处理工厂的布局和信息技术的生产。

本书最后一章中，塞缪尔·鲍尔斯和赫尔伯特·金蒂斯提供了一个更为宏观和更为综合的理论，即道德情操的深层把握对社会结构和政策的意义。他们认为本书所记录和分析的道德情操引导我们对社会群体产生新的看法，并有助于我们理解为什么两种最具匿名性的现代制度——市场与国家——只能够部分地解决现代的社会问题。

鲍尔斯和金蒂斯宣称，在任务是定性的、难以用显性合同规定，并且群体内的利益冲突受到限制时，社区要比市场和国家更为有效。如果他们是正确的，那么很有可能那些极端不平等的社会在未来将处于不利的竞争地位，因为它们的特权和物质回报结构限制了社区治理的能力，而后者有助于促进支撑现代经济的良性互动的发展。因此，政治民主、限制社会与经济不平等的政策以及广泛的公民自由不仅在政治伦理上是可取的，而且在培育有助于全世界经济与社会发展的道德情操方面是必要的。

注　释

[1] 当一种行动意味着它给群体中的其他人带来利益而给行动者本人招致成本时，我们将该行动定义为利他主义。请注意，这一定义并未涉及行动者的意向。还请注意，一个利他主义的行动有可能给行动者带来主观上的效用的增加。事实上，任何自愿的、有意的利他主义行为都具有这种属性。

[2] 因为我们所关注的是行为，而不是行为对象的相关项，因此这一章中我们使用"涉己的"而不是"自利的"（self-interested）。比如，如果一个人真的关心别人，那么他可能会为了别人的利益而做出牺牲，虽然表面上看来这样做是非涉己的。

[3] 虽然这个术语"强互惠"是新颖的，但它所包含的思想却并非如此。Homans（1958）、Gouldner（1960）、Moore Jr.（1978）、Frank（1988），以及 Hirshleifer 和 Rasmusen（1989）等人已经对此做过研究。

[4] Cosmides 和 Tooby（1992）强调指出，人类有能力发现欺骗者，这一能力具有适应性的价值。他们将它视为个人的提高适应性的能力，而不是利他主义的能力，这与我们的用法是相反的，Hirshleifer（1987）和 Frank（1988）富有见解地分析了惩罚越界者的预承诺（precommitment）问题。

　[5] 在经典的群体选择模型中，利他主义者要比非利他的群体成员付出更高适应性成本，但相比较那些利他主义很罕见或缺乏的群体，在存在许多利他主义者的群体中，这些成本很大程度上为群体的适应性所抵消。

　[6] 我们将多层次选择（multilevel selection，Keller，1999）定义为，选择在基因或个体层次之外运行。比如，蜂窝这一社会组织有利于个体蜜蜂的适应性，因此有助于蜂窝数量的增长。

　[7] Akerlof（1982）很早就预测到该结果。

　[8] 更多有关实验的结果和分析，参见 Bowles 和 Gintis（2002）、Fehr 和 Gächter（2002）。

参考文献

Akerlof，George A. "Labor Contracts as Partial Gift Exchange," *Quarterly Journal of Economics* 97,4(November 1982):543 - 569.

Alcock，John. *Animal Behavior：An Evolutionary Approach*. Sunderland，MA：Sinauer，1993.

Alexander，Richard D. *The Biology of Moral Systems*. New York：Aldine，1987.

Andreoni，James. "Cooperation in Public Goods Experiments：Kindness or Confusion," *American Economic Review* 85,4(1995):891 - 904.

Andreoni，James，and John H. Miller. "Giving According to GARP：An Experimental Test of the Consistency of Preferences for Altruism," *Econometrica* 70,2(2002):737 - 753.

Andreoni，James，Brian Erard，and Jonathan Feinstein. "Tax Compliance," *Journal of Economic Literature* 36,2(June 1998):818 - 860.

Axelrod，Robert，and William D. Hamilton. "The Evolution of Cooperation," *Science* 211(1981):1390 - 1396.

Blount，Sally. "When Social Outcomes Aren't Fair：The Effect of Causal Attributions on Preferences," *Organizational Behavior & Human Decision Processes*,63,2(August 1995):131 - 144.

Boehm，Christopher. "The Evolutionary Development of Morality as an

Effect of Dominance Behavior and Conflict Interference,"*Journal of Social and Biological Structures* 5(1982):413 - 421.

Boone,James L. ,and Karen I. Kessler. "More Status or More Children? Social Status,Fertility Reduction,and Long — Term Fitness,"*Evolution & Human Behavior* 20,4(July 1999):257 - 277.

Boorman,Scott A. , and Paul Levitt. *The Genetics of Altruism*. New York:Academic Press,1980.

Bowles,Samuel. "Individual Interactions,Group Conflicts,and the Evolution of Preferences,"in Steven N. Durlauf and H. Peyton Young(eds.)*Social Dynamics*. Cambridge,MA:MIT Press,2001,155 - 190.

Bowles,Samuel,and Herbert Gintis. "Homo Reciprocans,"*Nature* 415 (10 January 2002):125 - 128.

——. "The Evolution of Strong Reciprocity:Cooperation in Heterogeneous Populations,"*Theoretical Population Biology* 65(2004):17 - 28.

Bowles,Samuel,Jung — kyoo Choi,and Astrid Hopfensitz. "The Co — evolution of Individual Behaviors and Social Institutions,"*Journal of Theoretical Biology* 223(2003):135 - 147.

Boyd,Robert,and Peter J. Richerson. *Culture and the Evolutionary Process*. Chicago:University of Chicago Press,1985.

——. "Punishment Allows the Evolution of Cooperation(or Anything Else)in Sizeable Groups,"*Ethology and Sociobiology* 113(1992):171 - 195.

——. "Group Beneficial Norms Can Spread Rapidly in a Cultural Population,"*Journal of Theoretical Biology* 215(2002):287 - 296.

Bowles,Samuel,Herbert Gintis,Samuel Bowles,and Peter J. Richerson. "Evolution of Altruistic Punishment,"*Proceedings of the National Academy of Sciences* 100,6(March 2003):3531 - 3535.

Brown,Donald E. *Human Universals*. New York:McGraw—Hill. 1991.

Camerer,Colin,and Richard Thaler. "Ultimatums,Dictators,and Manners,"*Journal of Economic Perspectives* 9,2(1995):209 - 219.

Coase,Ronald H. "The Problem of Social Cost,"*Journal of Law and Economics* 3(October 1960):1 - 44.

Coleman, James S. *Foundations of Social Theory*. Cambridge, MA:

Belknap,1990.

Cosmides,Leda,and John Tooby. "Cognitive Adaptations for Social Exchange,"in Jerome H. Barkow, Leda Cosmides, and John Tooby(eds.) *The Adapted Mind: Evolutionary Psychology and the Generation of Culture.* New York:Oxford University Press,1992,163 - 228.

Crow,James F. ,and Motoo Kimura. *An Introduction to Population Genetic Theory.* New York:Harper & Row,1970.

Dawes,Robyn M. ,and Richard Thaler. "Cooperation,"*Journal of Economic Perspectives* 2(1988):187 - 197.

Dawkins, Richard. *The Selfish Gene.* Oxford: Oxford University Press,1976.

——. *The Selfish Gene*, 2nd Edition. Oxford: Oxford University Press,1989.

Durham,William H. *Coevolution:Genes,Culture,and Human Diversity.* Stanford:Stanford University Press,1991.

Edgerton,Robert B. *Sick Societies:Challenging. the Myth of Primitive Harmony.* New York:The Free Press,1992.

Eibl—Eibesfeldt, I. "Warfare, Man's Indoctrinability and Group Selection,"*Journal of Comparative Ethnology* 60,3(1982):177 - 198.

Falk, Armin, Ernst Fehr, and Urs Fischbacher. "Testing Theories of Fairness and Reciprocity—Intentions Matter,"2002. University of Zürich.

Fehr,Ernst,and Bettina Rockenbach. "Detrimental Effects of Incentives on Human Altruism?"*Nature* 422(March 2003):137 - 140.

Fehr,Ernst,and J. List. "The Hidden Costs and Returns of Incentives: Trust and Trustworthiness among CEOs,"2002. Working Paper, Institute for Empirical Research,University of Zürich.

Fehr,Ernst,and Simon Gächter. "Cooperation and Punishment,"American Economic Review 90,4(September 2000a):980 - 994.

——. "Do incentive Contracts Crowd Out Voluntary Cooperation?" 2000b. Working Paper No. 34,Institute for Empirical Research,University of Zürich.

——. "Altruistic Punishment in Humans," *Nature* 415 (10 January

2002）:137－140.

Fehr, Ernst, and Klaus M. Schmidt. "A Theory of Fairness, Competition, and Cooperation,"*Quarterly Journal* of Economics 114(August 1999): 817－868.

Fehr, Ernst, Simon Gächter. and Georg Kirchsteiger. "Reciprocity as a Contract Enforcement Device: Experimental Evidence,"*Econometrica* 65, 4 (July 1997):833－860.

Fehr, Ernst, Georg, Kirchsteiger, and Arno Riedl. "Does Fairness Prevent Market Clearing?"*Quarterly Journal of Economics* 108, 2(1993):437－459.

——. "Gift Exchange and Reciprocity in Competitive Experimental Markets."*European Economic Review* 42, 1(1998):1－34.

Feldman, Marcus W. , and Lev A. Zhivotovsky. "Gene—Culture Coevolution: Toward a General Theory of Vertical Transmission,"*Proceedings of the National Academy of Sciences* 89(December 1992):11935－11938.

Feldman, Marcus W. , Luca L. Cavalli—Sforza, and Joel R. Peck. "Gene-Culture Coevolution: Models for the Evolution of Altruism with Cultural Transmission," *Proceedings of the National Academy of Sciences* 82 (1985):5814－5818.

Fix, Alan. *Migration and Colonization in Human Microevolution*. Cambridge: Cambridge University Press, 1999.

Foster, George M. *Culture and Conquest : America's Spanish Heritage*. New York: Wenner—Gren, 1960.

Frank. Robert H. *Passions Within Reason : The Strategic Role of the Emotions*. New York: Norton, 1988.

Frey, Bruno. "A Constitution for Knaves Crowds Out Civic Virtue," *Economic Journal* 107, 443(July 1997):1043－1053.

——. "The Cost of Price Incentives: An Empirical Analysis of Motivation Crowding Out," *American Economic Review* 87, 4 (September 1997): 746－755.

——. *Not Just for the Money : An Economic Theory of Personal Motivation*. Cheltenham, UK: Edward Elgar, 1997.

Friedman, Milton. *Essays in Positive Economics*. Chicago: University of Chicago Press, 1953.

Frohlich, Norman, and Joe Oppenheimer. "Choosing Justice in Experimental Democracies with Production," *American Political Science Review* 84, 2(June 1990): 461–477.

Fudenberg, Drew, and Eric Maskin. "The Folk Theorem in Repeated Games with Discounting or with Incomplete Information," *Econometrica* 54, 3(May 1986): 533–554.

Gächter, Simon, and Ernst Fehr. "Collective Action as a Social Exchange," *Journal of Economic Behavior and Organization* 39, 4 (July 1999)): 341–369.

Gintis, Herbert. "Strong Reciprocity and Human Sociality," *Journal of Theoretical Biology* 206(2000): 169–179.

——. "Solving the Puzzle of Human Prosociality," *Rationality and Society* 15, 2(May 2003): 155–187.

——. "The Hitchhiker's Guide to Altruism: Genes, Culture, and the Internalization of Norms," *Journal of Theoretical Biology* 220, 4(2003): 407–418.

Gintis, Herbert, Eric Alden Smith, and Samuel Bowles. "Costly Signaling and Cooperation," *Journal of Theoretical Biology* 213(2001): 103–119.

Glaeser, Edward, David Laibson, Jose A. Schemkman, and Christine L. Soutter. "Measuring Trust," *Quarterly Journal of Economics* 65(2000): 622–846.

Gouldner, Alvin W. "The Norm of Reciprocity: 'A Preliminary Statement," *American Sociological Review* 25(1960): 161–178.

Greenberg, M. S., and D. M. Frisch. "Effect of Intentionality on Willingness to Reciprocate a Favor," *Journal of Experimental Social Psychology* 8 (1972): 99–111.

Güth, Werner, and Reinhard Tietz. "Ultimatum Bargaining Behavior: A Survey and Comparison of Experimental Results," *Journal of Economic Psychology* 11(1990): 417–449.

Hamilton, W. D. "The Genetical Evolution ot Social Behavior," *Journal of Theoretical Biology* 37(1964): 1–16, 17–52.

Hechter, Michael, and Satoshi Kanazawa. " Sociological Rational Choice,"*Annual Review of Sociology* 23(1997):199 – 214.

Henrich, Joseph, and Robert Boyd. "Why People Punish Defectors: Weak Conformist Transmission Can Stabilize Costly Enforcement of Norms in Cooperative Dilemmas,"*Journal of Theoretical Biology* 208(2001):79 – 89.

Henrich, Joe, Robert Boyd, Samuel Bowles, Colin Camerer, Ernst Fehr, and Herbert Gintis. *Foundations Of Human Sociality: Ethnography and Experiments in Fifteen Small — scale Societies.* Oxford: Oxford University Press, 2004.

Henrich, Joe, Robert Boyd, Samuel Bowles, Colin Camerer, Ernst Fehr, Herbert Gintis, and Richard McElreath. "Cooperation, Reciprocity and Punishment in Fifteen Small — scale Societies,"*American Economic Review* 91 (May 2001):73 – 78.

Hertwig, Ralph, and Andreas Ortmann. "Experimental Practices in Economics: A Methodological Challenge for Psychologists?" *Behavioral and Brain Sciences* 24(2001):383 – 451.

Hirschman, Albert. "Against Parsimony," *Economic Philosophy* 1 (1985):7 – 21.

Hirshleifer, David, and Eric Rasmusen. "Cooperation in a Repeated Prisoners' Dilemma with Ostracism,"*Journal of Economic Behavior and Organization*, 12(1989):87 – 106.

Hirshleifer, Jack. "Economics from a Biological Viewpoint,"in Jay B. Barney and William G. Ouchi(eds.)*Organizational Economics.* San Francisco:Jossey—Bass, 1987, 319 – 371.

Homans, George C. "Social Behavior as Exchange,"*American Journal of Sociology* 65, 6(May 1958):597 – 606.

Hume, David. Essays: *Moral Political and Literary.* London: Longmans, Green, 1898(1754).

Keckler, C. N. W. "Catastrophic Mortality in Simulations of Forager Age—of—Death:Where Did all the Humans Go?"in R. Paine(ed.)*Integrating Archaeological Demography:Multidisciplinary Approaches to Prehis-*

toric Populations. Center for Archaeological Investigations, Occasional Papers No. 24, 205 – 228.

Keller, Laurent. *Levels of Selection in Evolution.* Princeton, NJ: Princeton University Press, 1999.

Kelly, Raymond C. *The Nuer Conquest: The Structure and Development of an Expansionist System.* Ann Arbor: University of Michigan Press, 1985.

Knauft, Bruce. "South Coast New Guinea Cultures: History, Comparison, Dialectic," *Cambridge Studies in Social and Cultural Anthropology* 89 (1993).

Ledyard, J. O. "Public Goods: A Survey of Experimental Research," in J. H. Kagel and A. E. Roth(eds.) *The Handbook of Experimental Economics.* Princeton, NJ: Princeton University Press, 1995, 111 – 194.

Loewenstein, George. "Experimental Economics from the Vantage Point of View of Behavioural Economics," *Economic Journal* 109, 453 (February 1999): F25 – F34.

Lumsden, C. J., and E. O. Wilson. *Genes, Mind, and Culture: The Coevolutionary Process.* Cambridge, MA: Harvard University Press, 1981.

Maynard Smith, John. "Group Selection," *Quarterly Review of Biology* 51(1976): 277 – 283.

Monroe, Kristen Renwick. *The Economic Approach to Politics.* Reading, MA: Addison Wesley, 1991.

Moore, Jr., Barrington. *Injustice: The Social Bases of Obedience and Revolt.* White Plains: M. E. Sharpe, 1978.

Orbell, John M., Robyn M. Dawes, and J. C. Van de Kragt. "Organizing (Groups for Collective Action," *American Political Science Review* 80 (December 1986): 1171 – 1185.

Ostrom, Elinor, James Walker, and Roy Gardner. "Covenants with and without a Sword: Self—Governance Is Possible," *American Political Science Review* 86, 2(June 1992): 404 – 417.

Posner, Richard. *Economic Analysis of Law.* New York: Little, Brown, 1973.

Price, G. R. "Selection and Covariance," *Nature* 227(1970): 520 – 521.

——. "Extension of Covariance Selection Mathematics," *Annals of Human Genetics* 35(1972):485 – 490.

Richerson, Peter J. , and Robert Boyd. *The Nature of Cultures*. Chicago: University of Chicago Press, 2003.

Roof, Wade Clark, and William McKinney. *American Mainline Religion: Its Changing Shape and Future*. New Brunswick NJ: Rutgers University Press, 1987.

Roth, Alvin E. , Vesna Prasnikar, Masahiro Oktmo — Fujiwara, and Shmuel Zamir. "Bargaining and Market Behavior in Jerusalem, Ljubljana, Pittsburgh, and Tokyo: An Experimental Study," *American Economic Review* 81,5(December 1991):1068 – 1095.

Sato, Kaori. "Distribution and the Cost of Maintaining Common Property Resources," *Journal of Experimental Social Psychology* 23 (January 1987):19 – 31.

Smith, Adam, *The Theory of Moral Sentiments*. Indianapolis: Liberty Fund, 1982(1759).

Smith, Adam, *The Wealth of Nations*. New York: Prometheus Books, 1991(1776).

Sober, Elliot, and David Sloan Wilson. *Unto Others: The Evolution and Psychology of Unselfish Behavior*. Cambridge, MA: Harvard University Press, 1998.

Soltis, Joseph, Robert Boyd, and Peter J. Richerson. "Can Group — functional Behaviors Evolve by Cultural Group Selection: An Empirical Test," *Current Anthropology* 36,3(June 1995):473 – 483.

Stephens, W. , C. M. McLinn, and J. R. Stevens. "Discounting and Reciprocity in an Iterated Prisoner's Dilemma," *Science* 298(13 December 2002): 2216 – 2218.

Taylor, Michael. *Anarchy and Cooperation*. London: John Wiley and Sons, 1976.

Titmuss, R. M. *The Give Relationship*. London: Allen and Unwin, 1970.

Trivers, R. L. "The Evolution of Reciprocal Altruism," *Quarterly Review of Biology* 46(1971):35 – 57.

Williams, G. C. *Adaptation and Natural Selection：A Critique of Some Current Evolutionary Thought*. Princeton, NJ：Princeton University Press, 1966.

Wilson, Edward O. *Sociobiology：The New Synthesis*. Cambridge, MA：Harvard University Press, 1975.

Yamagishi, Toshio. "The Provision of a Sanctioning System as a Public Good," *Journal of personality and Social Psychology* 51(1986)：110 - 116.

——. "The Provision of a Sanctioning System in the United States and Japan," *Social Psychology Quarterly* 51, 3(1988a)：265 - 271.

——. "Seriousness of Social Dilemmas and the Provision of a Sanctioning System," *Social Psychology Quarterly* 51, 1(1988b)：32 - 42.

——. "Group Size and the Provision of a Sanctioning System in a Social Dilemma," in W. B. G. Liebrand, David M. Messick, and H. A. M. Wilke (eds,) *Social Dilemmas：Theoretical Issues and Research Findings*. Oxford：Pergamon Press, 1992, 267 - 287.

第二篇

合作的行为生态学

2 灵长类动物群体中合作的演化

琼·B·西尔克（Joan B. Silk）

虽然灵长类动物并未向国家公共电台捐款或者献血，但它们确实实施了某种形式的利他主义行为。这就是说，这样做的时候它们减弱了自己的适应性，但却增强了其伙伴的适应性。比如，公黑猩猩建立同盟，划定其管辖领域，有时对其他群体中的成员发动致命攻击（Goodall et al., 1979；Nishida, Hiraiwa-Hasegawa and Takahata, 1985；Boesch and Boesch-Achermann, 2000；Watts and Mitani, 2001）；长尾黑颚猴在发现入侵者的时候发出警报（Struhsaker, 1967；Seyfarth et al., 1980）；卷尾猴和黑猩猩乐意与其他成员分享食物（de Waal, 1997a, 1997b, 2000）；母猕猴努力保护幼仔以免遭受其他成员的欺凌；叶猴和吼猴花费大量的时间背负其他母猴的幼仔（Paul，1999）；各类猴子都会用占比10％至20％的白天生活为群体中其他成员捉虱子、撇掉脏东西等（Dunbar，1991）。

在过去的25年中，灵长类动物的研究者们收集了大量的有关这些善行的数据。演进理论认为人们行使利他主义是因为它将提高行动者本人的总括适应度（Hamilton，1964）或者人们将因为伙伴的互惠行为受益（Trivers，1971；Axelrod and Hamilton，1981）。因此，检验亲缘和互惠的做法充斥于有关灵长类动物的利他主义行为的研究（Gouzoules and Gouzoules，1987；Dugatkin，1997；Silk，1987，2002）中。那些不符合该观点的数据被忽略了，因为它们不符合我们的理论模式。然而，实验经济学中的实证和理论研究认为，人们往往在那些演进理论认为人们不可能会合作的地方实现了合作。有必要对这些反常的行为进行系统的解释，而这又促使研究人类合作的新模型（包括强互惠）出现（Gintis，2000，本书）。

本章意在评论隐含在灵长类动物的合作中的各种演进力量，并评估各种导致强互惠的动机。各类文献提供了大量的证据说明亲缘选择在非人类灵长类动物中发挥着重要的作用——创建社会组织、确定群体扩散策略、影响支配等级以及确定亲缘互动的模式。大量证据表明，非人类灵长类动物与其配偶之间存在互惠和交换，但系统性的惩罚证据却很少存在。实证研究指出，合作是否出现有赖于伙伴之前的互动的性质，然而人们对引发这些条件的内在机制仍然一无所知。

对灵长类动物合作中的演进机制的分析有赖于这些行为影响个体适应性的相对程度和性质的假设。事实上，我们不可能把单个行为或社会互动对生活适应性的影响加以量化。对于所有研究动物的社会行为的适应性功能的学者来说，这个问题是共同的。我们使用格拉芬（1991）"表型策略"（phenotypic gambit）的假设，即个体从社会互动中所获得的短期利益最终将转化成长期的适应性的差异。那些在对抗活动中经常获得支持、免于围攻或者能够获得稀缺资源等短期利益的动物最终会实现适应性的改进。

2.1 亲缘选择利他主义的演进

一般而言，自然选择有利于那些增强个人相对适应性的行为的演化。

利他主义行为因为减弱了这种适应性而与该逻辑相悖。汉密尔顿提出的亲缘选择理论的主要思想是，亲缘分享他们的遗传特征是因为他们有共同的祖先（Hamilton，1964）。如果个体对其亲缘施以利他主义行为，那么他们就有机会为那些与其拥有相同基因的个体带来好处。这一行为出现的可能性是建立在行动者与受施者之间的基因关联上的。汉密尔顿证明，如果实施该行为的成本 c 小于它所带来的利益 b 乘以行动者与接受者之间的关系系数（coefficient of relatedness）r 的乘积，那么利他主义行为将会出现。关系系数是两个个体从共同的祖先获得相同等位基因的概率。这一原理通常被称做汉密尔顿规则，表述如下：$rb>c$。

根据汉密尔顿规则可以推导出两条重要的结论。首先，很明显，当 $r=0$ 时，该不等式将无法被满足。这也意味着无条件的利他主义（通过亲缘选择）将仅仅局限于亲缘（$r>0$）之中。其次，高成本的利他主义行为仅仅出现在近亲之中，因为当成本增加时，满足汉密尔顿规则将更加困难。因此出现了这样一则秩闻：在 20 世纪 50 年代的某个夜晚的酒吧里，著名的英国演化生物学者 J. B. S. 汉丹（J. B. S. Haldane）完全根据该规则在信封背面计算出了一个结果，而且他宣称愿意为两位兄弟或者八位表兄弟牺牲自己。

多层次选择模型（Wilson，1997）为汉密尔顿的亲缘选择模型中所隐含的过程给出了另外一种解释。在总括适应度方法中，适应性效应被归结到基因所引发的身体层面上；而在多层次选择模型中，适应性效应被分成了群体内成分和群体间成分（Reeve and Keller，1999）。这两种方法在数学上是等价的，但它们的解释力在不同的环境下存在着差异。

2.2　亲缘认知

亲缘选择中，关系系数 r 是社会互动中决定适应性行为过程的关键因素（Hamilton，1987）。为了满足汉密尔顿规则，动物必须确保它们的利他主义行为局限在亲缘之中（$r>0$）。对那些亲缘都是分开聚居——比如洞穴或树巢——的物种来说，空间位置为亲缘辨别提供了充分的信息（Blaustein，Bekoff and Daniels，1987）。对其他动物来说，这一问题要复杂得多。汉密尔顿（1987）预测，那些群居的物种将有能力发展出辨认亲缘的能力，因为群居时可能出现高成本行为（比如孵蛋），并且那些消极的、有赖于环境的亲缘区分机制很可能失效。

灵长类动物满足所有这三个条件。绝大多数灵长类动物都生活在庞大并且相对稳定的社会群体中（Smuts el al.，1987）。即使是最孤独的灵长类动物，比如猩猩，也与熟悉的同类动物有固定的互动（Bearder，1987；Galdikas，1988），而且它们的社群可以根据亲缘建立（Wimmer，Tautz and Kappeler，2002；Radepiel et al.，2003）。灵长类动物中有各类减弱适应性的行为，比如杀婴（van Schaik and Janson，2000）、恶劣的群体内部的攻击（McGrew and McLuckie，1986）和严重的食物竞争（Dittus，1979，1988）。绝大多数灵长类动物在大多数时间内生活在同时包括亲缘和非亲缘在内的群体中，因此区分亲缘的环境驱动机制是不起什么作用的。因此，我们可以指望灵长类动物展示出辨认亲缘的良好能力。

许多不同的感知机制是动物中的亲缘辨认的基础。比如海鞘有能力在高度变化的组织相容性位置辨认出与其具有相同等位基因的其他海鞘（Pfennig and Sherman，1995）。学者们认为，某些动物——包括绝大多数哺乳动物——是通过其成长过程来辨认其亲缘的，它们可以从与其他动物的联系和互动的模式中找到亲缘的线索。

学者们普遍认为，灵长类动物早期生活中的亲密接触是辨认亲缘的基础（Bernstein，1991；Walters，1987）。联系和互动中的裙带倾向为猴子辨认其母系亲缘提供了准确而有用的线索。幼仔可以通过观察其母亲对待群体内其他成员时的互动和联系的模式辨认其亲缘。同样，一只未成年的猴子也可以通过观察其母亲与其新生幼仔的互动确认谁是它的弱龄同胞。

早期联系有助于辨认母系亲缘，但无助于辨认父系亲缘。在绝大多数非一夫一妻制的灵长类动物中，雄性与雌性之间的亲密联系并不常见，这使得幼仔难以发展出辨认其父亲的能力。其他用以辨认父系亲缘的办法往往容易出错。比如，在一个多雄性共存的物种群体中，雄性的地位往往与繁殖的成功相关，但这一联系远非完美。在那些单雄性群体的物种中，比如赤猴和蓝猴，在配种季节时往往会出现外面的雄性的入侵（Cords，1987）。即使在那些配偶键（pair-bond）物种中，如长臂猿和青猴，雌性也经常与其群体外的其他雄性交配（Mason，1966；Palombit，1994；Reichard，1995）。

对于那些单个雄性垄断交配机会的物种来说，年龄是一个很好的父系关系的线索（Altmann，1979）。在肯尼亚的安布塞利狒狒中，高等级的雄性垄断了与雌性交往的机会（Altmann et al.，1996），因此同龄的狒狒都可能是父系的异母同胞。成年雌猴与同龄雄性有更多的互动机会，从而在父系的异母同胞之间有着比在非亲属雌性之间更多的互动机会（Smith，Alberts and Altmann，2003）。同样的模式也在卡约圣地亚哥的猕猴之中再现（Widdig and Nürnberg，2001）。在安布塞利，雄性狒狒可以辨认出自己的子女。成年雄性狒狒在对抗情境中有选择性地支持自己的子女（Buchan et al.，2003）。但我们尚不清楚是什么线索让雄性狒狒辨认出其子女。这也许取决于之前的交配历史、雌狒狒在生育之后对雄性狒狒的回应、相似的外型，或者是这些因素的综合。

当然也存在着一些相反的证据，如猴子和猿猴事实上能够根据发音来辨认其父系亲缘。在狒狒和猕猴中，雌性在成年雄性中做出区分，对那些父系的异母同胞展示出比非亲缘更多的倾向（Smith，Alberts and Altmann，2003；Widdig and Nürnberg，2001）。

2.3　促成亲缘选择的社会组织

许多灵长类动物中的社会群体结构有助于通过亲缘选择实现合作的演化（Silk，2002）。几乎所有的猴子和猿都生活在稳定的群体中。灵长类幼仔在出生后的初期几乎完全依赖其母亲（有时候也依赖其父亲），但当它们长大后就逐渐独立。母亲与其子女之间的纽带在断奶（标志着营养依赖的结束）之后还继续维系。在某些物种中，比如实行配偶制的合趾猴和枭猴，父亲积极参与养育后代。在某些物种中，比如绒猴和绢毛猴，幼仔的同胞成为"巢窝帮手"，它们的帮助提高了其父亲成功繁殖的概率（Garber，1997）。展延家庭（extended family）可以被视为亲缘选择的结果。

扩散模式在亲缘选择型合作的演化中发挥了重要的作用。在所有灵长类物种中，单一或两种性别的成员都从其出生的群体中扩散出去（Pusey and Packer，1987）。出生扩散（natal dispersal）显然有助于避免群体内通婚（Pusey and Wolf，1996），而扩散模式则反映出有助于亲缘选择的利他主义的选择性压力（Wrangham，1980）。在许多灵长类物种中，往往只有一种性别（通常是雄性）进行扩散，而另外一种性别则终生停留在其出生的群体中（Pusey and Packer，1987）。如果只有一种性别进行扩散，那么非扩散性别的成员则生活在亲疏不同的亲缘关系中。因此，在狒狒、猕猴和长尾黑颚猴中，雌猴生活在一个复杂的母系和父系亲缘关系中，其中有母亲、祖母、姐妹、兄弟、姑姨、叔舅和表姐妹。

在这些物种中，母系亲缘大部分时间在一起，并且几乎所有那些被归类为利他主义的行为——相互梳理毛发、分享食物、善意异亲抚育和发出警报——都显示出母系亲缘倾向（Bernstein，1991；Silk，1987；Gouzoules and Gouzoules，1987；Walters，1987；Silk，2002）。我们无法确定这些行为的分布是否符合基于汉密尔顿规则的预测，因为这些行为的成本与收益还无从测量。无论如何，社会行为的母系倾向很可能是亲缘选择的结果。

更具有说服力的证据来自对结盟行为的研究，其中个体为了另外的个体介入了一场即将发生的对抗性互动中。那些介入迫在眉睫的争端的猴子事实上处于一个危险境地，因为猴子们都有锋利的牙齿并经常用它来咬对手。因此，结盟行为提供了"最清晰的证据表明灵长类动物实施了那些为了其他个体的利益而甘冒风险或做出牺牲的行为"（Berstein，1991）。

猴子——尤其是雌猴——经常介入这些争端以支持其亲缘。在攻击性的争端中，雌性更有可能支持亲缘而不是非亲缘（Berman，1983a，1983b，1983c；Chapais，1983；Cheney，1983；Datta，1983a，1983b；Kaplan，1977，1978；Kurland，1977；Massey，1977；Silk，1982；Silk，Alberts and Altmann，2004），特别是在反抗更高等级的敌人的时候（Chapais，1983；Chapais，Girard and Primi，1991；Cheney，1983；Hunte and Horrocks，1987；Kurland，1977；Netto and van Hooff，1983；Pereira，1989；Silk，1982；Walters，1980；Watanabe，1979）。当雌性加入反对高等级猴子的队伍的时候，由于同盟者要冒着被威胁、追逐和攻击乃至受伤的风险，因此，它们显然更愿意帮助那些亲缘而不是非亲缘。

支持其他个体具有短期的和长期的后果。短期而言，获得支持的动物很有可能赢得争端，并有可能避免卷入不断扩大的攻击。长期而言，支持有助于提升等级（Chapais，1992）。当幼仔受到其他群体成员——尤其是那些比其母亲等级要低的雌性——的攻击时，它将获得其母亲和近亲雌性的保护（Berman，1980；Datta，1983a；Cheney，1977；de Waal，1977；de Waal and Luttrell，1985；Horrocks and Hunte，1983；Johnson，1987；Lee，1983a，1983b；Lee and Oliver，1979；Paul and Kuester，1987；

Pereira，1989；Walters，1980）。当它们长大后，未成年猴子在挑战那些其母亲等级比自己母亲等级要低的同辈以及那些向其母亲屈服的成年猴子时将获得支持。最开始，未成年猴子只有在其母亲在身边的时候才能击败那些更年长的未成年者（Datta，1983a，1983b；Horrocks and Hunte，1983；Walters，1980）。最终，这些未成年者可以击败所有那些屈服于其母亲的群体成员，哪怕其母亲不在身边。由于未成年猴子可以击败所有其母亲能够击败的个体，所以子女将获得仅次于其母亲的地位。

这一过程在不同的家族中上演了一代又一代，导致了母系统治等级，其中相同母系的所有成员占据了相邻的等级。此外，某个母系等级的所有成员都排在另外某个母系等级的所有成员之上或者之下。在至少七种猕猴、狒狒和长尾黑颚猴中观察到了这类母系统治等级的情况（Chapais，1992）。这些统治等级呈显著的线性关系，并且长期稳定存在，虽然维持这种稳定性的机制尚未得到充分理解（Silk，Alberts and Altmann，2004）。这些情况对于雌性来说具有重要的适应性后果：高等级雌性通常更早发育成熟，生育更健康的幼仔，并且其生育间隔要比低等级雌性更短（Silk，1987，1993；Harcourt，1987）。

灵长类动物具备区分裙带关系的能力。因此，日本猕猴和恒河猴在对待远亲的时候就跟非亲缘一样（Kapsalis and Berman，1996a；Chapais el al.，1997）。我们尚不清楚这是因为猴子并不将远系亲缘视为亲缘（Kapsalis and Berman，1996a），还是因为对远系亲缘的支持无法符合汉密尔顿规则所包含的利他主义条件。

偏袒亲缘有时也视环境而定。在日本猕猴中，妹妹往往升到比姐姐还高的等级。这一过程往往充满争吵，妹妹为扭转等级格局朝它们的姐姐发起攻击。当雌猴介入其姐姐与低级非亲缘之间的争端时，它们更可能反对自己的姐姐。与此相反，当雌猴介入那些并非扭转等级的争端时，它们更有可能站在其亲缘一边而不是其亲缘的敌人一边（Chapais，Prud'homme and Teijeiro，1994）。因此，雌猴"显然一方面在利己与亲缘之间的利益冲突时将采取最大化自身在其亲缘中地位的行为，而另一方面在亲缘与非亲缘之间的冲突中将采取最大化其亲缘地位的行为"（Chapais，1995：129）。

如果是雌性扩散而雄性停留在其出生的群体中，那么雄性之中则出现类似的亲缘选择性的利他主义行为。雄性恋巢往往存在于带有强烈雄性情谊的群体中，如黑猩猩（Goodall，1986）、毛蜘蛛猴（Strier，1992，

2000）、蜘蛛猴（Symington，1990）、哥斯达黎加松鼠猴（Boinski，1994）
以及部分红色疣猴（Sturhsaker，2000；也参见 Starin，1994）。对那些研究
人类行为的演进根源的学者来说，黑猩猩中的雄性情谊具有特殊的价值。
雄性黑猩猩大部分时间与其他雄性在一起。它们彼此梳理毛发、共同追猎、
分享肉食，并集体护卫它们的领土（Goodall，1986；Mitani，Merriwether
and Zhang，2000；Simpson，1973；Watts，2000；Wrangham and Smuts，
1980）。在某些群体中，一对或者三个雄性共同控制与雌性接触的过程，并
分享交配机会（Watts，1998）。

灵长类动物学者通常假定雄性合作中存在着亲缘选择，但是两个乌干
达黑猩猩的群体中的接纳与合作行为并不与父系亲缘相联（Goldberg and
Wrangham，1997；Mitani，Merriwether and Zhang，2000）。无论如何，
雄性有强烈的与同龄伙伴建立起亲密联系的倾向（Mitani et al.，2002）。因
此，黑猩猩之间的合作行为可能隐含了父系亲缘。

如果出现两种性别的扩散，那么亲缘选择的机会将受到更多的限制，
但仍然是重要的。红面吼猴就是这类现象的典型事例。红面吼猴群体中的
雌性的数目限制在一定范围之内——那些雌性太少的群体将不能保护它们
的领土，而如果雌性太多则将面临对食物的竞争，并且可能会成为雄性夺
权者的目标，而夺权行为往往导致对幼仔的杀戮（Pope，2000b）。

因此，当群体达到最优规模的时候，成年雌性就必须扩散。对于雌性
来说，扩散是一种代价很高的行为，尤其是在各个聚居点已经饱和的时候。
某些雌性终其一生都无法建立新的群体，而那些成功建立新群体的雌性往
往要比留在出生群体中的雌性更晚生育。扩散的高成本使得雌性为其女儿
争取留在群体中的机会的斗争非常激烈。成年雌性不断攻击即将成年的雌
性以迫使后者移居出去。所有雌性为了其女儿的利益积极介入这类争端
（Crockett，1984；Crockett and Pope，1993）。绝大多数情况下，"只有占
主导地位的成年雌性的女儿们才能成功地留在出生群体中进行繁殖"
（Pope，2000a）。

亲缘选择还影响了红面吼猴的生活进程。雄性以不同的方式接近达到
育龄的雌性。如果聚居地尚未拥挤，那么它们可能会加入移居出来的雌性，
并帮助后者建立新的领域。但如果聚居地过于拥挤，那么雄性就只有以夺
取群体的权力和驱逐竞争对手的方式接近达到育龄的雌性。后者的风险很
大，因为在夺权的过程中往往发生伤亡（Crockett and Pope，1988）。此外，

雄性还倾向于在出生群体中停留更久，帮助其父亲抵御夺权的行动。因此，如果聚居地过于拥挤，那么单个雄性在接近达到育龄的雌性的方面存在着显著的不利。

雄性之间的竞争引发合作的强烈动机。因此，雄性纷纷建立同盟，并共同驱逐双性群体中的雄性成员。当它们建立起自己的领地时，雄性就会捍卫自己的群体免遭群体外部的雄性的入侵。但是，合作蕴含着明显的适应性成本，因为只有一个雄性父亲可以在该群体内繁殖。不出意外的是，那些具有亲缘关系的同盟平均可以维持 8.2 年，而非亲缘关系的同盟的维持时间只有 2.3 年（Pope，1990）。由亲缘建立的同盟比那些非亲缘同盟更少发生统治更替，而统治更替往往导致对幼仔的杀戮（Pope，1990）。

总之，亲缘选择在灵长类动物群体中的演化中起着无可置疑的作用。我们在评估亲缘选择的范围时存在着局限性，因为难以量化社会适应性行为的效果以及我们对父系亲缘所知甚少。

2.4　灵长类动物群体中的互惠

互惠利他主义为灵长类动物群体中的合作提供了另外一种解释（Axelrod and Hamilton，1981；Trivers，1971）。灵长类动物很容易满足互惠利他主义的必要条件：它们将伙伴视为个体，并且有很多机会与群体成员互动。此外，它们能够观察和回忆其伙伴的回应，并对自己的行为做出相应的调整。

虽然灵长类动物很适于研究互惠利他主义，但利他主义的证据要远远少于亲缘选择的证据（Seyfarth and Cheney，1988；Noë and Hammerstein，1995）。这也许是因为在自然条件中互惠利他主义难以被检验（Seyfarth and Cheney，1988）。我们可以统计配偶之间的相互帮助行为的频率与持续时间，但我们无法将这些行为直接转换成适应性单位并计算付出与获得的利益之间的平衡。当交换蕴含不同的内容，并且回馈行为延迟时，该问题更加复杂。即使我们在伙伴中发现利他主义的给予与收取之间存在着紧密的联系，但该联系有可能起因于某种我们尚未考虑的第三个变量，比如亲缘关系（Hemelrijk and Ek，1991）。在自然环境中，我们很难检验施惠行为是否起因于互惠。

许多灵长类动物研究者笔下的互惠行为都涉及相互梳理毛发。梳理毛发是互惠交换的显著体现，因为它非常普遍并且包含互补的因素——如果你为我抓搔，那么我就为你抓搔。在非人类灵长类动物中，梳理毛发是最常见的社会行为，大约占每日社会生活的20％（Dunbar，1991）。我们尚未充分理解梳理毛发的作用。梳理毛发曾被视为对接受者有利，因为可以清除寄生虫（比如壁虱和马蝇）和清理伤口（Saunders，1988；Henzi and Barrett，1999）。这意味着梳理毛发将集中于动物自身无法触及的身体部位，而多数情况确实如此（Pérez and Veà，2000）。然而，梳理毛发并非完全对应于能否触及的情况，而这意味着还存在着其他因素的作用。任何观察猴子相互梳理毛发的人都会猜测这是一种非常愉快的事情——那些正在被梳理的动物看起来都完全放松。事实上，梳理毛发降低了心跳速率，并提高了体内的β—内啡肽的水平（Aureli and Smucny，2000）。梳理毛发也许还具有社会功能（Dunbar，1988，1991），它有助于加强社会纽带和培育重要的社会关系。

梳理毛发对于接受者来说是很不错的事，但对于提供这些服务的动物来说则蕴含了代价。最起码，它们这样做耗费了时间与精力。它们还更容易成为掠食者或群体其他成员的攻击对象，因为梳理毛发往往降低了警戒心理（Cords，1995；Maestripieri，1993）。

如果梳理毛发是互惠利他主义的产物，那么（非亲缘之间的）梳理将仅仅局限于互惠的伙伴之间。有不少证据表明这一看法是成立的。大群体中的梳理毛发往往局限于相对有限的潜在伙伴的子群体中。比如，博茨瓦纳的奥卡万戈三角洲上的雌性狒狒平均来说只会为其群体中18只成年雌狒狒中的8只狒狒梳毛；绝大多数雌狒狒则集中在数量更少的狒狒身上（Silk，Cheney and Seyfarth，1999）。一般来说，选择的范围受到潜在伙伴的数目的影响。在小群体中，雌性可能会为群体中的所有成员梳理毛发，而如果群体变大，那么梳理毛发在潜在的伙伴中就有了轻重之别（Silk，Cheney and Seyfarth，1999）。这也许反映了雌性在保持大规模关系方面的能力限度（Henzi and Barrett，1999），或者反映了雌性在梳理毛发时遇到了时间方面的生态限度（Dunbar，1991；Henzi，Lycett and Weingrill，1997）。

梳理毛发的行为是互惠的吗？令人吃惊的是，难以对该问题给出一个确定的答案。雄性黑猩猩梳理毛发的施与受之间存在着正相关，但在黑猩猩的绝大多数配偶中梳理毛发并非平等（Watts，2000）。与此相反，在某些物种的绝大多数配偶之间存在对等梳理毛发的情况。因此，奥卡万戈三角洲的成年雌狒狒为其伙伴梳理毛发的频率与其伙伴为它梳理的频率一样（Silk，Cheney and Seyfarth，1999）。在某些情况下，梳理毛发的角色隔些时间就轮换（Barrett et al.，1999；Muroyama，1991），而在另外一些情况中，梳理毛发往往在很长一段时间中维持着互惠。

在许多群体中，群体成员之间的梳理毛发并不对等，而这种不对等往往与统治等级有关。在某些群体中，高等级的伙伴要比其他伙伴得到更多的梳理（Chapais，1983；Fairbanks，1980；Seyfarth，1980；Silk，1982；Sambrook，Whiten and Strum，1995；Stammbachm，1978；Watts，2000；Manson et al.，2004）；而在另外一些群体中，高等级的伙伴施予了更多的梳理（Altmann，Myles and Combes，1998；O'Brien，1993；Di Bitetti，1997；Linn et al.，1995；Parr et al.，1997）。绝大多数灵长类动物学者认为，存在着这些不对等是因为梳理可以用来交换其他物品，比如同盟支持（Seyfarth，1977）、食物（de Waal，1997a）、宽容（Silk，1982；Fairbanks，1980）、接触可爱的幼仔（Muroyama，1994；Henzi，2001）或者维持群体的凝聚力（Altmann，Myles and Combes，1998）。

赛法特（Seyfarth，1977）最先提出，猿猴们彼此梳理毛发是为了获得在对抗性互动中的支持。他的理由是，高等级的动物往往选择强有力的同盟。他由此推断，雌猴为高等级的猴子梳理毛发是希望当它受到其他群体成员攻击时获得支持。在安布塞利的长尾黑颚猴和哥斯达黎加的白面卷尾猴中，梳理毛发与支持存在正相关关系（Seyfarth，1980）。然而，在对这两个群体的研究中，亲缘关系并未受到控制，梳理毛发与支持之间的正相关也许事实上是雌性选择性地梳理和支持近亲（Hemelrijk and Ek，1991）。卡约圣地亚哥的猕猴显然就是这种情形，其中梳理毛发与支持仅仅存在于有亲缘关系的雌性之间而非那些没有亲缘关系的雌性之间（Kapsalis and Berman，1996b）。无论如何，雄性帽猴（Silk，1992）和雄性黑猩猩（Mitani，Merriwether and Zhang，2000）之间的梳理毛发与支持存在相关性，而且这些情况并不会因为父系亲缘而改变。在很多情况下，研究者无法找到梳理毛发和支持之间的连续的证据（Fairbanks，1980；Silk，1982；de Waal and Luttrell，1986；Silk，Alberts and Altmann，2004）。

虽然自然观察的数据仅仅为赛法特的模型提供了部分支持，但两次有关旧世纪猴子的实验则证明了梳理毛发与支持之间的相关性。通过使用雌性尖叫声——表明悲痛并往往用于呼唤支持——的声音记录，赛法特和切尼（1984）证明了如果任何雌性长尾黑颚猴之前被非亲缘的雌猴梳理毛发，那么相比较没有梳理毛发的情况，在前一种情况下它更容易对后者的尖叫做出反应。同样，赫梅尔赖克（Hemelrijk，1994）有意引发了三只临时住在一块的猕猴之间的战斗。当两只雌猴发生战斗时，攻击者有时能获得第三者的支持。如果之前它为潜在的支持者梳理过毛发的话，那么它更有可能获得支持。

梳理毛发还可以用于获得其他利益。雌性帽猴在为高等级的雌猴梳理毛发时更不可能受到攻击（Silk，1982），这里它因梳理毛发而获得了保护。雌猴还用梳理毛发获得接近幼仔的机会。由于一些尚未完全清楚的原因，雌猴很容易受到新生幼仔的吸引（Paul，1999；Maestripieri，1994；Silk，1999）。雌猴聚集在新的母亲旁边，试图用鼻子嗅、蹭、抚摸和检查新生幼仔的生殖器。猕猴母亲和狒狒母亲并不欢迎这类对其孩子感兴趣的做法，尽管绝大多数行为明显是善意的。在这些物种中，新母亲往往要比其他任何时期得到更多的梳理（Altmann，1980），一些研究者由此推断，雌猴用梳理毛发来换取接近新生幼仔的机会（Muroyama，1994；Henzi，2001）。

2.5 分享食物

分享食物在传统人类社会的组织中发挥了非常重要的作用（Foley，1987）。虽然收集的食物通常只分配给家庭成员，但肉则在全体成员之间进行分配。灵长类动物主要依赖植物性食物，食物分享普遍较少并且只局限于子女范围（Foley，1987；McGrew，1992）。黑猩猩是这一规则的特例——雄性黑猩猩经常打猎并每每得手，然后将其猎物与其他黑猩猩分享（Boesch and Boesch-Achermann，2000；Goodall，1986；Mitani and Watts，2001；Stanford et al.，1994）。许多学者对黑猩猩之间的打猎与食物分享的机制感兴趣。

对于黑猩猩来说，打猎通常是一种集体活动。在一些地方，猎手们分别发挥着潜伏、袭击和捕捉猎物的作用（Boesch，1994；Boesch and Boesch，1989；Boesch and Boesch-Achermann，2000）；在另外一些地方，打猎并不存在明确的协调（Stanford，1996；Busse，1978；Goodall，1986；Uehara et al.，1992）。令人吃惊的是，学者们在雄性黑猩猩为什么打猎的问题上无法取得共识。在某些灵长类动物中，当植物性食物减少时会出现掠夺性行为（Dunbar，1983；Foley，1987）。黑猩猩主要以成熟的果实为食，它们打猎的原因可能是补充存在季节性短缺的食物（Teleki，1973；Takahata，Hasegawa and Nishida，1984；Stanford，1996，1998）。相反，在 Ngogo，绝大多数情况下雄性黑猩猩只有在食物最丰富的时候才去打猎（Watts and Mitani，2002）。

打猎似乎包含着一个社会性因素。当雄性黑猩猩发展成一个庞大的群体时，它们最有可能去打猎，而打猎的成功则导致规模的扩大（Stanford，1996；Watts and Mitani，2002）。这可以解释为，雄性用打猎获得的肉交换接触雌性的机会（Stanford，1996，1998；Stanford et al.，1994），也可以解释为它们用肉培养与其他雄性的社会纽带（Nishida et al.，1992；Boesch and Boesch-Achermann，2000；Mitani and Watts，2001）。

通过深入分析乌干达基巴森林 Ngogo 中的水果分配、打猎和食物分享（Mitani and Watts，2001），可以推断打猎可以加强雄性黑猩猩之间的社会关系。在 Ngogo，黑猩猩在水果最丰富的时候去打猎（Watts and Mitani，2002），排除了补充短缺食物的可能性。雄性黑猩猩并未有选择性地将其食物分享给具有吸引力的雌性黑猩猩，而雌性黑猩猩也并未有选择性地与那些分享食物的雄性黑猩猩交配，这意味着雄性并未用肉食换取交配。然而，雄性黑猩猩有选择性地分享自己的猎物，其分享者是那些曾分享其食物的雄性黑猩猩和在敌对时经常支持它们的雄性黑猩猩。此外，那些一起打猎的雄性黑猩猩还互相梳理毛发、相互支持，并共同维护领土（Mitani, Meriwether and Zhang，2000）。反过来，经常参与领土巡逻有助于雄性黑猩猩的交配（Watts and Mitani，2001）。我们尚不清楚在 Ngogo 观察到的模式能否适用于其他地区的黑猩猩。

在打猎活动中，分享的食物还包括临时采集的植物性食物。德瓦尔（De Waal，1997a）观察到，在打猎之前和之后的几个小时中，黑猩猩吃新鲜采集的枝叶，而这显然是它们喜欢的美食。那些拥有枝叶的黑猩猩更乐意与那些之前曾梳理其毛发的黑猩猩共享，而不是那些在过去几个小时里没有这样做的黑猩猩。此外，如果之前没有梳理毛发之类的事情，那么拥有者很可能会对那些从其手中取枝叶的黑猩猩发起攻击。拥有者的慷慨赠予并不仅仅是对曾受梳理的回报——它们将这一慷慨做法仅仅限于那些刚刚为其梳理毛发的黑猩猩。此外，拥有者的态度并不仅仅反映了两个动物之间的关系的性质——黑猩猩更愿意与那些为其梳理毛发的黑猩猩分享，而不是那些它们自己梳理毛发的对象。然而，两个个体之间的关系将影响它们梳理毛发的效果——对那些很少相互梳理毛发的黑猩猩来说，分享食物往往取决于最近那次的梳理毛发，而对于那些经常彼此梳理毛发的黑猩猩来说，最近那次的梳理对接下来的食物分享的影响力很小。

德瓦尔和其同事还研究了卷尾猴在打猎后的食物分享机制。在一组实验中，一对彼此熟悉的猴子被置于两个相邻的笼子中，并且被网筛隔开（de Waal，1997a）。网筛的洞大到足够让这些猴子钻入另外一个笼子并拾取食物。实验的设计非常简单。首先，给一只猴子食物。然后，给另外一只猴子食物。在实验的两个阶段中，观察者可以监视所有食物的转移。

在这个实验情境下，相当多的食物被转移。事实上，拥有者从未将食物递给同伴或者将食物推过洞，但它们经常坐在网筛附近分食物。当它们这样做的时候，相邻笼子的猴子可以伸手过来取走食物，但此行为往往在拥有者的控制的范围之内并在后者的注视之下发生。对于某些动物来说，在实验的第一个阶段中从拥有者取走食物所占的比例与第二阶段中二者身份转换后取走食物所占的比例正相关。但对于不同的个体，这两者的相关值差异很大。食物转移率受到雌性动物之间的社会关系性质的影响，那些关系好而较少争斗的动物比较少联系而更多争斗的动物有更高的转移率。

德瓦尔（1997a）最先使用"分享"这一术语来描述这些食物的转移，但后来认为"便利性取得"（facilitated taking）可以更好地描述它们（de Waal，2000）。他指出，卷尾猴很少直接给予其同伴食物（de Waal，1997b），尽管它们在其食物被偷时听其自然。因此，卷尾猴有接近特定伙伴的强烈动机，而食物转移也许就是它们的社会活动的一方面。社会纽带的性质影响了食物转移率，这一事实说明卷尾猴也许并没有严格意义上的食物分享行为（de Waal，1997b）。德瓦尔（2000）还进行了第二组实验，其中两只在相邻笼子里的雌猴在同一时间分到食物，但食物的可口程度存在着差别。当相邻笼子里有猴子的时候，雌猴要比相邻笼子是空的时候在网筛旁逗留更多的时间，但这时它们搁置在分割线旁的食物更少。此外，如果雌猴的食物要比其同伴的食物更好，那么它们在分割线（这时处在其同伴可以达到的地方）旁边待的时间更少。因此，雌猴似乎很乐意有伙伴，但同时也对食物的丧失持谨慎态度。观察到的食物转移率就是这些竞争动机之间的折中的结果（de Waal，2000）。

德瓦尔和伯杰（2000）使用了一个不同的实验模式探讨卷尾猴参与合作的意愿。在之前的实验中，猴子们被一个网筛分隔开。而在这里，猴子通过一个平衡拉杆将一个托着装有食物的碗的托盘拉到自己可以触及的范围内。德瓦尔和伯杰检验了在三种不同条件下猴子参与该类任务的情况。在独立条件下，托盘上只有一个装食物的碗，单只猴子就能够将碗弄到触手可及的范围内。在合作条件下，虽然只有一个装食物的碗，但需要两只猴子齐力拉动拉杆才能够将碗弄到触手可及的范围内。而在互惠条件下，有两个装食物的碗，两只猴子需要协力才能够将碗弄到触手可及的范围内。在独立和互惠条件下，猴子们都取得了成功，用了近85％的时间将装有食物的碗拉近。而在合作条件下，它们完成合作任务仅仅只用了40％的时间。而且，当猴子们成功地完成了合作任务时，转移的食物要比独立时多。此外，相比较独立模式，更多食物转移的情况未受阻拦（在拥有者的注视和控制之内）。

德瓦尔和伯杰（2000）认为，这些实验证明，"卷尾猴能够参与合作，哪怕它明确看得出只有一只猴子会得到回报以及是哪一只猴子会得到回报"，实验还证明卷尾猴"交换劳动以换取报酬"。然而，由于笼子数目较少，卷尾猴彼此之间熟悉，了解对方的饮食习惯，所以也许双方都比较肯定如果它们合作拉拉杆的话它们就会得到食物。此外，尚不清楚食物转移是否反映了对劳动的报酬。即使在独立模式下也存在着食物转移，而且合作对食物转移和宽容的提高效应相对较小。在独立模式下，有7至9片食物被转移，而这其中有58％的食物得到了拥有者的默许。在合作模式下，这些数字只有小幅的增加——只有9到11片食物被转移，而这其中有65％的转移得到了默许。

灵长类动物学者最近开始探讨这些灵长类群体的交换中隐含的心理倾向。互惠假设的一个关键条件是，动物能够评估将要被交换的商品或服务的价值。布罗斯南和德瓦尔（2003）进行了一个有趣的实验来检验猴子们如何评估"价值"。在这些实验中，卷尾猴受到训练，学会交换礼物以换取食物。当卷尾猴向实验者递交一份礼物时，它将获得一份食物。实验者进行了一系列实验，其中猴子可以观察涉及其他猴子的食物交换。有些情况下，猴子会看到其他猴子接受了食物而不必交换礼物；有些情况下，它们还会看到其他猴子没有交换礼物却得到了比自己交换礼物得到的食物品质更好的食物。那些观察到这些现象——别的猴子没有交换礼物也获得食物甚至品质更好的食物——的猴子很可能拒绝它们所获得的食物，有时还将食物扔回给实验者。除非它们观察到其他猴子得到了更多，否则猴子是从不会拒绝食物的。作者们推测，猴子展现出了对不公平的厌恶，虽然这一解释最近受到了质疑（Henrich, 2004）。至少，这些数据说明，猴子具有某种评估商品价值的能力，并且当它们认识到交换对自己不利时将做出负面的反应。

学者们还探讨了金丝猴捕食时的交易心理。豪泽等人（2003）创建了一个实验模式，其中一个个体可以拉动工具为其伙伴提供食物，但自己却没有食物。研究者培训了几只金丝猴成为"无条件利他主义者"，它们拉动工具而另外一些"无条件背叛者"则从不这样做。他们将这些受训后的金丝猴与另外一些没有受训的金丝猴做出配对，观察后者是否可能改变其行为。当金丝猴与无条件利他主义者配对时，要比与无条件背叛者配对时拉得更多，这意味着合作取决于伙伴的行为。然而，史蒂文斯和豪泽（2004）强调，金丝猴只有半数时间在合作，随着实验的进行，无条件利他主义者的合作率在下降。他们推断，金丝猴并未"展示坚实的互惠性"，并认为"像时间折扣、数量区分和记忆力等认知能力的局限使得动物很难做出互惠"，这其中也包括非人类灵长类动物。

2.6 灵长类动物互惠背后的演进机制

同伴之间的对等交换和跨期互换往往被解释成猴子践行互惠利他主义的证据。德瓦尔对这一解释提出了质疑，认为对等交换仅仅起因于双方的宽容或者伙伴间的高联系率，而不是源自要求细心记录以往交易的有条件交换（de Waal and Luttrell, 1988; de Waal, 1997b; de Waal, 2000; de Waal and Berger, 2000）："如果某物种的成员乐意直接援助近亲成员，那么互惠分布将自动成为该联系的对称性质的结果"（de Waal, 2000）。德瓦尔称之为"基于对称的互惠"（symmetry-based reciprocity），并建议在研究互惠时应当控制亲近程度（proximity）这一变量（de Waal and Luttrell, 1988）。

从逻辑和经验上看，质疑这一用基于对称的互惠解释灵长类动物中的利他主义行为的做法是合理的。基于对称的互惠认为，亲近程度应当被视为一个不受个体之间互动性质影响的独立变量。但更有可能的是，联系模式反映了个体之间亲疏关系的性质。因此，动物愿意与那些宽容它们、为它们梳理毛发和帮助它们的个体交往，它们并不愿意对那些碰巧遇上的个体施以宽容、帮助和为其梳理毛发。基于对称的互惠在面对欺骗者时将难以稳定维持。那些接受帮助却不付出的个体将占到便宜。事实上，在灵长类动物群体中，并没有支持基于对称的互惠的明显证据。施予利益和接受利益之间存在着显著相关，即使在统计上控制了亲近程度这一变量（de Waal and Luttrell，1988）。此外，数次实验证明了施予利益与随后接受利益之间的因果关系（Seyfarth and Cheney，1984；Hemelrijk，1994；de Waal，1997a，1997b，2000）。

德瓦尔（2000）在随后的实验中，观察到配对猴子之间的食物转移率存在着波动，这使得他认为，互惠也许建立在反映伙伴社会态度的倾向上，其中猴子针对正面做法予以正面回应，针对负面做法则予以负面回应："如果便利性取得受到这类普遍的社会倾向调节，那么这意味着猴子们不是根据施予和获得的食物的准确数量回应，而是根据一个简单的宽容—繁殖—宽容模式行事"（de Waal，2000，206）。他认为，态度上的互惠性比"经过计算的互惠"在认知条件上更宽松，后者要求对不同的事物的施予和获得做出准确的量化估计。

态度上的互惠类似于强互惠，因为两者的过程都集中关注导致合作的近似动机，并且两者都假定互惠无法关注长期的后果。然而，我们不清楚演进是如何维持灵长类动物中的态度互惠（或强互惠）的。那些总体上付出一直低于其所获得的个体很可能是在牺牲其同伴的利益。要避免这种情况，成本和收益就必须做出实际转换，这一过程也许隐藏了互惠利他主义的计算，但并不会消除它。

2.7 惩罚

强互惠的维持有赖于惩罚非合作者的倾向。在非人类灵长类动物中，存在着明显的消极互惠。因此，动物使用攻击或者其他高成本的制裁方式维持群体内的成员的行为（Clutton-Brock and Parker，1995a，1995b），或者施以报复（de Waal and Luttrell，1988；Silk，1992）。然而，很少有证据说明猴子和猿使用攻击或者消极制裁手段影响第三方的行为，或者惩罚违背社会规范的行为。

数个研究者报告了一些可以解释成惩罚的攻击行为。在坦桑尼亚的马哈山脉中，一只年轻的成年雄性猴子被其群体的八名成员围攻（Nishida et al.，1995）。作者们推测，这位年轻雄性猴子遭此惩罚是因为它没有遵从社会规则——它没有向高等级的雄性猴子表示尊敬，并且它向成年的雌性猴子施以无故的攻击。这些观察（包括其他一些类似案例）的问题是它们都只是一些个案。在这些情况下，针对反常行为的回应攻击要比那些反常行为被忽略的情况更为显著。如果没有系统分析背离行为的结果，就很难确定那些违背社会规范的行为受到了一贯的惩罚。

第三方惩罚的唯一的系统证据来自豪泽和马勒（Hauser and Marler，1993a，1993b；Hauser，1997）对猕猴所做的实验。当猕猴发现食物的时候，它们就会发出特别的叫声。根据这一情况，豪泽和马勒（Hauser and Marler，1993b）开展了一次实验，观察者秘密地抛下一把椰子或猴果，然后等待猴子发现。当猴子们发现食物时，它们有时发出叫声，有时没有。叫声对于被发觉找到食物的可能性几乎没有影响，但叫声却显著降低了在其他群体的成员发觉后被围攻的可能性。与那些发现食物后保持沉默的猴子比较，那些发现食物后发出叫声的猴子被排挤、追逐或攻击的可能性更小。在这份发表的报告中，作者们并未控制原占有者与后来发现者之间的统治关系，虽然雌性猕猴很少主动对地位更高的猴子发起攻击。但随后对数据的再分析（与 Hauser 的个人通信）表明，没有发出叫声的猴子被高等级的猴子发现后要比那些发出叫声的猴子更有可能被攻击。显然，这些规则仅仅适用于雌猴。事实上，雄性猴子在发现食物后从未发出叫声，并且很少受到惩罚（Hauser and Marler，1993b；Hauser，1997）。

这些数据提供了猕猴惩罚那些违背社会规范者的有趣证据。然而，由于这些结论尚未被重复，其他研究者在其他群体或物种中尚未报告类似的事例，因此其意义有局限性。

2.8　在灵长类动物群体中寻找强互惠的前景

对于灵长类动物来说，合作受到亲缘关系和互惠的限制，并且合作往往是因为各对动物之间已经有着长期的社会纽带。绝大多数灵长类动物学者假定，互惠利他主义最终能够解释各对动物之间的互惠，这一假定得到了众多实验证据——它们认为合作行为取决于之前互动的性质——的支持。然而，德瓦尔（2000）认为，卷尾猴的互惠交换也许是态度互惠的结果——这是一种反映其同伴态度的倾向。如果他是正确的，那么我们就有理由相信，强互惠根植于非人类灵长类动物的行为之中。然而，猴子对其同伴的初始态度也有可能反映了它们的社会关系的性质，而后者又以一系列的长期交换的合作为基础。

有关惩罚的证据将为灵长类动物群体中存在强互惠这一观念提供支持。目前而言，有关惩罚的系统证据还只存在于单个实验之中。这些数据是令人振奋的，但除非这些实验可以重复并扩展到其他物种，否则并无价值。

要理解强互惠在灵长类动物群体中的作用，我们还需要知道更多有关促成合作行为的动机的近似因素。人类中的强互惠似乎根植于对公平的深层信念和对正义的关心之中，甚至可以扩展至陌生人，但我们尚无证据说明其他动物也有类似的能力。即使那些强烈认为猴子和猿中也存在着道德情操的人，也只能从具有长期社会纽带的亲缘的互动中而不是从陌生者中寻找证据（de Waal，1996；Flack and de Waal，2000）。

强互惠的观念源自精心设计的以人类为主体的实验，它揭示了即使在与陌生人的一次性互动中也存在着令人惊讶的高水平的利他主义。很难想象在非人类灵长类动物中也能够获得类似的数据。绝大多数灵长类动物生活在一个稳定的社会群体中，它们的和平互动行为主要局限于群体内成员。与陌生者的接触往往充满紧张，引发攻击和逃避，而不是合作。对陌生者的害怕在打猎情况下也常见。我们可以采取德瓦尔的对卷尾猴的实验评估匿名伙伴的合作行为，但不清楚卷尾猴或其他灵长类动物能否接受这类实验。

总之，文献证明，灵长类动物的合作主要限于亲缘或互惠的伙伴，惩罚显然并不普遍。虽然我们已经非常了解非人类灵长类动物的所作所为，但我们不清楚使它们这样做的动机。非亲缘中合作互动的模式可能是互惠利他主义的结果，但同一模式也可能源自强互惠。为了辨识灵长类动物群体中引发合作的诸种近似机制，我们还需要创建可以允许我们评估在与陌生人的一次性互动中的合作倾向的实验程序。也许有能力与陌生人在一次性互动中和平互动是我们这一物种最突出的特征。我们还需要了解更多其他灵长类动物惩罚违背社会规范者的倾向。对这些非人类灵长类动物问题的研究有必要讨论强互惠的演进起源。

参考文献

Altmann, J. 1979. Age cohorts as paternal sibships. *Behav. Ecol. Sociobiol.* 6:161 – 169.

Altmann, J. 1980. *Baboon mothers and infants.* Harvard University Press, Cambridge, MA.

Altmann, J., Alberts, S. C., Haines, S. A., Dubach, J. D. Muruthi, P., Coote, T., Geffen, E., M. W. 1996. Behavior predicts genetic structure in a wild primate group. *Proc. Natl. Acad.* Sci. *USA* 93:5797 – 5801.

Altmann, J., Myles, B., and Combes, S. 1998. Grooming relationships in a primate group: Social cohesion or currying favors? Poster presented at the annual meetings of the American Primatological Society.

Aureli, F., and Smucny, D. A. 2000. The role of emotion in conflict and conflict resolution. In *Natural conflict resolution*, ed. F. Aureli and F. B. M. de Waal, 199 – 224. Berkeley, CA: University of California Press.

Axelrod, R., and Hamilton, W. D. 1981. The evolution of cooperation. *Science* 211:1390 – 1396.

Barrett, L., Henzi, S. P., Weingrill, T., Lycett, J. E., and Hill, R. A. 1999. Market forces predict grooming reciprocity in female baboons. *Proc. R. Soc. Lond.* 266:665 – 670.

Bearder, S. K. 1987. Lories, bushbabies, and tarsiers: Diverse societies in solitary foragers. In *Primate societies*, eds. B. B. Smuts, D. L. Cheney, R. M. Seyfarth, R. W. Wrangham, and T. T. Struhsaker, 11 – 24. Chicago: University of Chicago Press.

Berman, C. M. 1980. Early agonistic experience and rank acquisition among free-ranging infant rhesus monkeys. *Int. J. Primatol.* 1:152 – 170.

Berman, C. M. 1983a. Early differences in relationships between infants and other group members based on the mother's status: Their possible relationship to peer-peer rank acquisitions. In *Primate social relationships*: *An integrated approach*, ed. R. A. Hinde, 154 – 156. Sunderland, MA: Sinauer Associates.

Berman, C. M. 1983b. Influence of close female relations on peer-peer rank acquisitions. In *Primate social relationships*: *An integrated approach*, ed. R. A. Hinde, 157 – 159. Sunderland, MA: Sinauer Associates.

Berman, C. M. 1983c. Matriline difference and infant development. In *Primate social relationships*: *An integrated approach*, ed. R. A. Hinde, 132 – 134. Sunderland, MA: Sinauer Associates.

Bernstein, I. S. 1991. The correlation between kinship and behaviour in non-human primates. In *Kin recognition*, ed. By P. G. Hepper, 6 – 29. Cambridge: Cambridge University Press.

Blaustein, A. R. , Bekoff, M. , and Daniels, J. 1987. Kin Recognition in vertebrates(excluding primates): Empirical evidence. In *Kin recognition in animals*, eds. D. J. C. Fletcher and C. D. Michener, 287 – 331. New York: John Wiley and Sons.

Boesch, C. 1994. Cooperative hunting in wild chimpanzees. *Anim. Behav.* 48: 653 – 667.

Boesch, C. , and Boesch, H. 1989. Hunting of wild chimpanzees in the Taï National Park. *Amer. J. Phys. Anthropol.* 78: 547 – 573.

Boesch, C. , and Boesch-Achermann, H. 2000. The Chimpanzees of the Taï Forest. Oxford: Oxford University Press.

Boinski, S. 1994. Affiliation patterns among male Costa Rican squirrel monkeys. *Behaviour* 130: 191 – 209.

Brosnan, S. F. , and de Waal, F. B. M. 2003. Monkeys reject unequeal pay. *Nature* 425: 297 – 299.

Buchan, J. C. , Alberts, S. C. , Silk, J. B. , Altmann, J. 2003. Ture paternal care in a multi-male primate society. *Nature* 425: 179 – 181.

Busse, C. 1978. Do chimpanzees hunt cooperatively? *Amer. Nat.* 112: 767 – 770.

Chapais, B. 1983. Dominance, relatedness, and the structure of female relationships in rhesus monkeys. In *Primate social relationships*: *An integrated approach*, ed. R. A. Hinde, 209 – 219. Sunderland, MA: Sinauer Associates.

Chapais,B. 1992. The role of alliance in social inheritance of rank among female primates. In *Coalitions and alliances in humans and other animals*, eds. A. H. Harcourt and F. B. M. de Waal, 29 – 59. Oxford: Oxford Science Publications.

Chapais,B. 1995. Alliances as a means of competitions in primates: Evolutionary, developmental, and cognitive aspects. *Yrbk. Phys. Anthropol.* 38: 115 – 136.

Chapais,B. , Girard, M. , and Primi, G. 1991. Non-kin alliances and the stability of matri-lineal dominance relations in Japanese macaques. *Anim. Behav.* 41:481 – 491.

Chapais,B. , Prud'homme, J. , and Teijeiro, S. 1994. Dominance competition among siblings in Japanese macaques: Constraints on nepotism. *Anim. Behav.* 48:1335 – 1347.

Chapais,B. , Gauthier,C. , Prud'homme, J. , and Vasey, P. 1997. Relatedness threshold for nepotism in Japanese macaques. *Anim. Behav.* 53:1089 – 1101.

Cheney,D. L. 1977. The acquisition of rank and the development of reciprocal alliances among free-ranging immature baboons. *Behav. Ecol. Sociobiol.* 2:303 – 318.

Cheney,D. L. 1983. Extrafamilial alliances among vervet monkeys. In *Primate social reationsships: An integrated approach*, ed. R. A. Hinde, 278 – 286. Sunderland,MA: Sinauer Associates.

Clutton-Brock,T. H. , and Parker, G. A. 1995a. Punishment in animal societies. *Nature* 373:209 – 216.

Clutton-Brock,T. H. , and Parker, G. A. 1995b. Sexual coercion in animal societies. *Anim. Behav.* 49:1345 – 1365.

Cord,M. 1987. Male-male competition in one-male groups. In *Primate societies*, eds. B. B. Smuts, D. L. Cheney, R. M. Seyfarth, R. W. Wrangham, and T. T. Struhsaker, 98 – 111. Chicago: University of Chicago Press.

Cords,M. 1995. Predator vigilance costs of allogrooming in wild blue monkeys. *Behaviour* 132:559 – 569.

Crockett, C. M. 1984. Emigration by female red howler monkeys and the case for female competition. In *Female primates: Studied by women primatologists*, ed. M. F. Small, 159 – 173. New York: Alan R. Liss.

Crockett, C. M., and Pope, T. R. 1988. Inferring patterns of aggression from red howler monkey injuries. Amer. *J. Primatol.* 14:1 – 21.

Crockett, C. M., and Pope, T. R. 1993. Consequences for sex difference in dispersal for juvenile red howler monkeys. In *Juvenile primates: Life history, development, and behavior*, eds. M. E. Pereira and L. A. Fairbanks, 104 –118. Oxford: Oxford University Press.

Datta, S. B. 1983a. Relative power and the acquisition of rank. In *Primate social relationships: An integrated approach*, ed. R. A. Hinde, 93 – 103. Sunderland, MA: Sinauer Associates.

Datta, S. B. 1983b. Relative power and the maintenance of dominance. In *Primate social relationships: An integrated approach*, ed. R. A. Hinde, 103 – 112. Sunderland, MA: Sinauer Associates.

de Waal, F. B. M. 1977. The organization of agonistic relations within two captive groups of Java-monkeys (*Macaca fasicularis*). *Z. Tierpsychol.* 44:225 – 282.

de Waal, F. B. M. 1996. Good natured: *The origins of right and wrong in humans and other animals*. Cambridge, MA: Harvard University Press.

de Waal, F. B. M. 1997a. The chimpanzee's service economy: Food for grooming. *Evol. Hum. Behav.* 18:375 – 386.

de Waal, F. B. M. 1997b. Food transfers through mesh in brown capuchins. *J. Comp. Psychol.* 111:370 – 378.

de Waal, F. B. M. 2000. Attitudinal reciprocity in food sharing among brown capuchin monkeys. *Anim. Behav.* 60:253 – 261.

de Waal, F. B. M., and Luttrell, L. M. 1985. The formal hierarchy of rhesus monkeys: An investigation of the bared teeth display. *Amer. J. Primatol.* 9:73 – 85.

de Waal, F. B. M., and Luttrell, L. M. 1986. The similarity principle underlying social bonding among female rhesus monkeys. *Folia Primatol.* 46: 215 – 234.

de Waal, F. B. M. , and Luttrell, L. M. 1988. Mechanisms of social reciprocity in three primate species: Symmetrical relationship characteristics or cognition? *Ethol. Sociobiol.* 9:101 – 118.

de Waal, F. B. M. , and Berger, M. L. 2000. Payment for labour in monkeys. *Nature* 404:563.

Di Bitetti, M. S. 1997. Evidence for an important social role of grooming in a platyrrhine primate. *Anim. Behav.* 54:199 – 211.

Dittus, W. P. J. 1979. The evolution of behaviors regulating density and age-specific sex ratios in a primate population. *Behaviour* 69:265 – 301.

Dittus, W. P. J. 1988. Group fission among wild toque macaques as a consequence of female resource competition and environmental stress. *Anim. Behav.* 36:1626 – 1645.

Dugatkin, L. A. 1997. *Cooperation among animals*. Oxford: Oxford University Press.

Dunbar, R. I. M. 1983. Theropithecines and hominids: Contrasting solutions to the same ecological problem. *J. Hum. Evol.* 12:647 – 658.

Dunbar, R. I. M. 1988. *Primate social systems*. London: Croom Helm.

Dunbar, R. I. M. 1991. The functional significance of social grooming in primate. *Folia Primatol.* 57:121 – 131.

Fairbanks, L. 1980. Relationships among adult females in captive vervet monkeys: Testing a model of rank-related attractiveness. *Anim. Behav.* 28: 853 – 859.

Flack, J. C. , and de Waal, F. B. M. 2000. "Any animal whatever." Darwinian building blocks of morality in monkeys and apes. *Journal of Consciousness Studies* 7(1 – 2), 1 – 29.

Foley, R. 1987. *Another Unique Species*. Essex, UK: Longman Scientific and Technical.

Gagneux, P. , Woodruff, D. , and Boesch, C. 1998. Furtive mating in female chimpanzees. *Nature* 387:358 – 359.

Gagneux, P. , Boesch, C. , and Woodruff, D. 1999. Female reproductive strategies, paternity, and community structure in wild West African chimpanzees. *Anim. Behav.* 57:19 – 32.

Galdikas,B. M. F. 1988. Orangutan diet,range,and activity at Tanjung Putting,Central Borneo. *Int. J. Primatol.* 9:1 - 35.

Garber,P. A. 1997. One for all and breeding for one:Cooperation and competition as a tamarin reproductive strategy. *Evol. Anthropol.* 5: 187 - 199.

Gintis,H. 2000. Strong reciprocity and human sociality. *Journal of Theoretical Biology* 206:169 - 179.

Goldberg,T. ,and Wrangham,R. W. 1997. Genetic correlates of social behaviour in wild chimpanzees:Evidence from mitochondrial DNA. *Anim. Behav.* 54:559 - 570.

Goodall,J. 1986. *The chimpanzees of Gombe:Patterns of behavior.* Cambridge:MA:The Belknap Press.

Goodall,J. ,Bandura,A. ,Bergmann,E. ,Busse,C. ,Matamo,H. ,Mpongo,E. , Pierece,A. , and Riss,D. 1979. Inter-community interactions in the chimpanzee populations of Gombe. In *The great apes*,eds. D. A. Hamburg and E. McCown,13 - 53. Menlo Park,CA:Benjamin/Cummings.

Gouzoules,S. , and Gouzoules,H. 1987. Kinship. In *Primate societies*, eds. B. B. Smuts,D. L. Cheney,R. M. Seyfarth,R. W. Wrangham,and T. T. Struhsaker,299 - 305. Chicago:University of Chicago Press.

Grafen,A. 1991. Modelling in behavioural ecology. In *Behavioural ecology*,eds. ,J. R. Krebs and N. B. Davies,5 - 31. Oxford:Blackwell.

Hamilton,W. D. 1964. The genetical evolution of social behavior,I and II. *J. Theor. Biol.* 7:1 - 52.

Hamilton, W. D. 1987. Discriminating nepotism:Expectable, common, overlooked. In *Kin recognition in animals*,eds. D. J. C. Fletcher and C. D. Michener,417 - 637. New York:John Wiley and Sons.

Harcourt, A. H. 1987. Dominance and fertility among female primates. *J. Zool. Lond.* 213:471 - 487.

Hauser,M. D. 1997. Minding the behaviour of deception. In *Machiavellian intelligence II* eds. A. Whiten and R. W. Byrne,112 - 143. Cambridge:Cambridge University Press.

Hauser,M. D. , and Marler, P. 1993a. Food-associated calls in rhesus macaques（*Macaca mulatta*）：I. Socioecological factors. *Behav. Ecol.* 4：194 -205.

Hauser, M. D. , and Marler, P. 1993b. Food-associated calls in rhesus macaques（*Macaca mulatta*）：II. Costs and benefits of call prodution and suppression. *Behav. Ecol.* 4：206 - 212.

Hauser, M. D. , Chen, M. K. , Chen, F. , and Chuang, E. 2003. Give unto others：Genetically unrelated cotton-top tamarin monkeys preferentially give food to those who altruistically give food back. *Proc. Roy. Soc. London*, B. 270：2363 - 2370.

Hemelrijk, C. K. 1994. Support for being groomed in long-tailed macaques, *Macaca fasicularis*. *Anim. Behav.* 48：479 - 481.

Hemelrijk, C. K. , and Ek, A. 1991. Reciprocity and interchange of grooming and "support" in captive chimpanzees. *Anim. Behav.* 41：923 - 935.

Henrich, J. 2004. Inequity aversion in capuchins? *Nature* 428：139.

Henzi, P. 2001. Baboons exchange grooming for tolerance around infants. Paper presented at the XVIIIth Congress of the International Primatological Society. Adelaide, Australia, 7 - 12 January 2001.

Henzi, S. P. , and Barrett, L. , 1999. The Value of grooming to female primates. *Primates* 40：47 - 59.

Henzi, P. , Lycett, J. E. , and Weingrill, T. 1997. Cohort size and the allocation of social effort by female mountain baboons. *Anim. Behav.* 54：1235 - 1243.

Horrocks, J. , and Hunte, W. 1983. Maternal rank and offspring rank in vervet monkeys：An appraisal of the mechanisms of rank acquisition. *Anim. Behav.* 31：772 - 782.

Hunte, W. , and Horrocks, J. A. 1987. Kin and non-kin interventions in the aggressive disputes of vervet monkeys. *Behav. Ecol. Sociobiol.* 20：257 - 263.

Johnson, J. A. 1987. Dominance rank in olive baboons, *Papio anubis*：The influence of gender, size, maternal rank and orphaning. *Ainm. Behav.* 35：1694 - 1708.

Kaplan, J. R. 1977. Patterns of fight interference in free-ranging rhesus monkeys. *Amer. J. Phys. Anthropol.* 47：279 - 288.

Kaplan, J. R. 1978. Fight interference and altruism in rhesus monkeys.

Amer. J. Phys. Anthropol. 49:241 – 249.

Kapsalis, E. , and Berman, C. M. 1996a. Models of affliliative relation-ships among free-ranging rhesus monkeys (*Macaca mulatta*) I. Criteria for kinship. *Behaviour* 133:1209 – 1234.

Kapsalis, E. , and Berman, C. M. 1996b. Models of affliliative relation-ships among free-ranging rhesus monkeys (*Macaca mulatta*) II. Testing pre-dictions for three hypothesized organized principles. *Behaviour* 133:1235 – 1263.

Kurland, J. A. 1977. *Kin selection in the Japanese monkey. Contributions to primatology*, vol. 12. Basel:Karger.

Lee, P. C. 1983a. Context-specific unpredicability in dominance interac-tion. In *Primate social relationships: An integrated approach*, ed. R. A. Hinde, 35 – 44. Sunderland, MA:Sinauer Associates.

Lee, P. C. 1983b. Effects of the loss of the mother on social develop-ment. In *Primate social relationships: An integrated approach*, ed. R. A. Hinde, 73 – 79. Sunderland, MA:Sinauer Associates.

Lee, P. C. , and Oliver, J. I. 1979. Competition, dominance, and the acqui-sition of rank in juvenile yellow baboons (*Papio cynocephalus*). *Anim. Behav.* 27:576 – 585.

Linn, G. S. , Mase, D. , Lafrancois, D. , O'keefe, R. T. , and Lifshitz, K. 1995. Social and menstrual cycle phase influences on the behavior of group-housed *Cebus apella. Amer. J. Primatol.* 35:41 – 57.

Maestripieri, D. 1993. Vigilance costs of allogrooming in macaque moth-ers. *Amer. Nat.* 141:744 – 753.

Maestripieri, D. 1994. Social Structure, infant handling, and mother styles in group-living Old World monkeys. *Int. J. Primatol.* 15:531 – 553.

Manson, J. H. , Rose, L. M. , Perry, S. , and Gros-Louis, J. 1999. Dynam-ics of female-female relationships in Wild Cebus capucinus:Data from two Costa Rican sites. *Int. J. Primatol.* 20:679 – 706.

Manson, J. H. , Navarette, C. D. , Silk, J. B. , and Perry, S. 2004. Time-matched grooming in female primates? New analyses from two species. *Anim. Behav.* 67(3):493 – 500.

Mason, W. A. 1966. Social organization of the South American monkeys. *Callicebus molloch*: A prelimiary report. *Tulane Studies in Zoology* 13:23 – 28.

Massey, A. 1977. Agonistic aids and kinship in a group of pig-tail macaques. *Behav. Ecol. Sociobiol.* 2:31 – 40.

McGrew, W. C. 1992. *Chimpanzee material culture*. Cambridge: Cambridge University Press.

McGrew, W. C. , and McLuckie, E. C. 1986. Philopatry and dispersion in the cotton-top tamarin, *Saguinus*(*o.*)*oedipus*: An attempted laboratory simulation. *Int. J. Primatol.* 7:401 – 422.

Mitani, J. C. , and Watts, D. P. 2001. Why do chimpanzees hunt and share meat? *Anim. Behav.* 61:915 – 924.

Mitani, J. C. , Merriwether, D. , and Zhang, C. 2000. Male affiliation, cooperation and kinship in wild chimpanzees. *Anim. Behav.* 59:885 – 893.

Mitani, J. C. , Watts, D. P. , Pepper, J. W. , and Merriwether, D. A. 2002. Demographic and social constraints on male chimpanzee behaviour. *Anim. Behav.* 64:727 – 737.

Muroyama, Y. 1991. Mutual reciprocity of grooming in female Japanese macaques(*Macaca fuscata*). *Behaviour* 119:161 – 170.

Muroyama, Y. 1994. Exchange of grooming for allomothering in female patas monkeys. Behaviour 128:103 – 119.

Netto, W. J. , and van Hooff, J. A. R. A. M. 1986. Conflict interference and the development of dominance relationships in immature *Macaca fasicularis*. In *Primate ontogeny, cognition and social behaviour*. eds. J. G. Else and P. C. Lee, 291 – 300. Cambridge: Cambridge University Press.

Nishida, T. , Hiraiwa-Hasegawa, M. , and Takahata, Y. 1985. Group extinction and female fransfer in wild chimpanzees in the Mahale Mountains. Z. Tierpsychol. 67:284 – 301.

Nishida, T. , Hosaka, K. , Nakamura, M. , and Hamai, M. 1995. A within-group gang attack on a young adult male chimpanzee: Ostracism of an ill-mannered member? *Primates* 36:207 – 211.

Nishida, T. , Hasegawa, T. , Hayaki, H. , Takahata, Y. , and Uehara, S.

1992. Meat-sharing as a coalition strategy by and alpha male chimpanzee? In *Topics in primatology*: Volume 1. *Human origins*, ed. T. Nishida, W. C. McGrew, P. Marler, M. Pickford, and F. de Waal, 159 – 174. Basel: Karger.

Noë, R. , and Hammerstein, P. 1995. Biological markets. *Trends Ecol. Evol.* 10:336 – 340.

O'Brien, T. 1993. Allogrooming behavior among adult female wedge-capped capuchins. *Anim. Behav.* 46:499 – 510.

Palombit, R. 1994. Dynamic pair bonds in hylobatids: Implications regarding monogamous social systems. *Behaviour* 128(1 – 2):65 – 101.

Parr, L. A. , Matheson, M. D. , Berstein, I. S. , and de Waal, F. B. M. 1997. Grooming down the hierarchy: Allogrooming in captive brown capuchin monkeys, *Cebus apella. Animal Behaviour* 64:361 – 367.

Paul, A. 1999. The socioecology of infant handling in primates: Is the current model convincing? *Primates* 40:33 – 46.

Paul, A. , and Kuester, J. 1987. Dominance, kinship, and reproductive value in female Barbary macaques (*Macaca sylvanus*) at Affenberg, Salem. *Behav. Ecol. Sociobiol.* 21:323 – 331.

Pérez, A. , and Veà, J. J. 2000. Functional implications of allogrooming in *Cercocebus torquatus. Int. J. Primatol.* 212:255 – 268.

Pereira, M. E. 1989. Agonistic interactions of juvenile savannah baboons II. Agonistic support and rank acquisition. *Ethology* 80:152 – 171.

Perry, S. 1996. Female-female social relationships in wild white-faced capuchin monkeys (*Cebus capucinus*). *Amer. J. Primatol.* 40:167 – 182.

Pfennig, D. W. , and Sherman, P. W. 1995. Kin recognition. *Scienctific American* 272(6):98 – 103.

Pope, T. R. 1990. The reproductive consequences of male cooperation in the red howler monkey: Paternity exclusion in multi-male and single-male troops using genetic markets. *Behav. Ecol. Sociobiol.* 27:439 – 446.

Pope, T. R. 2000a. The evolution of male philopatry in neotropical monkeys. In *Primate males*, ed. P. M. Kappeler, 219 – 235. Cambridge: Cambridge University Press.

Pope, T. R. 2000b. Reproductive success increase with degree of kinship in cooperative coalitions of female red howler monkeys(*Alouatta seniculus*). *Behav. Eocl. Sociobiol.* 48:253 – 267.

Pusey, A. E. , and Packer, C. 1987. Dispersal and philopatry. In *Primate societies*, eds. B. B. Smuts, D. L. Cheney, R. M. Sayfarth, R. W. Wrangham, T. T. Struhsaker, 250 – 266. Chicago: University of Chicago Press.

Pusey, A. , and Wolf, M. 1996. Inbreeding avoidance in animals. *Trends Ecol. Evol.* 11:201 – 206.

Radaspiel, U. , Lutermann, H. , Schmelting, B. , Bruford, M. W. , and Zimmermann, E. 2003. Patterns and dynamics of sex-biased dispersal in a nocturnal primates, the grey mouse lemur, *Microcebus murimus. Anim. Behav.* 65(4):709 – 729.

Reeve, H. K. , and Keller, L. 1999. Levels of selection: Burying the units-of-selection debate and unearthing the crucial new issues. In *Levels of selection in evolution*, ed. L. Keller, 3 – 14. Princeton, NJ: Princeton University Press.

Reicharcd, U. Extra-pair copulations in a monogamous gibbon (*Hylobates lar*). *Ethology* 100:99 – 112.

Sambrook, T. D. , Whiten, A. , and Strum, S. C. 1995. Priority of access and grooming patterns of females in a large and small group of olive baboons. *Animal Behaviour* 50:1667 – 1682.

Saunders, C. D. 1988. Ecological, social, and evolutionary aspects of baboon(*Papio cynocephalus*) grooming behavior. Ph. D. dissertation, Cornell University.

Seyfarth, R. M. 1977. A model of social grooming among adult female monkeys. *J. Theor. Biol.* 65:671 – 698.

Seyfarth, R. M. 1980. The distribution of grooming and related behaviours among adult female vervet monkeys. *Anim. Behav.* 28:798 – 813.

Seyfarth, R. M. , and Cheney, D. L. 1984. Grooming, alliance, and reciprocal altruism in vervet monkeys. *Nature* 308:541 – 543.

Seyfarth, R. M. , and Cheney, D. L. 1988. Empirical tests of reciprocity theory: Problems in assessment. *Ethol. Sociobiol.* 9:181 – 188.

Seyfarth, R. M. , Cheney, D. L. , and Marler, P. 1980. Monkeys responses to three different alarm calls: Evidence for predator classification and semantic communication. *Science* 210:801 – 803.

Silk, J. B. 1982. Altruism among female *Macaca radiata*: Explanations and analysis of patterns of grooming and coalition formation. *Behaviour* 79: 162 – 168.

Silk, J. B. 1987. Social behavior in evolutionary perspective. In *Primate societies*, eds. B. B. Smuts, D. L. Cheney, R. M. Seyfarth, R. W. Wrangham, and T. T. Struhsaker, 318 – 329. Chicago: University of Chicago Press.

Silk, J. B. 1992. The patterning of intervention among male bonnet macaque: Reciprocity, revenge, and loyalty. *Curr. Anthropol.* 33:318 – 325.

Silk, J. B. 1993. The evolution of social conflict among primate females. In *Primate social conflict*. eds. W. A. Mason and S. Mendoza, 49 – 83. Albany: SUNY Press.

Silk, J. B. 1999. Why are infants so attractive to others? The form and function of infant handling in bonnet macaques. *Anim. Behav.* 57: 1021 – 1032.

Silk, J. B. 2002. Kin selection in primate groups. *Intl. J. Primatol.* 23 (4):849 – 875.

Silk, J. B. , Cheney, D. L. , and Seyfarth, R. M. 1999. The structure of social relationships among female savannah baboons in Moremi Reserve, Botswana. *Behaviour* 136:679 – 703.

Silk, J. B. , Alberts, S. C. , and Altmann, J. 2004. Patterns of coalition formation by adult female baboons in Amboseli, Kenya. *Anim. Behav.* 67 – 573—582.

Simpson, M. 1973. The social grooming of male chimpanzees. In *Comparative ecology and behavior in primates*, eds. R. Michael and J. Crook, 411 –505. New York: Academic Press.

Smith, K. L. , Alberts, S. C. , and Altmann, J. A. 2003. Wild female baboons bias their social behavior toward paternal half-sisters. *Proc. Roy. Soc. Lond. B.* 270:503 – 510.

Smuts, B. B. , Cheney, D. L. , Seyfarth, R. M. , Wrangham, R. W. , and Stuhsaker, T. T. (eds.)1987. *Primate societies*. Chicago: University of Chicago Press.

Stammbach, E. 1978. On social differentiation in groups of captive female hamadryas baboons. *Behaviour* 67:322 – 338.

Stanford, C. B. 1996. The hunting ecology of wild chimpanzees: implications for the evolutionary ecology of pliocene hominids. *Amer. Anthropol.* 98:96 – 113.

Stanford, C. B. 1998. *Chimpanzees and red colobus: The ecology of predator and prey.* Cambridge, MA: Harvard University Press.

Stanford, C. B. , Wallis, J. , Matama, H. , and Goodall, J. 1994. Patterns of predation by chimpanzees on red colobus monkeys in Gombe National Park, Tanzania, 1982 – 1991. *Amer. J. Phys. Anthropol.* 94:213 – 229.

Starin, E. D. 1994. Philopatry and affiliation among red colobus. *Behaviour* 130:252 – 270.

Stevens, J. R. , and Hauser, M. D. 2004. Why be nice? Psychological constraints on the evolution of cooperation. *Trend Cog. Sci.* 8:60 – 65.

Strier, K. B. 1992. *Faces in the forest.* Cambridge, MA: Harvard University Press.

Strier, K. B. 2000. From binding brotherhoods to short-term sovereignty: The dilemma of male Cebidae. In *Primate males*, ed. P. M. Kappeler, 72 – 83. Cambridge: Cambridge University Press.

Struhsaker, T. T. 1967. Audiroty communication among vervet monkeys (*Cercopithecus aethiops*). In *Social communication among primates*, ed. S. A. Altmann, 281 – 324. Chicago: University of Chicago Press.

Struhsaker, T. T. 2000. Variation in adult sex ratios of red colobus monkey social groups: Implications for interspecific comparisons. In *Primate males*, ed. P. Kappeler, 108 – 119. Cambridge: Cambridge University Press.

Symington, M. M. 1990. Fission-fusion social organization in Ateles and Pan. *Int. J. Primatol.* 11:47 – 62.

Takahata, Y. , Hasegawa, T. , and Nishida, T. 1984. Chimpanzee predation in the Mahale Mountains from August 1979 to May 1982. *Int. J. Primatol.* 5:213 – 233.

Teleki, G. 1973. *The predatory behavior of wild chimpanzees.* Lewisburg,PA:Bucknell University Press.

Trivers, R. L. 1971. The evolution of reciprocal altruism. *Q. Rev. Biol.* 46:35 – 57.

Uehara,S. ,Nishida,T. ,Hamai,M. ,Hasegawa,T. ,Hayaki,H. ,Huffman,M. ,Kawanaka,K. ,Kobayashi,S. ,Mitani,J. ,Takahata Y. ,Takasaki, H. ,and Tsukahara,T. 1992. Characteristics of predation by the chimpanzees in the Mahali Mountains National Park,Tanzania. In *Topics in primatology*: Volume 1. *Human origins*, ed. T. Nishida, W. C. McGrew, P. Marler, M. Pickford,and F. de Waal,143 – 158. Basel:Karger.

van Schaik,C. P. ,and Janson,C. H. 2000. Infanticide by males:Prospectus,In *Infanficide by males and its implications*,eds. C. P. van Schaik and C. H. Janson,1 – 6. Cambridge:Cambridge University Press.

Walters,J. R. 1980. Interventions and the development of dominance relationship in female baboons . *Folia Primatol.* 34:61 – 89.

Walters,J. R. 1987. Kin recognition in non-human primates. In *Kin recognition in animals*,eds. D. J. C. Fletcher and C. D. Michener,359 – 393. New York:John Wiley and Sons.

Watanabe,K. 1979. Alliance formation in a free-ranging troop of Japanese macaques. *Primates* 20:459 – 474.

Watts,D. P. 1998. Coalitionary mate guarding by male chimpanzees at Ngogo. Kibale National Park,Uganda. *Behav. Ecol. Sociobiol.* 44:43 – 55.

Watts, D. P. 2000. Grooming between male chimpanzees at Ngogo. Kibale National Park. I. Patner number and diverity and grooming reciprocity. *Int. J. Primatol.* 21:189 – 210.

Watts,D. P. ,and Mitani,J. C. 2001. Border patrols and intergroup encounters in wild chimpanzees. *Behaviour* 138(3):299 – 327.

Watts,D. P. ,and Mitani,J. C. 2002. Hunting behavior of Chimpanzees at Ngogo,Kibale National Park,Uganda. *Int. J. Primatol.* 23(1):1 – 28.

Widdig,A. ,and Nürnberg,P. 2001. Paternal kin discrimination in adult female rhesus macaques at Cayo Santiago. Paper presented at the XVIIIth Congress of the International Primatological Society,Adelaide,Australia,7 – 12 January 2001.

Wilson,D. S. 1997. Altruism and organism: disentangling the themes of multilevel selection theory. *Am. Nat.* 150:S122 - 134.

Wimmer,B. ,Tautz,D. ,and Kappeler,P. M. 2002. The genetic population structure of the grey mouse lemur(*Microcebus murinus*),a basal primate from Madagascar. *Behav. Ecol. Sociobiol.* 52:166 - 175.

Wrangham,R. W. 1980. An ecological model of female-bonded primate groups. *Behaviour* 75:262 - 300.

Wrangham,R. W. ,and Smuts,B. B. 1980. Sex differences in the behavioral ecology of chimpanzees. *J. Reprod. Fertil. Suppl.* 28:13 - 31.

3 人类食物分享和合作的自然史：研究综述和新的规范协商的多个体路径

希拉德·卡普兰（Hillard Kaplan）
迈克尔·居尔温（Michael Gurven）

3.1 引言

人类分享食物的方式有别于其他有机生物。许多其他动物，包括群居昆虫（蜜蜂、蚂蚁和白蚁）、社会性肉食动物（狮子、狼和野狗）、某些鸟类（如乌鸦）和吸血蝠等在内都积极地分享食物。然而，人类分享食物的模式和复杂性确实极其独特。其他哺乳动物中母亲与子女的食物分享很大程度上局限于幼仔时期，而人类父母不同，他们与其子女分享食物直到成年。[1]此外，在绝大多数传统的非市场经济中，人类父母与其子女之间的食物分享一直持续到逝世。还有，人类社会中婚姻非常普遍，而丈夫和妻子在其整个婚姻期间持续分享食物。人类家庭中的食物分享主要是以根据年龄和性别划分的劳动分工为基础的，分配任务并分享工作的果实。事实上，家庭内的食物转移在人类社会中非常普遍，以至于人们将它们视为理所当然而没有去系统研究这一现象。这一人类学研究的不足具有讽刺意味，因为配偶间和父母与子女间基于性别的劳动分工和食物分享在人类演化史上占据着重要的地位（比如 Isaac，1978；Lancaster and Lancaster，1983）。

在许多社会中，除了家庭内的食物转移外，食物分享还扩展到核心家庭之外的人。最近对食物分享的研究关注了不同家庭中的成年人的食物分享。绝大多数这类研究都在小规模社会中进行，尤其是由游猎—采集者（hunter-gatherer）和那些从事带有游猎和采集性质的简单农业的群体（forager-horticulturalist，觅食—种植者）构成的社会。对这个问题的关注有两个理由。首先，家庭内的食物分享在游猎—采集者和许多觅食—种植者中非常常见，而这些社会往往被称为"平等社会"。其次，人类在其演进史的绝大部分时间内都是过着游猎—采集者的生活（持续了二百多万年）。农业只有一万年的历史，而对于这个世界的绝大多数民族来说，这只有两千年到三千年的历史。由于游猎—采集者分享食物是一种日常的活动，因此对觅食者中食物转移的研究将有助于我们认识人类食物分享的演进基础，更一般地说，还有助于认识人类高度社会性的起源。

本章有以下几个目标。第一个目标是为非专业读者提供小规模社会中关于食物分享的研究和现存理论的简短的综述。本章第一部分概括了对食物分享的一些主要假设，并评论了与这些假设相关的一些证据。第二个目标是提出证据，说明为什么我们有必要反思现存的食物分享的研究路径。本章第二部分认为，家庭内的资源流量对理解家庭内的食物分享极其关键，如果家庭的食物流量长期不平衡，那么人类生活或人类智慧就无法演化到现在这个水平。我们认为，对这个主题的未来研究应当考虑小群体的决策过程，以及制度化的食物分享规范的出现。在本章的第三部分中，我们回顾了不同社会和同一社会不同情境中的食物分享的案例，并初步构建了关于这些规范如何回应地方生态条件的理论。最后，本章讨论了研究的新方向以及几个尚未解决的主要问题。

3.2 第一部分：理论和经验证据

在解释群体内食物分享的存在与模式的问题上，共有六种不同的理论。

（1）互惠利他主义。

有几个研究者提议用互惠利他主义（Trivers，1971）——某个时点的食物交换是为了以后某个时点的食物回报——解释多数乃至绝大多数人类的食物分享行为（Kaplan and Hill，1985；Winterhalder，1986；Smith，1988）。人类充满了互惠性的食物分享，对此的解释通常是从他们所获取食物的性质以及食物本身内在的"风险"性质的角度进行的（Kaplan and Hill，1985；Winterhalder，1986；Smith，1988）。游猎—采集者往往专门觅取其环境中最大的、最高品质的、最富有营养的食物（Kaplan et al.，2000），其结果是由于获得它们相当困难，所以觅食的运气波动很大。比如，阿奇猎人在打猎的日子里有40%的时间一无所获，而在某一天突然能够获得数十万卡路里热量的肉（Hill and Hawkes，1983）。对于大型打猎活动来说，打到猎物是一件更罕见的事情，比如像哈扎人在他们的打猎日子中，只有3%的时间有收获（Hawkes，O'Connell and Blurton Jones，1991）。

由于在大量食品的消费上存在着报酬递减现象（尤其在那些食物腐败很严重的环境中），又因为食物对于饥饿的人来说非常重要，所以互惠性的食物分享将大幅减小日常消费的波动，最大化食物的跨期效用。因此，互惠利他主义允许个人花费大量的时间和精力追逐大型的、难以定期获得的、高品质的猎物。贸易是互惠利他主义的一种特殊形式，其中给予的回报利益是另一种通货，比如用肉换取交配机会、用食物换取劳动，或者用鱼换取红薯。然而，当回报利益并非食物通货时，比如增加的交配机会，这类分享行为并不有助于降低风险。

（2）合作性获得和互利共生。

分享还使得个人从共同追逐食物中获益。难以获得的食物，尤其是野生动物，往往需要数人的共同努力。但是，根据不同文化对所有权的规定，通常只有一人被视为所获得猎物的所有者（比如第一个给予猎物致命一击的人、发现者、最后杀死猎物的人 [Dowling，1968]）。许多群体中，在参与合作任务的群体成员中进行的分享只是第一波的分享行为（比如俾格米人［Bailey，1991；Harako，1976］）。所有者对那些合作中的非所有者的回报是分享猎物，而这一分享行为也同时成为一种确保未来相似的食物生产活动中的合作的方法。因此，分享行为是一种基于贸易的互惠利他主义，其中劳动的报酬就是食物。

针对同一现象的另外一种解释是，参与这类群体生产比自己单独生产有更高的人均回报。因此，群体生产代表着一种互利共生（byproduct mutualism）（Clements and Stephens，1995；Dugatkin，1997；Alvard and Nolin，2002）。一旦某群体确立了严格的分享规范，是否参与群体捕鲸或共同捕猴之类的群体生产，就仅仅取决于它是否相对于独立谋生活动具有更高的人均回报（参见 Alvard，2002）。因此，强烈的分享规范的好处是，它将群体生产策略的支付结构从囚徒困境转变为互利共生。

（3）宽待偷窃或乞讨。

基于有关不定时获得大型食物以及在大量食物的消费上存在边际报酬递减的见解，其他人提出一种看法，即这些看似自愿的分享也许实际上只是那些没有食物的人从事的"偷窃"或者乞讨（Blurton Jones，1984，1987）。这一假设的前提是，人们在多余食物的边际价值上存在的非对称性引发了对食物的竞争。饥饿者更有动力战斗，而拥有多余食物的人则将放弃部分食物，因为这些多余的食物不值得他为之战斗（Blurton Jones，1987；Winter-halder，1996）。当力量或者"资源保持潜力"在竞争者那里都是相等的时候，很容易预期宽待乞讨的结果是分配将是高度平等的——这样任何多余的食物对每一个竞争者来说都具有相同的边际价值（Winter-halder，1996）。

这种看法的支持者们指出，在大型的、很容易变化的食物背景下宽待偷窃将引发问题。为什么人们费时去觅取大型食物，即使他们知道获得的食物的大部分都终将被拿走？乞讨大型食物将有效地降低人均消费回报率，使之低于其他环境中的食物生产，尤其是小型食物的生产（Hawkes，1993）。为回答这个问题，霍克斯（Hawkes，1991，1992，1993）提出了这样一种看法，即追逐大型食物尤其是猎物是一种具有性别偏向的行为，因为男人获得大型食物时可以"炫耀"，可以获得青睐。男人愿意花时间获取大型食物，恰恰是因为其他人将从他那儿乞讨。结果是，这些人将获得乞讨者的关注与支持，而这其中多数是妇女。这一关注的回报几乎肯定是增加交配的机会和生育更多子女的机会。

（4）高成本信号传递。

高成本信号传递是炫耀假设的扩展，它可以解释为什么有些人（尤其是男人）追逐难以获得的食物，却往往只获得次优的卡路里回报率（Smith and Bliege Bird，2000；Gurven，Allen-Arave et al.，2000；Bliege Bird，Smith and Bird，2001）。信号的高成本可以确保信息的真实性得到了传播（Zahavi and Zahavi，1997；Grafen，1990；Johnstone，1997）。信号可以提供有关体质（比如不容易生病）或者愿意未来合作的意向的信息。信号接收者回报给慷慨的施予者的并非是食物，而是有关施予者的特征说明，认为施予者是一个理想的伙伴、配偶或者同盟。高成本信号传递与炫耀的差别在于，它并不指望通过宽待偷窃解释食物转移。此外，因为信号的真实性使得发出信号者成为一个具有吸引力的伙伴，所以信号传递就解决了二阶集体行动问题，即谁应该对良好的打猎者抱以尊敬。

（5）基于亲缘选择的裙带庇护。

因为亲缘个体分享共同的基因，所以任何有利于亲缘的行为都将受到自然选择的偏好。根据汉密尔顿（1964）提出的模型，当受惠者的收益与施予者和受惠者之间的基因相关系数相除后仍然超过了施予的成本时，自然选择将偏向对亲缘的利他主义。由此不难预测，在其他条件不变的情况下，近亲将比远亲和非亲个体分享到更多的食物或者更频繁地分享食物（Feinman，1979）。还可以认为，我们可在近亲之间比在非亲缘或远亲——后两者基本上只能互惠分享——之间找到更多的施与受的不平衡（Hames，1987；Feinman，1979）。但是，如果近亲也是互惠伙伴或者互惠利他主义对亲缘中的食物转移发挥着重要作用，那么这也许不能成立。

（6）特质—群体选择。

群体之间的选择也可以用来解释人类群体中的合作和食物分享（Wilson，1998；Boyd and Richerson，in press；Boehm，1993）。在群体选择模型中，利他主义者的相对适应性比群体内部的自利者的适应性低，但是如果一个群体拥有更多的利他主义成员，那么它比那些拥有较少利他主义成员的群体的平均适应性高。如果群体——这里"群体"指任何个体的集合——内部利他主义者绝对适应性的提高程度超过其在群体内部的适应性的降低程度，那么群体选择将偏向高成本食物分享（Wilson，1990，1998）。虽然偏向特质群体选择（trait-group selection）的条件比之前的群体选择模型宽松，但其总体影响仍然受到群体聚居和移居模型的限制，并且其解释力无法超过自利模型（Harpending，1998；Krebs，1987）。然而，如果群体利益与个人利益发生冲突，那么鼓励个体分享食物的文化工具将提高群体内施予的频率（Simon，1990；Boyd and Richerson，in press），增加社会倾向的平等主义行为（Boehm，1993）。

3.2.1　跨文化证据

大量的跨文化证据表明，大型资源的特点是分享，尤其是野生动物。哈扎人（Hawkes，1993；Marlowe，n. d.）、多布昆人（Dobe！Kung）（Lee，1979；Marshall，1976）、基维人（G/wi）（Silberbauer，1981）、伊法鲁克人（Ifaluk）（Sosis，Feldstein and Hill，1988）、阿奇人（Kaplan and Hill，1985）、亚诺马莫人（Yanomamo）（Hames，1990）和冈温古人（Gunwinggu）（Altman，1987）在追逐大型野生动物时往往选择合伙。这类合伙行为可以显著减小日常肉类消费的波动，虽然降低风险只是互惠利他主义和群体选择框架的一个目标，但降低风险的结果与所有六种模型相符。这是因为相对大型的猎物——特点是不管是个人还是合伙获取它都带有偶然性——的普遍分享都可以用未来互惠（互惠利他主义）、饥饿者的需求与威胁（宽待偷窃）、表型品质的真实信号（高成本信号传递）和最大化群体利益的帕累托最优分配解（特质—群体选择）解释。资源的规模越大（假定边际回报递减），分享的成本越小。因此不难看出，体积大这一特征是分享肉类和诸如水果、市场食物等食物的重要指示器（Hames，1990；Gurven，Hill et al.，2000；Gurven，Hill and Kaplan，2002；Kitanishi，1998）。

因此，大型食物的分享非常普遍这一结论并不能帮助我们区分3.2节讨论的六种模型中究竟哪一种模型在群体内和跨群体的食物分享方面最具有解释力，经验观察通常集中在三个问题上：受予和给予的依存关系（contingency）、生产者在分配方面的控制以及家庭之间在给予与受予方面的不对等。

3.2.1.1　依存关系

食物分享的依存关系是区分互惠利他主义与其他模型的一个关键特征（Rothstein and Pierroti，1998；Hill and Kaplan，1993）。普遍的依存关系要求所有的给予和受予处于平衡，而特殊的依存关系要求对某人的给予将得到这个人的回报（Hames，2000；Gurven，Hill et al.，2000）。特殊的依存关系通常以样本时间内 A 给予 B 的食品的比例或数量与 B 给予 A 的食品的比例或数量这两者的相关性衡量。依存关系的衡量可以分类（比如肉类对肉类，根类对根类等），也可以是所有食品（这样包括跨食品类型的交换）。对施予者来说，若想实现有利于自己的互惠利他主义，就要倾向于将食物给予那些未来可能与他分享食物的人（特殊的依存关系）。此外，高成本信号传递要求信号传递中的与特权相关的利益应当大于生产被普遍分享的食物的成本（普遍的依存关系）。而宽待偷窃、亲缘选择和特质—群体选择并不要求食物分享取决于预期的回报。

特殊的依存关系仅仅只在四个群体中被测量到，这四个群体全都在南美，分别是亚诺马莫人（Hames，2000）、希维人（Hiwi）（Gurven，Hill et al.，2000）、阿奇人（Gurven，Allen-Arave et al.，2000）和皮拉加人（Pilaga）（Henry，1951）。那些描述各类食物的特殊的依存关系的相关系数显著大于零，但并不是特别大（在 0.2 和 0.5 之间［Gurven，in press］，参见 3.2.1.3 节对失衡的讨论）。而在各类资源中，培育和收集类的食物的依存关系往往是最明显的。这些结论最符合互惠利他主义，最不符合宽待偷窃，因为后者预测给予与受予之间不存在相关性。[2] 然而，在阿奇人中不存在证据表明，单次觅食追逐野兽的活动中出现了特殊的依存关系，也没有证据显示将猎物带回永久居住地的特殊的依存关系。这显然与互惠利他主义不符，除非阿奇人的食物分享是对群体工作的回报（本章第三部分将讨论合作性获得和互惠主义）。即使如此，我们仍然需要进一步的研究来确定，这些显著的正相关是否意味着食物回报的时间贴现值足以抵消当前给予的成本。

在许多传统社会中都发现了一些个案证据，其中给予者都在未来获得了回报，而那些没有给予的在未来则没有获得回报。正如马曼德人（Maimande）解释的，"如果一个人不付出，那么他就不会得到回报……绝大多数的分配都将部分人排除在外，是因为他们很少将他们的产物给予我们"（Aspelin，1979，317）。同样的事例还发生在阿格达人（Agta）（Peterson，1978；Bion Griffin，personal communication）、品突皮人（Pintupi）（Myers，1988）、西里奥诺人（Siriono）（Holmberg，1969，45）和基维人（Silberbauer，1981，463）中间。虽然在这些或其他人种中通常强调了人们对未来回报的预期，但我们并不清楚给予与回报之间的时间跨度。事实上，萨林斯（Sahlins，1972）使用的"普遍互惠"就是说，短期的不对等——这在亲缘间尤其突出——最终将会被整个生命期间的回报平衡。

普遍的依存关系或普遍的对等关系在五个社会中被测量到，它们是阿奇人（Gurven，Hill and Kaplan，2002）、希维人（Gurven，Hill et al.，2000）、梅里亚姆人（Meriam）（Bliege Bird and Bird，1997）、皮拉加人（我们对 Henry［1951］的分析）以及亚诺马莫人（Hames，2000）。这些研究为普遍的依存关系提供了综合的支持证据。虽然因为缺乏具体的对等关系而与互惠利他主义相悖，但普遍的对等关系的存在间接支持了互惠主义（Alexander，1987；Boyd and Richerson，1989）或者高成本信号传递——这里对施予者的回报是食物。如果回报利益是另外一种通货（比如交配机会），那么普遍的对等关系的缺失将使得这些证据无法支持高成本信号传递理论。

3.2.1.2 生产者控制

互惠利他主义和亲缘选择要求生产者对他们获得的食物的分配具有某种程度上的控制，而宽待偷窃则不假定任何生产者"权利"。如果生产者对特定内容的分配不具有任何控制权，那么这些食物就具有了部分公共产品的功能（Dowling，1968；Hawkes，1993）。虽然我们在某些群体中可以观察到猎物的广泛的分配（比如阿奇人［Kaplan and Hill，1985］、基维人［Silberbauer，1981］、哈扎人［Hawkes，1993］、澳洲西部沙漠的土著人［Gould，1980］），但有几类证据表明，在许多文化中，生产者往往对分配具有突出的控制权。首先，正如3.2.1.1节指出的，食物分享往往倾向于那些未来愿意与生产者分享的人。此外，当还有其他家庭时，分配明显倾向近亲（冈温古人［Altman，1987］、科珀人（Copper）和奈特西里克的爱斯基摩人（Netsilik Eskimo）［Damas，1972］、皮拉加人［Henry，1951］、希维人［Gurven，Hill et al.，2000］、凯因冈人（Kaingang）［Henry，1941］、巴特克人（Batek）［Endicott，1988］、品突皮人［Myers，1988］、瓦绍人（Washo）［Price，1975］、亚诺马莫人［Hames，1990］、马奇根加人［Kaplan，1994］、阿奇人［Kaplan and Hill，1985；Gurven，Hill and Kaplan，2002］、伊法鲁克人［Sosis，1997］、巴撒瓦人（Basarwa）［Cashdan，1985］）以及那些参与集体打猎活动的人（奈特西里克的爱斯基摩人［Damas，1972］、奈奈昆人（Nyae Nyae！Kung）［Marshall，1976］、伊法鲁克人［Sosis，1997］、品突皮人［Myers，1988］、瓦绍人［Price，1975］、姆布蒂人（Mbuti）［Ichikawa，1983］、阿卡人（Aka）［Bahuchet，1993；Kitanishi，1998］、埃菲人（Efe）［Bailey，1991］、拉马勒拉人（Lamalera）［Alvard，2002］、西北海岸印第安人［Gould，1980］）。在希维人和阿奇人的居住地，食物分享有明显的亲缘倾向，即使控制了居住距离这一变量也是如此。许多人种志都明确了初始分配后的分享所有权，即使其他人还没有得到任何肉食（埃菲人［Bailey，1991，100］、奈奈昆人［Marshall，1976，363］）。其次，猎人们经常在打猎的地点消费部分猎物（如内脏与骨髓），通常没有人会去指责他们的这种权利（巴特克人［Endicott，1988］、哈扎人［Marlowe，n. d.］、奈奈昆人［Marshall，1976］、基维人［Silberbauer，1981］）。再次，生产者所保留的食物通常远超出猎物的 $1/n$，哪怕营地或村庄里的其他人可能得不到任何肉食（冈温古人［Altman，1987］、约拉人（Yora）［Hill and Kaplan，1989］、尤奎人（Yuqui）［Stearman，1989］、亚诺马莫人［Hames，2000］、哈扎人［Hawkes et al.，2001］、阿奇人［Gurven，Allen-Arave et al.，2001］、希维人［Gurven，Hill et al.，2000］）。最后，在许多觅食社会中我们可以经常观察到群体其他成员要求分享食物（Peterson，1993；Chagnon，1983），但这并不意味着生产者不能忽视或者拒绝群体其他成员的食物要求。有证据表明，在品突皮人（Myers，1988）、阿卡人（Bahuchet，1990，38）、阿格达人（Griffin，1984）、皮拉加人（Henry，1951）和西里奥诺人（Holmberg，1969，88）中，非生产者并不拥有分享食物的权利。

3.2.1.3 不对等：相对需求、讨价还价和信号传递

一些人种志报告了大量家庭之间的短期不对等但长期对等的食物转移现象，这符合普遍互惠的假设（比如巴特克人［Endicott，1988，118］、凯因冈人［Henry，1941，101］）。虽然短期内的不对等很容易被观察到，但整个生命周期的共生互利中的长期对等却很难被证实。基于亲缘选择的裙带性食物分享预测食物分享是不对等的，即使这种亲缘关系本身是对称的。对于拥有生存技能的生产者来说，将食物给予依赖他和没有生存技能的子女与亲缘，意味着较低的成本和较高的收益（汉密尔顿规则的表述是 $B > C$）。同样，食物的下向流动为具有更高繁殖价值的年幼亲缘带来了有用的卡路里（Rogers，1993）。从个体生命的过程来看，现有证据表明，在阿奇人、皮诺人（Piro）、马奇根加人（或者还有其他传统群体）中间，孩子对于父母来说是净成本，因此孩子的债务永远得不到直接偿还，而是被转嫁到孙辈（Kaplan，1994；参见本章第二部分）。我们还可以在年龄相仿的亲缘之间发现一些小规模的短期不对等的食物转移现象。艾伦—阿拉夫等人（Allen-Arave et al.，n. d.）发现，在阿奇人中，年龄相仿的亲缘（比如兄

弟姐妹）之间的四个月内的食物转移不对等现象要少于年龄差距大的亲缘之间（比如年老的父母与他们的成年子女之间）。

除了亲缘关系外，还有充分的证据表明，不管是个人之间还是家庭之间，都存在觅食者和觅食—种植者之间的短期和长期不对等。在阿奇人、埃菲人、皮拉加人和尤奎人中，产量最大的生产者经常把食物分给那些低产量的生产者（Kaplan and Hill，1985；Gurven，Allen-Arave et al.，2000；Bailey，1991；Henry，1941；Stearman，1989）。事实上，当人们观察到阿奇人和哈扎人中的打猎高手从未得到足够的实物补偿时，便得出了这一判断，即互惠利他主义模型不适用于人类的食物分享（Hawkes，1991，1993）。

对个人或家庭之间的食物转移的数量的不对等可以有以下几种解释。首先，绝大多数研究是短期性质的，研究者往往对回报的延迟时间给予了一个没有根据的期限，而且对家庭之间的交换关系的简短跟踪会导致取样倾向，从而引起某种程度上的不对等。黑姆斯（Hames，2000）认为，严格记录意味着确保任何一对远距离的个人交易实现对等，这里的信任是薄弱的（比如市场交易），而对那些在很长一段时间内保持互动的个人来说，不对等是经常的。

其次，如果食物分享建立在表型品质或者遗传品质信号的基础之上，那么不对等可能是有意的。当猎人费尽力气为社群准备大餐时，乌龟肉的不对等交换很有可能是由高成本信号传递导致的（Bliege Bird and Bird，1997；Smith and Bliege Bird，2000）。同样，如果互惠利他主义或高成本信号传递的回报是另一种通货，那么我们也将预测不对等会出现。虽然高产量的阿奇猎手所放弃的高于他们所收到的回报，但他们将会得到更多的交配机会，以及更高的子女生存率（Hill and Hurtado，1996）。尤奎人和提斯曼人（Tsimane）有时用他们的猎物交换种植产物（Stearman，1989；Chicchón，1992），而种植失败的奎库尤人（Kuikuyu）将用劳动换取邻居的木薯地（Carneiro，1983）。

正如前面所提到的，依存关系系数远低于1.0意味着家庭内的不对等交换的相对较高的发生率。还有必要提及的是，所有对依存关系的测量都以家庭内的食物分享的数量为基础。然而，对讨价还价理论的解释符合互惠利他主义，但不符合食物数量的严格对等（Ståhl，1972；Hill and Kaplan，1993；Sosis，Feldstein and Hill，1998；Gurven，Hill et al.，2000）。如果施予者的预期未来收益超过当前的给予成本，那么他会继续给予，我们没有理由指望出现交换的长期平等。不对等的范围应当是财富、影响、地位和需求的微分方程。一份对依存关系——对家庭间"价值"转移的对等程度的测量——的计算报告在加入分享的频率与规模后，发现在希维人和阿奇人的觅食者中的对等水平略高。

许多学者讨论了"需求"以及食物流向的重要性（Woodburn，1982；Barnard and Woodburn，1988；Winterhalder，1996），并支持了这样一种观念，即"如果存在饥饿，那么就存在分享"（Marshall，1976，357），也可能支持了群体选择假设。在阿奇人、马曼德人、基维人和希维人中，分享往往与受予家庭中的消费者的数量成比例（Gurven，Hill and Kaplan，2002；Aspelin，1979；Silberbauer，1981；Gurven，Hill et al.，2000）。具有高依赖性的巴特克人家庭往往成为净消费者，而那些具有低依赖性的家庭则成为净生产者（Cadelina，1982）。其他的证据表明，大家庭中的老人往往在分享网络中获益，这通常要求年轻人付出更多的劳动，尤其是考虑"新娘服务"时（埃菲人［Bailey，1991］、冈温古人［Altman，1987］、Kutse 人［Kent，1993］、雅诺马马人（Yanamamo）［Ritchie，1996］和阿格达人［Bion Griffin，1984］）。不同家庭中的不同需求将导致不同的给予的成本与收益，因此会影响讨价还价的结果以及可以观察到的对等水平。本章第二部分将继续讨论这个问题。

虽然在某种程度上的不对等可以归因为需求水平的差异，但有许多证据显示，对这些不对等的容忍有一定的限度。那些没有生产或者充分分享的人往往遭受批评——不管是直接批评还是背后的闲话——和社会的疏远。偷懒者被排除在分配之外直到他们提高了自己的生产与分享，这类故事经常可以在马曼德人（Aspelin，1979）、皮拉加人（Henry，1951，199）、冈温古人（Altman，1987，147）、瓦绍人（Price，1975，16）、马奇根加人（Baksh and Johnson，1990）、阿格达人（Griffin，1984，20）和奈特西里克的爱斯基摩人（Balikci，1970，177）中听到。但其他的人种志也有报告长期的不对等却没有伴随任何明显的惩罚、排除和疏远（查可布人（Chácobo）［Prost，1980，52］、凯因冈人［Henry，1941，101］、巴特克人［Endicott，1988，119］），只是这些故事表明，这些不对等归因于群体中的很小一部分的低产量的生产者。

总之，大量的跨文化证据支持如下看法，即众多的食物分享隐含着某种程度的互惠利他主义。首先，在许多社会中，生产者对资源的分配具有控制权。其次，虽然给予和回报之间的特殊的依存关系只出现在少部分案例中，但即使是在短期的案例中也有证据说明，人们与那些具有较高给予率和受受率的伙伴分享得更多，而与那些给予较少的人分享得更少（但阿奇人在森林中的肉类分享是一个例外）（Kaplan and Hill，1985）。还有大量的统计报告表明，在绝大多数文化中以及不同的背景中，给予与受予是相互依存的。

与此同时，家庭之间的给予与受予的持续不对等意味着，严格的互惠利他主义不能解释家庭之间的所有的食物分享行为。其中的部分不对等可能源于亲缘选择、高成本信号传递、宽待偷窃、特质—群体选择或者这四种力量的某种混合。在接下来的章节中，我们简述了食物分享在人类生命演进中的重要性。我们也证明了人类的生命的演进要求食物流向的长期不对等。我们还提出了一种新的理解不对等的方法，其中涉及多个体决策过程（multi-individual decision processes）和长期互惠（long-term mutual benefit）。

3.3 第二部分：人类生命史和食物分享

3.3.1 人类生命史的特征

人类的生命史区别于其他哺乳动物（甚至包括灵长类动物）的地方是其独特的觅食手段。这里有五个值得注意的人类生命进程的特征。

（1）一个特别长的生命周期；

（2）一个长期的少年依赖期；

（3）年老的已过生育年龄的人支持生育；

（4）男性通过为女性及他们的子女提供食物来支持生育；

（5）一个大脑，它具有学习、认识和思考的能力。

人类具有非常复杂的觅食策略，在各类不同的环境中消费各类食物，这种灵活性有助于我们在这个世界的各个地域环境中成功存活。而从另一种意义上看，人类的觅食生态是非常特殊的。在每一种环境中，人类觅食者消费最大的、最富有营养的、最高品质的和最难获得的食物，使用那种往往需要多年才能学会的技术（Kaplan et al.，2000；Kaplan，1997）。

这一觅食生态与人类生命史相关，因为有必要使用高水平的知识、技术、协调和力量来获得人类所消费的高品质的和难以获取的资源。获取这些能力需要时间，致力于发展的决心和一个具有学习、信息处理和计划能力的大脑。在长期的学习阶段中，生产率很低，因此必须从成年阶段的更高生产率以及年长者对年轻者的代际食物流中获得补偿。生产率随年龄的增长而提高，在获取技术和知识方面的时间投资将导致低死亡率和更长的寿命，因为投资的收益只有在年长时才能出现。

在对食物消费和生产的年龄分布进行研究时，有三个觅食群体（阿奇人、哈扎人和希维人）和两个觅食—种植群体（马奇根加人和皮诺人）的数据可用。所有这些群体都体现了相似的净食物生产的年龄分布。孩子基本上是由其父母养育到大约 18 岁（此时食物的生产基本接近消费），之后在 20 多岁到 30 多岁期间，生产率直线上升。任务的技术密度越大，则达到生产率顶点的时间越长，"在职培训"的生产率就会越高（Bock，2002）。高生产率一直维持到 65 岁左右，这时衰老的不良影响非常显著。这一发展和成长的模式与现代社会极其相似，现代社会中的工资取决于教育方面的投资，并且 18 岁和 65 岁具有相似的意义。

图 3—1 显示了与我们最亲近的生命（野生黑猩猩）和现代人类游猎—采集者在类似于我们过去的演进史的条件下的依年龄而变的存活率和净生产量（Kaplan et al.，2000，2001）。很明显的是，黑猩猩的净生产曲线呈现出三个不同的阶段。第一个阶段持续到 5 岁左右，这是一个从完全依赖母乳到部分依赖母乳的过程，并且是负的净生产量。第二个阶段是独立的少年成长，一直持续到成年，在这个阶段净生产量为零。第三个阶段是生育阶段，其中雌性而不是雄性生产多余的卡路里用以哺育后代。人类则与此相反，大约有 20 年他的生产都少于消费。净生产量的负值一直扩大，直到 14 岁左右，然后开始爬升。成年人的净生产量要远高于黑猩猩，并在一个较大的年纪上达到顶峰，这反映出对长期依赖的支付。准确地说，人类净生产量的峰值大约是每天 1 750 卡路里，在 45 岁左右达到。而在雌性黑猩猩中，净生产量的峰值仅仅只有每天 250 卡路里左右，由于生育率随年龄的增长而下降，所以净生产量可能在整个成年期间下降。在 15 岁的时候，黑猩猩已经消费了其预期生命周期的总卡路里的 43%，生产了总卡路里的

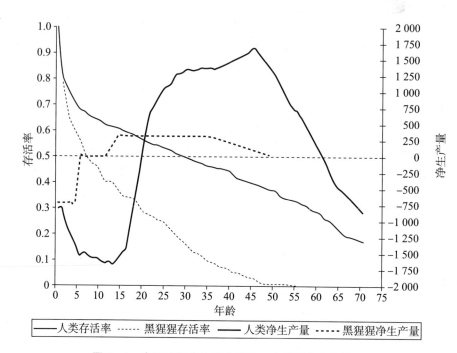

图 3—1　存活率与食物净生产量：人类觅食者和黑猩猩

资料来源：Kaplan、Lancaster 和 Robson（2003）。

40%。与此相反，人类已经消费了预期生命周期的总卡路里的 22%，而仅仅生产了总卡路里的 4%。事实上，人类的生产是在一个很长的寿命期间进行的，无法适用于黑猩猩，否则预期生命周期中的净生产量将是负的（Kaplan et al.，2000）。

这些结论说明了一个高度结构化的生命进程，其中，体质进程和行为进程相互协调。在人类的早期胎儿发育阶段中，神经元的扩散规模要比猴子和猿大，形成了瀑布效应（cascading effects），延伸了大脑的发展并最终形成了一个更大、更复杂和有效的大脑。从行为的视角来看，黑猩猩的认知能力的发展在 8 岁左右就基本结束，而人类到了 16 岁至 18 岁才开始出现形式逻辑推理的能力。正是在这个年龄人类觅食者的生产力开始急剧提升。

3.3.2　分享的演进作用

本章的中心命题是，如果没有家庭内和家庭之间的食物转移的长期不对等，那么人类的生命进程将无法演进到现在这个程度。第一，不难从上面这些数据中看出，如果孩子们在大约 20 年的时间里一直是吃的比做的多，那么就必须设法补贴这些赤字。年长者和那些较独立者的剩余食物可以用来资助如此长的发展期。

第二，这些数据只是说明了以年龄计算的平均产出与消费，其合并了两个性别的单独数据。然而，男性和女性在不同的觅食生态和行为预算（activity budget）中以不同的形式专门发展了各自的技术，然后在此基础上分享他们的劳动成果。这种专业化产生了两种不同形式的互补。男性打猎获得的食物补充了女性采集的食物，因为在营养功能上蛋白质、脂肪和碳水化合物彼此互补（有关评论参见 Hill［1988］和 Hames［1989］），绝大多数被采集的食物如根、棕榈纤维、水果的脂肪和蛋白质含量低（坚果是一个例外）。男性在打猎方面的专业化提高了大型的、可分享食物的生产率，这一事实导致了另一种形式的互补。男性提供的肉类优化了女性活动的时间组合，增加了养育孩子的时间，减少了获取食物的时间。此外，它们还有助于调整女性觅食和生产活动的时间，使之与育儿时间相协调，并且远离对她们及其孩子有害的活动。

这里有 10 个觅食社会中的关于成年生产率的记录（详细情况参见 Kaplan 等［2000］）。平均而言，男性获取了 68％的卡路里和近 88％的蛋白质；女性则获得了其余的 32％的卡路里和 12％的蛋白质。将自身的消费（总卡路里的 31％）扣除后，女性仅仅提供了其子女的卡路里赤字的 3％（即孩子的消费减去他们自身的产出），而男性则提供了余下的 97％！男性不仅提供了子女所消费的所有的蛋白质，而且还提供了女性所消费的大部分的蛋白质。这与绝大多数的哺乳动物（比例超过 97％）形成了鲜明对比，在这些哺乳动物中，雌性提供了子女所需的全部能量，直到后者开始吃辅食为止（Cutton-Brock，1991），而雄性提供得很少。

除了男性和女性之间的专业化外，根据年龄而实行的生产专业化也非常重要。觅食者和觅食—种植者通常将弱体力/低技能的工作（比如采集水果或取水）分配给孩子，强体力/高技能的工作（如打猎和搜索觅食）则留给正当壮年的成年人，弱体力/高技能的工作（比如照顾孩子和手工制造）则留给老年人（Bock，2002；Gurven and Kaplan，n.d.；Kramer，1998）。通过这种方式，家庭劳动的回报率实现了最大化。这样会在某些年龄—性别阶层中出现某种程度上的活动专业化。虽然这方面的记录并不多，但一些案例报告说明，某些男性将更多的时间用于采集或种植，而另外一些男性则将更多的时间用于打猎（提斯曼人［Chicchón，1992］和尤奎人［Stearman，1989］），甚至在打猎中的角色以及所追逐的猎物类型方面也存在着专业化。

为支持这种人类生命史的高强度关爱的特征，不同的家庭之间也存在着不对等。图3—2（来源于 Lancaster 等［2000］）比较了狒狒（Altmann，1980）与阿奇觅食者（Hill and Hurtado，1996）在卡路里获取和生育状态方面的情况。图3—2给出了雌性狒狒在生育期间一天中用于觅食的时间的比例，这里的觅食时间包括在路上和进食的时间。狒狒母亲为满足哺乳的需求承受了极大的压力。她们必须生产出超出自身所需的能量，为此她们的时间预算紧张到了极限。她们无法花费更多的时间在路上，因为这将耗费过多的能量，尤其是她们还必须背负其幼仔。她们通过减少休息时间和社会化时间的15%来增加进食时间。处于哺乳期的狒狒母亲不得不更加辛苦地工作。事实上，雌性狒狒在哺乳期要比平常或怀孕时有着更高的死亡率（Altmann，1980）。

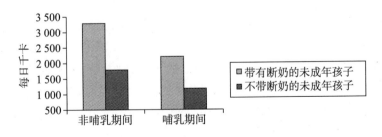

图3—2　生产与生育状态

资料来源：Lancaster 等（2000）。

相形之下，当阿奇人、埃菲人和哈扎人处在哺乳期或甚至还有依赖她们的未成年人需要喂养时，她们减少了觅取食物的时间（Hurtado et al.，1985；Ivey，2000；Hawkes，O'Connell and Blurton Jones，1997）。看来女性在她们看护孩子的时候能够减少能量生产的时间，尽管为了哺乳，她们的能量消耗必须大幅增加。在阿奇人中，绝大多数女性的食物生产活动是指通过砸果实得到淀粉。在长期的觅食过程中，女性所生产的淀粉的60％与核心家庭之外的人分享（Kaplan and Hill，1985），并且没有偏袒近亲的倾向。由于处在哺乳期的女性要比没有孩子的女性生产的淀粉更少，所以这一分享模式意味着在几个月乃至几年的时间内存在着从一些女性到另外一些女性的净食物转移。

第三，也是对于目前讨论最重要的，即使存在家庭内的长期合作，家庭之间的食物流向对于支持这种生命模式也是必不可少的。当孩子断奶后，父母并未停止提供食物，这一事实意味着当父母生更多孩子时，卡路里的负担在增长。图3—3中的菱形线显示了当阿奇人父母生下更多的孩子时，随着年龄的变化，净需求量如何变化（根据男性的年龄计算）。需求量在40岁至50岁期间达到顶点，并仍然保持高水平一直到60岁。虽然在35岁至40岁期间，随着年龄的增长食物生产量也在增加，但需求量增加的速度要大于食物生产量增加的速度。图3—3中的三角线表示了随着男性年龄的变化，家庭净食物生产量（所生产的卡路里减去本人和子女所消费的卡路里）如何变化。[3]这些数据说明了更年轻的家庭必须向更年老的家庭进行净食物转移！此外，家庭规模和生产率存在着很大的差异。由于幼儿和孩子的死亡率以及不同个体的生育率的差异，家庭规模本质上是随机的（参见 Hill 和 Hurtado［1996]）。此外，男性的打猎能力也存在着差异。比如，在阿奇人的样本中，最好的猎手与最糟糕的猎手之间的长期的平均打猎回报存在着五倍的差异（Hill et al.，1987）。在昆人（! Kung）（Lee，1979）、哈扎人（Hawkes，O'Connell and Blurton Jones，2001）、希维人（Gurven，Hill et al.，2000）、冈温古人（Altmann，1987）、阿格达人（Bion Griffin，1984）和马奇根加人（Kaplan，unpublished data）中，也存在类似的能力差异。[4]因此，长期来看，即使是相同的年龄，也存在着从那些生产富余的家庭到生产赤字的家庭的净转移。

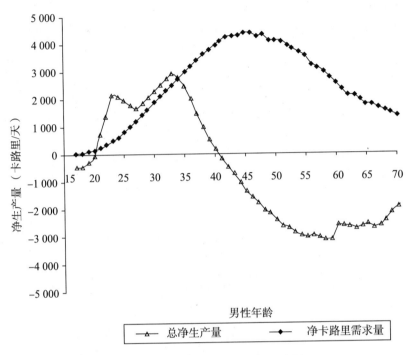

图3—3　家庭需求量与家庭净生产量

　　这些食物转移对生育有巨大的好处。整个生命进程中的"借入"和"借出"能力对资助少年的学习是必要的（关于这类转移及其对学习的影响的演进的理论模型，参见 Kaplan 和 Robson［2002］以及 Robson 和 Kaplan［2003］）。如果在每一段时期都必须做到"收支平衡"，那么一些家庭将不得不降低其生育率，或者迫使其较大的孩子自谋生路。而这将很可能提高儿童和青少年的死亡率，并且降低技术的获取率。青少年无法去打猎，因为在整个学习期间，他们的回报是很低的。此外，谁也无法避免家庭规模和孩子需求带来的风险。如果无论有多少孩子存活，家庭都必须满足所有成员的食物需求，那么他们就不得不降低生育率或者减少对孩子的补助。同样，女性的无须改变消费就可以提高生产率的能力可能大大地提高了幼儿存活率，缩小了生育间隔，并提高了总的生育成功率。当照顾幼儿的需求导致食物获取的机会成本非常高时，女性可能会在有幼儿的时候少生产些，而在机会成本低的时候（即她们没有幼儿需要照看和保护的时候）更加努力工作。

3.3.3 对偶互惠利他主义

这样一种分享系统不可能稳定地实现严格的对偶互惠利他主义（dyadic reciprocal altruism）。如果存在奖励合作和惩罚违规的重复互动，那么互惠利他主义只能在自利个人中出现。用互惠利他主义的术语来说，小家庭中的男性没有激励去支持那些大家庭中的老年人。那些大家庭中的老年人永远不能生产出足够的剩余来"回报"现在的资助，因为他们在年轻人达到需要帮助来维持家庭的年龄之前就可能已经死去。当然也可以主张这样一种代际互惠，即老年人的孩子反过来帮助曾经帮助过他们的家庭，但是这两次食物流向的变化之间的期限过长使得这种安排充满风险。游猎—采集群体之间存在着巨大的流动性，而从长期看来，定居的制度安排是不稳定的。谁也不能保证那些年轻时曾接受过援助的孩子将与那些帮助者一直生活在一个群体中。同样的理由也可以用于不处于哺乳期的母亲与处于哺乳期的母亲之间的食物分享。此外，在遥远未来的回报利益的时间贴现也使得代际互惠不稳定。

同样，涉及家庭规模的随机性质的互惠安排也不可能以对偶关系出现。如果家庭规模的变化主要是随机的，那么两个人在其生育之初就同意这样一种安排，即存活子女少的人支持存活子女多的人，也许是有益的。然而，一旦知道这个结果，那些孩子少的人就没有动机去提供援助，因为他的家庭并不需要回报，并且也没有任何办法来使其执行这个交易。

我们的命题是，人类有办法从这些交易中获益，虽然他们的利益并不是通过对偶互惠利他主义来实现的。多个体协商的办法促成了社会规范的出现，而这一社会规范是由集体执行的。这一立论建立在博伊德和里彻逊（1992）的结论之上，最近鲍尔斯和金蒂斯（2000）也讨论了这个问题，其中合作模型蕴含了惩罚。这四位研究者发现，如果非合作者受到惩罚并且那些没有惩罚非合作者的人也受到惩罚的话，那么在大群体中可以实现稳定的合作。事实上，他们认为，只要那些违规者和没有惩罚违规者的人都受到了惩罚，任何社会规范就都可以稳定维持。但我们认为，自利的行动者还会就这些规范进行协商，衡量不同社会规范所带来的成本与收益。

3.3.4 两个思想实验

想象如下场景。一个妇女带着啼哭的幼儿采集果实归来并开始砸果实。

当她放下孩子来砸果实时，一只无翼黄蜂蜇了她的孩子，孩子感到非常疼痛。她大为着急，并对营地里的另一个妇女说："我的孩子这么小，我根本没办法砸果实。如果现在能够让我集中精力照顾他，那么我非常乐意等他大一点后加倍努力工作。"几天后孩子的伤口感染并发起了高烧。另一个妇女回忆起她几年前经历的事情，她说："你们看，爱唱的迪尔是对的。当我们没有孩子要喂奶的时候，我们要努力工作，让其他人好好照看孩子。"还有一个妇女，已经10年没有生孩子了，她说："为什么我们要为了其他人的孩子工作？你有孩子，就该你养。"其他男性和女性都根据自身的境况（以及他们孩子的状况）纷纷提出看法。最终人们达成共识（或者至少是协议），即要么同意这条新的规则，要么离开这里去与那些"不那么傻的"人生活。然而，一个没有孩子需要照看的妇女，压根就不去砸果实。其他女性开始数落她的不是。这时，她注意到，她所得到的食物份额变少了，并开始怀疑其他人在背后说她的闲话。她立即砸出大量的果浆，并慷慨地与群体中其他人分享。现在她能够感受到其他人的友好并从中得到了教训。

我们来看另一个相似的场景。一个50岁的老人对另一个老人说："看这些懒惰的年轻人！他们中午就回到营地然后在周围玩。然而你和我有许多孩子需要喂养，但却没有食物了。如果这些孩子哪天有了大家庭需要供养怎么办？"另一位老人同意这一看法，并补充道："我怎么知道那位懒人适合我的女儿？我怎么知道他能为其孩子提供足够的食物，让他们健康成长？他应当来到我的火堆旁，并带给我许多肉——这样我才可以知道答案。"

年轻男子对此并不热衷，因为他们不希望整日打猎，但他们也不愿意激怒其所倾心的姑娘的父亲。一个年轻男子是他这个年纪中的打猎能手，他意识到他可以从这样一种系统中获益。因此他开始花更多时间打猎，并慷慨地将猎物分给这些老人。其他年轻人害怕被超过，也开始延长打猎时间，并比以前更为慷慨地与人分享其打猎成果。

尽管这是两个老得掉牙的故事，但这些场景能够反映目前有关分享、努力工作和偷懒——这在觅食社会很普遍——的讨论与评析。我们并不认为，所有社会规范都是在一个很短的时间内通过几次协商就可以用词语明确表达出来的。有时候，几乎可以肯定这些协商会出现不愿意服从和"以脚投票（弃权）"的情形。事实上，我们根本无从得知，在没有正式的执行机制的情况下，小规模社会的适当行为标准是如何出现和改变的。有可能严格意义上的多数投票并未发生作用，因为某些人的影响力要比其他人的大（比如阿奇人的领袖（Kombeti）、埃菲人中的首脑（kapita）[Hewlett and Walker，1990] 和尤奎人中的头领 [Stearman，1989]）。即使如此，我们也认为，这类多个体协商——部分通过语言和部分通过非语言——确实导致了社会规范的出现，而集体舆论——它建立在给定环境中的规范的成本与收益之上——将决定可接受的行为模式。在接下来的 3.4 节中，我们建立了一个初步的理论框架来解释合作中不同规范的差异。

3.4 第三部分：解释分享规范的初步框架

我们认为，分享这一社会规范反映了两种对立力量的相对实力：合作的收益（gains from cooperation）与搭便车的可能性（possibilities for free-riding）。不同社会生态对合作的收益与搭便车的可能性的影响决定了分享规范和合作行为的文化差异。

我们还认为，在演进过程中，自然选择影响了我们的心理的几个特征。

（1）对潜在的合作收益的认知敏感性；

（2）利用这些收益的动机；

（3）对搭便车的认知敏感性；

（4）避免成为搭便车受害者的动机；

（5）利用搭便车的动机；

（6）对合作行为方面的社会规范的短期和长期的成本与收益的认知（既包括从个人的角度，也包括从他人的角度）；

（7）协商社会规范的动机，从而最大化个人在合作与搭便车中的利益；

（8）服从和执行社会规范的动机，从而避免惩罚并让那些违规者或者没有执行者得到惩罚。

我们认为，这一心理、具有复杂分析能力的大脑和长期的生命史在人类历史上共生演化——所有都是因为饮食转向了大型的、高品质的食物。这一摄食适应产生了群体合作的收益。猎物体型的大型化和通过打猎获取猎物的困难如下。

（1）促进了分享（想象就草叶而往返分享的情形）；

（2）增加了猎获运气的短期波动，因为大型动物并不多；

（3）要求很高的学习水平和丰富的经验；

（4）长远来看，加大了个人和家庭层面上生产与消费的不对等；

（5）提高了集体行动与共同追逐——尤其是打猎——的收益；

（6）产生了规模经济，因为食物往往分布在距居住地很远的大片地区。

这些特点产生了短期、中期与长期的巨大的跨期替代收益，年龄和性别、专业化以及个人品质带来的收益，联合生产与合作获取的收益和轮流获取分布不规则的食物的收益。所有这些收益的分布与相对重要性有可能会随着地方生态与食物分布的变化而变化。

搭便车的可能性与收益妨碍了合作。有三个因素影响了搭便车的威胁。第一，当合作网络中的人数增加时，搭便车的威胁也随之增大，因为察觉和惩罚搭便车者的能力可能会随着伙伴数量的增加而减弱。当群体规模扩大时，更多人搭便车的概率也相应提高（Boyd，1988）。当搭便车的人数增加时，惩罚的成本也增加，合作激励则减少。第二，有关行为的信息的质量有可能会影响搭便车的机会。如果工作的努力程度难以被监控，并且很难确定生产率的差异是因为运气还是努力，那么搭便车的机会便增加（Cosmides and Tooby，1992）。第三，搭便车的收益也有可能依据参与者之间的亲疏关系而变化。随着亲缘关系的疏远，个人之间最优工作分配的差异很可能会扩大。

这些对立的力量可能导致了某些普遍性的道德情操的演化，这些道德情操得到了个体的动机心理学与共同的文化规范的支持。具有随机性的个人需求与生产的差异引发了慷慨与强调慷慨的文化规范——也许通过高成本信号传递与互惠利他主义发挥了作用。分享的情操与规范将有利于这些短期或长期不幸的人，并要求幸运者慷慨分享。事实上，每一个试图与传统的生存群体的成员——他们要贫穷得多——建立朋友关系的研究者都感受到了与这些情操相连的压力。与此相似的是，影响生产与需求的短暂状况——比如疾病、哺乳、家庭的高依赖率——也会促进人们的慷慨。正如前面所提到的，大家庭应当分得更多的份额这一规则很普遍。相反，工作不努力或偷懒则不会引发他人的慷慨，而可能招致讥讽与惩罚。事实上，在传统社会中，偷懒与小气是永恒的批评话题。在其他条件不变的情况下，人们对待亲缘更为慷慨（也更为信任），因为这样会减少利益冲突。

尽管这一道德体系很可能会具有这种普遍的引导原则，但在合作与分享规范方面仍然有相当大的差异，这视具体的合作收益和搭便车可能性的组合而定。至关重要的是，群体的规模和构成与合作单位的最优规模之间的关系。一般来说，人们往往将聚居群体组织起来，从而最大化合作收益并降低搭便车的风险。因此，许多南美的觅食—种植者——比如马奇根加人、皮诺人和提斯曼人——以一个大家庭的形式定居，其中有老年夫妇、他们的成年儿子和女儿以及创建者的孙辈。劳动按照年龄与性别进行分工，而食物则一起吃。这一社群生产与消费体系最大化了专业化所带来的好处以及通过整个年龄结构传播消费与生产需求所带来好处，而小孩子中的亲缘关系与分享基因则使得利益冲突最小化。

有几个因素使得聚居群体在规模与构成上偏离合作的最优结构。大群体的聚集很普遍，原因有暴力威胁（比如雅诺马马人［Chagnon，1983］）、缺乏水或树林（比如多布昆人［Lee，1979］），现在则有学校和社会服务提供地点这一因素（比如查可布人［Prost，1980］）。在这些情况下，有限分享（restricted sharing）——部分或所有食物只与聚居群体的部分人分享——是很常见的。

当分享的基本收益来自消费波动减少，并且合作收益非常少或者受限于某些资源或一年中的某些时间时，有限分享体系似乎非常普遍。有限分享体系的共同原则是资源分享的宽度与深度取决于可得食物的多少。当食物很少时，他们则只与小部分伙伴分享，这时互惠分享就是常态。当食物增加时，分享网络规模增大（增加宽度），而获取者家庭所保留的食物比例则减小（增加深度）。

图3—4和图3—5说明了该体系的特征。图3—4显示了被资源重量影响的分享比例，其中，阿奇人家庭在他们的永久农业定居地获得分享。对每个人来说，分享伙伴从分享最多到分享最少依次排序。x 轴代表排序，而 y 轴代表每个等级所分享食物的平均百分比。数据说明，小型食物通常只与小部分人分享，而对于大型食物，其分享网络的范围则更大。图3—5（来源于希维人收集的数据，并经过 Gurven，Hill 等［2000］的处理）是一幅路径分析图，它显示了在六个月的样本期内家庭之间的总体食物转移规模，以及有关如何选择伙伴和决定分享规模的信息。亲缘关系可以用来预测施

予者与受予者之间的空间距离，而这又反过来说明了过去受予的规模以及现在给予的规模。除了亲缘关系和居住距离之外，分享的历史也可以用来预测当前给予的数量，表明当其他因素得到控制后，当前的给予视过去的受予而定。如果将需求因素考虑在内，那么大家庭往往分到更大的份额。关于其他社会的定性和定量报告认为，其他社会也存在着类似的模式——亲缘倾向、资源不同则分享规则不同（当食物重量增加时分享的宽度与深度都增加）、分享与过去的受予存在相关以及大家庭得到大份额（伊法鲁克人［Sosis，1997］、爱斯基摩人［Damas，1972］、巴特克人［Cadelina，1982］、约拉人［Hill and Kaplan，1989］）。然而，并不总是要求聚居规模大于最优分享网络。当获得非常庞大的猎物时（如昆人获得长颈鹿），有时有必要通知相邻群体，因为最优分享的群体规模要大于最优聚居规模（Lee，1979）。

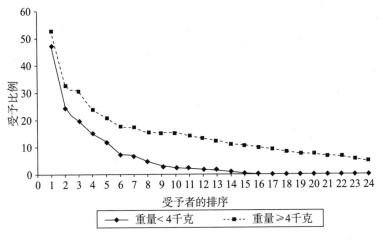

图 3—4　阿奇人根据食物重量而变化的分享

这类体系有助于在最小化搭便车风险的同时，尽可能扩大合作收益。降低日常小型食物的消费波动所需的伙伴要少于大型食物。因此，小范围的受信任伙伴——往往是亲缘与邻居——是最有效的。随着食物的增加，受益伙伴的数目也增加，但这样做的时候也增大了搭便车的成本。

有限分享体系的另一个重要原则是，对合作中的努力工作予以回报。这样，当合作任务群体成立的时候，食物通常在参与者中间平等分配。如果这些任务群体并不包括聚居地的所有家庭的成员，那么通常就会有初次

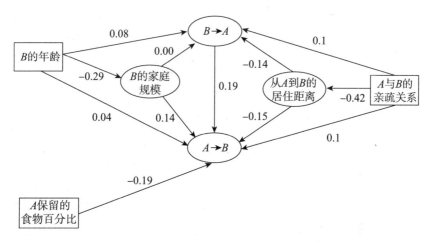

图 3—5　影响希维觅食者中的核心家庭 A 向核心家庭 B 转移食物的数量的因素

分配和二次分配。在初次分配中，合作中的所有参与者基本上平等地分享了全部猎物（参见本章第一部分所列出的所有参与这些行为的群体）。在二次分配中，每个分得食物的人将他的份额再分配给那些没有参与合作的家庭。这些份额会更小，并且往往如前面所讨论的那样视猎物重量而定。图 3—6 用约拉人的数据描述了这一模式（参见 Hill and Kaplan，1989）。前面两根柱子表示觅食群体的初次分配，接下来的两根柱子表示第二次分配。这是一个"激励相容"体系，其中初次分配对努力工作进行了回报，而二次分配则带来了其他的分享利益（比如消费与生产的跨期替代）。在那些聚居地的每个家庭的代表者都参与了合作打猎的情况下，比如住在森林中的阿奇人和山中的约拉人（图 3—6 中的第三组柱子），食物往往是由社群共同分享的。

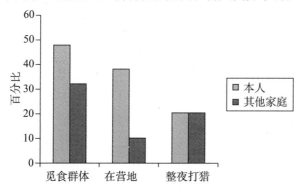

图 3—6　约拉人的肉食分享

除了对努力工作的回报外，分享体系有时还对合作中的特殊资本进行回报。比如，在沿海群体（比如伊法鲁克人［Sosis，1997］、拉马勒拉人［Alvard and Nolin，2002］和马卡人（Makah）［Singleton，1998］）中的合作捕渔和捕鲸还需要船只和大规模的工作群体。这里也存在对所有工作者的初次分配和进一步分享的二次分配。然而，在这种情况下，船只所有者分得更大份额。这意味着，在合作规范的协商中，并不是所有人都拥有平等的发言权。虽然没有船的人也能够建立一个平等分享的联盟（因为他们的人数更多），但那些拥有特殊资本的人在合作伙伴市场中能够提供更多东西，凭借这一优势可让分配有利于自己。同样，姆布蒂俾格米人使用大网来打猎，猎网所有者分得更多（Turnbull，1965），以及在埃菲人和阿卡的俾格米猎人中，食物分享取决于合作打猎所承担的任务（Ichikawa，1983；Kitanishi，1998）。

最后，分享体系的变迁也说明了分享规范中的协商原则。比如，阿奇人的食物分享和劳动组织经历了数次变化。自从与更大规模的巴拉圭社会建立永久的和平联系之后，他们的经济从纯粹依赖小群体的游猎和采集转变到在大型定居地上的觅食、种植和工资劳动的混合体。在定居下来后最开始的五年左右的时间里，农地的清理和种植都是集体进行的。所有有劳动能力的人都要去参与大型工作群体的劳动。这一模式反映了过去的合作经济。然而，过了几年后，由于一些人经常不去参加劳动，因此其他人对此心生憎怨。一些人对该体系不满，并只在自己的私人土地上劳作。公共土地越来越小，私有土地体系——其中很少有朋友互相帮助——开始占据主导地位。同样，即使还有打猎和采集来的食物，分享体系也从社群分享所有猎物转变到类似于图 3—5 所描述的希维人的有限分享模式。令人感兴趣的是，阿奇人在森林中远行打猎的时候，仍然保持着传统的分享模式，虽然他们在定居地时采取的是新模式。与此类似的是，由于昆人牵涉进混合经济和更大的社会中，所以他们的食物分配体系发生了巨大的变化。这里，变化趋势是从更多的社群分配转向更多的有限分享，而这一转变过程充满了争吵与冲突（有关的定性描述参见 Shostak ［1981］ 和相关的电影）。

阿奇人和昆人向种植业的转变非常迅速，并且受到了外部的鼓励。正如前面所提到的，在当地阿奇人的会议中，私有土地制曾被人所宣传并付诸投票表决。这与哈扎人（Woodburn，1982）和巴特克人（Myers，1988）等群体的模式形成了鲜明对比，后者的由少数人倡议的种植业模式往往遭到否决。一些农夫的第一次收获往往被那些没有种植的人占有，由于双方仍然坚持传统的分享规范，所以种植变得没有价值。

3.5 结论

前面提出，除了个人的互惠安排之外，人类还能够以两两博弈模式无法预料的方式寻得合作收益。我们认为，规范协商（包括语言和非语言）的多个体过程可以产生合作收益并最小化搭便车的风险。但是，我们提出的框架只是一个定性的描述，并不够具体。显然它还需要形式模型来评估其可行性。

我们猜测，由于没有国家控制，传统社会中的交换和合作体系在没有聚居地的亲缘联系下将无法维持。这些联系具有两个方面的作用。第一，正如本章前面所讨论的，它们减少了个人与家庭之间的冲突。事实上，家庭之间的婚姻联盟（人类学很早就对此进行了观察和评论）也许通过让两个家庭分享基因减少了这类利益冲突。第二，亲缘联系减小了与分享和合作规范相关的收益差异。比如，给有许多孩子的大家庭分配更多也许对那些小家庭的个人来说不利，但小家庭的成员可能在大家庭有近亲（侄子、侄女、兄弟、姐妹和孙辈），该规范对总的基因谱系来说具有正效用。鉴于其他具有复杂的资源分享和合作体系的物种——比如群居昆虫和群居捕食动物——根据亲缘谱系而实现合作，所以亲缘有可能在人类合作的演化中发挥着重要的作用。在评估这一直觉方面，包含亲缘关系和不包含亲缘关系的多个体规范协商模式都特别有用。

本章第三部分认为，分享与合作规范将反映生存的生态，尤其是与合作收益和搭便车可能性相关的生态差异。但是相似的生态也可能导致不同的均衡，这取决于历史条件或甚至本质上的随机扰动。形式模型对于评估这类可能性也有帮助。如果多元均衡是可能的，那么文化选择或特质群体选择将决定哪一个均衡长期支配人类的合作。考虑到亲缘关系对传统社会的群体的形成发挥了作用，群体和谱系的文化和基因选择也许是同时发生的。

最后，从非正式的观察（以及行为基因研究的结论）可以推断，在搭便车和服从群体规范方面，群体内部存在着显著的个体差异。社会群体内个体成员的不同程度的搭便车的存在也许是合作规范只能部分得到执行的必然结果。监控搭便车的最优的工作分配本身也需要协商，正如国家社会中法律执行的分配一样。

本章代表着研究传统社会中合作及其隐含的心理方面的多个体研究路径的起步。我们希望有助于刺激对这些过程的形式分析。

注释

[1] 黑猩猩与已经断奶的子女之间也会分享难以获得的食物（Silk，1979），但在通常情况下，年轻的黑猩猩断奶之后就完全独立了。

[2] 计算机模拟揭示，当宽待偷窃成为食物分享的唯一原因时，个人之间给予和受予的数量有可能会存在显著相关性。在上述群体中，通常只有成员较少的群体才可能会出现相关性大于 0.2 的情况。

[3] 这里的计算没有包括女性的消费与生产，因为平均来说，女性所生产的刚够支持她们自身的消费或者还少一点。

[4] 在 Yomiwato 的马奇根加人中，最优秀的猎人在一年之内生产出整个村子的大部分的肉食。

参考文献

Alexander, R. 1987. *The Biology of Moral Systems*. New York: Aldine de Gruyter.

Allen-Arave, W. , M. Gurven, and K. Hill. n. d. Is Food Sharing Among Close Kin Maintained by Kin Selection or Reciprocal Altruism? Evidence from Ache Food Transfers. University of New Mexico. Ms.

Altman, J. 1987. *Hunter-Gatherers Today: An Aboriginal Economy of North Australia*. Can-berra: Australian Institute of Aboriginal Studies.

Altman, J. 1980. *Baboon Mothers and Infants*. Cambridge: Harvard University Press.

Alvard, M. 2002. Carcass ownership and meat distribution by big-game cooperative hunters. *Research in Economic Anthropology*, 99 – 131.

Alvard, M., and D. Nolin. n. d. Rousseau's whale hunt? Coordination among big game hunters. *Current Anthropology* 43(4):533 – 559.

Aspelin, P. 1979. Food distribution and social bonding among the Mamainde of Mato Grosso, Brazil. *Journal of Anthropological Research* 35: 309 – 327.

Bahuchet, S. 1990. Food sharing among the pygmies of Central Africa. *African Study Monographs* 11:27 – 53.

Bailey, R. C. 1991. *The Behavioral Ecology of Efe Pygmy Men in the Ituri Forest. Zaire*. Anthropological Papers, No. 86, Museum of Anthropology, University of Michigan.

Baksh, M., and A. Johnson. 1990. Insurance policies among the Machiguenga: An ethnographic analysis of risk management in a non-Western society. In *Risk and Uncertainty in Tribal and Peasant Economics*. Ed. Elizabeth Cashdan, Boulder, CO: Westview Press.

Balikci, A. 1970. *The Netsilike Eskimo*. New York: Natural History Press.

Barnard, A., and J. Woodburn. 1988. Property, power and ideology in hunting-gathering societies: An introduction. In *Hunter-Gatherers*, *Volume II: Property, power and Ideology*. Eds. Tim Ingold, David Riches, and James Woodburn. 4 – 31. Oxford: Berg.

Bion Griffin, P. 1984. The acquisition and sharing of food among Agta foragers. The sharing of food: From phylogeny to history conference. Homburg, Germany.

Bliege Bird, R. L., and D. W. Bird. 1997. Delayed reciprocity and tolerated theft: The behavioral ecology of food-sharing strategies. *Current Anthropology* 38:49 – 77.

Bliege Bird, R., E. A. Smith, and D. W. Bird. 2001. The hunting handicap: costly signaling in male foraging strategies. *Behavioral Ecology and Sociobiology* 50:9 – 19.

Blurton Jones, N. 1984. A selfish origin for human food sharing: Tolerated theft. *Ethology and Sociobiology* 5:1 – 3.

Blurton Jones, N. 1987. Tolerated theft, suggestions about the ecology and evolution of sharing, hoarding, and scrounging. *Social Science Information* 26:31 – 54.

Bock, J. 2002. Learning, Life History, and Productivity: Children's lives in the Okavango Delta of Botswana. *Human. Nature* 13(2):161 – 198.

Boehm, C. 1993. Egalitarian society and reverse dominance hierarchy. *Current Anthropology* 34:227 – 254.

Boyd, R. 1988. The evolution of reciprocity in sizable groups. *Journal of Theoretical Biology* 132:337 – 356.

Boyd. R. , and P. Richerson. 1989. The evolution of indirect reciprocity, *Social Networks* 11:213 – 236.

Boyd. R. , and P. J. Richerson. In press. Solving the puzzle of human cooperation, In *Evolution and Culture*. Ed. S. Levinson. Cambridge MA: MIT Press.

Boyd, R. , and P. Richerson. 1992. Punishment allows the evolution of cooperation(or anything else) in sizable groups. *Ethology and Sociobiology* 13:171 – 195.

Cadelina, R. V. 1982. Batak Interhousehold Food Sharing: A Systematic Analysis of Food Management of Marginal Agriculturalists in the Philippines. Ph. D. dissertation. University of Hawaii, Honolulu.

Carneiro, R. L. 1983. The cultivation of manioc among the Kuikuru of the Upper Xingu. In *Adaptive Responses of Native Amazonians*. Eds. R. Hames and W. Vickers, 65 – 111. New York: Academic Press.

Cashdan, E. 1985. Coping with risk: Reciprocity among the Basarwa of Northern Botswana. *Man*(N. S.)20:454 – 474.

Chagnon, N. 1983 [1968]. *Yanomamo: The Fierce People*. New York: Holt, Rinehart and Winston.

Chicchón, A. 1992. Chimane Resource Use and Market Involvement in the Beni Biosphere Reserve, Bolivia. Ph. D. dissertation. University of Florida.

Clements, K. C. , and D. W. Stephens. 1995. Testing models of animal cooperation: Feeding bluejays cooperate mutualistically, but defect in a massively iterated Prisoner's Dilemma. *Animal Behaviour* 50:527 - 535.

Clutton-Brock,T. H. 1991. *The Evolution of Parental Care*. Princeton, NJ:Princeton University Press.

Cosmides,L. , and J. Tooby. 1992. Cognitive adaptations for social exchange. In *The Adapted Mind :Evolutionary Psychology and the Generation of Culture*. Eds. J. H. Barkow,L. Cosmides,and J. Tooby. New York,Oxford University Press,163 - 228.

Damas,D. 1972. Central Eskimo systems of food sharing. *Ethnology* 11: 220 - 240.

Dowling,J. 1968. Individual ownership and the sharing of game in hunting societies. *American Anthropologist* 70:502 - 507.

Dugatkin, L. A. 1997. *Cooperation among Animals :An Evolutionary Perspective*. New York:Oxford University Press.

Endicott,K. 1988. Property, sharing, and conflict among the Batek of Malaysia. In *Hunter-Gatherers ,Volume II : Property, Power and Ideology*. Eds. Tim Ingold, David Riches, and James Woodburn. Oxford: Berg, 110 -128.

Feinman,S. 1979. An evolutionary theory of food sharing. *Social Science information* 18:695 - 726.

Frank,R. 1988. *Passions within Reason*. New York:Norton.

Gintis, H. 2000. Strong Reciprocity and Human Sociality. *Journal of Theoretical Biology* 206:169 - 179.

Gould,R. A. 1980. Comparative ecology of food-sharing in Australia and northwest California. In *Omnivorous Primates*. Ed. R. Harding and G. Teleki. New York:Columbia University Press,422 - 454.

Grafen,A. 1990. Biological signals as handicaps. *Journal of Theoretical Biology* 144:517 - 546.

Gurven,M. 2004. Reciprocal altruism and food sharing decisions among Hiwi and Ache hunter-gatherers. *Behavioral Ecology and Sociobiology* 56 (4):366 - 380.

Gurven,M. 1999. Transitions in food sharing patterns from nomadic foragers to sedentary horticulturalists. Society for Cross-Cultural Research,

Santa Fe,NM.

Gurven,M. , and H. Kaplan. n. d. Determinants of Time Allocation to Production across the Lifespan among the Machiguenga and Piro Indians of Peru. University of New Mexico. Ms.

Gurven, M. ,K. Hill, and H. Kaplan. 2002. From forest to reservation: transitions in food sharing behavior among the Ache of Paraguay. *Journal of Anthropological Research* 58(1):91 – 118.

Gurven,M. ,W. Allen-Arave, K. Hill, and A. M. Hurtado. 2000. "It's a Wonderful Life": Signaling generosity among the Ache of Paraguay. *Evolution and Human Behavior* 21:263 – 282.

Gurven,M. ,W. Allen-Arave, K. Hill, and A. M. Hurtado. 2001. Reservation sharing among the Ache of Paraguay. *Human. Nature* 12 (4): 273 –298.

Gurven,M. , K. Hill, H. Kaplan. A. M. Hurtado, and R. Lyles. 2000. Food transfers among Hiwi foragers of Venezuela: Tests of reciprocity. *Human Ecology* 28(2):171 – 218.

Hames,R. 1987. Garden labor exchange among the Ye'kwana. *Ethology and Sociobiology* 8:354 – 392.

Hames,R. 1989. Time, efficiency, and fitness in the Amazonian protein quest. *Research in Economic Anthropology* 11:43 – 85.

Hames,R. 1990. Sharing among the Yanomamo: Part I, The effects of risk. In *Risk and Uncertainty in Tribal and Peasant Economies*. Ed. E. Cashdan. Boulder,CO: Westview Press.

Hames,R. 2000. Reciprocal altruism in Yanomamo food exchange. In *Human Behavior and Adaptation : An Anthropological Perspective*. Eds. N. Chagnon,L. Cronk, and W. Irons. New York: Aldine de Gruyter.

Hamilton,W. D. 1964. The genetical evolution of social behavior. *Journal of Theoretical Biology* 7:1 – 52.

Harako,R. 1976. The Mbuti as hunters. A study of ecological anthropology of the Mbuti Pygmies(Ituri, Zaire). *Kyoto University African Studies* 10:37 – 99.

Harpending,H. 1998. Comment. *Current Anthropology* 39:88 – 89.

Hawkes, K. 1991. Showing off: Tests of an hypothesis about men's foraging goals. *Ethology and Sociobiology* 12:29 - 54.

Hawkes, K. 1992, Sharing and collective action. In *Evolutionary Ecology and Human Behavior*. Eds. E. A. Smith and B. Winterhalder. Aldine de Gruyter, New York:269 - 300.

Hawkes, K. 1993. Why hunter-gatherers work: An ancient version of the problem of public goods. *Current Anthropology* 34:341 - 361.

Hawkes, K. , J. F. O'Connell, and N. G. Blurton Jones, 1989. Hardworking Hadza grandmothers. In *Comparative Socioecology of Mammals and Man*. Eds. R. Foley and V. Standen. London: Basil Blackwell, 341 - 366.

Hawkes, K. , J. F. O'Connell, and N. G. Blurton Jones. 1991. Hunting income patterns among the Hadza: Big game, common goods, foraging goals and the evolution of the human diet. *Phil. Trans. R. Soc. Lond. B* 334:243 -251.

Hawkes, K. , J. F. O'Connell, and N. G. Blurton Jones. 1997. Hadza women's time allocation, offspring provisioning, and the evolution of long post-menopausal life spans. *Current Anthropology* 38:551 - 577.

Hawkes, K. , J. F. O'Connell, and N. G. Blurton Jones. 1998. Hadza Hunting and the Evolution of Nuclear Families. University of Utah. Ms.

Hawkes, K. , J. F. O'Connell, and N. G. Blurton Jones. 2001. Hadza meat sharing. *Evolution and Human Behavior* 22:113 - 142.

Hawkes, K. , H. Kaplan K. Hill and A. M. Hurtado. 1987. Ache at the settlement: Contrasts between farming and foraging. *Human Ecology* 15:133 -161.

Henry, J. 1941. Jungle people: *A Kaingáng tribe of the highlands of Brazil*. New York: J. J. Augustin.

Henry, J. 1951. The economics of Pilagá food distribution. *American Anthropologist* 53:187 - 219.

Hewlett, B. , and P. Walker. 1990. Dental health, diet and social status among Central African Pygmies and Bantu. *American Anthropologist* 92:383 -398.

Hill, K. 1988. Macronutrient modifications. of optimal foraging theory:

An approach using indifference curves applied to some modern foragers. *Human Ecology* 16:157 – 197.

Hill,K. ,and K. Hawkes. 1983. Neotropical hunting among the Ache of eastem Paraguay. In *Adaptive Responses of Native Amazonians*. Eds. R. Hames and W. Vickers. New York:Academic Press,139 – 188.

Hill,K. ,and A. M. Hurtado. 1996. *Ache Life History:Ecology and Demography of a Foraging People*. New York:Aldine De Gruyter.

Hill,K. ,and H. Kaplan. 1988. Tradeoffs in male and female reproductive strategies among the Ache:Part 1. In *Human Reproductive Behavior*. Eds. L. Betzig, P. Turke. and M. Borgerhoff Mulder. 277 – 290. Cambridge: Cambridge University Press.

Hill,K. , and H. Kaplan. 1989. Population description and dry season subsistence patterns among the newly contacted Yora(Yaminahua)of Manu National Park,Peru. *National Geographic Research* 3:317 – 324.

Hill,K. , and H. Kaplan. 1993. On why male foragers hunt and share food. *Current Anthropology* 34:701 – 710.

Hill,K. ,K. Hawkes,H. Kaplan,and A. M. Hurtado. 1987. Foraging decisions among Ache hunter-gatherers in eastern Paraguay. *Human Ecology* 12:145 – 180.

Hoffman,E. ,K. McCabe,and V. Smith. 1998. Behavioral foundations of reciprocity:Ex-perimental economics and evolutionary psychology. *Economic Inquiry* 36:335 – 352.

Holmberg,A. R. 1969 [1941]. *Nomads of the Long Bow:The Sirionó of Eastern Bolivia*. New York:Natural History Press.

Hurtado,A. M. ,K. Hawkes,K. Hill,and H. Kaplan. 1985. Female subsistence strategies among Ache hunter-gatherers of eastern Paraguay. *Human Ecology* 13:1 – 28.

Ichikawa,M. 1983. An examination of the hunting-dependent life of the Mbuti pygmies,eastern Zaire. *African Study Monographs*,4:55 – 73.

Isaac,G. 1978. The food-sharing behavior of protohuman hominids. *Scientific American* 238:90 – 108.

Ivey,P. K. 2000. Cooperative reproduction in Ituri Forest hunter-gatherers: Who cares for Efe infants? *Current Anthropology* 41:856 – 866.

Johnstone, R. 1997. The evolution of animal signals. In *Behavioural Ecology: An Evolutionary Approach*. Eds. J. R. Krebs and N. B. Davies. London: Blackwell Scientific, 155 – 178.

Kaplan, H. 1994. Evolutionary and wealth flows theories of fertility: Empirical tests and new models. *Population and Development Review* 20: 753 – 791.

Kaplan, H., and K, Hill. 1985. Food sharing among Ache foragers: Tests of explanatory hypotheses. *Current Anthropology* 26:223 – 245.

Kaplan, H. and Robson, A. 2002. The co-evolution of intelligence and longevity and the emergence of humans. *Proceedings of the National Academy of Sciences* 99:10221 – 10226.

Kaplan, H. , K. Hill, and A. M. Hurtado. 1990. Risk, foraging, and food sharing among the Ache. In *Risk and Uncertainty in Tribal and Peasant Economies*. Ed. E. Cashdan. Boulder, CO: Westview Press, 107 – 144.

Kaplan, H. , K. Hill, K. Hawkes, and A. M. Hurtado. 1984. Food sharing among the Ache hunter-gatherers of eastern Paraguay. *Current Anthropology* 25:113 – 115.

Kaplan, H. , K. Hill, A. M. Hurtado. and J. B. Lancaster. 2001. The embodied capital theory of human evolution. In Reproductive Ecology and Human Evolution. Ed. P. T. Ellison. Hawthorne, NY: Aldine de Gruyter.

Kaplan, H. , K. Hill, J. Lancaster, and A. M. Hurtado. 2000. A theory of human life history evolution: Diet, intelligence, and longevity. *Evolutionary Anthropology* 9:156 – 185.

Kaplan, H. S. , Lancaster, J. B. , and Robson, A. 2003. Embodied capital and the evolutionary economics of the human lifespan. In: *Lifespan: Evolutionary, Ecology and Demographic Perspectives*. Eds. J. R. Carey and S. Tuljapakur. *Population and Development Review* 29, supplement, 152 – 182.

Kent, S. 1993. Sharing in an egalitarian Kalahari community. *Man* (N. S.)28:479 – 514.

Kitanishi, K. 1998. Food sharing among the Aka hunter-gatherers in northeastern Congo. *African Study Monographs* 25:3 – 32.

Kramer, K. L. 1998. Variation in Children's Work among Modern Maya Subsistence Agriculturalists. Ph. D. dissertation. University of New Mexico.

Krebs, D. 1987. The challenge of altruism in biology and psychology. In *Sociobiology and Psychology: Ideas, Issues, and Applications*. Eds. C. Crawford, M. Smith, and D. Krebs, Hillsdale, NJ: Lawrence Erlbaum Associates, 81 - 118.

Lancaster, J. B. , and C. S. Lancaster. 1983. Parental investment: The hominid adaptation. In *How Humans Adapt*. Ed. D. Ortner. Washington, DC: Smithsonian Institute Press, 33 - 69.

Lancaster, J. B. , H. Kaplan, K. Hill, and A. M. Hurtado. 2000. The evolution of the human life course and investment in human capital. In *Perspectives in Ethology: Evolution Culture and Behavior*, vol. 13. Eds. F. Tonneau and N. S. Thompson. Plenum, NY.

Lee, R. B. 1979. *The ! Kung San: Men, Women, and Work in a Foraging Society*. Cambridge: Cambridge University Press.

Marlowe, F. n. d. Sharing among Hadza Hunter-Gatherers. Harvard University Department of Anthropology. Ms.

Marshall, L. 1976. Sharing, talking, and giving: Relief of social tensions among the ! Kung. In *Kalahari Hunter-Gatherers*. Eds. R. Lee and I. Devore, 350 - 371.

Myers, F. 1988. Burning the truck and holding the country: Property, time and the negotiation of identity among Pintupi Aborigines. In *Hunter-Gatherers, Volume II: Property, Power and Ideology*. Eds. Tim Ingold, David Riches, and James Woodburn. Oxford: Berg, 52 - 74.

Peterson, J. T. 1978 [1974]. The Ecology of Social Boundaries: Agta Foragers of the Philippines. Urbana: University of Illinois Press.

Peterson, N. 1993. Demand sharing: Reciprocity and the pressure for generosity among foragers. *American Anthropologist* 95: 860 - 874.

Price, J. A. 1975. Sharing: The integration of intimate economies. *Anthropologica* 17: 3 - 27.

Prost, G. 1980. Chácobo: Society of Equality. University of Florida. M. A. thesis.

Ritchie, M. A. 1996. *Spirit of the Rainforest*. Chicago: Island Lake Press.

Robson, A., and Kaplan, H. 2003. The evolution of human life expectancy and intelligence in hunter-gatherer economies. *American Economic Review* 93:150 – 169.

Rogers, A. R. 1993. Why menopause? *Evolutionary Ecology* 7:406 – 420.

Rothstein, S. I., and R. Pierroti. 1988. Distinctions among reciprocal altruism, kin selection, and cooperation and a model for the initial evolution of beneficient behavior. *Ethology and Sociobiology* 9:189 – 209.

Sahlins, M. 1972. *Stone Age Economics*. London: Tavistock.

Shostak, M. 1981. *Nisa: The Life and Words of a ! Kung Woman*. New York: Random House.

Silberbauer, G. 1981. Hunter/gatherers of the central Kalahari. In *Omnivorous Primates*. Ed. R. Harding and G. Teleki. New York: Columbia University Press, 455 – 498.

Silk, J. 1979. Feeding, foraging, and food sharing of immature chimpanzees. *Folia Primatologica* 31:123 – 142.

Simon, H. 1990. A mechanism for social selection and successful altruism. *Science* 250:1665 – 1668.

Singleton. S. 1998. Constructing Cooperation: *The Evolution of Institutions and Comanagement*. Ann Arbor: University of Michigan Press.

Smith, E. A. 1988. Risk and uncertainty in the "original affluent society": Evolutionary ecology of resource-sharing and land tenure. In *Hunter-Gatherers, Volume 1: History, Evolution and Social Change*. Eds. Tim Ingold, David Riches, and James Woodburn. New York: Berg, 222 – 251.

Smith, E. A., and R. Bliege Bird. 2000. Turtle hunting and tombstone opening: Public generosity as costly signaling. *Evolution and Human Behavior* 21:245 – 261.

Sosis, R. H. 1997. The Collective Action Problem of Male Cooperative labor on Ifaluk Atoll. University of New Mexico. Ph. D. thesis.

Sosis, R., S. Feldstein, and K. Hill. 1998. Bargaining theory and cooperative fishing participation on Ifaluk Atoll. *Human Nature* 9(2):163 – 203.

Speth, J. D. 1990. Seasonality, resource stress, and food sharing in so-called egalitarian foraging societies. *Journal of Anthropological Archaeology* 9(2):148 – 188.

Ståhl, I. 1972. *Bargaining Theory*. Economic Research Institute at Stockholm School of Economics, Stockholm.

Stanford, C. B. 1995: Chimpanzee hunting behavior and human evolution. *American Scientist* 83:256 – 261.

Stearman, A. M. 1989. Yuquí foragers in the Bolivian Amazon: Subsistence strategies, prestige, and leadership in an acculturating society. *Journal of Anthropological Research* 45:219 – 244.

Tanaka, J. 1980. *The San Hunter-Gatherers of the Kalahari*. Tokyo: University of Tokyo Press.

Trivers, R. L. 1971. The evolution of reciprocal altruism. *Quarterly Review of Biology* 46:35 – 57.

Turnbull, C. M. 1965. *Wayward Servants : The Two Worlds of the African Pygmies*. Westport, CT: Greenwood Press.

Wilson, D. S. 1990. Weak altruism, strong group selection. *Oikos* 59: 135 –140.

Wilson, D. S. 1998. Hunting, sharing, and multilevel selection: The tolerated-theft model revisited. *Current Anthropology* 39:73 – 97.

Winterhalder, B. 1986. Diet choice, risk, and food sharing in a stochastic environment. *Journal of Anthropological Archaeology* 5:369 – 392.

Winterhalder, B. 1996. A marginal model of tolerated theft. *Ethology and Sociobiology* 17:37 – 53.

Winterhalder, B. 1997. Social foraging and the behavioral ecology of intragroup resource transfers. *Evolutionary Anthropology* 5:46 – 57.

Woodburn, J. 1982. Egalitarian societies. *Man* 17:431 – 451.

Zahavi, A. , and A. Zahavi. 1997. *The Handicap Principle : A missing Piece of Darwin's Puzzle*. New York: Oxford University Press.

4 高成本信号传递与合作行为

埃里克·A·史密斯 (Eric A. Smith)

丽贝卡·布利奇·伯德 (Rebecca Bliege Bird)

这是一种深深地藏在我们所有人心中的本能。这是一种指挥本能——渴望成为第一……我们希望成为重要人物，超越他人，取得突出成就，领袖群伦……不要放弃。保持这种渴望成为第一的感觉。但我希望你们在爱方面成为第一。我希望你们在道德方面成为第一。我希望你们在慷慨方面成为第一。

（选自小马丁·路德·金博士的一次布道）

4.1 引言

过去几十年来，研究人类行为的经济学方法和演进方法日益交融与互动，本书就是这一趋势的代表。在本章中，我们讨论了高成本信号传递理论（costly signaling theory，CST），经济学（比如 Veblen，1899；Spence，1973）和演进生物学（比如 Zahavi，1975；Grafen，1990）或多或少独立地对其进行过阐述。为与本书的主题一致，我们将探讨 CST 阐述强互惠和其他合作行为的各种方式。[1]与本书绝大多数作者不同，我们认为，许多这类现象被归为强互惠（根据第 1 章的定义）的做法对个人来说也许是最优选择（亦即生产出一个净适应性利益），因此并不要求文化或基因的群体选择，至少在其演进起源方面是如此。

本章的结构如下。4.2 节概括了高成本信号传递理论的根本特征，4.3 节给出了一个基于该理论的合作行为的博弈论模型。4.4 节讨论了在什么条件下令群体获益的信号将胜出中立的或"自利的"信号。接下来我们将这些论据应用到不同的通常可以观察到合作行为的环境中，而标准的条件互惠模型似乎不适用于这些环境。我们认为无条件互惠的情况蕴含了集体物品的供给，比如公共宴会或代表个人的社群战斗。4.5 节讨论了群体受益规范的执行和对违规者进行惩罚的特殊但重要的情形。然后我们以 CST 解释涉及信任和承诺的情形的方式进行了讨论（4.6 节）。在以上各节中我们都用不同的人种志和历史事例说明了 CST 在理解合作行为方面的应用。4.7 节提供了简短的结论，回顾了本章所提供的资料并指出了该领域中仍然有待研究的重要问题。

4.2　高成本信号传递理论

高成本信号传递理论认为，昂贵的并且经常武断的或者具有"浪费性"的行为或形态特征是为了传递对发信号者和观察者都有益的真实信息（Zahavi，1975；Grafen，1990；Johnstone，1997）。这些信号揭示了有关发信号者个人（或群体）品质的信息。这里的"品质"指对观察者来说发信者的重要的特征（亦即那些影响他们与发信号者的社会互动的因素），但这些特征难以或者根本无法被直接观察（比如疾病抵抗力、竞争能力、天赋资源以及对某种社会关系的忠诚）。那些不熟悉 CST 的读者应当注意，除了这里所提到的之外，还有大量相关的行为和形态特征（事例可参见 Johnstone，1995；Zahavi and Zahavi，1997）。

对于这类信号传递的演进稳定性来说，有两个关键的条件。第一，发信号者与接收者都应当在有关发信号者的隐含品质的差异的共享信息中获益。第二，信号给发信号者带来的成本与品质相关。这一联系可采用的形式如下：或者低品质的发信号者为信号传递支付更高的边际成本，或者他们收获了更低的边际收益。这两个条件是相关的，因为品质相关性成本（第二个条件）有助于确保信号真实地传达出发信号者的相关的隐含品质（第一个条件）。

CST 提供了一个有力的解释框架来说明虽然自然选择所导致的利益冲突非常普遍，但真诚的沟通仍然能够稳定地进行演化。当上述两个条件得到满足时，真实的信号对发信号者和接收者都有利，哪怕他们的利益基本上没有交集。观察者的收益就在于根据信号所推断出的信息——他或她可以通过信号而不是更昂贵的评估能力、品质或动机的办法来评估发信号者作为竞争者、交配对象或同盟的品质。而发信号者的收益则在于接收者的回应。注意，即使发信号者和接收者的利益严重对立并且因此存在欺骗动机，比如，在捕食者与猎物之间或敌对士兵之间，信息共享上的利益互惠也仍然存在。

有必要强调 CST 并不是建立在标准的有条件的互惠的基础之上的（参见表 4—1）。比如，当我们说信号观察者也许会将这些收到的信息作为选择某个人作为（未来）同盟的依据时，并不意味着我们认为这对于发信号者是一种互惠，例如，雌孔雀选择了拥有最艳丽尾巴的雄孔雀是为了"回报"雄孔雀为此所付出的成本。相反，CST 解释理论认为，以有利于发信号者的方式回应信号，仅仅是在给定可行信息的条件下，回应者所能够做出的最好行动。高成本行动（比如办一场昂贵的宴会）带来了有利的回应（比如提高社会地位），这一事实并不需要有条件的互惠。在讨论对群体有益的信号传递的具体事例的时候，我们必须记住这一区别。

表 4—1   合作问题上有条件的互惠解释与高成本信号传递解释的比较

下述特征是否存在：	有条件的互惠	高成本信号传递
长期而言捐助者获得净收益	是	是
捐助者得到接受者的回报	是	并非必须
公共产品的单边供给	否	可能
捐助者的地位比接受者更高	否	是
要求对搭便车者予以惩罚	是	否
在更大的群体中更难以稳定维持	是	否

4.3 群体受益性信号传递

绝大多数情况下，CST 被用于那些利益是由私人消费的（比如交配机会）和不存在更广泛的利益或这种广泛的利益只是附加性的的背景中。原则上，发信号者—观察者的关系从高度合作一直变化到公然对抗，比如猎物将它们的力量信息传递给捕食者（Caro，1994），以及社会群体或个人为社会统治而竞争（Neiman，1997）。我们这里所考虑的情形是，高成本信号确保社会物品（比如同盟、交配机会、领袖位置）的竞争者真实地宣传他们的相关品质，从而让观察者在发信号者之间做出区分，并做出他们最好的行动（例如与那些信息更频繁、更有强度的发信号者建立同盟、交配或者向他们致敬）。

一些作者（Zahavi，1977，1995；Boone，1998；Roberts，1998；Wright，1999）认为，高成本信号传递可以为合作和群体受益性行为（group-beneficial behavior）提供解释。在一组早期论文中（Bliege Bird，Smith and Bird，2001；Smith and Bliege Bird，2000），我们认为，当提供集体物品对于提供者并没有其他特别的好处时，如果提供者仍无条件这样做，那么这一行为成为了提供者品质的可靠信号。虽然那些提供了这些群体利益，或者提供这类利益更多的人（亦即信号更为强烈）承担的成本超过个人分享集体物品的份额，但这样做真实地宣传了他们作为同盟、交配对象或竞争者的品质。这一信息因此可以改变其他群体成员的行为，从而在某种意义上为发信号者提供了正收益（这纯粹是一种自私的动机），比如选择他们作为同盟、交配对象或向他们表示尊敬（Smith and Bliege Bird，2000）。

金蒂斯、史密斯和鲍尔斯（2001）已经用 n 人公共产品博弈将这一看法构建成正式的模型，我们将它称为 GSB 模型。[2]在该模型中，合作意味着为群体所有成员带来好处，而不管是否存在互惠。在给定公共产品博弈的支付结构以及非重复的互动条件下，该博弈的唯一均衡是作为占优策略的普遍背叛，因此无法出现个人承担高成本的合作（除非这里存在强烈的群体选择机制来支持这种合作）。即使群体成员的互动是重复进行的，但一旦人数超过一定限度，合作也不能进行下去（Boyd and Richerson，1988）。GSB 模型将被应用于这种情况，其中不可能出现有条件的互惠并且很容易出现搭便车现象。

但是，我们有理由假设，提供群体利益能够作为提供者的隐含品质的真实信号（如 4.2 节中定义的那样）。具体来说，提供群体利益的成本是提供者品质的函数。为简化起见，GSB 模型假定社会群体成员分为两类，即高品质的和低品质的。模型进一步假定，每个人都知道自己的品质（但不知道别人的品质），并且任何其他群体成员成为高品质的概率为 p（以及成为低品质的概率 $q=1-p$）。

在 GSB 博弈中，每个成员在给定阶段扮演两种角色：发信号者和回应者。发信号者采取两种形式：提供集体利益（如主办一场宴会）或者不提供。回应者的职责是观察发信号者（包括分享发信号者可能提供的集体利益），然后做出是否与其中一个互动的决策。与信号类似，这里所提到的决策只是一种最一般的形式，具体来说可能是选择配偶、建立同盟、选择伙伴、竞争中的尊敬，如此等等。

在这些条件下，在每一个角色中，参与人都使用如表 4—2 所列的四个策略中的一个，发信号者可以决定发信号（提供集体利益）的情形：（1）永远发出该信号，不管自身的品质如何；（2）如果是高品质的话，就发出信号；（3）如果是低品质的话，就发出信号；（4）不管自身品质如何永远不发出信号。

表 4—2　　　　　　　　　　n 人信号传递博弈中的策略

发信号者：
AS＝永远发出信号，不管品质如何
SH＝只有高品质时才发出信号
SL＝只有低品质时才发出信号
NS＝永远不发出信号
回应者：
AR＝永远回应，不管发信号者是否发出信号
RS＝只与那些发出信号的发信号者互动
RN＝只与那些不发信号的人互动
NR＝永远不回应

同样，回应者可以随机地选择某个人来与他互动，其选择可以来自：（1）所有其他 $n-1$ 个群体成员；（2）那些提供该利益的成员的子集；（3）那些没有提供该利益的成员的子集；（4）在该阶段放弃与群体中的任何一个成员互动。

如果所有参与者选择只在高品质时才发出信号和只与那些发出信号的人互动，那么这将出现一个信号传递均衡。根据表 4—2，这意味着所有人在作为发信号者时采用"SH"策略，而在作为回应者时采用"RS"策略。为确定该信号传递均衡是否是最有利的（亦即它是否是一个严格的纳什均衡），我们必须就不同策略的支付做出某些假设。首先，根据标准的 CST 逻辑，我们假定高品质个人在发出信号的成本方面要比低品质个人的成本低，并且与高品质个人的互动将产生比与低品质个人互动更高的支付。其次，我们还要假定任何与回应者互动的发信号者都将从该互动中得到一个正收益；在 GSB 模型中，不管发信号者的类型是哪一种，也不管发信号者是否发出信号（提供集体物品），这个正收益都是一样的。[3]

从这些假设可以得出表 4—3 中的支付矩阵（有关其充分的解释，参见 Gintis，Smith and Bowles，2001）。GSB 的分析结论表明了真实信息传递（SH，RS）要成为严格的纳什均衡需要三个充分必要条件。首先，对于高品质类型来说，信号传递的收益必须超过其成本。其次，对于低品质类型来说，信号传递的成本要高过其收益。最后，回应者从与高品质类型的互动中所获的收益必须超过其与低品质类型的互动。注意，这些条件本质上是应用高成本信号传递框架的最低假设。

表 4—3 **n 人信号传递博弈的支付矩阵**

	AR	RS	RN	NR
AS	$s-pc-qc'$	$s/p-pc-qc'$	$-pc-qc'$	$-pc-qc'$
	$ph+ql$	$ph+ql$	0	0
SH	$s-pc$	$s-pc$	$s-pc$	$-pc$
	$ph+ql$	h	l	0
SL	$s-qc'$	$qs/p-qc'$	$s-qc'$	$-qc'$
	$ph+ql$	l	h	0
NS	s	0	s	0
	$ph+ql$	0	$ph+ql$	0

注：

$s=$发信号者与一位回应者互动的支付

$c=$高品质类型的发信号成本

$c'=$低品质类型的发信号成本

$h=$回应者与高品质类型互动的支付

$l=$回应者与低品质类型互动的支付

$p=n$ 个群体成员中高品质类型所占的比例

$q=1-p=n$ 个群体成员中低品质类型所占的比例

资料来源：金蒂斯、史密斯和鲍尔斯（2001）。

此外，只要 p（回应者与高品质类型互动的支付）＋ q（回应者与低品质类型互动的支付）＞0，就存在非信号传递均衡（NS，AR），其中没有一个人发出信号，而回应者则随机地从全部群体成员中做出选择。同理，如果上述不等式倒过来，那么就存在非信号传递均衡（NS，NR），其中没有一个人发出信号，而回应者拒绝选择伙伴。GSB 的分析表明，当模型中的其他参数都固定时：（1）高品质类型足够少（p 的值很小）；（2）回应者从消费发信号者所带来的集体物品中得到的利益足够大；（3）与高品质类型互动的好处足够大；（4）信号传递的成本足够小（对高品质类型来说），真实的信号传递均衡将比前面的任何一个非信号传递均衡具有更高的支付。

GSB 模型还表明，只要信号传递的成本对于低品质者足够大于对于高品质者，并且高品质者并不是特别多也不是特别罕见，那么当前面所述的信号传递形式比较少见时，它就会扩散，并且稳定演化。之所以要求满足后一条件，是因为如果高品质者很常见（p 的值很大），那么回应者即使是随机选择也很可能会遇上这类人，这样那些避免信号传递成本的人仍然有很高的概率被选中来互动。GSB 提供的分析还表明，在一系列合理的条件下，p 将达到一个均衡值。

总之，金蒂斯、史密斯和鲍尔斯（2001）提出的 n 人高成本信号传递博弈表明，只要普通的高成本信号存在，合作行为就会出现，并且会因为文化或基因方面的因素而得到促进。在一个广泛的参数值域里，高品质者通过提供集体收益实现的真实信号传递是一个严格的纳什均衡，它的许多优点可以保证它具有坚实的演进稳定性。这一均衡的条件不过是：（1）低品质者要比高品质者付出更多的边际成本；（2）其他群体成员从与高品质者互动中获得的利益要比从与低品质者互动中所获得的更多；（3）这一互动为高品质发信号者带来的利益超过了发信号的成本。

然而，所有这些结论也可以同样运用于非合作行为信号传递，因此，在理解为什么合作性信号传递要比在个人成本收益一样时的其他形式更有利时，GSB 模型本身只是一个必要不充分条件。本章接下来的部分将从理论上和经验上检验这个问题。

4.4 为什么是群体受益性信号传递？

品质的真实信号并不必然有利于发信号者。事实上，GSB 模型也可以用于社会中性的（socially neutral）或者有害社会的高成本信号传递情形。这就提出为什么高成本信号传递有必要采取提供集体物品的模式。毕竟，其他物种的信号传递通常并不提供总体的群体利益，比如炫耀孔雀尾巴、红鹿之间的奔跑竞赛或者雄海象之间的战斗仪式。此外，还有许多对社会无益的事例：缠足、猎头、各种炫耀性消费、决斗、暴力争斗，甚至还有故意嘲笑社会规范。

我们设想了对这一问题的三种答案。其中一种解释——涉及各种演进稳定均衡的群体选择（Boyd and Richerson，1990）——我们放在后面来谈。首先，我们详细探讨了另外两种解释，一种解释涉及集体物品在吸引更多观众方面的优越性，另一种解释则认为提供这类物品是群体受益性的最好信号（亦即合作是所传达品质的内在要素）。

4.4.1　广播效率与信号升级

由于信号不仅是为了传达真实信息，而且也是为了吸引观察者的注意，因此当发信号者为吸引观察者的注意而展开竞争时，宣传水平也将逐步升级（Arak and Enquist，1995；Guilford and Dawkins，1993）。信号设计将与针对观察者注意力的竞争直接相关。这一过程将会把一个社会中性的信号（比如一个人通过叉一条小鱼显示他的技术）转变成一个社会受益的信号（比如建造石坝从而捕到数百斤鱼并在社群内分享）。为"没有附加条件的"公共消费比其他竞争者提供更多的食物，将有助于吸引更多观察者的注意（Hawles，1993）。这一论据也适用于大量的公共产品和相关需求方面。

换句话说，提供集体物品的发信号者相对于某些更"无益的"不利因素展示者而言，优势是信号的广播效率（broadcast efficiency）（Smith and Bliege Bird，2000）。这里，广播效率指每单位信号传递所吸引到的观察者人数。一个耗费时间与精力与其邻居战斗的人在广播其能力方面，相比一个花了相同成本来护卫村庄免遭攻击的人，吸引的人数要少得多。我们可以预测，如果个人能够从增加观察者人数中获益的话，那么他们会采取一切手段提高广播效率，而如果提供集体物品具有这样的好处，那么他们会这样传达信号。此外，我们还可以预测，这些发信号者之间的竞争往往将导致集体物品的数量的增加（直到某个均衡水平为止），从而吸引更多的观众。

格拉芬（1990）建立了一个模型来描述高成本信号传递博弈中品质差异在设定竞争水平方面的作用。他的分析表明，当竞争者的差异在设定中更为突出（比如最好的男性与最差的男性之间的品质差异扩大）时，所有竞争者的宣传水平则相应提高。接近低端的人加大宣传投入来将他们与更差的男性区分开来；那些更高品质者没有别的选择，只能做出更多努力以超出那些品质稍低者。当竞争者的数量很多时，这一效应最为显著，尤其是品质差异是连续的而不是离散性的时候。比如，当参与竞争的青蛙的数目增加或者叫声更为密集时，雄性青蛙的叫声更为频繁，并叫得更久（Wells，1988）。在这些条件下，宣传水平倾向于螺旋式上升，正如在军备竞争中去压倒对手一样。

注意，这一广播效率论据并不能简化成这样的论述，即发信号者通过提供吸引观众的物品获益。应用 CST 的时候，在信号（在这里，信号指吸引观众的物品）与信号所隐含的品质之间必须存在一种相关性。如果仅仅通过提供集体物品来吸引观众，那么我们可以想象，所提供物品的数量将成为唯一的相关测度。然而这无法解释一些现象，即只有一些资源——通常是相对稀缺的资源——被提供给公共消费。我们对此的解释是，某些类型的集体物品能够提供更多的平均单位信号价值，因为它们揭示了发信号者相关的隐含品质。那些对技术、力量、知识或领导力水平等的边际差异更为敏感的资源可以让观察者在参与竞争的发信号者中更为有效地做出其相关品质的区分。

比如，在一个觅食经济中，大型猎物（比如海龟）通常要比更小的、更丰富的猎物（比如沙丁鱼）更难被找到和捕捉。当所收获资源的数量并不反映隐含品质的差异时，发信号者因提供公共产品而得到的边际支付可能不足以补偿增加的成本。此外，如果观察者对诸如技术或忠诚之类的品质感兴趣，那么采集类资源或很容易获得的猎物相比于相同数量的、更具有难度的猎物，所吸引的观察者通常更少。相对于其他物品，这样将进一步增大发信号者在生产和提供与品质相关的集体物品时的支付差异。这也许可以解释为什么我们所讨论的海上觅食者（参见 4.5.3 节）愿意承受更高的劳动成本和失败率来提供一次重量为 50 千克的龟肉的餐宴，而不是更可靠并且成本更低的重量为 50 千克的沙丁鱼。

4.4.2 传递合作品质的信号

通常情况下，CST 将信号视为隐含品质的"指示特征"，一种信号与品质之间的相关性。因此，孔雀的尾巴是雄性身体状况以及（平均来说）基因品质的指标；只有那些健壮的、不生病的优秀觅食孔雀才能够产生、维护和拖曳一条沉重的、艳丽的尾巴（Petrie，1994）。但是任何能够真实反映基因品质的特征也能够实现这样的目的；雌孔雀对艳丽的尾巴的喜爱超过其他同样的可靠的指示器这一事实并没有内在的原因。然而，信号观察者也许可以评估自身的合作性特征。结果就是，这些特征对于观察者来说也许具有内在的价值，它并不仅仅起到指示特征的作用。

我们可以预测，回应者更喜欢那些提供了集体物品（其价值为 G）的信号，而不是具有同等信息量但没有提供集体物品的信号，因为除了信号所蕴含的信息之外，n 个回应者的每一个的支付还因此增加 G/n。但是请注意，如果（正如本章前面所假定的）互动仅仅只是一次性的，并且所有群体成员不管是否是发信号者的同盟都将分享到一份集体物品，那么这一回应者的偏好将不足以支持群体受益性信号的传递。但在一个更为现实的模型中，群体受益性信号也许会提高发信号者对于潜在同盟的价值，因为后者坚信发信号者在未来会提供这些信号。比如，一个惩罚群体内的犯错者的发信号者在政治同盟内诚实地传达了其惩罚敌人的能力。同样，一个收获剩余资源并与他人慷慨分享而不是独吞的人诚实地传达了他在作为同盟者或配偶时做同样事情的能力。在这两种情况下，我们认为，高品质者更有可能提高社会利益，因为他们这样做的成本要低于低品质者这样做的成本。信号所传达的品质能够降低合作中的行为成本，比如孔武有力或觅食敏捷。

重要的是，潜在同盟不仅倾向于好的指示特征，而且还倾向于那些将为他或她提供额外利益的特征。许多情况下，群体受益性信号要比其他类型的信号更可能具有这种品质。注意这一解释，与前面所提到的广播效率一样，仅取决于群体受益性信号的优势（或者有利于发信号者或者有利于观察者）；它基于互惠主义而不是利他主义，并因此提供了一个对互惠利他主义和强互惠的替代。

4.5　信号传递与集体行动

4.5.1　集体物品问题

慷慨——比如在直系家庭之外分享食物、赠予礼品、主办公共事件或者解救邻居的困急等牺牲自己利益的事情——似乎是人类社会生活中的一个无处不在的跨文化特征。然而，慷慨并不是普遍地或者随机地延展的。事实上，它很可能是策略性的——这类行动发生的环境、捐助者和受予者的特征都是非常有限并且模式化的。慷慨的一些变异是适应性的，因此可以用演化生态学来解释。这类解释往往用有条件互惠的框架来表达，涉及诸如互惠利他主义、针锋相对、重复囚徒困境等概念（Trivers，1971；Axelrod and Hamilton，1981；Cosmides and Tooby，1989）。其他人则认为分享和其他貌似慷慨的行为只是出于受予者一方的强迫，因此只是一种"宽待偷窃"的形式（Blurton Jones，1984；Hawkes，1992）。虽然我们认为这些解释并不必然彼此相互排斥，可以协同作用，但 CST 仍提供了第三种解释，它涉及相互主义而不是互惠或强迫（Dugatkin，1997）。

一个公共慷慨的典型事例就是游猎—采集者普遍将个人收获的资源与非亲缘分享的做法。这一惯例通常被解释成降低获取诸如大型野生动物这些具有高度波动性的资源时的风险（Smith，1988）。共同分享由个人收获的资源有助于平滑所有参与者的波动，当收获是不可预测的，单个猎人往往需要数天乃至数个星期才能收获下一份猎物时，这是一种可观的收益（Winterhalder，1990）。虽然减弱风险效应是合理的，也被证明确实存在（Cashdan，1985；Kaplan，Hill and Hurtado，1990），但这些效应也许是食物分享的结果而不是原因。为平滑消费波动而分享涉及囚徒困境的支付结构（Smith and Boyd，1990），引发了通过逃避和搭便车占他人便宜的动机（Blurton Jones，1986；Hawkes，1993）。这一看法也引发了对如何解释游猎—采集者的广泛的食物分享行为这一公认的事实的热烈争论（Winterhalder，1996）。

我们认为有条件的互惠也许可以解释游猎—采集者的食物分享的某些情况，但它不能解释所有这类行为。如果所有群体成员不管是否作出贡献都有权消费资源，而且参与者的人数是数十个乃至更多，那么通过有条件的互惠来解释的情况就不存在了（Hawkes，1992）。如果存在强有力的有关食物分享的社会规范并且资源分给个人而并不论他们是否会偿还该捐助，那么这类依存关系就无法成立（无法将直接分享当做还债或者创建债务的方式）。这类情况在公共仪式环境中最为明显，比如葬礼（Smith and Bliege Bird，2000）、大人物的宴会（Wiessner and Schiefenhövel，1995）、西北海岸的印第安人的"冬节"（指一种夸富式的宴会，也有人称之为散财宴——

译者）（Boone，1998）或者资本主义社会中的慈善展（Veblen，1899）。此时，慷慨发生在一个广阔的社会领域中，而资源则作为集体物品被同时分发给众多受予者。慷慨的人无法保证慷慨对象将给予其回报。如果分享或慷慨并不视互惠而定，那么从进化意义上说，稳定互惠的基本条件就不成立。

忽视受予者的历史或互惠的未来可能性曾被描述成许多游猎—采集者社会的食物分享模式，比如巴拉圭森林的阿奇印第安人（Kaplan and Hill，1985a）、东非大草原的哈扎人（Hawkes，1993）。在这些（和其他类似）情况下，至少某些类型的收获资源是无条件地与社群内的绝大多数或所有成员分享的，而且虽然在追猎过程中的分享或多或少是平等的，但某些猎人所提供的一直比其他人多。这些"利他主义"提供者事实上享有更高的社会地位，并且尽管并不存在"以肉换取交配"的条件交换，但其在繁殖方面仍比低生育率的同伴更为成功（Kaplan and Hill，1985b；Marlowe，2000；Bliege Bird，Smith and Bird，2001；Smith，in press）。提高了的声誉、社会地位以及随后的交配优势算得上是一种促成个人提供集体物品的"选择性激励"（Olson，1965）。但是为什么受予者给予慷慨的提供者较高的地位？这是否是另一种形式的互惠？如果是这样，我们刚刚解决了一个集体行动问题却又引发了另一个问题（Smith，1993）。

4.5.2 间接互惠是解决方法吗？

早期分析公共慷慨的社会理论家们将它的许多形式解释成社会竞争的自然结果，在这种放弃自身物品的竞争中，最慷慨的人获得了最高的威望，而物品的受予者则以声誉为代价获得物质利益（Veblen，1899；Mauss，1926；Fried，1967）。最近，行为生态学家开始修正互惠利他主义模型来解释与给予相关的声誉增长和地位提高，亚历山大（1987，85）将其称为"间接互惠"（indirect reciprocity）。按照亚历山大的说法，当"回报明显来自最初善行受予之外的某个人"时，就意味着出现了间接互惠。

诺瓦克和西格蒙德（Nowak and Sigmund，1998）认为，通过高成本利他主义行动来宣传个人合作倾向所带来的利益是，增加他日成为另一个人的利他主义行动的受予者的机会。他们进行了计算机模拟，其中一对参与人中的一人决定是否捐款，其依据是潜在受予者在之前与别人互动时的行为，这种行为测量的指标是"形象分"。他们的模拟显示，声誉在选择伙伴时并不发生作用，但其他人则证明，在诺瓦克和西格蒙德的分析中，这种采用形象分的具体博弈形式并不具有演化的稳定性（Leimar and Hammerstein，2001）。然而，间接互惠的一个相关形式——"身份策略"（standing strategy）（Sugden，1986）——既可以入侵一个非合作群体，也可以抵制其他策略的入侵，甚至在允许有一定的错误和不完全信息时也是如此（Panchanathan and Boyd，2003）。

虽然这一研究阐述了理论上的可能性，但还需要经验研究来确定利他主义者是否确实是第三方利他主义的首选目标。比如，韦德金德和米林斯基（Wedekind and Milinski，2000）进行的研究显示，那些在对偶式的半匿名互动中更为慷慨的人之后得到的回报也更多，实验者将此解释为对间接互惠的"形象分"版的支持。然而，更慷慨的参与人是不加区分地给予，对慷慨的人或吝啬的人的回报是一样的。这恰恰就是当慷慨成为一种捐赠资源的能力的高成本信号时所能够预期到的。米林斯基、塞曼和克拉梅贝克（Milinski，Semmann and Krambeck，2002）所报告的实验结果表明，那些向慈善机构捐赠更多的参与人（这些信息是博弈中的其他人所知道的）以一种间接互惠的博弈方式从其他参与人那里得到更多的援助，并得到更多的票数而当选为学生组织的领导。正如作者们所指出的（p.883），"捐款给那些急需的人可能成为一种关于互惠的可靠性的真实和有效的信号（因为这是当众去做的）"。

博伊德和里彻逊（1989）也构建了一个间接互惠模型，并得出了结论，即基于"友善对待那些友善待他人的人"这一原则的策略是相对成功的。但大家也注意到，间接互惠的演进稳定性只可能发生在小群体中，其中人们有办法记录某个人的给予与受予，并有条件地将合作对象转向互惠者——这恰恰是间接的有条件互惠所面临的相同局限。罗伯茨（Roberts，1998）对这个问题的解决办法是，将声誉视为利他主义行为的间接利益，并且将互动按两个阶段来建模：（1）第一个阶段是评估阶段，其中个人通过公开和非互惠性展示来建立慷慨的声誉；（2）随后的一个阶段涉及对偶互动，其中个人根据之前建立的声誉来选择一个合作伙伴。正如米林斯基等人一样，罗伯茨事实上提出的是一个高成本信号论证，其中通过对利他主义进行高成本公开展示来建立声誉的关键之处在于，它促进了对偶伙伴之间的信任。

虽然各种"间接互惠"模型往往关注于展示之后的一对一合作互动所

带来的收益，但 CST 可以让我们看到，为了让发信号者和观察者获益，这样做并不必要。正如我们已经指出的（Smith and Bliege Bird，2000），观察者对信号的回应也可以是在随后的阶段中完全回避发信号者，正如红鹿的鸣叫为竞争者提供了一个无须冒着受伤的风险就可以评估赢得战斗的可能性的机会（Clutton-Brock and Albon，1979）。间接互惠解释还忽略了这样一种可能性，即有些利益是仅作为展示的函数而得到的，不管是对展示者还是观察者而言。

4.5.3 高成本信号传递解决方法：一个人种志案例

梅尔人的捕龟为 CST 解释貌似无效的（和高成本的）觅食和食物分配模式的能力提供了一个有趣的检验（Smith and Bliege Bird，2000；Bliege Bird，Smith and Bird，2001）。在梅尔岛（位于澳大利亚北部的托雷斯海峡）上，海龟的获得方式主要有两种：捕取与拾取。捕龟主要发生在公共宴会的场合；在事先宣布的宴会上，猎人们应宴会组织者的要求去捕用于消费的海龟。梅尔的捕龟者分为三种不同的角色：打猎领袖、投手和驱赶者。此外，也可以通过拾取的方式来获得海龟，这主要用于家庭餐宴，但有时也用于公共宴会，这样做的人有各个年龄阶段的男性、女性和孩子。拾取海龟只能发生在海龟在海滩筑窝的季节（从 10 月到来年 4 月）。

捕龟是一种竞争性的角逐，其参与者的来源与拾取不同。正如梅尔人所说的，"任何人都可以在筑窝季节拾取海龟，但肯定只有某些人才有能力成功地捕取海龟"。与拾取相比较，捕取的成本更高（用时间、精力和风险来计算），提供肉食的效率更低（因为更高的跋涉、搜寻和追逐成本），此外它的肉食的分配也更为广泛（见图 4—1）。猎人们并不把肉留给自己，除非在为家庭消费而捕龟的时候（极少发生），这时他们自己保留得很少而更多地与海龟拾取者分享。猎人们花费了不同的成本，包括打猎的时间与精力、燃料费用、打猎前组织队伍和准备与装备的时间，这些成本都不能在物质上得到补偿。承担这些成本的能力与猎人的品质相关：由于打猎领袖是组织者和决策者，所以随着打猎技术与经验的获得，他的能力也达到峰值。打猎所发出的信号也进行了有效的传播：打猎通常与更大规模的消费有关，因此在打猎过程中所吸引的观众比在筑窝季节拾取海龟的过程中或在为家庭消费而打猎的过程中多（见图 4—1）。在竞争的过程中，赴宴者（观众成员）都了解猎人们是谁，而投手的身份似乎只被年轻的同辈了解。

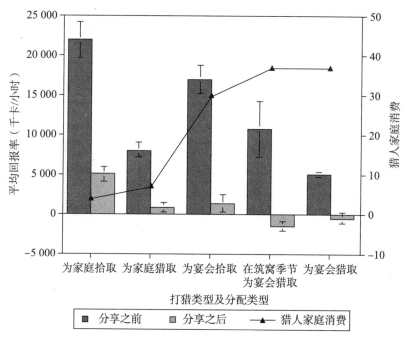

**图4—1 梅尔人的捕龟收益与拾龟收益在分享前后的对比，
以及在每一种打猎/分配类型中的家庭消费的数目**

　　猎人从为公共消费而慷慨提供海龟的行为中所获得的收益并不是分享了更多的龟肉或其他食物（Bliege Bird et al.，2002）。与那些较少或者根本没有与他人分享的人相比，那些更为频繁地获得海龟（包括拾取和捕取）并更广泛地分享其成果（见图4—2）或者获得更多海龟（见图4—3）的人并没有得到更大的份额。此外，分享鱼或其他食品并不能偿还慷慨的海龟分享（见图4—4）。

　　将集体物品供给的高成本信号解释应用于梅尔人的捕龟案例中，可以得出这样一个推论，即捕龟者们从无条件分享中获得利益，是因为他们通过打猎成功传达出他们作为配偶、同盟和竞争者的品质。关注这些信号之所以有利于观察者，是因为信号的成本以及完全失败的潜在可能性确保了该活动能够真实地测量隐含的品质。只有那些具备必要技术的人才有可能成功并可以经常为他人服务或担任领袖一职。发信号者（猎人）的收益取决于具体的信号与观众。对于打猎领袖来说，这些收益包括年长者对他们的尊敬，以及勤勉的妻子的劳作（Smith，Bliege Bird and Bird，2003）。对

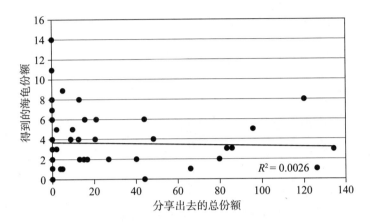

图4—2　那些将海龟与更多家庭分享的人是否更为频繁地得到海龟？

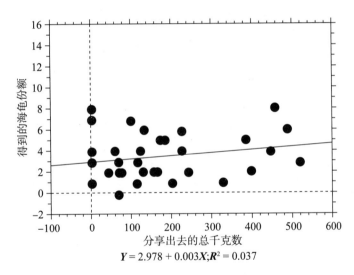

$$Y = 2.978 + 0.003X; R^2 = 0.037$$

图4—3　那些分享更多海龟肉的人是否更为频繁地得到海龟？

于投手来说，收益可能包括在同辈中建立起自己的社会优越地位，以及由此获得的得到不同社会资源的途径，比如增加交配机会。

有意思的是，梅尔人对将龟肉捐给宴会或将拾取的海龟与邻居分享之类的慷慨行为的解释并不是有条件的互惠（这在他们的社会和经济生活中占有一席之地）。梅尔人对慷慨的解释包含了一个被称为"德布托纳"（debe tonar）的概念，亦即"好的做法"。德布托纳是日常生活互动中的一组原

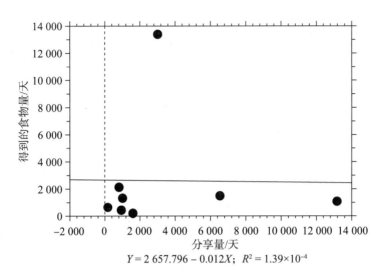

$Y = 2\,657.796 - 0.012X$；$R^2 = 1.39 \times 10^{-4}$

图 4—4　那些分享更多食物的人是否也得到了更多食物？

则，坚持这些原则被视为梅尔身份的信号。据称，坚持德布托纳会带来长期利益，其形式就是获得"好人"这样一个良好的社会声誉。生存决策与德布托纳因素相交，并产生了这种分享食物的慷慨行为。家庭之间如果就获得的猎物或种植类的食物这些"餐桌食物"的分享提出条件的话，就会遭到严厉的社会制裁。同样，社会规范也规定了向宴会提供食物的做法：必须明确这类食物是为了公共利益，被无条件地分配给所有人的。德布托纳认为，这种无条件的分享本身就是一种回报，若分享时指望回报就是一种自私，回报一份免费的分享意味着给予者有自私的动机。梅尔人有一句谚语："当你指望付出有回报时，你并不会给人留下好感。"自私地分享等于没有分享，因为两者都贪图食物。虽然餐桌食物与公共食物的分享显然都是无条件的，但也有一些分享是有条件的：市场、劳工互助或工作群体的餐宴、伙伴间的仪式性交换以及使用了某些个人物品或集体拥有的物品（土地、觅食区域、船只或工具）后的回报。

4.5.4　为什么会产生挤出效应？

正如本书第 1 章和其他部分所指出的，当用直接的物质激励（比如对献血者付的钱）来补充或代替对公共物品的自愿捐助时，这种捐助的数量会下降。高成本信号传递框架可以用于这一假设，即"挤出"可能归因于信号价值的稀释。如果卖血者的供给的增加造成了献血的社会价值的降低，或者献血与卖血混杂一块，那么献血的信号价值就会降低，也许会低至许多以前的献血者的献血成本以下。

我们并不认为所有这些"挤出"事例都可以用高成本信号传递过程来解释，我们也不能肯定究竟哪些可以被这样解释。然而，在恰当的情境中，通过正式模型和经验检验的支持，它应当可以成为一个合理的假设。本书中的其他强互惠或群体选择历史等解释也同样可以得到检验，但似乎在绝大多数情况下，不存在可以区分这两种解释的解释力的数据。

4.5.5　信号传递与群体受益性执行

另一类可能是高成本信号传递形式之一的集体物品涉及了对搭便车者或者其他违反群体受益性规范的人的惩罚。众所周知，虽然通过惩罚背叛者来执行合作有助于解决集体行动问题，但是执行对于那些执行者来说是一种代价，并且它本身也是一种集体物品，因此产生了二阶的集体行动问题（Hardin，1982）——虽然它在合作均衡问题上是相对次要的（Boyd et al.，2003）。博伊德和里彻逊（1992）证明了如果同时惩罚不合作者和不惩罚者的话，那么合作（包括其他任何均衡）可以实现稳定演进，哪怕在一个大型群体中或者哪怕仅由群体成员中的一部分来执行也是如此。在许多类型的社会系统中，这种执行机制是稳定合作的有力的促进因素（Clutton-Brock and Parker，1995；Frank，1995；Richerson and Boyd，1998；chapter 7 in this volume）。

但是请注意，只要执行的成本是与品质相关的，执行本身便可以像高成本信号一样发挥作用。如果一个良好（低成本）的执行者同时也是潜在的同盟者，或者在其他情况下别人对他很尊敬，那么执行的成本就可以从信号传递收益中获得补偿。这样，高成本信号传递机制就可以为执行者提供一种私人利益，从而基本上解决二阶集体行动问题。GSB模型提供了这样一个体系的演进机制。在这个版本中，执行——对不合作者的惩罚——本身是一种传递高品质的行为。该模型中，这类惩罚或者执行成为一个高成本的信号并得到维持，只要该模型的演进稳定性条件得以成立。

对于该模型如何表达这种信号传递形式，这里有一个简短的说明（引自 Gintis，Smith and Bowles，2001）。假定一个有 n 个成员的群体通过合作来提供某种集体物品。每个成员贡献收益 γ 给其他人，而自己则付出适应成

本 δ。这样,背叛的收益为 δ,而如果要避免发生背叛,该成员在背叛时就必须受到不少于 δ 的惩罚。现假定高品质者能够在付出个人成本 c 的情况下,向背叛者施以成本 δ,而低品质者必须付出成本 $c'>c$ 才能取得相同的效果。根据 4.3 节所概述的模型,在前述参数值的值域中,将会出现一个均衡,其中高品质者将实施惩罚,而低品质者不会实施惩罚。反过来,由于将惩罚行为作为隐含品质的信号(这一信号可以为未来的社会互动提供有用的信息),所以观察者会受益。当然,所有群体成员都将在集体行动中从执行惩罚中获益。就我们所知,这一论证尚未直接应用到任何群体受益性惩罚的经验事例中。无论如何,它似乎与各类人种志的观察结论都相符(比如 Boehm,1999,chapter 5 of this volume)。

一个能够在实验中重复的共同结论(见本书第 5 章)是多数情况下人们执行公平或平等的规范。当然,"公平"的具体含义根据不同的文化而有变化,而且即使在某个特定的文化或社会中也存在着高度争议(比如可以比较美国民主党与共和党对税收政策的争论)。尽管存在相矛盾的解释并且可能会遇到欺骗和操纵型策略,但执行公平或社会产品的公平再分配是人类社会生活中的普遍特征(参见本书各章的相关证据与讨论)。虽然强互惠模型(第 6 章)和有条件的互惠(第 3 章)为这种现象提供了合理的解释,但基于理论多元化的精神,我们希望 CST 能够在这个方面作出自己的贡献。

简而言之,我们认为公平规范可以评估个人或联盟的能力(或意愿),让他们"支付自己的份额",即能够支付保证信号可靠性的成本。这同样(以不同的形式和信号途径)可以应用于平等主义体系(其中公平意味着同等贡献)和等级性体系(其中某些人可以比别人拥有更多的财富和权力,但应该根据其能力为公共物品作贡献〔比如举办公共宴会〕)。在这两种情况下,群体成员将剩余捐给那些没有剩余的人(Boone,1998)或者平等贡献以生产公共物品,这两种规范都可以被信号传递推动执行。

考虑到社会环境和信号所传达品质的多元性,无法支付自己的份额就具有如下的特殊的意义或结果,包括:

(1) 缺乏这样做的能力(低品质信号,导致社会地位下降);

(2) 背叛博弈(决定从社会地位竞争中退出);

(3) 向社会规范挑衅(一种社会权力或优越地位的信号,取

决于违背规范的成本高出仅支付自己份额的成本的程度，因此这
对于社会地位较低的人来说是不可行的）。

据此，我们认为违反公平规范的意义应当视环境信息而定。但不管在
上述哪种情况下，高成本信号传递这一解释框架都认为必须关注公平规范
的信息价值，而对这些规范的执行除了确保公平之外，还应当确保信号的
可靠性，并且解决地位竞争博弈的问题。

4.5.6　信号传递与群体间冲突

一组相关的现象是社会群体间的暴力冲突中个人的高成本付出。虽然
参与群体攻击或防卫在黑猩猩和人类社会中很常见（Boehm，1992；Man-
son and Wrangham，1991），但这类行为对于演进分析提出了棘手的挑战。
这类行为给全体群体成员带来好处，它无法积蓄或者个人单独消费，因此
传统上被定义为纯公共物品。然而，贡献成本可以极其高（当然也包括死
亡），这意味着对搭便车的支付相当大。一些学者认为，有组织的群体间的
暴力的普遍发生只能被解释成基因群体选择的历史结果（Alexander，1979，
1987；Hamilton，1975；Eibl-Eibesfeldt，1982）。另外一些学者则认为，基
于文化差异的群体选择可以解释群体间的冲突的自我牺牲（Peoples，1982；
Richerson and Boyd，1998；chapter 7 of this volume）。CST 提供了不同于
这两种视角的另外解释，即参与群体军事防卫和攻击行为可以展示隐含品
质，这对于个人在群体内的地位竞争有帮助。

军事战争中的自我牺牲是小规模社会中一种提高男性地位的主要通道，
这样的证据非常多（Chagnon，1990；Otterbein，1970；Patton，2000）。
不难看出，地位的提高可以确保甚至危险的提高地位的行为的传播，只要
这样做可以带来物质、生育或文化上的成功。正如我们在无条件慷慨上的
论述一样，关键问题是为什么其他人会将这类地位赋予给战士。高成本信
号传递认为，战争胜利表达了隐含的让未来同盟期许和竞争对手尊敬的品
质。反过来，女性更愿意成为成功的战士的配偶（Chagnon，1988），因为
她们可以从这类人的社会地位中获益，即使信号所传达的品质并不直接有
利于配偶。

战士寻求地位所带来的群体利益符合高成本信号传递的解释，事实上
高成本信号传递机制不仅可以解释具有献身精神的战士的供给不足，而且

还可以解释军事冒险的供给过剩。我们所读的人种志和历史记录都能说明这一点（比如 Boone，1983；Keeley，1996；Mesquida and Wiener，1996；Otterbein，1970）。当然，高成本信号传递机制可以与基因或文化的多层次选择一起对此进行解释。比如，由于初始条件不同，所以高成本信号可以在群体间的冲突强度上得出不同的均衡，而这些能够最优化战争行为的供给（可以用社会群体的生存和/或扩张衡量）的均衡将会成为选择。这可以成为博伊德和里彻逊（1990）构建的不同局部均衡模型中群体选择过程的案例（参见本书第 7 章）。

4.6 信号传递与承诺

4.6.1 信号传递与共同目标

社会机制中利益冲突的存在往往使得合作壁垒过高。性别可能是导致生育利益方面严重不平衡的一个因素，"因为即使共同参与一项联合任务，男性和女性的利益也很少相同"（Trivers，1972，174）。即使是合作最紧密的群体中的个体也有不完全重合的基因利益，因此也会出现冲突与竞争。虽然同胞之间享有相同的基因利益，但彼此之间仍然有竞争（比如父母投资和其他资源），而且竞争程度不亚于与社会群体中的其他人（Sulloway，1996）。在妊娠期间，母亲与胎儿之间的基因利益冲突变成母亲—胎儿的战争，虽然两者的合作可以导致对两者都有利的结果（Haig，1993）。

在共同努力追求目标的时候，由于每个人面对不同的权衡，从实现的目标中可以得到不同的利益，所以个人之间往往发生冲突。比如，男性和女性有着不同的生育策略和生活史，他们在面临维持家庭生计（具体来说，维持生存与养育后代）这一共同目标时会发生冲突，此外其他的生产与生育目标往往也会引发冲突，比如提高自己在更大的社群中的地位、与其他对象生育孩子、得到更多配偶或者积累财富。但是，为了使合作得以进行，双方必须在某种程度上有共同的目标，这样双方从伙伴关系中所获得的利益要超过各自单独行动。

在选择合作对象时（比如共同养育后代的配偶、同事或合著者），每个人都必须坚信，他或她将从这一互动中获得净收益。如果这种联系是长期的，那么这种信念尤其重要，因为背叛的机会或单方的时间成本（比如怀上孩子或写作书的第一章）可以让另一方通过背叛而实现短期利益的最大化。潜在的合作对象如何才能可靠地分析彼此的意向呢？

一个办法是发出对相关项目或者关系的共同目标的承诺的真实信号。以共同写作为例，如果一个合作对象通过共同合作将个人地位置于集体地位之上或者试图利用别人的辛苦写作来搭便车，那么冲突就会发生。为了真实地传达出他致力于共同目标的信号，他必须证明即使有机会以牺牲同伴来获得个人利益，他也将拒绝这种机会以促进同伴们的利益。比如，一位出版商找到其中一位作者谈某本书的交易，而这本书是联合研究得出的成果。如果该作者接受这一交易，并把自己当做唯一的作者，那么他获得了个人利益但却中断了合作关系。如果他拒绝出版商的出价（或者让其他同伴也参与进来），那么尽管他付出了个人地位这一机会成本，但却将他的承诺传达给了合作者。当这位面临诱惑的作者预期当前成为唯一作者的利益是短期的，并且预期长期利益足以超过这些短期利益时，他的行动就是一个真实的承诺信号。这样，拒绝背叛所支付的成本（只要是足够高）就确保了信号的真实性。

4.6.2　同盟承诺

共同目标的信号传递不仅可以应用于对偶关系，而且也有助于摆脱多个体合作困境。相对稳定的社会群体中往往都蕴含这类互动，比如，一些最重要的互动就是保卫群体领土的合作行为。当相邻群体的挑战不期而至时，群体成员参与高成本的领土防御这一行为事实上检验了成员的忠诚，有助于证明当需要战斗时他们是可靠的。扎哈维（Zahavi，1997）认为，阿拉伯巴布鸟（一种群居性的鸟）的许多社会行为（如聚团、互啄毛发和群体舞蹈）可检验社会性情感，并且还可以检验对于群体防卫的承诺。在许多人类社会中，跳舞和仪式往往发生在战斗之前，这也具有上述功能。但不管怎么说，应当以更直接的可证伪的方式来表述这类的似真性论证（plausibility arguments），然后对其进行细致的经验检验。

合作困境也存在于群体内的竞争中，它涉及政治合谋与同盟。绝大多数政治权力模型假定政治家将权力作为互惠交换的工具：政治家通过承诺给其选民带来利益寻求后者的投票回报。由于这里存在着回报延迟（"如果我现在支持你，未来你应当以提供集体物品来回报"），因此很可能发生背叛。高成本信号传递并未消除背叛的风险，但它有助于预测哪种人不大可能会这样做。如果一个政治家在第一阶段可靠地传达了其为再分配而获取资源的优秀能力，那么他很有可能在第二阶段也这样做。

在这里，高成本信号传递并未保证提供集体物品的真实意向，但它真实地宣传了这样做的能力。不同的政治体系——从马来西亚的半平等的"大人物"体系到西北海岸印第安人的分等级首领制——似乎展示了通过慷慨行为来获取并保持政治支持这一高成本信号传递机制（Boone，1998）。在这些情况下以及现代工业民主国家中关于政治选举的许多事例中，政治候选人使用了物品分配来真实地传达他们未来有能力为大家谋利这一信号。大人物、首领或国会议员候选人通过传递其在积累资源方面的能力这一真实信号，鼓励其他人捐款或出力来支持他，从而改善了延迟互惠最有问题的一个方面：拖欠风险。

4.7　结论

高成本信号传递理论为慷慨行为是个人和联盟为地位（如政治权力、配偶或经济资源）而竞争的一种方法这一观点提供了理论基础。这里，慷慨为行动者带来了提供集体物品（包括对偶关系中相互分享的物品）的成本。提供集体物品的与品质相关的成本保证了发信号者具有这类品质（诸如资源控制、领袖能力、团结亲缘群体、经济生产率、健康与活力）这一信息的真实性，该信息对于发信号者的潜在伙伴、同盟和竞争者非常有用（Boone，1998；Smith and Bliege Bird，2000）。如果这一解释成立，那么这意味着那些提供集体物品的无条件慷慨行动者既不指望实物回报，也不是为群体或其同伴做出牺牲，而是为地位及与地位相关的好处而竞争。我们将这一论据扩展应用到对偶互惠和 n 人同盟中的承诺问题中，并认为信号传递可以为这些现象的传统解释提供一个替代性选择（或者至少加强了这些传统解释）。

本章前面所概括的 n 人博弈论模型（Gintis，Smith 和 Bowles［2001］对此有充分的讨论）详细说明了真实信号传递均衡实现稳定的必要条件。在该均衡点上，只有高品质者传递信号，而观察者只回应发信号者（这是参与人各自最好的策略）。该模型显示，群体受益性信号（比如无条件提供集体物品）可以满足实现信号传递均衡的条件。然而，这些结论同样可以应用到社会中性乃至对社会有害的信号中，因此这一模型并不能告诉我们为什么群体受益性信号要优于其他信号。

在这个问题上，我们简要讨论了三个不同的（但不是互相排斥的）假设。第一个假设涉及不同的信号均衡（一些更有利于群体，一些则少一些）中的均衡选择，这一过程可能是一个文化性的群体选择。第二个假设认为，对于发信号者来说，提供集体物品的价值优于提供"无益性"展示是因为在吸引观察者注意时集体物品信号更具有传播优势，观察者更有可能被那些提供额外消费利益的信号吸引。第三个假设是，当社会群体成员直接从合作信号中获益时，这些信号就成为了一个可靠的指示器，表明了发信号者的同盟更有可能在未来得到发信号者提供的利益，因此这些信号更能吸引观察者。

虽然在合作和集体物品方面，高成本信号传递展示出了某些令人兴奋的远景，但它也引发了许多需要进行进一步的理论和经验研究的问题。在这些问题中，我们着重列举三个：（1）信号传达的是哪一种隐含品质？（2）谁是预期中的信号接收者？（3）在什么条件下，向所有人发信号要比针对特定的信号接收者发信号更好？前面两个问题纯粹是经验上的问题，虽然有时在具体的情况下很难回答。第三个问题是 GSB 模型存在的问题——该模型仅假定了通过提供集体物品来吸引一大群观察者会增加发信号者的支付。这只有在至少两个条件下才有可能发生：（1）每个发信号者可以从吸引了多种类型的同伴（比如多个潜在的配偶）这一情况中获利；（2）每个发信号者都能从影响多种类型的观察者这一情况中获利（比如吸引了同盟和配偶，对竞争者形成威胁）。

另外一个有趣的理论研究是将 GSB 模型的一次分析应用到重复信号传递和扩展互动中。当需要建立和维持声誉时，重复信号传递是有可能发生的。我们猜测在两种主要的（但并非相互排斥的）情况下，它可能会很重要：（1）当有许多"噪音"（亦即信号的变化并不完全归因于隐含品质）时；（2）当信号所传达的品质有可能会随时间变化（比如由于生态或经济的变化）时。第一种情况的代表性事例就是猎取大型野兽。在这里，那些并不由猎人控制的因素很大程度上影响了成功，而隐含品质（比如行动灵活、视觉敏锐或体力持久）可以从个人长期的平均回报差异中显示出来。第二种情况——其中隐含品质迅速消失——有许多经济状态方面的特征，从屈服于生态波动的生存体（如干旱草原上的游牧者）到投机性的资本主义经济（其中企业家和下层阶级成员受经济周期的影响）。不难想象在一个人的事业早期，为了建立相对稳定并且此后只需很少成本就可以加强的声誉（比如梅尔人的捕龟事业通常需要十多年的时间来建立声誉，然后再用几年的时间来加强声誉，而结果是长期的社会和生育利益），重复信号传递是很常见的。第二种情况的动态变化更大，因为发信号者的财富（以及信号强度）会随环境的变化而迅速升跌，这对于正式建模显然提出了更大的挑战。

4.8　致谢

许多富有教益的讨论曾强烈影响本章所提出的思想，对此，我们感谢道格·伯德（Doug Bird）、卡尔·贝里斯特伦（Carl Bergstrom）、塞缪尔·鲍尔斯、赫尔伯特·金蒂斯、克里斯滕·霍克斯（Kristen Hawkes）、希拉德·卡普兰和琼·西尔克。本章所采用的 n 人信号传递模型是与金蒂斯和鲍尔斯共同合作的产物，更为详尽的版本发表在其他地方（Gintis, Smith and Bowles, 2001）。对梅尔人所做的调查是与道格·伯德、克雷格·哈德利（Craig Hadley）和许多梅尔的朋友（尤其是帕西家）通过亲密无间的合作而完成的。该田野调查得到了国家科学基金会、李基基金会（Leakey Foundation）、温纳-格伦基金会（Wenner-Gren Foundation）以及澳大利亚土著和托雷斯海峡岛民研究所的资助。

注释

[1]"合作行为"指提高所属社会群体中的直接亲缘以外的成员的福利的行动。这类行动并不必然给自身带来短期的代价，其社会利益也并不必然在所属群体的成员中被平均分配，本章和本书其他章节对这些特殊情况也给予了讨论。

[2] Lotem、Fishman 和 Stone（2002）随后发表了一个基于高成本信号传递的演进合作模型，它与 GSB 模型有相似之处。然而，Lotem 等人的模型只有对偶互动，并且在初始阶段其模型就包含了高比例的有条件的互

惠者，而金蒂斯等人（2002）使用的是一个多人博弈，并且初始阶段（发出信号前）不存在合作。

［3］GSB 模型证明了如果是发信号的收益而不是发信号的成本与品质相关，那么其结论不变（与 Johnstone ［1997］ 和 Getty ［1998］ 的结论一样）。然而，他们并没有分析允许回应者影响发信号者的支付时的效应。很难对双边匹配问题进行建模，虽然有人在婚姻市场和配偶选择方面做过这样的研究（如 Bergstrom and Real，2000），但还没有人在高成本信号传递模型中对此做出尝试。

参考文献

Alexander,Richard D. (1979)*Darwinism and Human Affairs*. Seattle: University of Washington Press.

Alexander,Richard D. (1987)*The Biology of Moral Systems*. Hawthorne,NY:Aldine de Gruyter.

Arak,A. ,and M. Enquist. (1995)Conflict,receiver bias,and the evolution of signal form. *Phil Trans R Soc Lond B* 1355:337 - 344.

Axelrod,Robert,and William D. Hamilton. (1981)The evolution of cooperation. *Science* 211:1390 - 1396.

Bergstrom,Carl,and Leslie A. Real. (2000)Towards a theory of mutual mate choice:Lessons from two-sided matching. *Evolutionary Ecology Research* 2:493 - 508.

Bliege Bird,Rebecca L. ,Eric A. Smith,and Douglas W. Bird. (2001)The hunting handicap:Costly signaling in human foraging strategies. *Behavioral Ecology and Sociobiology* 50:9 - 19.

Bliege. Bird,Rebecca L. ,Douglas W. Bird,Eric A. Smith,and Geoffrey Kushnick. (2002)Risk and reciprocity in Meriam food sharing. *Evolution and Human Behavior* 23(4):297 - 321.

Blurton Jones,Nicholas G. (1984)A selfish origin for human food sharing:Tolerated theft. *Ethology and Sociobiology* 5:1 - 3.

Blurton Jones,Nicholas G. (1986)Fitness retuns from resources and the outcome of contests:Some implications for primatology and anthropology. In *Primate Ontogeny,Cognition and Social Behaviour*,vol. 3. Ed. J. G. Else and P. Lee. Proceedings of the 10th Congress of the International Primatology Society. Cambridge:Cambridge University Press,393 – 406.

Boehm,Christopher. (1992) Segmentary warfare and management of conflict:A comparison of East African chimpanzees and patrilineal-patrilocal humans. In *Coalitions and Alliances in Humans and Other Animals*. Ed. A. Harcourt and F. B. M. de Waal. Oxford:Oxford University Press,137 – 173.

Boehm,Christopher. (1999) *Hierarchy in the Forest:The Evolution of Egalitarian Behavior*. Cambridge,MA:Havard University Press.

Boone,James L. (1983)Noble family structure and expansionist warfare in the late Middle Ages:A socioecological approach. In *Rethinking Human Adaptation*. Ed. R. Dyson-Hudson and M. A. Little. Boulder,CO:Westview Press,79 – 96.

Boone,James L. (1998)The evolution of magnanimity:When is it better to give than to receive? *Human Nature* 9:1 – 21.

Boyd,Robert,and Peter J. Richerson. (1988)The evolution of reciprocity in sizable groups. *Journal of Theoretical Biology* 132:337 – 356.

Boyd,Robert. and Peter J. Richerson. (1989) The evolution of indirect reciprocity. *Social Networks* 11:213 – 236.

Boyd,Robert,and Peter J. Richerson. (1990)Group selection among alternative evolutionarily stable strategies. *J. of Theoretical Biology* 145:331 –342.

Boyd,Robert,and Peter J. Richerson. (1992)Punishment allows the evolution of cooperation(or anything else)in sizable groups. *Ethology and Sociobiology* 13:171 – 195.

Boyd,Robert,Herbert Gintis,Samuel L. Bowles,and Peter J. Richerson. (2003)The evolution of altruistic punishment. *Proceedings of the National Academy of Sciences*,USA 100:3531 – 3535.

Caro,Tim M. (1994)Ungulate antipredator behaviour:Preliminary and comparative evidence from African bovids. *Behaviour* 128:189 – 228.

Cashdan,Elizabeth A. (1985)Coping with risk:Reciprocity among the

Basarwa of northern Botswana. *Man* 20:454 – 474.

Chagnon, Napoleon A. (1988) Life histories, blood revenge, and warfare in a tribal population. *Science* 239:985 – 992.

Chagnon, Napoleon A. (1990) Reproductive and somatic conflicts of interest in the genesis of violence and warfare among tribesmen. In *The Anthropology of War*. Ed. J. Hass. Cambridge: Cambridge University Press, 77 –104.

Clutton-Brock, T. H. , and S. D. Albon. (1979) The roaring of red deer and the evolution of honest advertisement. *Behaviour* 69:145 – 170.

Clutton-Brock, T. H. , and G. A. Parker. (1995) Punishment in animal societies. *Nature* 373:209 – 216.

Cosmides, Leda, and John Tooby. (1989) Evolutionary psychology and the generation of culture, part II: Case study: A computational theory of social exchange. *Ethology and Sociobiology* 10:51 – 97.

Dugatkin. Lee Alan. (1997) *Cooperation among Animals : An Evolutionary Perspective*. New York: Oxford University Press.

Eibl-Eibesfeldt, Iraneus. (1982) Warfare, man's indoctrinability, and group selection. *Zeitschrift für Tierpsychologie* 67:177 – 198.

Frank, Steven A. (1995) Mutual policing and repression of competition in the evolution of cooperative groups. *Nature* 377:520 – 522.

Fried, Morton H. (1967) *The Evolution of Political Society*. New York: Random House.

Getty, Thomas. (1998) Handicap signalling: When fecundity and viability do not add up. *Animal Behaviour* 56:127 – 130.

Gintis, Herbert, Eric A. Smith, and Samuel Bowles. (2001) Cooperation and costly signaling. *Journal of Theoretical Biology* 213:103 – 119.

Grafen, Alan. (1990) Biological signals as handicaps. *J. of Theoretical Biology* 144:517 – 546.

Guilford, Tim, and Marian Stamp Dawkins. (1993) Receiver psychology and the design of animal signals. *Trends in the Neurosciences* 16:430 – 436.

Haig, David. (1993) Genetic conflicts in human pregnancy. *Quarterly Review of Biology* 68:495 – 532.

Hamilton, William D. (1975) Innate social aptitudes of man: An approach from evolutionary genetics. In *Biosocial Anthropology*. Ed. R. Fox. London: Malaby, 133 – 155.

Hardin, Russell. (1982) *Collective Action*. Baltimore: John Hopkins University Press.

Hawkes, Kristen. (1992) Sharing and collective action. In *Evolutionary Ecology and Human Behavior*. Ed. E. A. Smith and B. Winterhalder. Hawthorne, New York: Aldine de Gruyter, 269 – 300.

Hawkes, Kristen. (1993) Why hunter-gatherers work. *Current Anthropology* 34(4): 341 – 362.

Johnstone, Rufus A. (1995) Sexual selection, honest advertisement and the handicap principle: Reviewing the evidence. *Biological Reviews* 70: 1 –65.

Johnstone, Rufus A. (1997) The evolution of animal signals. In *Behavioural Ecology: An Evolutionary Approach*. Ed. John R. Krebs and Nicholas B. Davies. Oxford: Blackwell, 155 – 178.

Kaplan, Hillard, and Kim Hill. (1985a) Food sharing among Ache foragers: Tests of explanatory hypotheses. *Current Anthropology* 26(2): 223 – 246.

Kaplan, Hillard, and Kim Hill. (1985b) Hunting ability and reproductive success among male Ache foragers: preliminary results. *Current Anthropology* 26(1): 131 – 133.

Kaplan, Hillard, Kim Hill, and A. Magdalena Hurtado. (1990) Fitness, foraging and food sharing among the Ache. In *Risk and Uncertainty in Tribal and Peasant Economies*. Ed. E. Cashdan. Boulder, CO: Westview Press.

Keeley, Lawrence H. (1996) *War before Civilization: The Myth of the Peaceful Savage*. New York: Oxford University Press.

Leimar, Olof, and Peter Hammerstein. (2001) Evolution of cooperation through indirect reciprocity. *Proceedings of the Royal Society of London*, *Series B* 268(1468): 745 – 753.

Lotem, Arnon, Michael A. Fishman, and Lewi Stone. (2002) From reciprocity to unconditional altruism through signalling benefits. *Proceedings of the Royal Society of London B* 270:199 - 205.

Manson, Joseph H. , and Richard W. Wrangham. (1991) Intergroup aggression in chimpanzees and humans. *Current Anthropology* 32:360 - 390.

Marlowe, Frank. (2000) The patriarch hypothesis: An alternative explanation of menopause. *Human Nature* 11:27 - 42.

Mauss, Marcel. (1967[1926]) *The Gift: Forms and Functions of Exchange in Archaic Societies*. New York: Norton.

Mesquida, Christian G. , and Neil I. Weiner. (1996) Human collective aggression: A behavioral ecology perspective. *Ethology and Sociobiology* 17: 247 - 263.

Milinski, Manfred, Dirk Semmann, and Hans-Jürgen Krambeck. (2002) Donors to charity gain in both indirect reciprocity and political reputation. *Proceedings of the Royal Society of London*, Series B 269:881 - 883.

Neiman, Fraser D. (1997) Conspicuous consumption as wasteful advertising: A Darwinian perspective on spatial patterns in Classic Maya terminal monument dates. In *Rediscovering Darwin: Evolutionary Theory and Archeological Explanation*. Ed. C. Michael Barton and Geoffrey A. Clark. Washington, D. C. : Archeological papers of the American Anthropological Association, No. 7, 267 - 290.

Nowak, Martin A. , and Karl Sigmund. (1998) Evolution of indirect reciprocity by image scoring. *Nature* 393:573 - 577.

Olson, Mancur. (1965) *The Logic of Collective Action: Public Goods and the Theory of Groups*. Cambridge: Harvard University Press.

Otterbein, Keith. (1970) *The Evolution of War: A Cross-Cultural Study*. New Haven: HRAF.

Panchanathan, Karthik, and Robert Boyd. (2003) A tale of two defectors: The importance of standing for evolution of indirect reciprocity. *Journal of Theoretical Biology* 224:115 - 126.

Patton, John Q. (2000) Reciprocal altruism and warfare: A case from the Ecuadorian Amazon. In *Adaptation and Human Behavior: An Anthropological Perspective*. Ed. Lee Cronk, Napoleon Chagnon, and William Irons. Hawthorne, New York: Aldine de Gruyter, 417 - 436.

Peoples,James G. (1982)Individual or group advantage? A reinterpretation of the Maring ritual cycle. *Current Anthropology* 23:291 – 310.

Petrie,M. (1994)Improved growth and survival of offspring of peacocks with more elaborate trains. *Nature* 371:598 – 599.

Richerson,Peter J. , and Robert Boyd. (1998) The evolution of human ultra-sociality. In *Ideology, Warfare, and Indoctrinability*. Ed. I. Eibl-Eibesfeldt and F. Salter. Oxford:Berghahn,71 – 95.

Roberts,Gilbert. (1998)Competitive altruism:From reciprocity to the handicap principle. *Proceedings of the Royal Society of London B* 265:427 – 431.

Smith,Eric Alden. (1988)Risk and uncertainty in the"original affluent society":Evolutionary ecology of resource sharing and land tenure. In *Hunters and Gatherers:History,Evolution,and Social Change*. Ed. T. Ingold,D. Riches,and J. Woodburn. Oxford:Berg,222 – 252.

Smith,Eric Alden. (1993)Comment on Hawkes. *Current Anthropology* 34:356.

Smith,Eric Alden. In press. Why do good hunters have higher reproductive success? *Human Nature*.

Smith,Eric Alden,and Robert Boyd. (1990)Risk and reciprocity:Hunter-gatherer socioecology and the problem of collective action. In *Risk and Uncertainty in Tribal and Peasant Economies*. Ed. E. Cashdan. Boulder,CO:Westview Press,167 – 191.

Smith,Eric Alden, and Rebecca L. Bliege Bird. (2000) Turtle hunting and tombstone opening:Public generosity as costly signaling. *Evolution and Human Behavior* 21(4):245 – 261.

Smith,Eric Alden,Rebecca L. Bliege Bird,and Douglas W. Bird. (2003) The benefits of costly signaling:Meriam turtle hunters. *Behavioral Ecology* 14(1):116 – 126.

Spence,Michael. (1973)Job market signaling. *Quarterly J. of Economics* 87:355 – 374.

Sugden, R. (1986) *The Economics of Rights, Co-operation and Welfare*. Oxford:Basil Blackwell.

Sulloway, F. (1996) Born to Rebel: Birth Order, Family Dynamics, and Creative Lives. New York: Vintage.

Trivers, Robert L. (1971) The evolution of reciprocal altruism. *Quarterly Review of Biology* 46:35 – 57.

Trivers, Robert L. (1972) Parental investment and sexual selection. In *Sexual Selection and the Descent of Man*, 1871 – 1971. Ed. B. G. Campbell. Chicago: Aldine, 136 – 179.

Veblen, Thorstein. (1994 [1899]) *The Theory of the Leisure Class*. New York: Dover.

Wedekind, Claus, and Manfred Milinski. (2000) Cooperation through image scoring in humans. *Science* 288:850 – 852.

Wells, K. D. (1988) The effect of social interactions on anuran vocal behavior. In *The Evolution of the Amphibian Auditory System*. Ed. B. Fritzch. New York: Wiley, 433 – 454.

Wiessner, Polly, and Wulf Schiefenhövel, eds. (1995) *Food and the Status Quest: An Inter-disciplinary Perspective*. Oxford: Berghahn Books.

Winterhalder, Bruce. (1990) Open field, common pot: Harvest variability and risk avoidance in agricultura and foraging societies. In *Risk and Uncertainty in Tribal and Peasant Eonomies*. Ed. E. Cashdan. Boulder, CO: Westview Press, 67 – 87.

Winterhalder, Bruce. (1996) Social foraging and the behavioral ecology of intragroup resource transfers. *Evolutionary Anthropology* 5(2):46 – 57.

Wright, Jonathan. (1999) Altruism as signal-Zahavi's alternative to kin selection and reciprocity. *J. of Avian Biology* 30:108 – 115.

Zahavi, Amotz. (1975) Mate selection-A selection for handicap. *J. of Theoretical Biology* 53:205 – 214.

Zahavi, Amotz. (1977) Reliability in communication systems and the evolution of altruism. In *Evolutionary Ecology*. Ed. B. Stonehouse and C. M. Perrins. London: Macmillan Press, 253 – 259.

Zahavi, Amotz. (1995) Altruism as handicap-the limitations of kin selection and reciprocity. *J. of Avian Biology* 26:1 – 3.

Zahavi, Amotz, and Avishag Zahavi. (1997) *The Handicap Principle: A Missing Piece of Darwin's Puzzle*. New York: Oxford University Press.

第三篇

互惠的建模与检验

5 强互惠的经济学

恩斯特·费尔 (Ernst Fehr)

乌尔斯·菲施巴赫尔 (Urs Fischbacher)

5.1 引言

　　本章的目的是证明如果经济学家和其他社会科学家坚持自利假设 (self-interest hypothesis)，并且不考虑各种社会偏好的异质性，那么他们就不能正确理解经济学和社会理论的核心问题。两个方面的进展支持了这一论点。首先，近几十年来，实验心理学家们和经济学家们收集了大量证据，这些证据系统地驳斥了自利假设，并且表明了大部分人的偏好（尤其是对强互惠的偏好）显示了其社会动机。其次，强有力的证据表明了对自利的偏离已经给经济学和社会理论的核心问题带来了根本性的影响。

个人似乎是通过积极地或消极地评价相关指涉对象（relevant reference agents）的支付来表达他们的社会偏好的，从这个意义上讲，社会偏好就是涉他偏好。随情形而定，相关指涉对象可能是某人的同事、亲属、商业伙伴或邻居。记住这一点很重要，即一个人在不同的领域有不同的指涉对象。强互惠意味着人们对指涉对象的支付的积极或消极的评价似乎取决于对方的行为，如果其行为被觉察出是友善的，那么强互惠者就会积极评价对方的支付；如果这些行为被觉察出是敌意的，那么指涉对象的支付就会得到消极评价。正如我们将看到的，强互惠是社会偏好的一种非常重要的形式。[1]

核心问题之一是如何理解在市场、组织和政治领域中竞争的运行以及竞争与合作的相互作用。其他的核心问题是有关如何理解成功实现集体行动的条件、契约和财产权的主要结构，而且首要的是经济激励的作用原理，因为激励的作用原理构成了经济的本质。我们认为自利假设阻碍了对这些问题做出令人满意的理解。尤其是，我们提出证据证明了强互惠偏好影响了竞争的运转，支配了合作以及集体行动的规律，影响了经济激励的构成和作用。我们所提供的证据同时表明了通过改变对各类自利行动者的激励，强互惠影响了占主导地位的互动模式和对个体行为的约束，即占主导地位的契约和制度。

本章的结构如下。在"社会偏好的本质"一节中，首先我们简要地描述了社会偏好的各种最重要的类型，接下来我们通过两个简单的一次性实验阐述了对强互惠的偏好，并且讨论了在这两个实验中互惠行为能否被解释为一种认知错误——一种在实验室外重复互动中习得的、被我们不恰当地运用于一次性试验的习惯——或者互惠行为能否被更好地解释为由强互惠偏好推动的理性行为。"竞争"这一节表明了任何人如果忽视了强互惠，那么他就不能理解竞争对市场价格的重要影响。"合作"一节讨论了合作，并且证明了合作的决定性因素不能在自利假设的基础上得到理解。在"经济激励与财产权"这一节中，我们探讨了经济激励、契约和财产权，我们用证据指出了任何人如果忽视了强互惠就不能对经济激励的效果和决定因素做出充分的理解，而且经济激励和强互惠的相互作用可能对不同类型的契约和财产权的最优性产生重要影响。"强互惠的近似模型"一节讨论了强互惠和公正偏好模型建构中的一些问题，以及通过公正偏好的更简单易控的模型模拟了对强互惠的偏好。

5.2 社会偏好的本质

在过去的 15 年里，大量研究表明了除了个人的经济利益之外，社会偏好影响了大多数人的决定。如果一个人不仅关心分配给自己的经济资源，而且还关心分配给相关指涉对象的经济资源，那么这个人就表达了他的社会偏好。在这一章，我们并不打算概述有关社会偏好的经验性证据（Fehr and Schmidt，2003；Sobel，2001），相反，我们感兴趣的是人们的社会偏好暗含了什么样的社会含义和经济含义。不过在开始讨论之前，有必要先提及已形成的社会偏好中在数量上最重要的类型。

社会偏好的第一种的类型是对强互惠的偏好。强互惠者会对他所觉察的友善行为做出友好的反应，并对他所觉察的敌意行为做出敌对的反应。一种行为被认为是友善的还是怀有敌意的，取决于行为背后的动机是公正的还是不公正的。反过来，由行为引起的收益分配上的公平（与可行的支付分配集合相关）决定了行为动机的公正。强调这一点非常重要，即强互惠并非是被对未来经济利益的期望推动的。因此，强互惠根本不同于重复互动中的"合作"或"报复"行为，后者的产生是因为行动者期望通过自己的行为获得未来的经济利益。就互惠而言，即使没有期望的经济利益，行动者也会对友善的行为或怀有敌意的行为做出反应。一些学者建立起了强互惠的模型，他们是 Rabin（1993）、Levine（1998）、Falk 和 Fischbacher（本书第 6 章）、Dufwenberg 和 Kirchsteiger（2004）、Segal 和 Sobel（1999）。[2]

社会偏好的第二种类型是公正偏好，Fehr 和 Schmidt（1999）、Bolton 和 Ockenfels（2000）为其构建了相应的模型。例如，Fehr 和 Schmidt（1999）假定具有公正偏好的人希望公平地分配经济资源。这意味着他们对其他人来说是利他的，也就是说如果其他人的经济收益低于公平基点（equitable benchmark），那么他们就希望增加这些人的经济收益。但是，具有公正偏好的人也怀有嫉妒之心，也就是说当其他人的收益超过了公平基点时，他们就希望减少这些人的收益。在很多情况下，强互惠者和公正偏好者的行为方式相似，例如，当某人做出的决定导致强互惠者和公正偏好者的收益大大低于他人的收益时，强互惠和公正偏好就都暗含着减少另一个人的收益的愿望，不过最近的证据（Falk，Fehr and Fischbacher［henceforth FFF］，2000，2001；Offerman，2002）表明了从数量角度来说，强互惠是更重要的动机。

互惠与公正偏好在行为上的相似性源于这样一个事实，即两种思想在一些重要方面都取决于公正或公平收益的观念。由于公正偏好模型（models of inequity aversion）比强互惠模型更简单易控，所以通过公正偏好通常更易于理解"模拟"互惠行为或"黑箱"互惠行为（参见本章后面有关强互惠的近似模型的论述部分）。有些学者（例如 Charness and Rabin，2002）也找到了实验对象倾向于帮助最低收入人群（the least well off）的证据，但是，此类行为通常难以与公正偏好，尤其是非线性公正偏好相区别。最近，尼尔森（Neilson，2000）对费尔—施密特型公正偏好的非线性形式给出了公理性的概括。

强互惠和公正偏好与无条件的利他主义（unconditional altruism）完全不同，后者构成了社会偏好的第三种类型。无条件的利他主义不以他人的行为作为自己行动的条件，也就是说对他人的利他主义不是为回应所得到的利他主义而出现的（Andreoni，1998；Andreoni and Miller，2002；Cox and Sadiraj，2001）。用专业术语来说，无条件的利他主义意味着一个人对分配给相关指涉对象的经济资源做出了积极的评价。因此，一个无条件利他主义者从来不会采取行动去减少相关对象的收益。不过，正如我们在本章后部分将要看到的，一个经常存在的重要事实是人们总是因为他人的不公正的或怀有敌意的行为而想对其进行惩罚。无条件的利他主义也不能解释有条件的合作的现象，即不能解释人们为回应他人的合作而愿意增进他们自愿的合作这一事实。

最后，研究表明了一部分人显示了恶意偏好或嫉妒偏好（spiteful or envious preference）（FFF，2001）。一个怀有恶意或嫉妒心的人总是对相关指涉对象的经济收益持消极评价，他总是不惜成本地想去把指涉对象的经济收益降低到自己的水平（Kirchsteiger，1994；Mui，1995），而不考虑收益的分配，也不考虑指涉对象的行为是否公正。从数量角度来说，恶意性选择似乎没有互惠性选择那样重要，而且恶意（与无条件利他主义一样）不能解释为什么同样的人在一种情形下总是不惜成本地想帮助他人，而在另一种情形下却想伤害他人（FFF，2000）。

尽管以往的研究清楚地表明了许多人显示了他们的社会偏好，但记住这一点很重要，即并非每一个人都显示了社会偏好。事实上，大多数研究表明了也有大部分人以纯粹自私的方式开展行动。因此关键问题是，不同个体的动机的异质性如何才能被纳入十分简单的模型中，不同个体的动机又是如何相互作用的。在这一节中，我们集中讨论了仅存在强互惠类型和自私类型的情况。这样做的原因如下。第一，经验事实清楚地表明了强消极互惠（strong negative reciprocity）在收益削减或惩罚行为方面是主要的动机（FFF，2000，2001；Kagel and Wolfe，2001；Offerman，2002）。第二，在帮助他人或报答他人的行为方面，尽管其他动机，诸如无条件的利他主义、公正偏好、追求效率等行为起了作用，但强积极互惠（strong positive reciprocity）也同样发挥了重要作用（Cox，2000；Charness and Rabin，2002；FFF，2000；Offerman，2002）。然而，为了简化论述，我们在这一节将忽略其他各种动机。

理论和经验证据均表明了强互惠者和自私者的互动是众多经济学问题中的首要问题。原因在于，互惠者的存在常常改变了对自私者的经济激励，这使自私者做出"不自私"的选择。例如，一个自私的人如果可能受到互惠者的惩罚，那么他就不敢采取机会主义行为。同样，一个自私的人可能被诱导着表现出合作的和乐于助人的态度，因为他希望互惠者能够回报他。由于强互惠者的存在改变了对自私者的物质激励，因而强互惠者通常对市场和组织的总产出具有重大影响。

我们的论据主要建立在实验室实验的基础之上，因为在大多数现实生活情境中我们不可能完全分离出强互惠的影响。怀疑论者往往怀疑实验室之外的证据（field evidence），他们认为在现实生活中，人们只是为了修辞性目的（rhetorical purposes）而使用公正概念，这一目的在重复博弈的均衡中隐藏了纯粹自私的行为。[3]有关最后通牒博弈（Güth, Schmittberger and Schwarze，1982）和礼物交换博弈（Fehr, Kirchsteiger and Riedl，1993）的实验证据提供了强积极互惠和强消极互惠的清晰例证。[4]鉴于本书已经对两种博弈做了描述，这里就不对实验做详细介绍了，指出这一点就已足够，即最后通牒博弈中回应者对积极出价（positive offers）的拒绝可以被解释为强消极互惠，而礼物交换博弈中雇员面对高工资做出的拼命工作的选择可以被解释为强积极互惠。上述研究结果在不同国家中以及多种不同条件下得到了重复验证。[5]同样值得一提的是，在最后通牒博弈和礼物交换博弈实验中，当赌注规模提高到三个月收入的水平时，强互惠依然存在（Cameron，1999；Fehr，Tougareva and Fischbacher，2002）。

5.2.1　一次性互动与重复互动

曾经有一种观点认为匿名一次性实验中互惠行为的出现是因为实验对象不能适当地进行调整以适应一次性互动。有学者（参见 Binmore，1988）指出在实验室外，实验对象往往被卷入重复互动之中。重复博弈理论告诉人们，奖赏和惩罚符合个人的长期利益。根据这种观点，日常生活重复博弈中经常互动的实验对象把适合重复互动的惯例（routines）和习惯（habits）带入到实验室一次性互动情境中，因为他们不理解一次性互动和重复互动存在什么策略上的区别。因此，一次性互动中观察到的互惠行为不应该被解释为对自利的背离，而应该被解释为单凭经验行事的一种形式，也就是说，应该被解释为在认知上没有正确区分一次性互动和重复互动。

我们从两个方面回应这种观点。首先，最重要的一个方面是大多数实验对象能够很好地理解一次性互动和重复互动在策略上存在的差别，这一证据驳斥了上述观点。我们在本章后面的内容中讨论了费尔和菲施巴赫尔（2003）记录的实验，这一实验明确地检测了这种现象。其次，即使上述观点是正确的，社会科学家也有充分的理由重视习惯和惯例对人们行为的影响。对社会科学来说，互惠行为的重要性并不取决于它是否被解释为对自利的一种背离或者有限理性的一种形式。互惠行为重要的原因是它从根本上影响了市场、组织、激励和集体行动的功能的发挥。

人们是否有能力把暂时的一次性互动与重复互动相区别，原则上是可以检验的。费尔和菲施巴赫尔（2003）在最后通牒博弈中研究了这个问题，加希特和福尔克（2002）则提供了礼物交换博弈的证据。费尔和菲施巴赫尔在两种不同的条件下实施了十轮最后通牒博弈的系列实验。在这两种条件下，实验对象在十轮重复博弈中的每一轮都与不同的对手进行博弈。"底线条件"下的每一轮重复博弈中，提议者（proposers）对当前回应者（responders）过去的行为一无所知，因此在这一条件下，回应者由于"强硬"而不能树立声望。相反，在"声望条件"下的每一轮重复博弈中，提议者了解他们当前的回应者的行为的全部历史，即回应者因为"强硬"能够树立声望。在"声望条件"下，声望对于拒绝低出价（low offers）来说当然是有用的，因为它增加了在未来阶段从提议者那里获得更高出价（higher offers）的可能性。

如果回应者懂得在声望条件下从拒绝低价中可以获得物质收益，那么我们在这一条件下通常将观察到更高的接受阈限（acceptances thresholds）。这是关于社会偏好路径的预言，该路径假定研究对象能够从他们自己的物质收益和公正的收益分配中获得效用。相反，如果实验对象不理解声望的形成逻辑，并把同样的习惯或启发式认知方法（cognitive heuristics）应用于两种博弈条件中，那么我们在不同的博弈条件下将不能观察到回应者行为中的一系列区别。由于实验对象参加了在这两种条件下的博弈，因此观察到个体层面的行为变化是可能的。结果证明了相对于底线条件而言，声望条件下大多数回应者（略超过 80%，N=72）会提高他们的接受阈限。[6]这一事实反驳了实验对象不理解一次性互动与重复互动的区别的假设。

5.3 竞争

在这一部分，我们论证了这一观点，即不考虑公正和强互惠就不可能理解竞争的作用。特别地，我们阐明了自利假设使社会科学家不能理解竞争所具有的比较静态的重要作用。此外，我们的研究结果表明了竞争所造成的影响比基于自利假设的各种模型所预料的要小得多。

5.3.1 执行外生契约条件下竞争的作用

下面我们来思考稍做修改后的最后通牒博弈。现在不是一个回应者，而是存在两个相互竞争的回应者。当提议者出价后，两个回应者同时接受出价或拒绝出价。如果回应者同时接受出价，那么按照随机机制，任一个回应者获得出价的可能性为 0.5。如果只有一个回应者接受出价，那么该回应者将获得出价。如果两个回应者都拒绝出价，则提议者和回应者都一无所获。

这种形式的最后通牒博弈——存在回应者竞争——可以被理解为一个卖家（提议者）与两个竞争性买家（回应者）之间的市场交易，这两个买家的经济收益存在于不可分割的产品（good）之中。而且，如果交易中的各参与方对产品的估价是公开的，那么所有相关的参与者都会知道交易盈余（surplus）。由于盈余是固定的，并且每个人都知道，因此卖家所提供的产品的质量（quality）就不具有任何不确定性。这种情形也就可以被视做一个契约（产品质量）被外生执行的市场。

如果所有的参与方都是自私的，那么回应者之间的竞争就无关紧要，因为在双边情况（bilateral case）下提议者被认为将得到所有盈余。因此，将竞争引入双边最后通牒博弈不会对提议者的能力产生影响，无论是有 2个、3 个还是更多的回应者参与竞争。这样，自利假设就必然包含了与我们的直觉正好相反的结果，即加剧回应者之间的竞争不会影响回应者所得到的盈余份额。菲施巴赫尔、方和费尔（2003）通过实施有 1 个、2 个和 5 个回应者的最后通牒博弈实验验证了这一推断。考虑到收敛效应和学习效应，在每一段实验时期，一大群实验对象都参加 20 轮相同的博弈。例如，在有 2 个回应者的情形中，通常是三分之一的实验对象扮演提议者，三分之二的实验对象扮演回应者。在每一轮博弈中，提议者和回应者随机匹配以确保互动的一次性，而且所有的实验对象都知道实验将在 20 轮博弈后结束。实验结果如图 5—1 所示。

图 5—1 显示了回应者在各种条件下的每一轮博弈的平均收益（average share of the surplus）。在双边条件下，除了第 1 轮博弈之外，回应者的平均收益非常接近盈余的 40%，并且收益量从头到尾没有多少变化。在最后一轮博弈中，回应者的收益仍然比盈余的 40% 还要略多一点。然而，在有 2 个回应者时，情况发生了戏剧性的改变。与双边条件相比，回应者的收益占比在第 1 轮博弈中就减少了 16.5 个百分点。而且，从第 1 轮博弈到第 12 轮博弈，回应者之间的竞争导致收益的占比减少了 14%（从 35% 跌到 21%），最后一轮甚至低于盈余的 20%。因此，仅增加 1 个回应者就会给其收益带来巨大的影响。如果我们增加 3 个回应者，那么其收益会下降得更厉害。从第 3 轮博弈开始，回应者的收益就低于盈余的 20%，在后 10 轮博弈中，其收益仅接近盈余的 10%。[7]

为何竞争加剧时回应者的收益就下降呢？原因在于，竞争性回应者越多，回应者拒绝的可能性就会越小。如果我们考虑到了强互惠回应者或具有公共偏好的回应者，那么上述事实就可以得到简洁的解释（Falk and Fischbacher，本书第 6 章；Fehr and Schmidt，1999）。强互惠回应者在双边最后通牒博弈中拒绝了较低的出价，因为通过拒绝他们可以惩罚不公正的提议者。在双边情形下，他们总是能确保惩罚的进行，但是在竞争性情形下，惩罚变得不可能。尤其是，如果其他回应者中的一个接受了低出价，那么一个互惠的回应者是不可能去惩罚提议者的。由于大部分回应者是自私的，

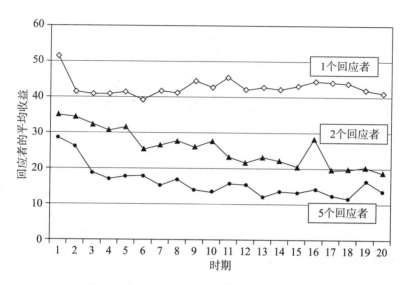

图 5—1　在最后通牒博弈中，回应者分别与 1 个、2 个、5 个回应者共存
资料来源：菲施巴赫尔、方和费尔（2003）。

所以当存在众多竞争性回应者的时候，不自私的回应者变得自私的可能性就会增加。反过来，这意味着当竞争性的回应者的数量增加时，从拒绝低出价得到非物质回报的希望更加渺茫。所以，竞争性回应者增加得越多，强互惠回应者就越不会倾向于拒绝低出价。

5.3.2　执行内生契约条件下竞争的作用

前面的例子证实了自利模型低估了竞争的力量。然而，我们不会由此就认为充分的竞争在一般情况下将削弱或消除公正对市场结果（market outcomes）的影响。恰恰相反，我们将在这一部分证明，强互惠个体的存在可能完全消除竞争对市场结果的影响。竞争是否确实具有如图 5—1 所示的作用在根本上取决于契约的可执行性。

费尔和福尔克（1999）实施的复式拍卖（double auction）实验有助于证明这一观点。费尔和福尔克故意选择复式拍卖作为交易制度，是因为大量研究表明了复式拍卖实验具有突出的竞争特性。在上百次的此类实验中，各种价格和数量很快会形成标准的自利理论所预测的竞争均衡（参见 Davis 和 Holt［1993］对一个重要结果的调查）。由此得出，在复式拍卖实验中，强互惠使竞争完全失效，这给强互惠在市场中具有重要性这一论点提供了一条有力的证据。

费尔和福尔克采用了两种实验环境：一种是竞争条件，一种是完全消除竞争的双边条件。在竞争条件下，他们在复式拍卖实验中嵌入了礼物交换博弈的框架。[8]本章前面部分指出了竞争条件和礼物交换博弈的根本区别，即在竞争条件下，实验中的公司和工人都能做出工资报价，区间在［20，120］，因为工人的保留工资是20，并且从一次交易中最多可获得120。如果出价被接受，那么劳动合同就签订了，并且这个工人必须选择努力水平。就像在礼物交换博弈中一样，工人（回应者）能自由选择合适的努力水平，当公司（提议者）从努力中获益时，他们还必须承担努力的成本。因此，该实验描述了一个市场，在这个市场中，商品交易质量（"努力"）不是外生决定的，而是工人们的选择来决定的，工人可以提供也可以不提供公司所期望的努力水平。在竞争性复式拍卖中，有8家公司和12个工人，每家公司最多可以雇用1个工人，工人签署1份合同需花费20。因此，劳动力供给过剩导致了竞争性工资水平是20。一个复式拍卖实验持续10轮，每轮持续3分钟。[9]

与复式拍卖相反，公司在双边条件下所匹配的工人是外生决定的。如果工人拒绝公司的出价，那么双方都将一无所获。双边条件由一组共10轮的一次性礼物交换博弈——根据劳动力市场的条款来构造该博弈——构成。一共有10家公司（提议者）和10个工人（回应者），在10轮博弈中的每一轮博弈中，每家公司与不同的工人相匹配。这些公司在每一轮博弈中必须向与其匹配的工人报价。如果工人接受报价，那么他就必须选择努力水平。和在竞争条件下一样，接受工资报价的工人花费成本20，而且从交易中能获得的最大收益为120。自利模型预言两种条件下的均衡结果都将是，工人都只会付出最少的努力，相应地，公司将支付20或21的工资。然而，我们已经从双边最后通牒博弈中了解到，公司（提议者）不能得到所有盈余，也就是说工人在双边礼物交换博弈中可以期望得到比自利模型所预言的高得多的工资。此外，由于礼物交换博弈中工人的努力水平在工资水平内总体上是在提高的，所以公司甚至有额外的理由让工人分享大量盈余。因此，我们的任务是确定复式拍卖中多大程度的竞争能够使工资低于双边条件下的水平。

图5—2说明了两种条件下工资的演化，并指出了一个令人惊讶的结果，那就是在这些条件下竞争对工资的形成并不具有长期的影响。复式拍卖中

的工资仅在最开始的几轮博弈中略低于双边条件，但是由于工人对较低的工资回应以较低的努力水平，所以从第 4 轮起，公司提高了他们的工资。在最后 5 轮博弈中，公司在复式拍卖中给工人的工资略高于双边条件下的工资。然而，这种差别并不重要。值得注意的是，复式拍卖中工人之间的竞争是相当激烈的。在每一轮博弈中，许多工人的工资低于 30，而公司却愿意付给工人大约 60 的平均工资。工人不可能通过要求低工资得到工作，因为正向的努力—工资关系使公司开出高的、非竞争性的工资是有利可图的。[10]

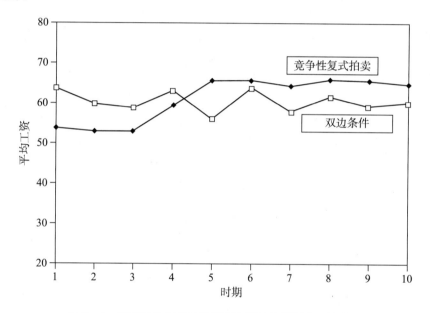

图 5—2　在竞争性复式拍卖条件和双边条件下的工资水平

资料来源：费尔和福尔克（1999）。

本章前面的证据表明了强互惠严格限制了市场中竞争的影响，在市场中，努力水平和质量不是外生决定的。强互惠通过产生效益工资限制了竞争对工资的影响，效益工资使公司支付非竞争性工资成为有利可图的事情。这种非竞争性工资反过来可以引起非自愿的失业（Akerlof，1982），这一点是众所周知的。此外，强互惠类型的存在可能内生性地产生了"圈内人"和"圈外人"的区别。公司理所当然地会对那些从不制造机会偷懒的工人（忠诚的、在未被监控的情况下仍能努力工作的工人）感兴趣。由于工人从这个意义上说是异质性的（并且因为工人属于哪种类型是难以确定的），所以即使新的工人愿意以更低的工资工作，公司一般也不愿意用新的工人来替换现有的工人。这使公司现有的劳动力免受外部竞争的冲击。

最后，强互惠可能也有助于产生非竞争性工资级差。1980 年代和 1990 年代早期发生过一场关于产业内工资级差是否应该被解释为非竞争性工作租金的激烈争论。这场争论并没有得出一致结果，因为这些结果反映了研究者观察不到的工作条件异质性和技术水平异质性。[11]实验室的实验能帮助解决一部分悬而未决的问题，因为在实验室中，工作条件和技术水平的异质性可以被消除。费尔、加希特和基希斯泰格（1996）做了这一实验，他们在竞争性市场环境中嵌入了礼物交换博弈的框架，其中参加实验的公司根据它们的获利机会相互区别。在他们的实验中，一旦工人接受了公司的工资出价，他就会在做出努力水平选择之前被告知公司的获利机会。这个程序确保只有工人做出努力水平的决定而不是接受合同的决定受到公司获利机会的影响。公司和工人都预先知道了信息披露程序。实验表明了有更好的获利机会的公司通常会支付更高的工资和工作租金。这种工资政策是十分理性的，因为对一家可以赚取更多利润的公司而言，既有的努力水平的提高导致了更大幅度的利润增长。因此，高利润的公司通过支付高工资来拥有更强的激励去唤起工人的互惠。

5.4 合作

在社会生活中，搭便车激励是一个无处不在的现象。参加反对独裁的集体行动、劳资纠纷、公司串通控制垄断市场、避免环境的负外部性、工人在团队薪酬计划下的努力水平选择、对公共资源的开发都是典型的例子。在这些例子中，尽管搭便车者没有作出贡献，但是不能把他们从集体行动的收益或公共利益中排除出去。由于现代社会中合作问题无处不在，所以关键是理解促使人们形成合作的力量。我们在这一部分将阐述对强互惠的忽略会导致经济学家误解许多合作问题的本质。正如我们将看到的，理解合作问题的关键是自利者和强互惠者之间的互动，以及这种互动是如何通过制度环境形成的。

5.4.1 有条件的合作

强互惠可以改变典型的合作问题的原因有两个。第一，在确定他人将合作的情况下，强互惠者愿意合作。如果其他人合作——尽管物质激励使他们不合作，他们就提供礼物使强互惠者回馈礼物，即互惠者是有条件地合作的。第二，强互惠者愿意惩罚搭便车者，因为搭便车者利用合作者。因此，如果潜在的搭便车者面对强互惠者，那么他们将倾向于合作以免被惩罚。

强互惠对合作的影响表现在下面的囚徒困境中。实验对象 A 与实验对象 B 各拥有 10 英镑。每个人既可以持有各自的 10 英镑，也可以将这 10 英镑转让给对方。如果两者之中任何一个把钱转让出来的话，实验者就将金额增加到 3 倍，即接受者将获得 30 英镑。A 和 B 必须同时决定是保持还是转让这 10 英镑。如果两个人都转让的话，那么他们都将获得 30 英镑。如果两个人都不转让，那么他们都只能持有 10 英镑。此外，不论对方是否转让这笔钱，实验对象通常都会出于自利而保持自己的 10 英镑。[12] 因此自利假设断定两个实验对象都将保持他们的金钱。然而实际上在这种情况下，很多实验对象选择了合作（见 Ledyard，1995；Dawes，1980）。例如，一次性囚徒困境博弈中的合作率经常在 40%～60%。

在存在完全互惠的实验对象的情况下，很容易解释囚徒困境的合作结果，因为上面的博弈——尽管是一种物质收益方面的囚徒困境——不是一种效用收益方面的囚徒困境。相反，这是存在两个均衡点的协调博弈。如果两个实验对象都是互惠者，而且如果 A 相信 B 会合作（即转让金钱），那么 A 将选择合作。如果 B 相信 A 会合作的话，那么对 B 来说也是如此。因此，策略组合（合作，合作）形成均衡。同样，如果双方相信对方会背叛（即持有金钱），那么 A 和 B 都更可能选择背叛。因此，组合（背叛，背叛）也是一种均衡。[13]

在存在强互惠实验对象的情况下，将囚徒困境转换成一种协调博弈有助于解释两个更深层次的事实。多次实验证明了在囚徒困境中和其他的社会两难博弈（Sally，1995）[14] 中，沟通带来了更高的合作率。如果实验对象都是完全自利的，那么沟通的积极影响则很难得到解释。然而，如果囚徒困境用经济学的术语来说完全是一种协调博弈，那么沟通使实验对象能在更好的均衡上实现协调。实验也证明了囚徒困境的设计方法影响了合作。如果囚徒困境以"合作"的方式来构架，那么实验对象比以"竞争"的方式构架更倾向于合作。由于"合作"框架比"竞争"框架更可能带来关于其他参与人的行为的乐观信念，所以实验对象在合作框架中时就更可能在好的均衡上实现协调。

如果实验对象的实际偏好确实将社会困境（如囚徒困境博弈）变成了一种协调博弈，那么自利假设就使经济学家从根本上误解了社会困境问题。考虑到这一观点的重要性，我们应该获得更多关于这个论点的直接证据。菲施巴赫尔、加希特和费尔（2001）以及科罗森（Croson，1990）从四人公共利益博弈情境中发现了实验对象在其他人都合作的条件下的合作意愿，尽管在该实验中，每个实验对象的占优策略都是完全搭便车。虽然社会最优选择要求每个人将其财物贡献给公共利益，但每个实验对象都出于自利考虑还是倾向于搭便车。

这些研究都发现了有相当多的证据可以证明有条件的合作者的存在。[15]菲施巴赫尔、加希特和费尔的研究结果如图5—3所示。图5—3说明了如果其他群体的成员的平均贡献增加了，那么50％的实验对象愿意增加他们对公共利益的贡献，即使物质激励常常意味着完全的搭便车。这些实验对象的行为与强互惠（或公正偏好）模型相一致。图5—3也提醒我们，大量的实验对象（30％）是完全的搭便车者，其中有14％的实验对象表现出驼峰形反应。不过综合起来看，存在足够多的有条件的合作者，以至于其他群体成员的贡献水平的提高引起了"平均"个体的贡献的增加（见图5—3中的粗线条）。

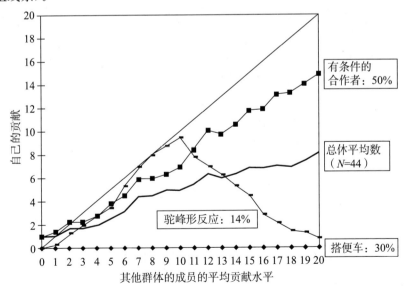

图5—3 作为其他成员平均贡献的函数的单个实验对象的贡献

资料来源：菲施巴赫尔、加希特和费尔（2001）。

有条件的合作者和自利的实验对象的共存具有重要的意义。例如，它暗含着制度上的微妙细节能影响重大的行为。为了证明这个论点，可以假设在囚徒困境博弈时，一个自利的实验对象与一个强互惠者相匹配，而且实验对象的类型是双方共知的。因为强互惠者知道另一个实验对象毫无疑问是自利的，所以他知道这个自利的实验对象必将背叛。因此，强互惠者也将背叛，即结果（背叛，背叛）是唯一的均衡。现在，在连续囚徒困境博弈中，由自利的实验对象首先决定是合作还是背叛。接着，强互惠者在观察先行者的决定后选择合作或背叛。在连续情况下，唯一的均衡结果是双方都会选择合作，因为强互惠者作为第二个行动者将做出与先行者相匹配的选择。这就意味着自利的先行者在（合作，合作）和（背叛，背叛）二者之间做选择。因为相互合作优于相互背叛，所以自利的实验对象将选择合作。因此，在囚徒困境博弈中，自利的实验对象诱使互惠者选择背叛，但在连续的囚徒困境博弈中，互惠的实验对象诱使自利的实验对象选择合作。这个例子简明扼要地说明了制度的细节与人们的异质性的交互方式的重要性。

因为存在很多有条件的合作者，所以建立和维持合作涉及对人们的信任的管理。与人们几乎不相信他人会合作的情况相比，当人们相信他人会合作时，合作的概率会更高。依靠信任维系的合作可以看做与很多领域相关的一个互动的后果。例如，如果人们相信税收欺骗、腐败、福利政策的滥用是广泛存在的，那么他们自己则很可能骗税、行贿或者滥用福利政策制度。因为一旦人们开始相信其他大部分人从事违法行为，依靠信任来维系的个人行为就将使合法行为的重建变得相当艰难，所以公共政策在初始阶段就保证公民义务地执行是非常重要的。

在有组织的背景下，在组织成员间建立合作涉及对"正确"成员的选择。在一群雇员中，几个开小差的人很快会破坏整个群体。例如比利（1999）在报告中指出，人事经理将解雇工人作为一种在群体中消除拥有不良品质和不称职的人的手段，而不是作为一种约束工人的威胁。原因是，暗中威胁制造了一种敌意的氛围，可能降低工人与公司之间的合作意愿。经理们指出，雇员们本身也不想与懒惰的同事工作，这些同事不愿承担应负的责任，这是不公平的。因此，解雇懒惰的工人主要用来保护群体免受"坏品质和不称职"的危害。这个事实证明了在公司内部，有条件的合作也很重要。

强互惠和有条件的合作也可能影响有关穷人的社会政策结构（Fong，Bowles and Gintis，本书第 10 章；Bowles and Gintis，1998；Wax，2000）。原因是，有关穷人的政策支持很大程度上取决于穷人被认为是"值得帮助的"还是"不值得帮助的"。如果人们认为穷人贫穷的原因是他们不想努力工作，那么帮助穷人的政策支持将会被削弱，因为穷人被认为是不值得帮助的。如果人们认为穷人努力试图摆脱贫困，但是某种不可控的原因使他们没有成功，那么穷人被认为是值得帮助的。这就表明了在一定程度上，人们认为穷人是值得帮助的这一观点受到了强互惠的影响。假如穷人表现出良好的愿望，尽量对社会有所贡献，或者尽管因各种原因致贫，但丝毫没有影响他们的愿望，那么他们就会被看做是值得帮助的。相反，如果穷人被认为缺乏贡献社会的愿望，那么他们就被看做是不值得帮助的。这意味着相对于社会政策不允许穷人表达他们的良好的愿望，当社会政策使穷人能够表达他们回馈社会的愿望时，更能争取更大的政治支持。瓦克斯（Wax，2000）很有说服力地指出了前任总统比尔·克林顿 1996 年的《福利制度改革法案》大受欢迎的一个重要原因是，这个法案唤起了人们的强互惠感。[16]

5.4.2　合作与惩罚

　　上文我们讨论了自利的实验对象将诱使强互惠者在囚徒困境博弈中采取背叛行为。在 n 人社会困境博弈的条件下，这种现象也具有普遍性。理论上，甚至是小部分的自利的实验对象也可以诱使大部分的互惠者（或公正偏好者）在社会困境博弈中选择搭便车（Fehr and Schmidt，1999，命题4）。在一个匿名互动实验中，实验对象不知道其他群体的成员是自利的还是强互惠的。然而，假如他们重复互动多次，他们就可以知道其他人的所属类型。此外，某人可能预料在（有限重复）社会困境博弈实验中，合作将最终瓦解。这种合作的瓦解在多次实验中被观察到了（Ledyard，1995；Fehr and Schmidt，1999）。

　　这就提出了一个问题，即是否有社会机制能阻止合作的失败。一个潜在的重要机制来自互惠者的社会排斥和先行者压力。回顾前文，强互惠者表现出了惩罚不公平行为的愿望，而合作的互惠主义者也很可能将搭便车看做不公平。山口（Yamagichi，1986），奥斯特罗姆、加德纳和瓦尔克（1994），费尔和加希特（2000a）研究了在公共产品博弈和社会困境博弈中的惩罚的影响，在这些博弈中，相同的实验对象可以在相同的群体中一起完成几轮博弈。在费尔和加希特的实验中有两个阶段。第一个阶段是相同的公共产品博弈，如菲施巴赫尔、加希特和费尔（2001）所描述的。尤其是，尽管社会的最佳选择要求每个实验对象贡献他的全部努力到公共利益中，但每个实验对象的占优策略是完全搭便车。在第二阶段，当群体了解了每个成员的贡献后，每个实验对象能扣除 10 个点来惩罚其他群体成员。虽然 1 个点的惩罚平均减少了被惩罚的实验对象的第一阶段的收入的 3 个点，但同时也减少了惩罚者的收入。[17]在这种惩罚（比如一个愤怒的团体成员责备一个搭便车者，或者是到处散布这个信息以致搭便车者被排斥）中，虽然惩罚实施者也要付出一定的成本，但是搭便车者付出的成本更大。注意，因为对于惩罚实施者而言惩罚也需要成本，所以自利假设预言零惩罚。此外，因为理性的实验对象将预料到这一点，所以自利假设预言，在没有惩罚的公共产品博弈和有惩罚的公共产品博弈中，人们的贡献行为并没有什么不同，在两种情况下都是零贡献。

这种预言与实验室的证据完全矛盾（见图 5—4）。[18]在不含惩罚机会的博弈中，随着时间的推移，合作机会减少，在最后一轮博弈接近于零。相反，在含有惩罚机会的博弈中，合作是增加的（图 5—4 中，第 11 轮与第 10 轮相比）。此外，在惩罚前提下，贡献稳定地增加，直到最后几乎所有的实验对象都贡献了他们的全部努力。这种剧增产生的原因是搭便车者经常被惩罚，他们付出得越少，就越有可能被惩罚。合作者感到搭便车者利用他们是不公平的，因而希望惩罚他们。这便使被惩罚的搭便车者在后面的博弈中加强了合作。图 5—4 最明显的特点是，在最后几轮博弈中实际惩罚率相当低——惩罚仅仅是一种威胁，前面所受惩罚的痛苦回忆足以使潜在的搭便车者选择合作。

5.4.3　策略性惩罚和非策略性惩罚

先行者压力、社会排斥和加强合作以惩罚搭便车者在社会规范的实施上起了重要的作用。这些在工人和公司的劳资纠纷中、团队集体生产中、共同财产资源的管理中、垄断行业串通的实施中都同样重要。例如，罢工的工人经常排斥那些破坏罢工的人（Francis，1985），或者在计件工资制度下，那些想保持计件工资制度的人会惩罚那些违反生产份额制度的人（Roethlisberger and Dickson，1974；Whyte，1955）。[19]在第一次世界大战期间，不愿入伍的英国男人面临着公众的歧视并被称为"懦夫"。奥斯特罗

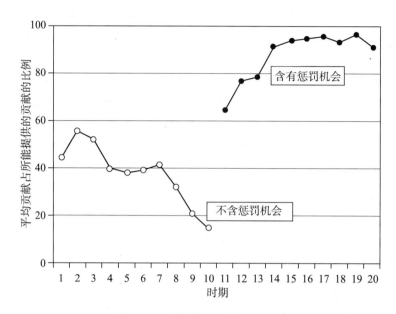

图 5—4　对公共产品的平均贡献

资料来源：费尔和加希特（2000a）。

姆、加德纳和瓦尔克（1994）同样在报告中指出，惩罚常常施加在那些过度使用公共财产的人身上。他们令人信服地指出，对此类资源的管理需要制度，制度使对公共资源的过度使用变得可见和易于发觉，并使对资源滥用者的制裁成为可能。

斯莱德（1990）提供了一个更为有趣的例子，她分析了垄断行业价格战中公司的行为。在价格战中，公司以低于边际成本的价格出售产品，这种行为可以被合理地理解成在仅涉及自利的实验对象的重复博弈中的复杂的惩罚策略的一部分。看起来，实验对象更可能变得愤怒，并且他们的惩罚行为受到非自利力量的驱使。来自石油公司的市场调查员的非正式的证据支持了这一论点。斯莱德发现（与她的私人沟通），市场调查员认为如果对手开始价格战的话，那么他们必须制定一个利润为零的报复性价格。不过，这仅仅是道听途说的证据，它可能会有启发意义，但不够有说服力。

这一部分的所有证据都提出了相似的问题。已经观察到的惩罚在多大程度上是被策略性地推动的，即在多大程度上是由未来的经济利益预期引起的。此外，非策略性的制裁的存在意味着什么？重复博弈理论已经告诉了我们什么？

对这些问题的答案如下。第一，关于在无限重复互动中的实际行为，重复博弈理论告诉我们的实际上非常少，原因是足够大的贴现因子导致了过多的均衡点的存在，包括没有惩罚的均衡和没有合作的均衡。因此，基于惩罚的合作的结果表明了人们做出惩罚，同时又在合作后果上进行协调。第二，在很多情况下，互动是一次性的或有限的重复的，人们的贴现因子是如此小，以至于自利的实验对象不能在均衡中维持合作。费尔和加希特（2000a）的结果指出，在这些情况下，非策略性的制裁是一个强有力的用来执行合作的工具。第三，如果对公平的考虑是非策略性的制裁的一个重要的推动力量，那么策略性的制裁在很多重要方面极有可能受公平的影响。特别是，我们认为如果制裁被视为不公平的话，那么很多人出于纯粹经济收益的原因将放弃制裁他人。他们可能出于内在原因而限制制裁，因为他们担心被制裁的实验对象会报复他们。[20]第四，尽管由于大部分现场情形的不确定，不可能把制裁归因于经济动机，但这并不意味着制裁是由策略性的原因驱动的。实际上，我们还没有严格的证据证明搭便车者被惩罚是出于策略性的原因。

由于缺乏证据支持策略性制裁，所以福尔克、费尔和菲施巴赫尔（2001）研究了这个问题。他们做了一个在两种情形下有惩罚机会的公共产品博弈实验。在伙伴情形下，3个团体成员一起进行6轮博弈。在彼此完全陌生的情形下，博弈也持续6轮，但是保证每个实验对象只相遇一次。因此在伙伴情形下，实验对象能从他们的惩罚中获取经济利益，因为被惩罚的团体成员在接下来的实验中增加了他们的贡献；在彼此完全陌生的情形下，没有这样的收益的增加。如果在伙伴条件下有更多的制裁，那么我们有证据赞成策略性制裁。这次实验的结果如图5—5所示。

图5—5表明了制裁行为履行了这样的功能，即将被制裁的实验对象的贡献从实施制裁的实验对象的贡献中分离出来。在前5轮博弈中，两种情形下的制裁模式和制裁力量是非常近似的。在伙伴情形下的制裁仅略强一点，区别并不显著。因此，在制裁并不带来经济利益的时候，制裁仍然大量存在——因此，很少有证据支持策略性制裁。此外，在最后一轮（第6轮）伙伴情形下的博弈中，制裁甚至稍强于前5轮。[21]由于实验对象事先都知道6轮后实验将结束，所以这个结果也表明了缺乏证据支持策略性制裁的论点。尽管我们并不认为我们的实验结果就是这个问题的结论所在，但这个证据可以提醒我们，策略性惩罚可能是均衡的一部分的事实并不意味着策略性

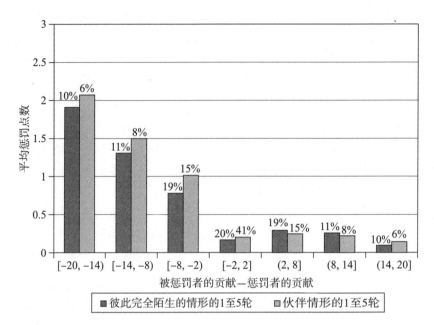

图 5—5　公共产品博弈中的惩罚模式——伙伴与完全陌生人相比较

资料来源：福尔克、费尔和菲施巴赫尔（2001）。

惩罚将在真实生活或实验室中实际发生。[22]

　　鉴于搭便车的机会到处存在，大量的对搭便车者的非策略性惩罚是相当重要的。甚至在一次性博弈情形下，或者是贴现因子小时，串通行为（在输出市场和劳动力市场）发生的可能性比自利假设所预言的更大。这也同样支持了非自愿失业的局内人—局外人（insider-outsider）理论，这个理论是由林德贝克和斯诺尔（Lindbeck and Snower，1998）发展的。该理论是以这样的理念为基础的，即如果局外人以低于现有的工资工作的话，那么公司现有的劳动力将抵制局外人，并且不会与他们合作。我们的证据表明了即使局内人将付出代价，并且不能为自己带来经济上的利益，局内人也还是会抵制局外人。

5.5　经济激励和财产权利

　　在这一部分，我们证明了忽略了强互惠会导致人们不能正确理解经济激励的决定性作用和影响，尤其是当自利模型预言经济激励可能提高效率时，这种激励却可能降低了效率。除此之外，在面临道德风险的时候，强互惠可能对激励带来重大影响。当只有自利的行动者变得更自利而另一些行动者却偏向于强互惠时，激励契约才是最优的。相反，那些在只存在自利行动者时会失败的激励契约，却能够在有强互惠者参与时提供有力的激励并最有效地发挥其作用。

5.5.1 经济激励可能是有害的

在本章前面部分的礼物交换博弈中，没有经济激励来使人们提供很高的努力水平。尽管如此，许多回应者（工人）在提供公平工资的情况下仍付出了极多的努力。当然，在现实生活中，经济激励被用于诱导工人付出更多的努力。公平动力、强互惠与显性绩效激励是如何互动的呢？一种可能是，除了单独的经济激励作用之外，强互惠导致了额外的努力。然而，显性激励可能引起一种充满威胁和不信任的敌意氛围，这减少了一部分基于强互惠的超额的努力。例如比利（1999，431）指出，"许多经理强调了因为惩罚对工作气氛有消极影响，所以惩罚很少被用来促进合作"。

费尔和加希特（2000b）在系列实验中验证了这种可能性。他们进行了一个底线礼物交换博弈实验，并对此稍做修改。除了工资之外，参与实验的工人还约定了一个理想的努力水平。然而，这种理想的努力水平仅仅是"空谈"——它对工人没有约束力，这意味着在这种情况下工人没有经济激励。费尔和加希特（2000b）还采用了另一种显性绩效激励处理方法。除非雇主在证实雇员偷懒后有可能对其施以罚款，否则这个实验的处理方法与底线礼物交换博弈一致。证实雇员偷懒的可能性为 0.33，罚款额的区间是 0 到最高罚款。最高罚款固定在一个水平，以致一个自利的风险中立的工人在面临罚款时将选择 4 为努力水平。[23]

图 5—6 显示了这次实验的结果。黑色圆点线表明了底线方法中的工人的努力行为。纵轴描述了平均努力水平，这也是支付给工人的租金的函数。这种支付租金隐含于原始契约中，它可以被定义为工资减去提供理想努力水平的成本。因为存在许多强互惠的工人，所以在所支付的租金水平下，平均努力水平大大提高了，远远超过了 $e=1$ 的自利水平。

图 5—6 的白色圆点线说明了显性绩效激励中的租金和努力水平之间的关系。除了处于低租金水平之外，平均努力水平在显性激励中更低！这个

结果表明了基于强互惠的努力和显性绩效激励确实可能相互矛盾。绩效激励被理解成带有敌意的做法并激起了工人们的敌对反应。在激励的背景下，这意味着强互惠工人不再愿意去提供极高的努力水平。[24]

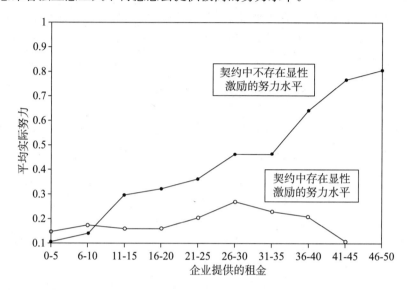

图5—6 平均努力水平和显性激励

资料来源：费尔和加希特（2000b）。

在费尔和加希特（2000b）的实验中，各种不同交易的平均努力水平在激励方法中比在底线方法中更低。然而，在激励方法中，雇主的利润更高，因为他们很少用慷慨的工资吸引工人。相反，他们在很多情形下用大量的罚款威胁工人。对于雇主而言，在激励方法下，节省的工资成本大大抵消了由低努力水平引起的利润的减少。然而，当节省的工资成本仅代表从工人到公司的资金转移时，努力水平的降低减少了总盈余。这表明了在强互惠者存在时，效率问题和分配问题是密切相关的。因为交易利润的分配的公平性影响互惠者的努力水平，所以不同的分配与不同的总收益水平相关。因此，交易方之间的总金额的转移影响了收益。

5.5.2 基于互惠的激励与显性激励

标准的委托代理模型预测，契约的签订视各种提供了有关代理人努力水平信息的可核实的措施而定。但是，在现实生活中，我们经常观察到极不完整的契约。例如，本章前面提到的，雇主经常在没有显性绩效激励的情况下支付工资。关于这一点，讨论将集中论述在显性激励缺乏时，强互惠产生了强大的经济影响。本节旨在探讨导致显性激励缺乏的根本原因。强互惠在这种情形下发挥了双重作用。首先，如前面的实验所示，因为他们减少了基于强互惠的自愿合作，所以某些显性激励会带来消极影响。其次，因为强互惠本身是一个强有力的契约执行手段的一部分，所以与自利模型的预言相比，不依赖显性激励的契约具有更高的效率。这两个原因中的任何一个都可能导致委托人宁愿选择没有显性激励的契约。

为了研究强互惠对契约选择的影响，费尔、克莱因和施密特（2001）做了一个实验。实验中，委托人在一个有显性激励的契约和一个没有显性激励的隐性契约之间做出选择。在这个典型实验的过程中，有 12 个委托人和 12 个代理人参与，进行 10 轮博弈。10 轮中的每一轮中，每个代理人面对不同的委托人，这就保证了所有的匹配都是一次性的。每一轮由 3 个阶段构成。在第一阶段，委托人必须决定是否提供给代理人一个隐性的或者是显性的契约。隐性契约规定了一份固定工资和一个理想的努力水平（努力水平选择的范围是 1 到 10）。此外，委托人可以承诺在观察到实际努力之后发奖金。在隐性契约中，委托人没有契约性的义务去支付已承诺的奖金，代理人也没有义务选择理想的努力水平。然而，委托人必须支付工资。一个显性的契约也规定了固定工资和从 1 到 10 的理想努力水平。但是，如果被证实怠工的话，那么委托人能对代理人实施罚款。除了一个细节之外，显性契约与前面讨论的绩效契约相似。区别是显性契约的选择包括固定的 10 个单位的核实成本。这反映了对努力的核实需要高代价的事实。值得注意的是，隐性契约不要求第三方去核实努力，它仅仅需要委托人的努力是可观察到的。[25]

在第二阶段，代理人观察提供了哪种契约并决定拒绝还是接受。如果代理人拒绝了，那么博弈结束，双方收益均为零。如果代理人接受了，那么对他而言，下一步是选择实际努力水平。

在第三阶段，委托人观察实际努力水平。如果委托人已经提供了一个隐性契约，那么接下来要决定是否给代理人发奖金。如果委托人提供了一个显性契约，并且代理人的努力水平低于约定的水平，那么委托人核实怠工的可能性为随机概率 0.33，在这种情形下，代理人不得不支付罚金。

如果所有的参与人都有纯粹的自利偏好，那么对这个博弈的分析是简单易懂的。自利的委托人不会支付奖金。预计到这一点后，代理人没有任何激励去提高努力水平。如果委托人选择显性契约，那么委托人可能喜欢实施最大的惩罚，因为对于潜在的怠工者而言，这是最好的威慑。在这样的实验参数条件下，一个风险中立的自利的代理人在面临最大惩罚时会通过选择努力水平4以实现预期效用最大化。因在显性契约中可执行的努力水平为4，同时，在隐性契约中可执行的努力水平仅为1，所以自利模型预言委托人宁愿选择显性契约。

实验证据与这些预言完全不一致。总体上，隐性契约的选择率为88％。鉴于不同契约的相对盈利性，隐性契约备受欢迎就不足为奇了。那些选择显性契约的委托人每个合同平均损失9个代币，而那些选择隐性契约的委托人每个合同平均收益为26个代币。因为在显性契约中的固定的核实成本为10个代币，所以甚至在不需要支付核实成本时，显性契约的盈利仍然大大低于隐性契约。对于这两种契约，代理人的平均收入大约是18个代币。隐性契约更有利可图，因为与标准预期相反，它们产生了更高的努力水平。隐性契约的平均努力水平为5.2（总范围为1到10），同时，显性契约的平均努力水平为2.1。

为什么隐性契约会带来比预期更高的努力水平呢？一个主要原因是，存在强互惠的委托人，其所承诺的奖金并非空谈，因为互惠的委托人能够——实际上也做到——根据努力水平调节奖金的数额。平均数据清楚地反映了强互惠者的这种影响，因为随着实际努力水平的提高，实际的平均奖金也大幅增加。反过来，有条件的奖金支付为代理人按委托人的理想去工作提供了很强的物质激励。为什么显性契约导致比预期更低的努力水平？一个可能的原因是，这些契约被认为带有敌意，并产生了如前文所述的负面的互惠。

我们也可以猜想在这个特定的实验中，对隐性契约的偏好仅出于这样的事实，即显性契约包含着惩罚，而隐性契约包含着奖金。然而，费尔、克莱因和施密特（2001）进一步的实验质疑了这种解释。如果拿这里所描述的隐性契约与计件契约竞争，那么很多委托人仍然宁愿选择隐性契约。

5.5.3　个人所有权和共同所有权

强互惠对契约的选择的影响表明了它不仅给特定经济制度的功能的发挥带来了重大改变，而且给制度的选择和形成带来了重大影响。进一步的实验指出：当前的产权理论（Hart，1995）预言共同所有制总体上严重抑制了关系专用投资（relation-specific investment），以至于关系专用投资仅在非常严格的条件下才出现。这种观点在存在强互惠行动者的条件下不再正确，这些强互惠行动者愿意合作并愿意付出成本去实施惩罚。

为了证明这一观点，假设有 2 个参与方，A 和 B，他们从事同一个项目（一个"公司"），为了将来能产生共同的盈余，他们必须进行一些关系专用投资。一个近些年引起很大关注的问题是谁应该拥有这家公司。格罗斯曼和哈特（Grossman and Hart，1986）在一篇有很大影响力的论文中指出，所有权决定着控制固定资产盈余的权利。例如，如果 A 拥有公司的所有权的话，那么他在盈余分配之前的重新谈判博弈中占据了比 B 更有利的谈判地位，因为 A 能将 B 从资产的使用权中排除出去，这使 B 的关系专用投资的产出更低。格罗斯曼和哈特证明了没有哪个所有权结构能第一次就实现最好的投资，但是有些所有权结构可能会优于其他所有权结构，并且存在次优的所有权分配。他们同时也表明了一般而言，共同所有权不是最优的选择。这个结论与现实中存在许多共同拥有的公司或共同风险的事实有些不一致。此外，这种论点忽视了强互惠可能是一种重要的执行机制，它促使参与方在共同所有权下的投资比其他可能的情况下的投资更多。

为了证实这个假设，费尔、克雷姆海默和施密特（2001）做了一系列关于所有权的最优分配的实验。这个博弈实验是格罗斯曼和哈特（Grossman and Hart，1986）博弈的简化形式：A 和 B 两个参与者为了产生共同盈余 $v(a, b)$，必须分别进行投资，$a, b \in \{1, \cdots, 10\}$。投资是连续性的。$B$ 必须先投资，其投资水平为 b，A 在看到 B 的投资 b 之后再投资。我们考虑两种可能的所有权结构：A 拥有所有权时，A 雇用 B 为员工，并给 B 支付固定工资 w，在这种情况下，A 的货币收益为 $v(a, b) - w - a$，B 的货币收益为 $w - b$。在共同所有权的情况下，双方获得总盈余的一半减去其投资成本——A 为 $\frac{1}{2}v(a, b) - a$，B 为 $\frac{1}{2}v(a, b) - b$。总利润函数已经确定，以至于最大投资额是有效的，即 $a^{FB} = b^{FB} = 10$，但是如果任何一方仅获得其投资的边际收益的 50% 的话，那么彻底自利的参与人的占优策略是选择最低水平的投资，$\underline{a} = \underline{b} = 1$。最终，在博弈的第一阶段，$A$ 能决定是否独占公司的所有权和付工资给 B，或者是否采取共同所有权。

自利模型的预测是简单易懂的。在 A 拥有所有权的条件下，B 没有投资动力，将选择 $b = 1$。此外，作为剩余索取权的拥有者（residual claimant），A 将进行有效投资。在共同所有权的条件下，双方均获得边际收益的

50％，这并不足以产生任何投资。在这种情况下，B 的最佳投资水平保持不变，但是，A 的投资水平减少到 $a=1$。因此，A 拥有所有权比共同所有权更优越，A 应该雇用 B。

实验中恰恰相反。在所有观察到的结果中，A 选择共同所有权的比例超过 80％（230 例中的 187 例），并将 50％ 的总利润给 B。此外，共同所有权的契约的占比从头两轮的 74％ 增加到最后两轮的 80％。共同所有权下，参与者 B 选择了平均投资水平 8.9，A 回应以投资水平（平均）6.5。此外，如果选择了 A 拥有所有权，A 雇用 B 为雇员，那么 B 的平均投资水平仅为 1.3，同时参与者 A 选择的投资水平为 10。此外，如果他们选择共同所有权，不选择 A 拥有所有权的话，那么参与人 A 将获得更多。

虽然这些结果与自利模型不一致，但是用强互惠来解释的话是简单易懂的。在共同所有权下，投资与正外部性相关，因此共同所有权支持积极的互惠行为。如果在共同所有权下，B 希望 A 表现出互惠行为，那么甚至一个自利的参与人 B 对高水平的投资都有一个强激励，因为这会使得互惠的参与人 A 也参与投资。在 A 拥有所有权的条件下，对 B 的激励是不一样的，因为 B 不能从 A 的投资中获利。因此，在 A 拥有所有权的条件下，自利的 B 会选择最低的投资水平。如果在 A 和 B 的投资之间有充分的互补性，那么在共同所有权下共同的盈余会更高。这使得 A 选择共同所有权成为可能。

5.6 强互惠的近似模型

本章的证据表明了强互惠对基本的经济学问题有深远的影响。它是一种影响竞争的作用、控制合作的规则的重要的行为力量，并对如何激励工作有决定性的影响。强互惠产生了隐性激励，并使显性激励变得低效。通过改变对自利行为的激励，强互惠同样影响着占主导地位的互动模式，并且限制了个人的行为——占主导地位的合作和制度与充斥着自利的人的世界密切相关。

我们认为——鉴于强互惠的重要性——通过将强互惠纳入到分析之中，主流经济学和社会科学一般都会获益匪浅。这就意味着在分析某个经济或社会问题时，应该尽力推究这个假设的含义。除了纯粹自利者之外，40％～

50％的人有强互惠偏好。显而易见，构建一个强互惠偏好的精确的数学模型是很有吸引力的。在过去的几年中，有一些学者探索了强互惠模型（Rabin，1993；Levine，1998；Dufwenberg and Kirchsteiger，2004；Falk and Fischbacher，本书第 6 章；Segal and Sobel，1999；Charness and Rabin，2002）。这些论文非常有价值，因为它们强化了强互惠模型。然而，它们也同时表明了建立简单可控的强互惠模型是极其困难的，因为对基于目标或基于动机的强互惠的建模会很快导致这些模型变得非常复杂和难于处理。

最好的解决构建模型问题的方法是建立一个简单易控的强互惠模型。然而，由于这种解决方法还不可行，所以我们需要的是各种情况下与强互惠模型的结果相似的更简化的模型，而不是直接构建强互惠模型。费尔和施密特（1999）、博尔顿和奥肯费尔斯（Bolton and Ockenfels，2000）发展出了此类模型。这些模型基于这样的假设，即"公平"厌恶经济资源的不公平的分配。这些模型的显著特点是，尽管比强互惠模型更加简单，但是它们正确地预见了各种博弈实验的结果。例如，费尔和施密特（1999）的模型与前面章节的程式化的事实相一致——双边最后通牒博弈和礼物交换博弈、外源性契约和内源性契约执行下的市场博弈、有或没有惩罚机会的合作博弈、契约选择和产权实验。这表明了在多种情形下用简单的公平模型来理解强互惠行为是可能的。

但是，在运用通过简单的公平模型制作的强互惠黑箱时必须考虑这些模型的局限性。盲目运用这些模型可能导致错误的预测，这一点在布兰茨和苏拉（Brandts and Sola，2001）以及福尔克、费尔和菲施巴赫尔（2003）的实验中得到了证实。在福尔克、费尔和菲施巴赫尔（2003）的论文中，他们在四个小型最后通牒博弈中对（8/2）出价（提议者占 8，回应者占 2）的拒绝率进行了比较。这些博弈的区别仅在于是否存在（8/2）出价的可能的替代选择。在第一个博弈中替代选择为（5/5），在第二个博弈中替代选择为（2/8），在第三个博弈中替代选择为（8/2），在最后一个博弈中替代选择为（10/0）。注意，如果回应者仅关心收益的分配，那么（8/2）出价的拒绝率在四个博弈中应该是相同的。

然而，事实上在四个博弈中，拒绝率是单调下降的。拒绝率在替代选择为（5/5）的（5/5）博弈中最高，在（10/0）博弈中最低。对这一结果的合理的解释是，在（5/5）博弈中，（8/2）出价意味着不公平的目的或不公平的动机，但在（10/0）博弈中情况不是这样。因此，如果回应者惩罚有不公正的目的或不公平的动机的人，那么他们在（5/5）博弈中应该表现出更高的拒绝率。这个例子表明，如果在不同条件下这一组可行的替代选择发生了改变，以至于表达好的或坏的目的的可能性发生了改变，那么简单的公平模型就不能反映行为的重要方面。

然而有趣的是，即使在这些情形下，简单的模型仍可能是有用的，因为当基于目的或基于动机的强互惠很重要时，简单的模型做出的预测会提供一些线索。这些预测提醒研究者注意模型的局限性。例如，如果（8/2）出价的替代选择是（5/5）而不是（10/0），那么费尔－施密特模型（1999）预言，因为合理的拒绝率，所以提议者中做出（8/2）出价的人的公平程度更低。因此，和替代选择为（10/0）而做出（8/2）出价的人相比较，回应者将对替代选择为（5/5）而做出（8/2）出价的人的动机或目的做出不同的推断。当存在（5/5）出价替代选择时，这一推断使强互惠回应者更频繁地拒绝（8/2）出价。[26]

记住这一点很重要，即对于用来解释实验室条件下不同事实的模型，在现实环境中运用它们时必须对它们做一些调整。例如，在现实中如果缺少进一步的经验分析的话，就通常不可能确定相关的指涉对象，但在实验中，群体中的其他参与人都是非常相似的。同样，在对工人的收入与公司的高层管理者的收入进行比较的基础上对工人努力做出公平判断似乎不可能。

5.7　结论

自利假设假定所有人都完全受他们经济上的自利所激励。这一假设有时候方便而简单，并且毫无疑问，在很多情形下几乎所有人的行为似乎都证明他们严格说来是自利的。特别是，就对总体行为的比较确定的预测而言，自利模型可以从经验上做出一些正确的预测，因为具有更加复杂的动机假设的模型可以预测出相同的结果。然而，本章提出的证据也表明了如果仅基于自利模型，那么经济学和社会科学的一些基本问题将不能得到解释。这些证据揭示了对于双边谈判、市场和激励功能的发挥、产权和契约的结构、调节集体行动与合作的法律而言，重视公平和强互惠非常重要。

注释

[1] 经济学家和生物学家过去以不同的方式界定"互惠"。生物学家把互惠或"互惠利他主义"理解为重复互动过程中礼尚往来的策略（Trivers，1971；Axelrod and Hamilton，1981）。有些经济学家（Binmore，1998）以类似的方式使用这一术语。但在过去的十年中，越来越多的研究成果表明了互惠行为同样存在于一次性互动之中。一次性互动中的互惠不能在自利动机的基础上得到解释。因此，我们用"强互惠"这一术语来描述非自利行为，以区别于重复博弈中自利行动者的互惠行为。

[2] 严格说来，Levine 的互惠模型不是建立在目的的基础之上的，而是建立在对其他行动者（players）的偏好的回报的基础之上的。Levine 类型偏好中的主体（subject）对利他行动者采取更利他（或更少恶意）的行为，并对恶意行动者采取更恶意（或更少利他）的行为。因此这一模型解释了一种基于类型而采取相应行动的互惠。

[3] 有证据表明公平和互惠在现实生活领域中很重要，可以参见 Agell 和 Lundborg（1995），Bewley（1999），Frey 和 Weck-Hanneman（1984），Frey 和 Pommerehne（1993），Greenberg（1999），Kahneman、Knetsch 和 Thaler（1996），Lind 和 Tyler（1988），Ostrom（1990，2000），Seidl 和 Traub（1999）以及 Zajac（1995）。

[4] 在实验中，实验对象在精心控制的条件下受真实货币的激励而做决定。尤其是实验者能够在实验对象当中实施一次性互动，以至于我们观察到的作为一种解释的长期自利（long-term self-interest）能够被排除。正如我们将看到的，在一些实验中，金钱奖励非常高——接近三个月的工作收入。在本章提到的实验中，实验对象不知道对方的身份，匿名地进行互动，甚至有时实验者也不能观察到他们的个人选择。在匿名条件下，实验环境非常不利于出现互惠行为，但是如果我们在这样的不利条件下观察到了互惠行为，那么在相互了解的人们中的非匿名互动中，互惠行为就更可能出现。

[5] 对最后通牒博弈的详细介绍，可参见 Roth（1995）或 Camerer（2003）。一些学者进行过礼物交换博弈实验，例如 Brandts 和 Charness

（forthcoming），Charness（2000，forthcoming），Fehr 和 Falk（1999），Gächter 和 Falk（2002），Falk、Gächter 和 Kovàcs（1999），以及 Hannan、Kagel 和 Moser（2002）。

［6］除 1 人外，留下来继续参加博弈的实验对象在接受阈限中没有表现出值得注意的变化。每 70 个实验对象中只有 1 人表现出了相对于底线的明显的阈限下降。注意，在底线条件下，如果实验对象高度重视公平，那么接受阈限可能已经很高，因而几乎没有理由去改变声望条件下的阈限。所以，不同条件下完全相同的阈限与社会偏好态度也是兼容的。只有接受阈限的下降与社会偏好理论才不能兼容。

［7］在 Roth 等人（1991）的研究中，竞争甚至会导致更极端的后果。然而，在他们的市场实验中，9 个竞争性的提议者仅面对 1 个回应者，该回应者被迫接受最高的出价。

［8］同时，在商品市场和劳动力市场中以完全中立的态度构造礼物交换博弈框架。这个结果显示了框架效应是不存在的。

［9］每一轮博弈都被设定成相同的情形——12 个工人，8 家公司，每个工人的保留工资为 20。在特定的一轮博弈中，只要雇主和工人还没有签订雇佣合同，他们就能按照双方的愿望就工资进行谈判。交易是匿名的。每个工人可以接受某一家公司的一次出价，而且每家公司可以接受某个工人的一次出价。

［10］各种研究已经发现，经理在经济衰退时期不愿削减工资是因为削减工资会影响工作绩效。除了其他学者之外，比利（1999，本书第 11 章）指出，经理担心报酬削减"向劳动力表达了敌意"，并将被"理解为一种侮辱"。要了解类似观点请参见 Agell 和 Lundborg（1995），以及 Campbell 和 Kamlani（1997）。

［11］在这一语境中，观察不到的异质性产生了严重的问题。参见 Murphy 和 Topel（1990），以及 Gibbons 和 Katz（1992）。

［12］这种情形与外生契约执行缺失中的经典交换是类似的。A 想要得到 B 所拥有的物品，因为 A 对这一物品的估价比 B 的估价高，反过来也一样。由于 A 和 B 不能签订由第三方执行的契约，而且由于两个人必须同时将物品送给对方，所以他们就会有强烈的动机去欺骗对方。

［13］互惠（或公正偏好）把囚徒困境博弈变成了一种协调博弈，这方面的证据见费尔和施密特（1999）的第四章。

[14] 从下面的意义上讲，社会两难博弈是一般化的囚徒困境博弈：存在帕累托最优的合作结果，使每个人相对于纳什均衡来说情况更好。

[15] 社会心理学家也发现了这样的证据，即相信他人合作的人更有可能合作（Dawes，1980；Messick and Brewer，1983；Hayashi et al.，1999）。他们中的一些人通过错误共识效应来解释这一点。根据这种错误共识效应，实验对象合作的原因来自实验对象相信他人会合作的信念。但是，菲施巴赫尔、加希特和费尔（2001）以及 Hayashi 等（1999）的证据表明了另一个观点：其他参与人的贡献越多，互惠的实验对象的平均贡献也越多。

[16] 前任总统克林顿的福利制度改革行动的正式标题——"个人责任和工作机会协调法案"——证明了这一点。

[17] 给实验对象的书面说明并没有使用诸如"惩罚点"这样的充满价值判断的术语。相反，这些说明使用的是价值中立的术语。例如，实验对象对其他参与人不使用"惩罚点"，而仅用"点"这个术语。

[18] 实验中，实验对象首先参与 10 轮没有惩罚机会的博弈。之后，他们被告知一个新的实验即将开始。新的实验也将持续 10 轮，并且带有惩罚。在两种条件下，实验对象在相同的群体中进行 10 轮博弈，而且他们知道 10 轮后实验将结束。

[19] Francis（1985，269）为关于英国矿工社区的社会排斥的描述提供了一个非常生动的例证。在 1984 年持续了几个月的矿工罢工期间，他观察到如下的事实："孤立那些支持'破坏罢工联盟'的人，电影院和商店遭到联合抵制，足球队、乐队和合唱团排斥那些破坏罢工的人，他们被迫在他们自己的小教堂里歌唱。'破坏罢工的人'亲眼见证了自己在社区的'死亡'，社区不再接纳他们。"

[20] 设想我们支付给你 100 镑要你去打一个陌生人的脸，即使这个陌生人不会回击你，大部分人还是可能拒绝这个要求。

[21] 一个看似合理的原因是，如果实验对象成功地合作了 5 轮，然后一些团体成员在最后一轮博弈中试图欺骗（搭便车），合作者会比在前些轮的博弈中面对搭便车行为时更加愤怒，因为被朋友欺骗比被陌生人欺骗更加让人愤怒。

[22] 在本章讨论过的关于声誉形成的最后通牒博弈实验与伙伴条件下对搭便车者的惩罚之间有一种非常有趣的区别。相对于底线方法，在最后通牒博弈的声誉模型中回应者的接受阈值明显更大。在声誉模型中，回应

者得到强硬的讨价还价者的声誉并从这种声誉中获得充足的利益。在公共产品博弈的伙伴条件下，对搭便车者的惩罚构成了一种二级公共产品，因为所有的团体成员从惩罚行为带来的合作的加强中获利。这就是在伙伴条件下我们观察到策略性惩罚特别少的一个原因。

［23］为了防止产生敌意，我们仅使用价值中立的术语，避免使用诸如"好"、"成果"等，相反，使用一些中立的术语，如"价格降低"。

［24］注意，根据这种解释，在此没有内在动机（互惠）的挤出。相反，互惠偏好暗含着工人以一种带有敌意的方式回应激励，因为这种激励被工人感知为带有敌意。

［25］一般来说，雇主不能因怠工就随意削减工人的工资。然而，当他们拒绝支付承诺的奖金时，他们也不会有法律上的问题。

［26］解释这一证据的方法之一是，修改公正偏好的费尔-施密特（1999）模型，以至于当一个人面对一个有着强烈偏好反对有利的不公平的实验对象时，不利的不公平带来的负效用更低。这基本上可以归结为一个基于类型的互惠模型。福尔克和菲施巴赫尔的模型（本书第 6 章）也能解释这一证据。

参考文献

Agell, Jonas, and Per Lundborg. 1995. "Theories of Pay and Unemployment: Survey Evidence from Swedish Manufacturing Firms." *Scandinavian Journal of Economics* 97:295 – 308.

Akerlof. George. 1982. "Labor Contracts as Partial Gift Exchange." *Quarterly Journal of Economics* 97:543 – 569.

Andreoni, James. 1989. "Giving with Impure Altruism: Applications to Charity and Ricardian Equivalence." *Journal of Political Economy* 97:1447 – 1458.

Andreoni, James, and John Miller. 2002. "Giving According to GARP: An Experimental Test of the Rationality of Altruism." *Econometrica* 70:737 – 753.

Axelrod, Robert, and William D. Hamilton. 1981. "The Evolution of Cooperation." *Science* 211:1390 – 1396.

Bewley, Truman. 1999. *Why Wages Don't Fall During a Recession.*

Cambridge, MA: Harvard University Press.

Bewley, Truman. 2003. "Fairness, Reciprocity, and Wage Rigidity," chapter 11, this volume.

Binmore, Ken. 1998. *Game Theory and the Social Contract: Just Playing*. Cambridge, MA: MIT Press.

Bolton. Gary E. , and Axel Ockenfels. 2000. "A Theory of Equity, Reciprocity and Competition. "*American Economic Review* 100: 166 – 193.

Bowles, Samuel, and Herbert Gintis. 1998. "Is Equality Passé. "*Boston Review* 23(6).

Brandts, Jordi, and Gary Charness. Forthcoming. "Do Labor Market Condition Affect Gift-Exchange?"*Economic Journal.*

Brandts, Jordi, and Carles Sola. 2001. "Reference Points and Negative Reciprocity in Simple Sequential Games. "*Games and Economic Behavior* 36: 138 – 157.

Camerer, Colin F. 2003. *Behavioral Game Theory*. Princeton, NJ: Princeton University Press.

Cameron, Lisa. 1999. "Raising the Stakes in the Ultimatum Game: Experimental Evidence from Indonesia. "*Economic Inquiry* 37: 47 – 59.

Campbell, Carl M. , and Kunal S. Kamlani. 1997. "The Reasons for Wage Rigidity: Evidence from a Survey of Firms. "*Quarterly Journal of Economics* 112: 759 – 789.

Charness, Gary. 2000. "Responsibility and Effort in an Experimental Labor Market. "*Journal of Economic Behavior and Organization* 42: 375 – 384.

Charness, Gary. Forthcoming. "Attribution and Reciprocity in an Experimental Labor Market. "*Journal of Labor Economics.*

Charness, Gary, and Matthew Rabin. 2002. "Understanding Social Preferences with Simple Tests. "*Quarterly Journal of Economics* 117: 817 – 869.

Cox, Jim. 2000. "Trust and Reciprocity: Implications of Game Triads and Social Contexts. "Mimeo. Tucson: University of Arizona.

Cox, Jim, Klarita Sadiraj, and Vjollca Sadiraj. 2001. "A Theory of Fairness and Competition without Inequality Aversion. "Mimeo.

Croson, Rachel T. A. 1999. "Contributions to Public Goods: Altruism or

Reciprocity."Discussion Paper. Wharton School of Business,University of Pennsylvania.

Davis,Douglas D. ,and Charies A. Holt. 1993. *Experimental Economics.* Princeton,NJ:Princeton University Press.

Dawes,Robin. 1980. "SociaJ Dilemmas."*Annual Review of Psychology* 31:169—193.

Dufwenberg,Martin and Georg Kirchsteiger. 2004. "A Theory of Sequential Reciprocity."*Games and Economic Behavior* 47:268 - 298.

Falk,Armin,and Urs Fischbacher. 2003. " Modelling Strong Reciprocity,"chapter 6,this volume.

Falk,Armin,Ernst Fehr,and Urs Fischbacher. 2000. " Testing Theories of Fairness - Intentions Matter."Working Paper No. 63. Institute for Empirical Research in Economics,University of Zurich.

Falk,Armin,Ernst Fehr,and Urs Fischbacher. 2001. "Driving Forces of Informal Sanctions."Institute for Empirical Research in Economics,University of Zurich,Working Paper No. 59.

Falk,Armin,Ernst Fehr,and Urs Fischbacher. 2003. "On the Nature of Fair Behaviour."*Economic Inquiry* 41:20 - 26.

Falk,Armin,Simon Gächter,and Judit Kovàcs. 1999. "Intrinsic Motivation and Extrinsic Incentives in a Repeated Game with Incomplete Contracts."*Journal of Economic Psychology* 20:251 - 284.

Fehr,Ernst, and Armin Falk. 1999. "Wage Rigidity in a Competitive Incomplete Contract Market."*Journal of Political Economy* 107:106 - 134.

Fehr,Ernst,and Urs Fischbacher. 2003. "The Nature of Human Altruism."*Nature* 425:785 - 791.

Fehr,Ernst,and Simon Gächter. 2000a. "Cooperation and Punishment in Public Goods Experiments."*American Economic Review* 90:980 - 994.

Fehr,Ernst,and Simon Gächter. 2000b. "Do Incentive Contracts Crowd out Voluntary Contribution?"Working Paper No. 34. Institute for Empirical Research in Economics,University of Zurich.

Fehr,Ernst,and Klaus M. Schmidt. 1999. "A Theory of Fairness,Competition and Cooperation."*Quarterly Journal of Economics* 114:817 - 868.

Fehr,Ernst,and Klaus M. Schmidt. 2003. "Theories of Fairness and Reciprocity—Evidence and Economic Applications. "In *Advances in Economic Theory ,Eigth World Congress of the Econometric Society*. Eds. M. Dewatripont,L. P. Hansen,S. Turnovski. Cambridge:Cambridge University Press.

Fehr,Ernst,and Simon Gächter,and Georg Kirchsteiger. 1996. "Reciprocal Fairness and Noncompensating Wage Differentials. "*Journal of Institutional and Theoretical Economics* 152(4):608 – 640.

Fehr,Emst,Georg Kirchsteiger, and Arno Riedl. 1993. "Does Fairness prevent Market Clearing? An Experimental Investigation. "*Quarterly Journal of Economics* 108:437 – 460.

Fehr,Ernst, Alexander Klein, and Klaus M. Schmidt. 2001. "Fairness, Incentives and Contractual Incompleteness. "Working Paper No. 72. Institute for Empirical Research in Economics,University of Zurich.

Fehr,Ernst,Susanne Kremhelmer, and Klaus Schmidt. 2001. "Fairness and the Optimal Allocation of Property Rights. "Mimeo. University of Munich.

Fehr, Emst, Elena Tougareva, and Urs Fischbacher. 2002. "Do High Stakes and Competition Undermine Fairness? Evidence from Russia. "Working Paper No. 120. Institute for Empirical Economic Research,University of Zurich.

Fischbacher,Urs,Christina Fong, and Ernst Fehr. 2003. "Fairness and the Power of Competition. "Working Paper No. 133. Institute for Empirical Economic Research,University of Zurich.

Fischbacher,Urs, Simon Gächter, and Ernst Fehr. 2001. "Are People Conditionally Cooperative? Evidence from a Public Goods Experiment. "*Economics Letters* 71:397 – 404.

Fony,Christina,Samuel Bowles,and Herbert Gintis. "Egalitarian Redistribution and Reciprocity,"chapter 10,this volume.

Francis,Hywel. 1985. "The Law,Oral Tradition and the Mining Community. "*Journal of Law and Society* 12:267 – 271.

Frey,Bruno S. ,and Werner W. Pommerehne. 1993. "On the Fairness of Pricing—An Empirical Survey among the General Population. "*Journal of Economic*

Behavior and Organization 20:295 - 307.

Frey, Bruno, and Hannelore Weck-Hannemann. 1984. "The Hidden Economy as an 'Unobserved' Variable. "*European Economic Review* 26:33 - 53.

Gächter, Simon, and Armin Falk. 2002. "Reputation and Reciprocity: Consequences for the Labour Relation" *Scandinavian Journal of Economics* 104:1 - 26.

Gibbons, Robert, and Lawrence Katz. 1992. "Does Unmeasured Ability Explain Inter-Industry Wage Differentials?" *Review of Economic Studies* 59: 515 - 535.

Greenberg, Jerald. 1990. "Employee Theft as a Reaction to Underpayment Inequity: The Hidden Cost of Pay Cuts. "*Journal of Applied Psychology* 75:561 - 568.

Grossman, Sanford, and Oliver Hart. 1986. "The Costs and Benefits of Ownership: A Theory of Vertical and Lateral Integration. "*Journal of Political Economy* 94(1):691 - 719.

Güth, Werner, Rolf Schmittberger, and Bernd Schwarze. 1982. "An Experimental Analysis of Ultimatium Bargaining. "*Journal of Economic Behavior and Organization* 3:367 - 388.

Hannan, Lynn, John Kagel, and Donald Moser. 2002. "Partial Gift Exchange in Experimental Labor Markets: Impact of Subject Population Differences, Productivity Differences and Effort Requests on Behavior. "*Journal of Labor Economics* 20:923 - 951.

Hart, Oliver. 1995. *Firms, Contracts, and Financial Structure*. Oxford: Clarendon Press.

Hayashi, Nehoko, Elinor Ostrom, James Walker, and Toshio Yamagichi. 1999. "Reciprocity, Trust, and the Sense of Control—A Cross Societal Study. "*Rationality and Society* 11:27 - 46.

Kagel, John, and Katherine Wolfe. 2001. "Tests of Fairness Models based on Equity Considerations in a Three Person Ultimatum Game. "*Experimental Economics* 4:203 - 220.

Kahneman, Daniel, Jack L. Knetsch, and Richard Thaler. 1986. "Fairness as a Constraint on Profit Seeking: Entitlements in the Market. "*American Economic Re-*

view 76:728 – 741.

Kirchsteiger,Georg. 1994. "The Role of Envy in Ultimatum Games. " *Journal of Economic Behavior and Organization* 25:373 – 389.

Ledyard, John. 1995. "Public Goods: A Survey of Experimental Research. "In *Handbook of Experimental Economics*. Ed. Alvin Roth and John Kagel. Princeton,NJ:Princeton University Press.

Levine, David. 1998. "Modeling Altruism and Spitefulness in Experiments. "*Review of Economic Dynamics* 1:593 – 622.

Lind,Allan,and Tom Tyler. 1988. *The Social Psychology of Procedural Justice*. New York and London:Plenum Press.

Lindbeck,Assar,and Dennis J. Snower. 1988. "Cooperation, Harassment, and Involuntary Unemployment: An Insider-Outsider Approach. "*American Economic Review* 78(1):167 – 189.

Messick,David,and Marylin Brewer. 1983. "Solving Social Dilemmas—A Review. "In *Review of Personality and Social Psychology*. Ed. L. Wheeler. Beverly Hills:Sage Publications.

Mui,Vai-Lam. 1995. "The Economics of Envy. "*Journal of Economic Behavior and Organization* 26:311 – 336.

Murphy,Kevin M. ,and Robert H. Topel. 1990. "Efficiency Wages Reconsidered: Theory and Evidence. "In *Advances in the Theory and Measurement of Unemployment*. Ed. Y. Weiss and G. Fischelson. London: Macmillan.

Neilson,William S. 2000. "An Axiomatic Characterization of the Fehr-Schmidt Model of Inequity Aversion. "Working Paper. Texas A&M University.

Offerman,Theo. 2002. "Hurting Hurts More than Helping Helps. "*European Economic Review* 46:1423 – 1437.

Ostrom. ELinor. 1990. *Governing the Commons—The Evolution of Institutions for Collective Action*. New York:Cambridge University Press.

Ostrom, Elinor, 2000. "Collective Action and the Evolution of Social Norms. "*Journal of Economic Perspectives* 14:137 – 158.

Ostrom, Elinor, Roy Gardner, and James Walker. 1994. *Rules. Games, and Common Pool Resources*. Ann Arbor: The University of Michigan Press.

Rabin, Matthew. 1993. "Incorporating Fairess into Game Theory and Economics." *American Economic Review* 83(5):1281 – 1302.

Roethlisberger, Fritz F. , and William J. Dickson. 1947. *Management and the Worker: An Account of a Research Program Conducted by the Western Electric Company Hawthorne Works, Chicago*. Cambridge, MA: Harvard University Press.

Roth. Alvin E. 1995. "Bargaining Experiments." In *Handbook of Experimental Economics*. Eds. J. Kagel and A. Roth. Princeton, NJ: Princeton University Press.

Roth, Alvin E. , Vesna Prasnikar, Masahiro Okuno-Fujiwara, and Shmuel Zamir. 1991. "Bargaining and Market Behavior in Jerusalem, Ljubljana, Pittsburgh, and Tokyo: An Experimental Study." *American Economic Review* 81:1068 – 1095.

Sally, David. 1995. "Conversation and Cooperation in Social Dilemmas: A Meta-Analysis of Experiments from 1958 to 1992." *Rationality and Society* 7(1):58 – 92.

Segal, Uzi, and Joel Sobel. 1999. "Tit for Tat: Foundations of Preferences for Reciprocity in Strategic Settings." Mimeo. University of California at San Diego.

Seidl, Christian, and Stefan Traub. 1999. "Taxpayers' Attitudes, Behavior, and Perceptions of Fairness in Taxation." Mimeo. Institut für Finanzwissenschaft und Sozialpolitik, University of Kiel.

Slade, Margret. 1990. "Strategic Pricing Models and Interpretation of Price-War Data." *European Economic Review* 34:524 – 537.

Sobel Joel. 2001. "Social Preferences and Reciprocity." Mimeo. University of California San Diego.

Trivers, Robert. 1971. "Evolution of Reciprocal Altruism." *Quarterly Review of Biology* 46:35 – 57.

Wax, Amy L. 2000. "Rethinking Welfare Rights: Reciprocity Norms, Reactive Atitudes, and the Political Economy of Welfare Reform." *Law and Contemporary Problems* 63(1 – 2):257 – 298.

Whyte, William. 1955. *Money and Motivation*. New York: Harper and

Brothers.

Yamagichi, Toshio. 1986. "The Provision of a Sanctioning System as a Public Good." *Journal of Personality and Social Psychology* 51:110 – 116.

Zajac, Edward. 1995. *Political Economy of Fairness*. Cambridge, MA: MIT Press.

6 构建强互惠模型

阿尔明·福尔克 （Armin Falk）

乌尔斯·菲施巴赫尔 （Urs Fischbacher）

6.1 引言

在这一章，我们讨论了如何才能在博弈论框架中构建互惠偏好的模型。人们偏好公平和互惠，这意味着他们的效用不仅取决于他们自己的货币收益，而且也取决于其他参与人的收益。这说明，我们必须区分实验对象获得的"收益"（例如，在博弈实验中）和由自己的收益以及与其他参与人的收益相对的收益所构成的"效用"。我们用 π_i 表示参与人 i 的物质收益，用 U_i 表示效用。

互惠行为的基本结构由对善意行为的奖赏

和对非善意行为的惩罚组成，这一结构可以用以下公式表示：

$$U_i = \pi_i + \rho_i \varphi \sigma \tag{1}$$

根据（1）式的定义，参与人 i 的效用是下面两项的总和：第一个被加项是 i 的物质收益 π_i，这一物质收益相当于实验带来的物质收益。第二个被加项——我们称为互惠效用——由下面各项组成：

- 正常数 ρ_i 为互惠参数（reciprocity parameter），该常数表示参与人 i 的互惠偏好的单参数。ρ_i 越大，与物质收益带来的效用相比较的互惠效用就越重要。注意如果 ρ_i 等于零，那么参与人 i 的效用就等于他的物质收益。换句话说，如果 $\rho_i = 0$，那么参与人就具有标准博弈理论所假定的经济人偏好。

- "善意项"（kindness term）φ 用来衡量参与人 i 从另一个参与人 j 的行为中所感受到的善意。这个善意项可以为正，也可以为负。如果 φ 为正数，那么参与人 j 的行为就被认为是友好的。如果 φ 为负数，那么参与人 j 的行为就被认为是不友好的。

- "互惠项" σ 用来衡量参与人 i 的互惠回应。作为一个首近似值（first approximation），σ 只是参与人 j 的收益。

- "善意项"（φ）和"互惠项"（σ）的运算结果用来估量互惠效用。当善意项大于零时，参与人 i 如果选择增加参与人 j 的收益的行为，那么在其他条件不变的情况下他能够增加他的效用。当善意项为负数时，相反的情况同样成立。在这一情形中，存在激励参与人 i 减少参与人 j 的收益的因素。最后通牒博弈（Güth，Schmittberger and Schwarze，1982）可以被当做这一现象的一个例子。如果提议者出价非常低，那么善意项就是负数，互惠参与人 i 可以通过拒绝出价增加自己的效用，也就减少了参与人 j 的收益。

为了构建更具体的强互惠模型，我们必须阐明两个问题：人们如何评价一种态度是友好的还是不友好的？人们在面对友好或不友好的态度时如何做出反应？这两个问题比表面上看起来的要微妙得多。例如，为了对善意做出评价，人们是仅关心行为的结果还是也关注行为背后的动机？或者，当一个倾向于互惠的人进行报复或缩小他与其他人的收益差距时，他的基本意图是什么？还有，谁是相关的其他人？在构建简明的互惠模型成为可能之前，需要对这些问题和许多其他问题做出回答。

为了更好地理解善意的决定和互惠行为的意图，我们提出了新的问卷数据，并且在一系列实验的基础上提出了报告，我们设计这些实验是为了回答许多相关的问题：

（1）什么因素决定 φ？与这一问题紧密相关的问题是，什么样的参照标准适用于收益比较。收益比较的一个直观的标准是公平收益。实际上，我们认为许多人把公平收益当做一种重要的参照标准。

（2）其他参与人的行为促成的公平意图有多重要？这一问题引起了许多人的关注。它触及了对结果公平和非结果公平的评判这一根本问题：决定公平观念的是否只有物质收益结果，或者说，人们是否把动机视为特定行为的基础？这一问题的答案不仅对于正确构建公平偏好模型十分重要，而且对于完全根据行为结果来界定行为效用的标准经济理论的实践结果也十分重要。

（3）互惠行动者的意图是什么？为了减少自己和对手（们）之间的分配不公平，或者为了减少其他参与人的收益（出于报复）？这一问题允许在所谓的公正偏好和互惠之间做出明确的区分。根据前面的论述，互惠行为是由减少不公平收益分配的愿望所引起的。举例来说，如果奖赏或惩罚行为不能减少不公平，那么就意味着我们应该观察不到互惠行为。此外，互惠主义将互惠行为理解为报答或报复的愿望——意思是一个人即使在不公平不能被减少的情况下也可以观察到惩罚和回报。

（4）谁是相关的参照行动者？如果人们在群体内互动，并非仅仅存在双边关系，那么这一问题就会立即出现。人们是基于孤立的个体来评价公平还是基于整个群体来评价公平？这个问题显然很重要。例如在社会两难困境情形中就是这样。如果善意是对其他群体的每个成员做出的评价，那么互惠反应也就成为个体性的目标。只有当这种相互作用方式（dynamic）有效时，才能确保"正确"的人（背叛者）受到惩罚。结果，相互的不得已的制裁能够作为促进合作的纪律手段而起作用。

本章由下列各部分构成。6.2 节，我们借助问卷调查和各种实验讨论了善意和互惠的决定因素。6.3 节对讨论进行了概括并建立了一个将 6.2 节中的事实纳入考虑的互惠的正式模型。6.4 节讨论了相关的文献并得出了简短的结论。

6.2 善意和互惠的决定因素

6.2.1 作为参照标准的公平

为了调查人们如何理解一种行为的善意或敌意，我们开展了一次问卷调查。参与调查的 111 个学生来自苏黎世大学和苏黎世工业大学。这项研究在匿名的条件下于 1988 年 5 月和 6 月在我们的计算机实验室完成。

实验中，每个实验对象 i 和另一个实验对象 j 处于假想的双边关系情形之中，实验对象 i 被要求指出他们对以不同方式分割 10 瑞士法郎的资产的看法（有多"友好"或"不友好"），而实验对象 j 被要求切割他们二人共享的"甜饼"。实验对象可以使用从 -100（非常不友好）到 $+100$（非常友好）的一组数字对善意做出测量。实验对象有 9 种不同的决策选项，j 可以实施不同的策略。

在这一部分我们集中讨论了第一种决策情形。在这一情形中，j 可以在 11 种不同的搭配中进行选择（见图 6—1）。如果 j 对 i 的出价为 0（自己保留全部），那么 i 将这一行为理解为非常不友好（-95.4）。如果 j 的出价为 1（自己保留 9），那么这被认为是程度稍轻的不友好（-84.5）。这种变化一直持续下去，直到 j 什么也不保留而对 i 出价 10，这被认为是非常友好（$+72.3$）。图 6—1 揭示了许多重要的见解。首先，它表明了善意随出价的增加而单调递增，j 愿意给 i 的出价越多，i 感受到的善意越多。其次，公平的分配额充当了判定合理出价与不合理出价的标准，这可以从以下事实推断出来：当出价接近公平值 5 时，对善意的感受发生从"不友好"到"友好"的变化。

勒文斯泰因、汤普森和巴泽曼（Loewenstein, Thompson and Bazerman，1989）也进行过类似的问卷调查，他们同样找到了证明以公平为基础的参照标准的重要性的有力证据。

6.2.2 意图有多重要?

一场关于意图是否与行为相关的争论仍在继续。结果主义者认为意图与善意评价无关。按照这一观点，行动的分配结果足以导致行为的发生而不需要考虑意图。而另一种观点则认为，行动表现出善意或敌意从根本上

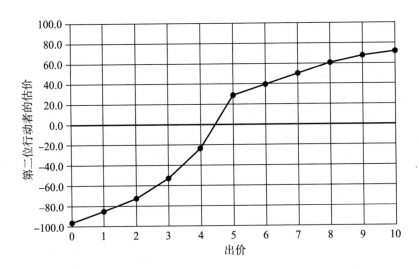

图6—1　取决于参与人 j 的出价的善意

取决于促成该行动的动机和意图。按照这一观点，根据行动背后的意图可以对导致相同结果的行动做出很不相同的理解。因此，这些行动也可能得到很不相同的回报。

为了检验意图是否重要，福尔克、费尔和菲施巴赫尔（2003）组织了四场小型的最后通牒博弈实验（见图6—2）。正如图6—2所显示的，提议者可以在两个分配项（allocation）x 和 y 之间进行选择。在所有的四场博弈中，分配项 x 始终相同，而分配项 y（x 的"替代选择"）在每场博弈中都不一样。如果提议者提出 x 并且回应者接受这一出价，那么提议者得到8点而回应者得到2点。在博弈（a）中，替代出价 y 为（5/5），因此这种博弈被称为（5/5）博弈，依此类推。

让我们集中讨论（8/2）出价。自利偏好的标准模型预言了在所有的博弈中，出价（8/2）永远不会被拒绝。根据结果主义观点建立的各种公平理论却预言这种出价会被拒绝，不过在所有的博弈中（8/2）出价的拒绝率是一样的。由于（8/2）出价产生的结果在所有的博弈中都是一样的，因此，（8/2）出价的不同的拒绝率不可能符合结果主义的观点。

直觉告诉我们，在（5/5）博弈中，（8/2）提议显然被认为是不公平的，因为提议者本该平均出价（5/5）。在（2/8）博弈中，（8/2）出价仍会被认为是不公平的——但也许与（5/5）博弈相比稍微公平一点，因为（8/2）出价的唯一可能的替代选择使提议者的所得远远少于回应者。因此从

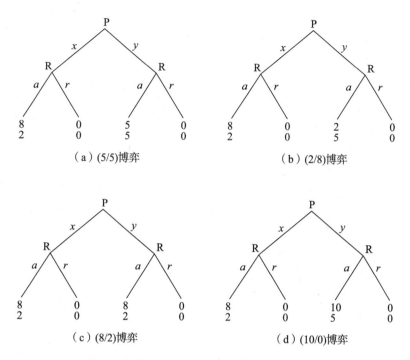

图6—2 检验意图重要性的小型最后通牒博弈

某种意义上说，提议者有理由不选择（2/8），因为不能从他不情愿提出对自己不公平的出价中明确地推断他想要对回应者不公平。

因此，我们可能预料（8/2）出价的拒绝率在（5/5）博弈中比在（2/8）博弈中高。在（8/2）博弈中，提议者根本没有任何选择以至于提议者的行为不能被评判为不公平。回应者仅仅能够判断（8/2）结果不公平，并且如果他们对不公平分配表现出充分的反感，那么他们就将拒绝这种金钱分配。因为在这种情形中导致提议者行为不公平的任何因素都被排除掉了，所以我们也许会料想到一个比（2/8）博弈更低的拒绝率。最后，在（10/0）博弈中出价（8/2）更会被认为是公平的（或更少不公平），因为毕竟提议者本来能够选择更不公平的收益。所以（8/2）的拒绝率可能在这个博弈中是最低的。

事实上，（5/5）博弈中的拒绝率是最高的：在这个博弈中（8/2）出价的拒绝率为44.4％。同时，（2/8）博弈中（8/2）出价的拒绝率为26.7％，（8/2）博弈中为18％，（10/0）博弈中为8.9％。这些结果清楚地否定了结果主义的观点，并且表明了意图在测定善意中起了主要作用。因为在（8/2）博弈中拒绝率没有为零（这种情况下意图不能起作用，因为提议者没有选择），所以善意似乎由行动的意图和结果共同组成。布兰茨和苏拉（Brandts and Sola，2001），麦凯布、里格登和史密斯（McCabe，Rigdon and Smith，2003），布朗特（Blount，1995）以及查尼斯（Charness，forthcoming）等人的实验证实了这一发现。后两项研究对某些实验进行了审查，这些实验的第一提议人的选择是以随机策略做出的。他们认为对第二提议人的互惠回应虽然较弱但并非不存在。对意图的作用持不同意见的观点请参见考克斯（Cox，2000），博尔顿、布兰茨和奥肯费尔斯（Bolton，Brandts and Ockenfels，1998）。

图 6—2 所显示的关于实验的讨论指向了人们如何推断他们的对手的意图这一问题。我们已经指出了对手可能的替代选择在测定对手的意图时是必不可少的。为了更好地理解对手 j 的一套替代行动如何改变 i 对 j 的善意的感知，我们开展了前面提到的问卷调查。尤其是，我们改变了 j 的这套可能的替代选择，并询问参与者 i 从 j 的不同的行动中感受到了何种程度的善意。表 6—1 包含了所有的变化。我们把参与人 j 的无限制行动空间的（ⅰ）栏作为讨论的基准——j 的行动安排包括了公平行动和不公平行动，因此每个行动都清晰地表明了（公平或不公平）意图。从（ⅱ）栏到（ⅸ）栏，我们系统地改变了 j 的策略安排。例如在（ⅱ）栏，j 仅能够向参与人 i 出价 2、5 或 8。而在（ⅲ）栏，j 仅能出价 2，依此类推。表 6—1 揭示了五个有意思的观察结果。我们的讨论主要集中于（2/8）和（8/2）两种支付组合。

表 6—1　　　　参与人 i 对 j 的善意的评价（平均值，$n=111$）

(π_j, π_i)	ⅰ	ⅱ	ⅲ	ⅳ	ⅴ	ⅵ	ⅶ	ⅷ	ⅸ
(0, 10)	72.3					79.9	73.4		80.3
(1, 9)	68					73.3	62		72.5
(2, 8)	62	75.3		41.1	61.2	61.9	40.8		62.2
(3, 7)	51.4								
(4, 6)	40								
(5, 5)	29.4	33.4							27.9
(6, 4)	−23.2								
(7, 3)	−52.9								
(8, 2)	−71.9	−70.6	−31.5		−47.7	−50.5		−9.1	−60.9
(9, 1)	−84.5					−80.3		−56.4	−82.6
(10, 0)	−95.4					−97.3		−88.8	−97.3

第一，如果 j 的策略安排只包含了一个要素，即如果 j 没有替代选择，那么与 j 可以在公平出价和不公平出价中选择的情形相比，有利的出价带来的善意和不利的出价带来的敌意非常弱。这一点可以从（ⅰ）栏和（ⅳ）栏中（2/8）出价感受到的善意（＋62和＋41.1）以及（ⅰ）栏和（ⅲ）栏（8/2）出价感受到的敌意（－71.9和－31.5）中观察到。对相同的支付结果的不同感受取决于参与人 j 的策略安排，这一事实很明显与结果主义的公平观点相矛盾。

第二，即使 j 没有替代选择，无法表示任何意图，感受到的善意或敌意也不会是零（见（ⅲ）栏和（ⅳ）栏）。人们不喜欢不利的（8/2）结果（－31.5）而喜欢有利的（2/8）结果（＋41.1），即使这一结果不是有意带来的。这一发现与纯粹的基于意图的公平观念相矛盾。

第三，即使 j 的策略选择范围有限，但只要 j 本可以向 i 提出不够友好的出价（将（ⅰ）栏与（ⅱ）、（ⅴ）、（ⅵ）、（ⅸ）栏相比较），友好的（2/8）出价就被认为类似于（ⅰ）栏所示的友好。这意味着如果 j 本来可以不那么公平，那么公平出价就显示了公平的意图。出于同样的原因，如果参与人 j 没有机会给出不够公平的出价（比较（ⅶ）栏），那么（2/8）出价的善意就低于（ⅰ）栏而与（ⅳ）栏的善意几乎一样低。对后一结果的直觉比较明确。如果 j 没有机会实施更"机会主义的"行为，那么 i 应该如何对 j 真想表现公平的公平行动做出推断？毕竟他实施了公平水平最低的行动。

第四，（ⅷ）栏和（ⅰ）栏的比较表明了出价的敌意取决于 j 选择不够友好的出价的可能性。在（ⅷ）栏中，（8/2）出价是最友好的出价，参与人 i 感受到的敌意比（ⅰ）栏要低得多。如果是友好出价，那么对不同善意的直觉与下列情形差不多：你不能责怪别人的小气——毕竟——他已尽力而为了。

第五，对友好出价和不友好出价的认识是不对称的。我们认为，只要 j 本来可以对 i 给出一个坏的出价，友好的（2/8）出价就会被看做类似于（ⅰ）栏所示的友好（见第三条观察结论）。然而对不友好的出价来说，事情看起来不一样。请看（ⅱ）栏，在这种情形中，j 本来可以给出一个比（8/2）出价更友好的出价，即（5/5）和（2/8）。对（8/2）出价感受到的敌意和（ⅰ）栏的情况非常接近（分别为－70.6和－71.9）。然而，如果我们继续看（ⅴ）栏和（ⅵ）栏，所感受到的敌意分别下降到－47.7和－50.5——即使参与人 j 本可以给 i 一个更好的出价。

从（ⅱ）栏和（ⅴ）栏以及（ⅵ）栏中感受到的敌意的差异指出了一个问题，即希望 j 选择一个将自己推向不利处境的出价具有多大的合理性。在（ⅱ）栏中，j 可以选择（5/5）出价，期望这一出价是合理的。此外，在（ⅴ）栏和（ⅵ）栏中，对 i 的一个比（8/2）更友好的出价意味着参与人 j 将自己推向了非常不利的处境（i 占 8 而 j 占 2）。在这一情形中，参与者人 i 似乎将做出这样的理解：j 给出一个更友好的出价是做了不合理的牺牲。因此，他们认为与 j 有合理的替代选择的情形（像在（ⅱ）栏）相比，（8/2）出价的不友好程度更低。在本章后面的正式模型中，我们用这五条观察结论来确定意图。

问卷调查的结果与图 6—2 中的小型的最后通牒博弈（UGs）的拒绝行为非常吻合。把（8/2）博弈中的（8/2）出价作为一个例子，这一出价在（8/2）博弈中的拒绝率要低于在（5/5）博弈中的拒绝率，与表 6—1 中相应的较低的敌意相当（（ⅲ）栏中为 −31.5，（ⅱ）栏中为 −70.6）。但是，如果没有替代选择（（ⅲ）栏中的 −31.5 是负的），那么（8/2）出价也会被认为是不友好的。这就解释了为什么（8/2）博弈中存在拒绝（8/2）出价的情况。

6.2.3 互惠的目标

到目前为止，我们已经分析了善意评价的重要动机。在这一部分，我们讨论了人们如何对所感受到的善意做出反应的问题，也就是说，人们感受到何种程度的善意才会做出报答或惩罚的行为？有两种主要动机可以解释惩罚的实施：（ⅰ）报复和（ⅱ）公正偏好。根据后者，只有当公正偏好能减少与对手（们）之间的不公平时，一个人才会惩罚另一个人。此外，出于报复而实施惩罚是为了与不友好的行动建立互惠。互惠性实验对象报复的意图不是减少分配的不公平，而是减少（不友好）对手的收益。因此，受报复驱动的惩罚不受不公平能够被减少的情形的限制。相反，只要一个人受到了不友好的对待并有机会"报复"，惩罚就会出现。

在下列三个实验的帮助下，福尔克、费尔和菲施巴赫尔（2001）直接检验了公正偏好的重要性和实施惩罚的报复动机。在第一个实验中，推断依赖于测量不公平的方式。在对实验的讨论中，我们也把注意力投向公正偏好是否应该作为收益和相对收益份额之间的差异来被测量的问题。这里描述的前两个实验是简单的最后通牒博弈，第三个实验是具有连续惩罚层级的公共产品博弈。这两个最后通牒博弈如图 6—3 所示。

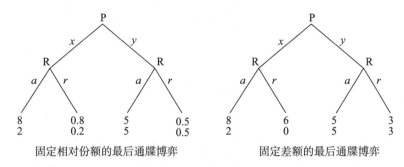

图 6—3　拒绝不能减少不公平的最后通牒博弈（UGs）

在图 6—3 所示的两个博弈中，提议者可以在出价 x 和 y 中进行选择，x 是不公平出价（8/2），y 是公平出价（5/5）。然而，拒绝出价产生的结果是不一样的。在相对份额固定的最后通牒博弈（game UG with constant relative share）中，拒绝出价没有改变参与人的收益比例。在差额固定的最后通牒博弈（game UG with constant difference）中，拒绝出价后保持不变的是收益差异。关于这两个最后通牒博弈的标准的经济学预测要求提议者选择被回应者接受的出价 x。假定人们具有公正偏好，那么预测就取决于这些偏好的本质。

让我们从相对份额固定的最后通牒博弈开始我们的讨论。在这一博弈中，报复动机预测不公平的出价 x 会被拒绝。毕竟（8/2）出价非常不友好，提议者"该受"惩罚。由建立在公正偏好基础上的公平观念提出的预言取决于不公平被测量的方式。如果不公平被当做自己的收益和其他参与人的收益之间的差异（$\pi_i - \pi_j$）来测量，那么公正偏好预示着拒绝，因为 0.8 和 0.2 之间的差别小于 8 和 2 之间的差别。如果在自己的收益与其他人的收益（总额）的相对份额 $\left(\dfrac{\pi_i}{\sum \pi_j}\right)$ 的基础上对公正偏好进行测量，那么就不会出现拒绝——因为 $\dfrac{0.2}{1}$ 恰好和 $\dfrac{2}{10}$ 相等。在固定差额博弈中，公正偏好预测不存在独立于如何测量公正偏好的惩罚。此外，在这种博弈中报复动机并不妨碍惩罚，因为（8/2）出价很不公平，而且通过拒绝能减少回应者的收益。

固定相对份额的最后通牒博弈的结果对公正偏好动机的有效性提出了的质疑（如果这种动机被构建成相对份额模型）。尽管相对份额观点推测拒绝率为零，但有占比为 38％ 的参与者拒绝了不公平的（8/2）出价。以收益差别测量的公正偏好似乎更符合这一数据。但是，在固定差额的最后通牒博弈中对不公平的（8/2）出价的拒绝率仍为 19％。因此，即使根据收益差别来构建模型，公正偏好也不能解释在简化的最后通牒博弈中观察到的约 20％ 的惩罚。

为了进一步检验作为推动惩罚的动机因素的公正偏好的重要性，我们研究了具有连续惩罚机会的公共产品博弈（Falk，Fehr and Fischbacher，2001）。在这个一次性博弈的第一阶段，三个参与人首先同时就对线性公共产品（linear public good）的自愿贡献（voluntary provision）做出决定。这种决定意味着对公共产品的投资不是 0 点就是 20 点。第一阶段的支付为 20——自己的贡献＋0.6×所有贡献的总和。在第二阶段，每个参与人必须决定是否愿意制裁（sanction）他所在的集体中的其他参与者。扣除点数需要付出代价——从另一个参与人那里扣除 1 个点需要付出 1 个点的代价。

在自利偏好假定下，所预料的结果并不复杂。由于扣除点数是有代价的，所以第二阶段基本上是不重要的。因此，没有人投资公共产品。结果是集体总收入共计 60 点。此外，如果每个参与人把他的 20 点进行投资，那么社会剩余将增至最大。这样，集体总收入将为 60×1.8＝108。如果人们偏好公平，那么我们还期待什么？我们可以得到对一个合作者面对两个背叛者这一情形的最明显的预测。在这一情形中，合作者不能通过惩罚背叛者减少不公平（与如何测量不公平无关）。事实上，为了减少每个背叛者一个点的收益，合作者必须投入两个点。因此，在这种情形中公正偏好预测不会出现惩罚。恰恰相反，在这种情形中报复与惩罚是相容的，因为背叛者采取了不友好的行动，他"该受"惩罚。

公正偏好是我们前面讨论两种最后通牒博弈时的例子，它不能解释在惩罚的代价高的公共产品博弈中观察到的互惠行为：在这里，占比 46.8％ 的合作者会实施惩罚，即使他们面对着两个背叛者，但公正偏好动机预料的是零惩罚。因此我们得出结论，大多数观察到的惩罚行为与公正偏好是不能相容的，并且最好将其理解为一种报复欲望。即使合作者不能减少合作者与背叛者之间的不公平，他们仍想要减少不友好的背叛者的收益。

6.2.4 对善意的评价针对的是个人还是集体？

在上面概述的问卷调查中，与双边讨价还价（bilateral bargaining）情形一样，"谁是相关的参照行动者"的问题是无关紧要的。然而，如果集体内的参与人相互作用，那么这一问题就是重要的。例如，在人们测定善意时针对的是其他集体中的每个成员还是集体的平均状况这一问题仍有待研究。为了研究这个问题，福尔克、费尔和菲施巴赫尔（2001）进行了我们前面讨论过的有惩罚机会的公共产品博弈实验。惩罚代价的唯一区别是，从另一个在第一阶段合作的参与人那里扣除一个点的代价（每扣除一个点需付出 0.4 个点的代价）比从背叛者那里扣除一个点的代价（每扣除一个点需付出 0.3 个点的代价）稍大。因此，惩罚一个合作者比惩罚一个背叛者的代价要大。

在这个博弈中背叛显然是不公平的行为。如果人们充分地受互惠动机驱使，那么他们将惩罚这种不公平的行为。然而，具体的惩罚模式取决于人们评价善意针对的是个体还是集体的平均状况。让我们集中讨论参与人 i 合作而其他两个参与人一个合作另一个背叛的情形。基于个体比较的理论预测，如果合作者在这种情形中会实施惩罚，那么他们将只惩罚背叛者。另一个合作者以公平的方式行动，因此没有理由惩罚他。然而，背叛者以不公平的方式行动，因此该受惩罚。

然而，基于集体比较的理论预测，如果合作者实施惩罚，他们将惩罚另一个合作者。原因很简单：惩罚前，合作者的收益低于集体平均收益。之所以这样是因为背叛者的收益高于合作者。如果合作者想要减少他的收益与集体平均收益之间不利的不公平，那么代价最小的方法是惩罚另一个合作者，因为惩罚其他合作者的代价（每扣除一个点需付出 0.3 个点）比惩罚背叛者的代价（每扣除一个点需付出 0.4 个点）小。因此，如果合作者要惩罚的话，那么他肯定宁愿惩罚另一个合作者。

实验结果清楚地指出了人们进行的是个体比较。在一个合作者面对一个背叛者和另一个合作者的情形中，合作者经常惩罚背叛者，并且几乎从来不惩罚其他合作者。平均而言，合作者将分配 6.6 个惩罚点给背叛者，0.3 个惩罚点给合作者。这明显与合作者针对集体平均状况惩罚合作者以改善他们的处境的观点相矛盾。

6.3 构建强互惠模型

前面的内容表明了互惠理论应该包括下列四个方面的问题：（ⅰ）作为

参照标准的公平份额；（ii）基于意图和行动结果的对善意的评价；（iii）对互惠者来说，报复欲望远比减少不公平的欲望重要；（vi）人们评价善意时针对的并非是集体平均状况，而是与其互动的每一个人。

在下面的内容中，我们概述了一个互惠模型来考虑从（i）到（vi）的四个方面的问题。我们将概述限定在模型的一些主要方面并有意省去了一些技术细节。对技术细节感兴趣的读者可以查阅福尔克和菲施巴赫尔（1999）的研究，他们对模型的细节做了解释和讨论。

6.3.1　表示法

请回顾 6.1 节中描述的互惠模型。我们曾指出，互惠由另一个人的友好（或不友好）态度（由善意项 φ 代表）和对这种态度的反应（由互惠项 σ 代表）构成。我们现在将对这些项进行界定，并开始描绘两个参与人的模型简图。

请考虑一个具有限定阶段的、具备完全信息的两人形式的博弈。假设博弈的参与人为 i 和 j，N_i 表示参与人 i 采取行动的一组节。设 n 为参与人的一个节，A_n 为 n 节中的一组行动。设 F 为博弈最后的一组节。参与人 i 的收益函数用 $\pi_i \to IR$ 表示。

设 S_i 为参与人 i 的混合行动策略。对于 $s_i \in S_i$ 和 $s_j \in S_j$，且参与人 $k \in \{i, j\}$，我们把 $\pi_k(s_i, s_j)$ 定义为给定策略 s_i 和 s_j 的情况下，参与人 k 的预期收益。此外，我们把 $\pi_k(n, s_i, s_j)$ 定义为 n 节条件下的预期收益：它是在可以实施给定策略 s_i 和 s_j 的情况下，参与人 k 在从 n 节开始的子博弈中的预期收益。

6.3.2　善意项

设 $n \in N_i$。善意项 $\varphi_j(n, s_i, s_j)$ 是我们模型的主要素，它测量参与人 i 所感知的参与人 j 的行动的友好程度，并取决于这一行动的结果和意图。结果以结果项 $\Delta_j(n, s_i, s_j)$ 来测量，$\Delta(n, s_i, s_j) > 0$ 表示有利结果，$\Delta_j(n, s_i, s_j) < 0$ 表示不利结果。为了测定总善意，我们将 $\Delta_j(n, s_i, s_j)$ 乘以意图因子 $\vartheta_j(n, s_i, s_j) \geqslant 0$。这个因子是处于小的正数 ϵ 与 1 之间的一个数，$\vartheta_j(n, s_i, s_j) = 1$ 表示 $\Delta_j(n, s_i, s_j)$ 完全由意图所引起的情形，$\vartheta_j(n, s_i, s_j) < 1$ 表示无意图或者并非完全由意图公平或意图不公平所引起的情况。善意项 $\varphi_j(n, s_i, s_j)$ 仅是 $\Delta_j(n, s_i, s_j)$ 和 $\vartheta_j(n, s_i,$

s_j）的乘积。

首先，我们来定义结果项。

$$\Delta_j(n, s_i, s_j) = \pi_i(n, s_i, s_j) - \pi_k(n, s_i, s_j) \tag{2}$$

给定 ϑ_j（n, s_i, s_j），结果项 Δ_j（n, s_i, s_j）测量参与人 j 对参与人 i 的善意。它表示参与人 i 在 n 节对两个参与人的预期收益的了解。由于 ϑ_j（n, s_i, s_j）通常为正数，所以善意项的标记，即一个行动被认为是友好的还是不友好的，由 Δ_j（n, s_i, s_j）的标记来决定。如果参与人 i 认为他得到的比 j 多，那么 Δ_j（n, s_i, s_j）项就为正数。如果参与人 i 认为他得到的比 j 少，那么 Δ_j（n, s_i, s_j）项就为负数。

这一定义回答了问题（ⅰ）。我们用公平作为参照标准，即如果两个参与人得到了同样的收益，那么善意等于零。

对问题（ⅱ）的回答表明，纯粹结果取向的模型与许多实验结果不相符。这一事实体现在具有意图因子 ϑ_j（n, s_i, s_j）的模型中。它测量在多大程度上存在着参与人 j 的合理的替代选择。如果存在合理的替代选择，那么这个因子就为 1，即参与人 i 能够断定参与人 j 的行动意图（公平或不公平）的情形。如果不存在合理的替代选择（例如，根本没有替代选择），那么这个因子为正且小于 1。关于 θ 项的详细定义综合了我们在表 6—1 和图 6—2 中的讨论结果。定义有些烦琐，有兴趣的读者可以查阅福尔克和菲施巴赫尔（1999）的研究。

定义：设策略已知。我们将 $n \in N_i$ 的善意项 φ_j（n, s_i, s_j）定义为

$$\varphi_j(n, s_i, s_j) = \vartheta_j(n, s_i, s_j)\Delta_j(n, s_i, s_j) \tag{3}$$

我们从（3）式可以得到已知结果是更友好还是更不友好由 ϑ_j（n, s_i, s_j）的值决定。换句话说，例如，如果参与人 j 没有任何其他结果的替代选择，或者他不得不选择特定的结果，那么他所感知的善意要比 ϑ_j（n, s_i, s_j）＝1（也就是说 j 有合理的替代选择）的情形小。ϑ_j（n, s_i, s_j）＞0 的条件表明，即使意图不存在，参与人感受到的结果本身也是友好的或不友好的；如果我们设 ϑ_j（n, s_i, s_j）＝0，那么这将意味着没有意图时互惠行动根本就不会存在。然而，正像我们在图 6—2 和表 6—1 中的讨论所显示的，人们甚至在这种情况下也会实施报答和惩罚。

6.3.3 互惠项

我们的模型的第二个要素涉及互惠的形成。让我们先设定 n 节后的最后

一个节 f，然后我们用 $v(n, f)$ 表示从 n 到 f 过程中紧接着 n 节后的唯一一个节。

定义：假设策略在前一段就已给定，设 i 和 j 为两个参与人，并且 n 和 f 如前面段落中所规定，然后我们将

$$\sigma_i(n, f, s_i, s_j) = \pi_j(v(n, f), s_i, s_j) - \pi_j(n, s_i, s_j) \tag{4}$$

定义为参与人 i 在 n 节的**互惠项**（reciprocation term）。

互惠项表达了对所体验到的善意的回应，即它测量了参与人 i 在 n 节的行动对参与人 j 的收益改变了多少。这一行动的互惠影响用参与人 j 的从 $\pi_j(n, s_i, s_j)$ 到 $\pi_j(v(n, f), s_i, s_j)$ 的收益的改变量来表示。

我们采用这种方法来考虑问题（iii）。参与人并不想减少不公平。相反，我们模型中的参与人从惩罚不友好的行为（或报答友好的行为）中获得效用，即通过减少或增加他们对手的收益。

6.3.4 效用和均衡的概念

表示法：设 n_1 和 n_2 为两个节。如果 n_2 节在 n_1 节之后，那么我们用 $n_1 \rightarrow n_2$ 来表示。

在定义了善意项和互惠项之后，我们现在可以从经过变换的"互惠博弈"中得到参与人的效用。

定义：设 i 和 j 为博弈中的两个参与人。设 f 为博弈的最后一节。我们将经过变换后的互惠博弈中的效用定义为

$$U_i(f, s_i, s_j) = \pi_i(f) + \rho_i \sum_{\substack{n \rightarrow f \\ n \in N_i}} \varphi_j(n, s_i, s_j) \sigma_i(n, f, s_i, s_j) \tag{5}$$

对于给定的 (s_i, s_j)，该效用函数限定了新的博弈 $\Gamma(s_i, s_j)$。如果在 $\Gamma(s_i, s_j)$ 中 (s_i, s_j) 是一个子博弈完善纳什均衡（subgame perfect Nash eqiulibrium），那么我们把 (s_i, s_j) 称为**互惠均衡**。

$\Gamma(s_i, s_j)$ 中的策略 s_i 和 s_j 可以被解释为参与人的信念。例如，参与人 i 相信参与人 j 将采取 s_j 策略，而且他认为参与人 j 希望他采取 s_i 策略。有了这样的信念，参与人 i 会选择最佳策略。因而，互惠均衡就可以被认为是策略和信念的结合，其中，策略是最佳的并由信念所构成。我们的理论形式（不包含信念）是根据金蒂斯（2001）的观点提出的。

6.3.5 两个以上参与人的博弈

似乎存在两种归纳 $N > 2$ 的模型的途径。例如，我们可以将总善意和互

惠项定义为 $\varphi_{-i}(n, s) = \vartheta_j(n, s) \ (\pi_i(n, s) - \frac{1}{N-1}\sum_{j \neq i}\pi_i(n, s))$。
或者我们可以将其他参与人的互惠效用相加。我们从对于问题（iv）的分析中知道，第二种途径是我们需要的正确途径，因为人们是对个体进行比较而不是对集体的平均状况进行比较。这也是福尔克和菲施巴赫尔（1999）的方法。我们将 $\varphi_{j \rightarrow i}(n)$ 定义为参与人 j 对参与人 i 的善意，并将 $\sigma_{i \rightarrow j}(n, f)$ 定义为参与人 i 对参与人 j 的互惠。于是参与人 i 的效用被定义为

$$U_i(f) = \pi_i(f) + \rho_i \sum_{\substack{j \neq i \\ n \in N_i}} \sum_{n \rightarrow f} \varphi_{j \rightarrow i}(n)\sigma_{i \rightarrow j}(n, f) \tag{6}$$

以上概述的模型解释了从各种博弈实验中得出的程式化事实（见 Falk and Fischbacher，1999）。这些博弈实验包括了最后通牒博弈、礼物交换博弈、简化的最优反应博弈（reduced best-shot game）、独裁者博弈、囚徒困境博弈和公共产品博弈实验。此外，这一理论解释了在不同的环境中为什么相同的结果引起了不同的互惠回应。最后，这一理念解释了为什么当双边互动结果倾向于"公平"时，竞争市场中还会出现非常不公平的分配。

6.4 其他观点

存在其他一些用来解释所观察到的互惠行为的理论模型。这些模型对于人们如何评价行动的公平以及他们如何对所感知的公平或不公平做出反应有不同的假设。在这一部分，我们简单地讨论了一些最重要的模型并将其主要假设与 6.2 节中所讨论的四个问题联系起来。

两个著名的模型是以这一观点为前提的，即互惠行动受减少不公平的欲望所驱动（Fehr and Schmidt，1999（下面简称 FS）；Bolton and Ocken-fels，2000（下面简称 BO））。FS 模型假定，一般而言，实验对象从导致他们物质损害的不公平中蒙受的损失要比给他们带来物质利益的不公平大。用公式表示就是，一组 N 个参与人，$i \in \{1, \cdots, N\}$，并以 $\pi = (\pi_1, \cdots, \pi_n)$ 代表金钱收益的矢量。在 FS 模型中，参与人 i 的效用函数由下式确定

$$U_i = \pi_i - \frac{\alpha_i}{N-1}\sum_{j, \pi_j > \pi_i}(\pi_j - \pi_i) - \frac{\beta_i}{N-1}\sum_{j, \pi_i > \pi_j}(\pi_i - \pi_j) \tag{7}$$

其中 $\alpha_i \geq \beta_i \geq 0$ 并且 $\beta_i < 1$。

（7）式中的第一项 π_i 是参与人 i 的物质收益。（7）式中的第二项测量

因不利的不公平所受的效用损失，而第三项测量因有利的不公平所受的损失。假定参与人 i 的货币收益为 π_i，其效用函数在 $\pi_j = \pi_i$ 时获得最大值。因不利的不公平（$\pi_j < \pi_i$）所受的效用损失大于参与人 i 的境况好于参与人 j（$\pi_j < \pi_i$）的情况下的效用损失。按照相似的原理，博尔顿和奥肯费尔斯构建了公正偏好模型。根据 BO 模型的详细说明，参与人 i 的效用有微弱的增加，并且是参与人 i 的物质收益的凹函数（物质收益是已知的），效用是参与人 i 享有的总收入的份额的严格凹函数，并且在份额等于 $1/N$ 时达到最大值。在各种博弈实验（包括结果倾向于"公平"的两人交易博弈和用模型（正确）预言会出现非常不公平结果的市场博弈）中，FS 模型和 BO 模型都能正确地预言实验结果。而且如果公平问题必须在复杂的环境中进行分析，那么由于这两个模型都是容易控制的，所以适合作为预言工具。

根据所得出的证据，我们倾向于认为 FS 模型具有相对 BO 模型的两个主要优点。首先，根据 FS 模型，不公平是针对与其互动的每一个个体而进行评价的（见（7）式）。相反，BO 模型是以总量尺度测量一个人的不公平感受的。结果是，BO 模型预言在 6.2.4 节概述的公共产品博弈中，合作者将惩罚背叛者。但是，数据显示的结果恰好相反。其次，BO 模型的另一个缺点是对不公平的测量根据的是相对份额。虽然这适合于一些博弈，但建立在收益差基础上的 FS 的做法在总体上似乎要好一些（见 6.2.4 节）。

反对上述两种模型的最强烈的理由是，它们遗漏了对意图的解释和实施惩罚的最强烈的动机是报复而非减少不公平的愿望这一事实。两种模型都采取了结果主义的视角——例如，它们预言图 6—2 中所有博弈的（8/2）出价的拒绝率完全相同。尽管分配结果显然很重要，但我们已经看到公平分配的意图也起了重要作用。大多数被观察到的惩罚（最后通牒博弈和公共产品博弈都有惩罚）与减少不公平的愿望是不相容的，这一事实进一步限制了公正偏好方法的有效性。

另一类模型假定意图十分重要，并且互惠回应不是由减少公正偏好的愿望而是由报复和报答的愿望所引起的。这些所谓的"互惠模型"包括拉宾（Rabin，1993）、杜文伯格和基希斯泰格（Dufwenberg and Kirchsteiger，2004，以下简称 DK）、莱文（Levine，1998）、查尼斯和拉宾（Charness and Rabin，2002，以下简称 CR）以及福尔克和菲施巴赫尔（Falk and Fischbacher，1999，以下简称 FF），我们在 6.4 节中对此做了概述。这些方法的共同之处是十分强调回报的善意（reciprocated kindness）。

所有的模型都指出了评价善意时意图的重要性。按照拉宾、DK 和 FF 模型的观点，意图取决于参与人可以得到的不同的替代选择。参与人通过观察可能的替代选择推断出不同的意图。FF 模型和拉宾模型、DK 模型的重要差别涉及结果和意图的相互作用。DK 模型和拉宾模型把善意构建成仅由意图决定的模型，FF 模型则结合了分配和意图。根据实验证据（见 6.2.2 节）我们得出这是十分重要的，因为许多人既关心结果也关心意图。

莱文（1998）提出了测量善意的一种完全不同的方法。与前面所解释的互惠模型相反，莱文模型中的参与人不是报答或惩罚友好或不友好的"行为"，而是报答或惩罚友好或不友好的"动机"。他们报答利他动机并惩罚恶意动机。莱文假定，参与人在关于涉他偏好方面相互区别。涉他偏好用参数 α_i 表示，用来测量与自己的收益相比较的另一个人的收益的相对重要性。如果 $\alpha_i > 0$，那么参与人 i 就具有利他偏好。如果 $\alpha_i < 0$，那么他就怀有恶意。此外，参与人喜欢用高 α_j 值来报答参与人并用低（负）α_j 值来惩罚参与人。

莱文模型中的效用由 $U_i = \pi_i + \sum_{j \neq i} \dfrac{\alpha_i + \rho \alpha_j}{1 + \rho} \pi_j$ 给定。参数 ρ 是一个通用的互惠参数，即假定所有的参与人有相同的互惠参数。这一模型是不完全信息模型，参与人在观察他们对手的行动之后可以重新确立他们的信念。如果行动是"友好的"，那么此人是利他的这一信念就会加强，这意味着友好的回应，反过来也一样。

这种方法很简洁，同时提供了有意思的观点。然而，它同样存在一些局限：由于互惠参数是通用的，所以这一模型中就不存在自利的参与人。这不仅在理论上难以让人满意，而且从经验上看也是错误的。上述事实产生的更进一步的问题是，难以在这一模型中发现均衡。此外，使用不完全信息的方法意味着许多均衡的存在。这限制了它作为预言工具的价值。

CR 模型结合了积极互惠的结果主义模型和消极互惠的基于动机的模型。在这种模型中，参与人不但关心自己的收益 π_i，而且也关心社会利益（模型中用 $\sum \pi_j$ 表示）和"有需要的人"的收益（在模型中用 $\min\{\pi_j\}$ 表示）。这一要素抓住了一个新的动机——寻求效率——一个被前面所有的模型所忽略的动机。在模型的这一组成部分中，所有的收益被认为是正的，这意味着模型的这一组成部分仅能解释正互惠。那么如何构建负互惠模型呢？在 CR 模型中，参与人效用函数中社会福利的权重（weight）用数字来表示，如果这个数字低于某个临界值，那么该参与人的收益在其他参与人的效用函数中的权重就被削减了（它甚至可以削减为负数）。

CR 模型非常丰富并获得了大量实验数据。它通过多个参数（六个）和高度复杂性做到了这一点。尤其是，模型的互惠部分是特定博弈难以解决的。而且，这一模型与莱文模型和 DK 模型共同解决了多重均衡的问题。不过 CR 模型特别有意思，因为它以不同方式将积极互惠和消极互惠构建成模型。积极互惠模型以结果主义方式构建，而消极互惠模型以纯意图方式构建。如果参与人不应该得到积极互惠，那么积极互惠就减少，甚至变成消极互惠。

总之，所有的模型都具有优点和缺点。通常情况是，现实特征越多意味着复杂程度越高。随着模型的预测能力的增强和心理学的发展，模型变得越来越难驾驭。因此，研究者的目标是对他或她所使用的模型进行限定。

参考文献

Blount, S. 1995. "When Social Outcomes Aren't Fair: The Effect of Causal Attributions on Preferences," *Organizational Behavior & Human Decision Processes* 63:131 – 144.

Bolton, G. E., J. Brandts, and A. Ockenfels. 1998. "Measuring Motivations for the Reciprocal Responses Observed in a Simple Dilemma Game," *Experimental Economics* 1:207 – 219.

Bolton, G., and A. Ockenfels. 2000. "ERC—A Theory of Equity, Reciprocity and Competition," *American Economic Review* 90:166 – 193.

Brandts, J., and C. Sola. 2001. "Reference Points and Negative Reciprocity in Simple Sequential Games," *Games and Economic Behavior* 36:138 – 157.

Charness, G. Forthcoming. "Attribution and Reciprocity in a Simulated Labor Market: An Experimental Investigation," *Journal of Labor Economics*.

Charness, G., and M. Rabin. 2002. "Understandmg Social Preferences with Simple Tests," *Quartery Journal of Economics* 117,817 – 869.

Cox, J. 2000. "Trust and Reciprocity: Implications of Game Triads and Social Contexts," *Mimeo*. University of Arizona at Tucson.

Dufwenberg, M., and G. Kirchsteiger. 2004. "A Theory of Sequential Reciprocity," *Games and Economic Behavior* 47:268 - 298.

Falk, A., and U. Fischbacher. 1999. "A Theory of Reciprocity," Working Paper No. 6. University of Zurich.

Falk, A., E. Fehr, and U. Fischbacher. 2001. "Driving Forces of Informal Sanctions," Working Paper No. 59. University of Zurich.

Falk, A., E. Fehr, and U. Fischbacher. 2003. "On the Nature of Fair Behavior," *Economic Inquiry* 41(1):20 - 26.

Fehr, E., and K. Schmidt. 1999. "A Theory of Fairness, Competition, and Cooperation," *Quarterly Journal of Economics* 114:817 - 868.

Gintis, H. 2000. *Game Theory Evolving*. Princeton: Princeton University Press.

Güth, W., R. Schmittberger, and B. Schwarze. 1982. "An Experimental Analysis of Ultimatum Bargaining," *Journal of Economic Behavior and Organization* 3:367 - 388.

Levine, D. 1998. "Modeling Altruism and Spitefulness in Experiments," *Review of Economic Dynamics* 1:593 - 622.

Loewenstein, G. F., L. Thompson, and M. H. Bazerman. 1989. "Social Utility and Decision Making in Interpersonal Contexts," *Journal of Personality and Social Psychology* 57:426 - 441.

McCabe, K., M. Rigdon, and V. Smith. 2003. "Positive Reciprocity and Intentions in Trust Games," *Journal of Economic Behavior & Organization* 52:267 - 275.

Rabin, M. 1993. "Incorporating Fairness into Game Theory and Economics," *American Economic Review* 83:1281 - 1302.

7 利他主义惩罚的演进

罗伯特·博伊德（Robert Boyd）

赫尔伯特·金蒂斯（Herbert Gintis）

塞缪尔·鲍尔斯（Samuel Bowles）

彼得·J·里彻逊（Peter J. Richerson）

7.1 引言

解释非亲缘之间的合作的机制一般有两种：重复互动机制（Axelrod and Hamilton，1981；Trivers，1971；Clutton-Brock and Parker，1995）或群体选择机制（Sober and Wilson，1998）。这两种机制都没有考虑到由无关的个体组成的大量群体中的利他主义合作的演变。二元关系中的重复互动可能通过礼尚往来的手段及相关策略来支持合作，不过，除非参与策略性互动的个体数量很少，否则这种机制不会起作用（Boyd and Richerson，1988）。群体选择只有在群体的规模很小并且很少发生迁移的情况下才会导致利他主义的形成（Eshel，1972；Aoki，1982；Rogers，1990）。最近提出的第三种机制（Hauert et al.，2002）认为，不合群的、孤立的个体在竞争上胜过非合作性社会群体中的个体，对人类而言，这是一个令人难以置信的假设。

利他主义惩罚提供了解决这一难题的方案。正如我们在本书前面章节中已经看到的，在实验室的实验中，即使在一次性互动中，人们也不惜付出代价去惩罚不合作者，而且人种学的数据表明，利他主义惩罚有助于维持人类社会的合作（Boehm，1993）。援引利他主义惩罚似乎只不过产生了一个关于演化的新问题：为什么人们付出代价惩罚他人并提供利益给无关的人？但是我们在这一章指出，在大群体中，群体选择能够导致利他主义的演化，因为利他主义合作中的防止搭便车的问题与利他主义惩罚中的防止搭便车的问题完全是两码事。产生这种差异的原因在于，虽然利他主义合作者因背叛者而承受的收益损失与群体中背叛者出现的频次无关，但是在背叛者很少的情况下，实施利他主义惩罚的成本损失会下降，因为惩罚行为变得非常少见（Sethi and Somanathan，1996）。因此，当利他主义惩罚者经常出现时，反对他们的选择机制会变得无力。

为了理解为什么会出现这种情况，我们可以考虑被分为 n 个群体的大群体这样一个模型，其中存在两种行为类型——贡献者和背叛者。为了得到总收益 b，贡献者承担了成本 c，总收益 b 是由群体成员平均共享的。背叛者既不承担成本，也不带来收益。如果贡献者在群体中的数量为 x，那么贡献者的预期收益为 $bx-c$，背叛者的预期收益为 bx——因此，贡献者的收益损失是一个与群体中各类人群分配结构无关的常数 c。现在加上第三种类型，利他主义惩罚者，他们进行合作，然后惩罚群体中的每一个背叛者，每减少背叛者的收益 p 需要付出成本 k。如果利他主义惩罚者惩罚的频次为 y，那么贡献者的预期收益变成了 $b(x+y)-c$，背叛者的预期收益变成了 $b(x+y)-py$，利他主义惩罚者的预期收益为 $b(x+y)-c-k(1-x-y)$。如果利他主义惩罚者相当普遍，即被惩罚所付出的成本超过了合作所需的成本（$py>c$），那么与其成为一个背叛者还不如做一个贡献者。相对于不做出惩罚的贡献者而言，利他主义惩罚者承担了适应度损失 $k(1-x-y)$。因此，惩罚是利他的，而且纯粹的贡献者是"次级搭便车者"（second-order-free-rider）。然而值得注意的是，当背叛者越来越少时，利他主义惩罚者相对于贡献者的收益损失接近于 0，因为惩罚已经没有必要了。

在更现实的模型中（像本章后面提到的），监督的成本或者惩罚背叛者的成本可能意味着利他主义惩罚者的适应度要稍稍低于贡献者，并且这里的背叛是三种策略中的唯一策略，是被隔离的单个群体中应对变化的稳定策略。也就是说，假设由于理解错误等原因而出现一个比较高的惩罚水平，那么少数的背叛者很容易侵入一个合作者的群体，少数的合作者可以侵入一个利他主义的群体，而少数的合作者或者利他主义惩罚者却难以侵入一个背叛者的群体。

然而，背叛者很少时利他主义惩罚者的损失很小这一事实，意味着群体之内的薄弱演化力量——比如突变（Sethi and Somanathan，1996）或者墨守成规的倾向（Henrich and Boyd，2001；Bowles，2001；Gintis，2003）——能使惩罚稳定下来并使合作持续下去。但是二者都不产生向合作结果演化的系统性倾向。这里我们探讨了当选择太无力而不能确保利他主义合作出现时，群体间的选择导致利他主义惩罚形成的可能性。

更合作的群体可能更不容易消失。这也许是因为更合作的群体在竞争中更有效率，在共同保障中更成功，在管理公共资源方面更内行或者更多其他相似的原因。在所有其他因素相同的情况下，群体选择将倾向于增加群体中合作的频次。因为有更多惩罚者的群体将倾向于表现出更频繁的合作行为（通过合作者和利他主义惩罚者），惩罚的频次与合作行为在群体中将被正向关联起来。结果是，作为对群体选择的"相互关联回应"，惩罚将增加。由于惩罚很普遍时群体内反对利他主义惩罚者的力量是很薄弱的，所以一旦惩罚变得普遍，这一过程就可能有助于真正的惩罚的演进，并且保证惩罚的存在。

为了判断这一观点的合理性，我们运用模拟方法研究了下列更现实的模型。一共有 N 个群体。局部密度相关（local density-dependent）的竞争使每个群体保持稳定的人口规模 n。个体在两阶段博弈中展开互动。在第一个阶段中，贡献者和利他主义惩罚者以 $1-e$ 的可能性合作，背叛的可能性为 e。合作减少了合作者的收益，减少量为 c，并增强了群体与其他群体竞争的能力。为简化起见，我们假定合作对其他人的个人收益没有影响但肯定会减小群体消亡的可能性。我们还假定背叛者经常背叛。在第二个阶段中，利他主义惩罚者惩罚每个在第一个阶段中背叛的个体。第二个阶段后，个体遇到来自自己群体中的另一个体的概率为 $1-m$，并且遇到来自另一个随机抽取的群体中的个体的概率为 m。个体 i 遇到个体 j，以可能性

$\dfrac{W_j}{(W_j+W_i)}$ 来模仿 j，在这里，W_x 是博弈中个体 x 的收益，其中包括所有的受到或实施惩罚的成本。

因此，导致更高收益的行为（像背叛）将在群体中被效仿，并以与 m 成正比的速率从一个群体扩散到另一个群体。群体选择通过群体间的冲突表现出来了（Bowles，2001）。由于合作不会产生个体水平上的影响，因此不存在群体的利益行为通过模仿成功的邻居而扩散的倾向。在每一次博弈中，群体被随机配对，而且群体间的冲突以一个群体战胜并取代其他群体而告终，这种可能性为 ε。群体 i 击败群体 j 的可能性为 $\dfrac{1+(d_j-d_i)}{2}$，在此，d_q 是群体 q 中背叛者出现的频率。这意味着背叛者越多的群体在冲突中越可能失败。最终，每一种类型中的个体有 μ 的可能性自觉地变成两种其他类型中的一种。突变的出现和错误的背叛必定使惩罚者付出一定的惩罚成本，甚至当他们普遍、常见时也是如此，因而将他们置于相对于贡献者而言不利的地位。

7.2 方法

执行上述模型的两种模拟程序已经分别被开发出来了，博伊德使用 Visual Basic 语言开发了一种程序，金蒂斯使用 Pascal 语言开发了另一种程序。（读者如有需要可以使用这些程序。）两种程序的结果非常相近。在所有的模拟中，共有 128 个群体。一开始，有一个群体全部由利他主义惩罚者组成，其他 127 个群体全部由背叛者组成。模拟进行了 2000 个连续的时间段。在图 7—1、图 7—2 和图 7—3 中标出来的"稳定状态"的结果代表的是 10 次模拟中的最后 1000 个时间段的平均频率。

基础条件参数（base case parameters）被用来说明小规模社群中的文化演进。合作成本 c 决定适应变化的时间范围。在 $c=0.2$ 并且 $k=p=e=0$ 时，"背叛"成为一种仅对个人有利的特性，从低频率到高频率分布在大约 50 个时间段内。对个人有益的文化特性，例如技术创新，在各个群体中的传播时间为 10 年～100 年（Rogers，1983；Henrich，2001），假定 $c=0.2$ 意味着模拟时间段可以被理解为接近 1 年。突变速率被设置为 0.01，因此这种简单的对个人有利的特性的稳定状态值大约是 0.9。这意味着虽然大量的变量是保持不变的，但仍不能胜过适应性力量。贡献者和利他主义惩罚者背叛的可能性为 $e=0.02$。基础条件中 $k=0.2$，因此利他主义合作的成本和利他主义惩罚的成本是相等的。

在人类社会中，被惩罚者因惩罚而付出的代价要比惩罚者因惩罚而付出的代价要大得多，为了符合人们的这一直觉，我们设 $p=0.8$。当 $\varepsilon=0.015$ 时，可预料到群体将在 20 年后消亡，这一预期时间接近于最近对小规模社群中的文化消亡速度所做的估计（Soltis，Boyd and Richerson，1995）。当 $m=0.02$ 时，消极扩散（即 $c=k=p=e=0$）将首先使差异最大的相邻群体在大约 50 个时间段后获得相同的特征频率。这种模型模拟的结果表明，与没有利他主义惩罚的情况下的群体选择维持利他主义合作相比，群体选择能够在更广的参数值范围内维持利他主义惩罚与利他主义合作。

7.3 结果

我们的模拟表明，群体选择能够在更大范围内维持利他主义合作。图 7—1、图 7—2 和图 7—3 运用多个参数值将有惩罚的与无惩罚的稳定合作的水平进行了对比。如果没有惩罚，那么我们的模拟重复了标准结果——当且仅当群体规模十分小时，群体选择才能够维持高频率的合作行为。然而，在相当大的群体中，加上惩罚才能维持大量的合作行为。正如人们预料的，消亡速度的加大增大了合作的稳定状态值（见图 7—1）。

在最后几段所述的模型中，仅当迁徙限制在维持群体间的关于背叛者出现频率方面的差异时，群体选择才能导致合作的形成。图 7—2 表明，当迁徙速度增大时，合作水平急剧下滑。当利他主义惩罚者普遍常见时，背叛者很难背叛，但是当利他主义惩罚者很少时，背叛者容易背叛。因此，对高收益个体的模拟创造了一种类似于选择的适应性力量，这种力量维持了各个群体的背叛者出现频率方面的差异。然而如果迁徙太频繁的话，这一进程就不能维持群体间足够的差异以实现有效的群体选择。这就意味着这个模拟的进程对于基因进化可能远没有对于文化进化那么重要，因为相对于迁徙而言，基因适应可能比文化适应要弱一些，因此更难以维持差异。

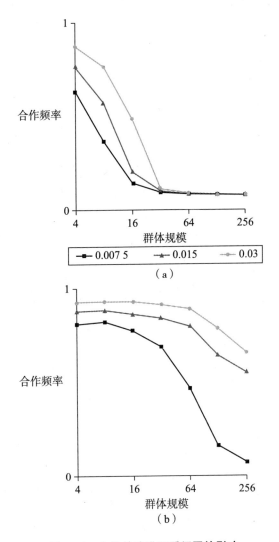

图7—1 合作的演进深受惩罚的影响

（a）图把三种不同冲突水平在长时期内的平均合作频率（即贡献者和惩罚者出现的总频率）描绘成不存在惩罚（$k=p=0$）的情况下群体规模的函数。除非群体规模非常小，否则群体选择是无效的。（b）图表明，当存在惩罚时（$p=0.8$，$k=0.2$），群体选择能够在规模大得多的群体中维持合作。

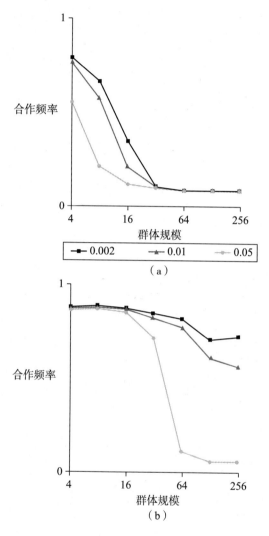

图7—2　合作的演进深受群体融合速度的影响

（a）图把三种融合速度在长时期内的平均合作频率（即贡献者和惩罚者出现的总频率）描绘成不存在惩罚（$k=p=0$）的情况下群体规模的函数。除非群体规模非常小，否则群体选择是无效的。（b）图表明，当存在惩罚时（$p=0.8$，$k=0.2$），群体选择能够在以任何速度融合的更大群体中维持合作。不过，当融合速度较大时，合作不会存在于最大的群体之中。

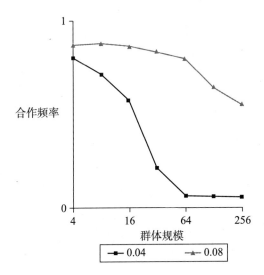

图 7—3　合作的演进对被惩罚的成本（p）反应灵敏

这里我们描述了在被惩罚的基础成本（$p=0.8$）和 p 值更低的情况下长时期内的平均合作频率。p 值越低导致合作水平越低。

　　长时期内的平均合作量也对被惩罚的成本反应灵敏（见图 7—3）。当被惩罚的成本处于基础值（$p=4c$）时，即使很少出现惩罚者，也会引起背叛者做出相反的选择，并将群体中的合作频率与惩罚紧密关联起来。当被惩罚的成本与合作的成本相等时（$p=c$），惩罚不足以减少背叛者的相关收益，也不足以降低合作者的出现频率与惩罚者的数量下降之间的相互关联度。相互关联度较低意味着群体之间的选择不能对群体间的惩罚者的下降做出补偿，最终惩罚者和贡献者的数量都下降。

　　惩罚仅在背叛者比较少、利他主义惩罚的成本下降时才导致合作的增加。例如无论群体中是否有背叛者，都必须付出监督成本。当这些成本非常大时，或者即使背叛者非常少但犯错误而背叛的可能性高到足以让惩罚者承担非常大的成本时，群体选择并不导致利他主义惩罚的形成（见图7—4）。然而，因为人们居住在长期持续的社群中，并且语言使有关谁做了什么的信息得以传播，所以监督成本与执行成本相比很小是合情合理的。这个结果也导致了一个经验性的预言：如果这里概述的机制对于利他主义惩罚的心理起了重要作用的话，那么人们宁愿付出可变的惩罚成本也不愿支付固定的惩罚成本。

　　当存在惩罚时，群体选择的有效性对突变速率（mutation rate）的反应

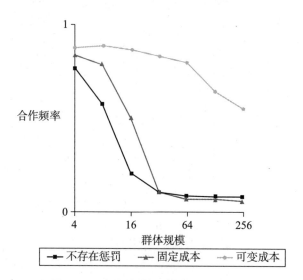

图 7—4 合作的演进受惩罚成本的影响

当惩罚者承受的成本固定且不受群体中背叛者的数量影响时，惩罚不会促进合作的形成。这里我们描绘了长时期内实施惩罚的成本与背叛者出现的频率（可变成本）成比例、合作成本（c）为常数并且不存在惩罚时的平均合作频率。

尤其灵敏。例如，即使群体包含 256 个个体，将突变速率从 0.05c 降到 0.005c 仍会导致非常高水平的合作。在这个模型中，类似于漂变的随机过程（random drift-like）对特征频率（trait frequency）有着重大影响。遗传漂变（genetic drift）的标准模型表明，突变速率越小群体越接近状态空间（state space）的边界（Crow and Kimura，1970），并且我们的模拟证实了这个预测（见图 7—5）。当突变速率小时，群体中很少出现背叛者，大部分群体接近贡献者—惩罚者的边界。相反，当突变速率较大时，出现了拥有高背叛频率的群体，因此不断增长的突变速率平均而言增加了必须被控制的惩罚的数量，而且与利他主义惩罚者相比，次级搭便车者的收益由此增加了。

更多的敏感响应分析（sensitivity analyses）表明，这些结果是有说服力的。除了前面几段已经提到的结果之外，我们还研究了模型对其余参数值下的变量的敏感反应。提高错误率 e 减少了稳定合作的数量，减少 N 增加了结果的随机噪音。

我们还检验了模型对于三种结构变化的敏感性。我们调整了利润以使

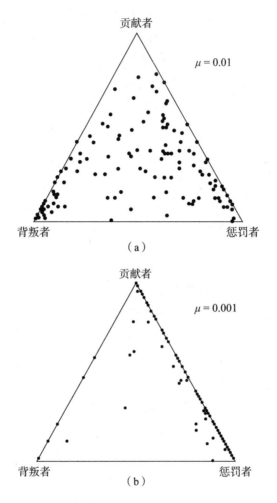

图 7—5 减小突变速率减少了经常出现背叛者的群体的数量

总共有 128 个群体，每个群体都可以采取三种策略，每一个点代表从时间（$t=1000-2000$）区间到计算平均稳定状态频率这一典型的时段（$t=1500$）内每一种策略出现的频率。这里没有 128 个点，因为许多群体有着相同的频率。(a) $\mu=0.01$，而 (b) $\mu=0.001$，$n=64$ 且其他参数与标准条件相同。如果惩罚和群体选择被取消（$p=k=e=0$），那么这些突变速率维持"合作"（现在仅是一种对个人不利的特征）的频率大约分别是 0.1 和 0.01。当背叛行为比较少见时，实施惩罚的成本相对较少，从而群体选择在维持高频率的惩罚方面更有效。但值得注意的是，即使存在许多背叛者常见的群体，如图（a）所示，群体选择仍然能在相当多的群体中维持惩罚从而维持合作。

每次合作行为为每个群体成员带来人均收益 $\dfrac{b}{n}$，而且也调整了消亡模型

（extinction model）以使群体消亡的可能性与敌对群体间在包括惩罚成本的平均收益方面的差异（而不仅是合作者出现频率方面的差异）成正比。这个模型的运作更复杂，因为当惩罚减少了群体的平均收益时，群体选择扮演着反对利他主义惩罚者的角色。然而，在原始模型中，群体选择对合作的这种相关性影响仍然倾向于增加惩罚。这两种影响的相对值取决于群体成员的每次合作行为的人均收益值 $\frac{b}{n}$。如果 b 的取值合理（$2c$、$4c$ 和 $8c$），那么模型的结果在性质上与前面论述的那些结果相似。

我们也探讨了合作与惩罚的数量持续变动的模型。合作值为 x 的个体采取合作行为的可能性为 x，采取背叛行为的可能性为 $1-x$。与此相似，惩罚值为 y 的个体采取利他主义惩罚行为的可能性为 y，采取非惩罚行为的可能性为 $1-y$。新的突变服从均匀分布。这个模型中合作的稳定平均水平与基础模型相似。

最后，我们研究了不存在消亡的模型，这种模型类似于最近因倾向性的模仿而出现的稳定均衡中的选择模型（Boyd and Richerson，2002）。在这个模型中，所有群体被排列成圆形，每个人仅模仿来自相邻两个群体中的个人。合作行为产生人均收益 $\frac{b}{n}$，有更多合作者的群体就有更高的平均收益，从而在所有其他条件相等的情况下，合作将倾向于扩散，因为个人倾向于模仿成功的邻居。在这最后一种模型中，我们找不到明显会导致稳定合作水平的合理参数。

7.4　讨论

我们已经证明，虽然导致利他主义合作的逻辑和导致利他主义惩罚的逻辑是相似的，但它们的形成机理却不同。在缺乏惩罚时，群体内适应发挥着降低利他主义合作频率的作用。结果是，类似于漂变的动力太小而不足以维持群体间的重要差异。在利他主义惩罚者普遍的群体中，背叛者被排斥，这就保持了群体间的合作数量的差异。而且，在这些群体中，惩罚者承担较少的成本，在与贡献者的竞争中利他主义惩罚者减少得非常缓慢。结果是，群体选择在维持利他主义惩罚方面比在维持利他主义合作方面更为有效。

这些结果表明，群体选择能够对人类文化演进发挥重要作用，因为快速的文化适应保护了群体间文化的差异。群体选择的重要性一直是一个定量问题。毫无疑问，群体间的选择倾向于个人付出代价、群体获利的行为。问题总是：在合理条件下群体选择发挥了重要作用吗？我们的结果表明，即使惩罚是可能的，群体选择对基因变化也不会发挥重要作用，因为自然选择很少强大到超过群体间迁徙的均质化（homogenizing）的影响的程度，结果是群体间会存在不充分的基因变化。相反，文化适应的速度常常超过文化融合的速度——这反映在我们模拟中选取的参数值上。通过这些参数值，合作在包含大约 100 个个体的群体中能够得以维持。如果模型中"个体"代表着家庭群（因为他们共同迁徙并采取共同的做法），那么利他主义惩罚能在 600 人的群体中得以维持——一个比传统的放牧带（forging band）更大的规模和相当于很多非农业社会的人种语言学单位的规模。

参考文献

Aoki, Kenichi. "A Condition for Group Selection to Prevail over Counteracting Individual Selection," *Evolution* 36(1982):832 - 842.

Axelrod, Robert, and William D. Hamilton. "The Evolution of Cooperation," *Science* 211(1981):1390 - 1396.

Boehm, Christopher. "Egalitarian Behavior and Reverse Dominance Hierarchy," *Current Anthropology* 34,3(June 1993):227 - 254.

Bowles, Samuel. "Individual Interactions, Group Conflicts, and the Evolution of Preferences," in Steven N. Durlauf and H. Peyton Young(eds.), *Social Dynamics*. Cambridge, MA: MIT Press, 2001, pp. 155 - 190.

Boyd, Robert, and Peter J. Richerson. "The Evolution of Cooperation," *Journal of Theoretical Biology* 132(1988):337 - 356.

——and Peter J. Richerson. "Group Beneficial Norms Can Spread Rapidly in a Structured Population," *Journal of Theoretical Biology* 215(2002):287 - 296.

Clutton-Brock, T. H., and G. A. Parker. "Punishment in Animal Societies," *Nature* 373(1995):58 - 60.

Crow,James F. ,and Motoo Kimura. *An Introduction to Population Genetic Theory*. New York:Harper & Row,1970.

Eshel. Ilan. "On the Neighbor Effect and the Evolution of Altruistic Traits,"*Theoretical Population Biology* 3(1972):258 – 277.

Gintis,Herbert. "The Hitchhiker's Guide to Altruism:Genes,Culture, and the Internalization of Norms,"*Journal of Theoretical Biology* 220,4 (2003):407 – 418.

Hauert,Christoph,Silvia DeMonte,Josef Hofbauer,and Karl Sigmund. "Volunteering as Red Queen Mechanism for Cooperation in Public Goods Game,"*Science* 296(May 2002):1129 – 1132.

Henrich,Joseph. "Cultural Transmission and the Diffusion of Innovations,"*American Anthropologist* 103(2001):992 – 1013.

——and Robert Boyd. "Why People Punish Defectors:Weak Conformist Transmission Can Stabilize Costly Enforcement of Norms in Cooperative Dilemmas,"*Journal of Theoretical Biology* 208(2001):79 – 89.

Rogers,Alan R. "Group Selection by Selective Emigration:The Effects of Migration and Kin Structure,"*American Naturalist* 135,3(March 1990): 398 – 413.

Rogers,E. M. *Diffusion of Innovations*. New York:Free Press,1983.

Sethi,Rajiv, and E. Somanathan. "The Evolution of Social Norms in Common Property Resource Use,"*American Economic Review* 86,4(September 1996):766 – 788.

Sober,Elliot,and David Sloan Wilson. *Unto Others:The Evolution and Psychology of Unselfish Behavior*. Cambridge, MA:Harvard University Press,1998.

Soltis,Joseph,Robert Boyd,and Peter Richerson. "Can Group-functional Behaviors Evolve by Cultural Group Selection:An Empirical Test,"*Current Anthropology* 36,3(June 1995):473 – 483.

Trivers,R. L. "The Evolution of Reciprocal Altruism,"*Quarterly Review of Biology* 46(1971):35 – 57.

8 规范服从与强互惠

拉吉夫·塞蒂 (Rajiv Sethi)

E. 索马纳坦 (E. Somanathan)

8.1 引言

　　强互惠的核心特征是一种惩罚他人的机会主义行动和回报他人的无条件慷慨行为的倾向，而且此时的回报与惩罚都不会受到未来收益的影响。不同的文化中，作为评价行为的标准的社会规范也不相同，但只要是存在广泛共享的规范，那么强互惠就提供了执行这些规范的分散化机制。强互惠的程度与持续性提出了一个理论上的问题，因为监视与制裁行为虽然潜在地有益于整个群体，但对互惠者来说却是一个净的物质负担。由于机会主义个人根据他们所预期的制裁的可能性与严重性来决定服从还是违规，因此在任何群体中，这类个人的获益都总会超过互惠者。即使所有人都遵守规范，但互惠者仍然承担了机会主义者能够避免的成本。不难看到，这一收益差异对种群构成造成了一种演进压力，直到互惠者在该群体中消失为止。这意味着，所有由不可变化的群体组成并且群体之间没有流动的种群无法长期维持强互惠。

如果群体可以定期解散并且重新构建的话，那么情形将大不一样。强互惠与纯粹的利他主义存在一个重要的区别：在任何一般条件下，群体中的互惠者都可以改变机会主义者的行为从而有利于群体的所有成员（包括互惠者在内）。[1]这样产生了一种可能性，即在包含互惠者的群体中，所有成员（包括互惠者在内）获得了比由纯粹利己的个人所组成的同质群体更高的收益。我们认为，在这些条件成立时，当旧群体解散和新群体形成的时候，互惠者可以根据一个纯粹随机（非分类的）配对的过程而侵入到机会主义者之中。此外，我们将证明，当这些条件不成立时（这样机会主义人口是稳定的），可能还会有其他的稳定人口状态来保证互惠者的存在。

本章将探讨，在公共资源（common pool resource）的环境背景下，在机会主义演进竞争的过程中，强互惠生存和扩散的条件。这类环境中有多个无关使用者可以使用的具有经济价值的资源。在农业的起源与持续到今天之前的人类史前史和历史中，公共资源一直是最主要的财产形式。沿海渔业、放牧草场、森林、地下水、灌溉系统在传统上都被视为共同财产。在管理这类资源时的一个著名的问题是，当所有的占有者独立地利用资源而最大化其私人收益时，结果是"公地悲剧"——过度利用导致资源的枯竭。其结果是，所有的占有者最终所获净收益要小于实行约束的资源管理制度下的情形。在没有政府的情况下，这类执行只能由占有者自身通过一种分散化的监督与执行制度来实现。

强互惠可以促使个人采取这些监督与执行措施。对地方公共资源的研究（这样的事例数以千计）表明，在许多情况下，复杂的社会规范网络通过可信的制裁威胁对资源利用实行了管制与约束。[2]这类制度强迫自利的人以符合社会利益的方式行事。过度利用受到了限制，因此所有人（包括互惠者在内）获得了比公地悲剧模型所预期的更高的收益。本章认为，这种效应不仅可以帮助我们理解为什么地方公共资源在稀缺的情况下仍然能够存在，而且还可以让我们理解为什么强互惠在演进压力下仍然可以持续。

8.2节和8.3节进一步提出了强互惠的演进理论，其中互惠者有能力做出监督和制裁违规者的可信承诺，哪怕这样做不符合他们的利益。其他人曾提出了与这个模型存在显著不同的对强互惠演进的解释，8.4节对这些解释做出了评述。除了承诺的力量之外，文献中反复出现了另外两个主题——类聚（assortation）与狭隘（parochialism）。我们对这些带有一定技术和专业化的文献的评论既不是详尽的，也不是精确的，因此应该让更多跨学科的学者来把握这个问题。

8.2　公共财产

下面这个简单的公共资源利用模型提供了一个对演进偏好问题的分析框架。[3]假定一群人共享一份有价值的但需要耗费成本去占用的资源。每个占用者都可以独自决定其资源汲取的水平。资源汲取的总量是所有个人汲取水平的简单加总。随着汲取总量的增长，群体所承担的汲取总成本也上升，其前提假设如下：总汲取水平越高，其汲取额外单位资源的成本也越高。任何个别占用者所付出的占汲取总成本的份额等于其所汲取的占群体总汲取的份额。这些是公共资源环境分析的标准假设，它们意味着一位占用者所汲取资源的增加提高了所有占用者的汲取成本。

图8—1描述了总收益和总成本随总汲取水平变化的趋势。直线对应于汲取总量，曲线对应于汲取总成本。成本首先是渐渐上升然后迅速上升，因此存在唯一一个令净收益最大化的汲取总量水平 X。如果每个占用者汲取这一总量的平均份额，那么从群体的角度来看这将是最优的。然而，如果每个占用者自由决定其汲取水平，自利的个人将宁愿汲取更多，因为这将增加他本人的私人收益。私人收益的提高以减少整个群体的收益为代价这一事实不能阻止自利的占用者。如果所有占用者都是自利的，并且独立地决定其个人的汲取水平，那么从群体的角度来看，其总汲取水平将不会是最优的。因此可以证明，在一群自利的占用者进行的博弈的均衡点上，每个占用者将选择相同的汲取水平，并且其所导致的总汲取水平 X^e 将超过 X（如图8—1所示）。在分散化的、自利的选择的情况下，汲取水平是无效率的。如果每位成员都被迫限制其汲取量，那么他们都能获得更高的收益。这就是公地悲剧，其中每个占用者追求自己的最优利益而导致所有人所获

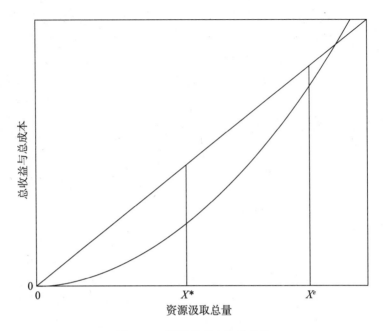

图8—1　汲取总成本与总收益

得的收益要低于一种"相互控制、相互同意"制度下的收益（Hardin，1968）。

　　然而，相互强制以协调行动的做法需要一种能够对违规者予以制裁的中央权威。群体能否在缺乏集权式执法的情况下避免公地悲剧？可以考虑这样一种情形，即个人之间相互监督（为此付出一定成本）并对那些汲取水平超过某阈值的人施以分散化的制裁。具体来说，假定存在两种类型的人，我们称之为互惠者和机会主义者。互惠者服从一种要求所有人在有效汲取水平 X^* 上获得平等份额的规范。[4] 互惠者付出一定成本监督他人并因此能够查出并制裁所有违规者。违规者因为制裁而受到一定损失。机会主义者仅选择能够最大化其私人收益的汲取水平。这样他们面临两种选择，一个是遵守规范从而避免惩罚，一个是违反规范以求最优汲取水平。对于一个机会主义者来说，哪一种选择更好取决于社区的人口构成和其他机会主义者所做出的选择。

　　假设有一个同时存在互惠者和机会主义者的群体。机会主义者进行一种策略性互动以确定其汲取水平。在均衡点上，机会主义者分成了两个群体，一些违反规范并遭受惩罚的人和那些遵守规范并免遭惩罚的人。可以证明，该博弈有且只有一个均衡点，在这个均衡点上所有违反规范的机会主义者将选择相同的汲取水平。基于本章之前讨论过的理由，违规者的汲取水平将超过那些服从规范者（其中有部分机会主义者）的汲取水平。

违规者的均衡数目取决于互惠者制裁的严厉程度。可以证明，当制裁严厉时，违规者的均衡数目不会增加。图 8—2 描述了这一模型的某个具体情形（30 个人的群体中有一个互惠者）。违规者的数目与制裁的严厉程度之间的关系是非线性的。相对较小的制裁能够获得某种程度的服从，而当制裁开始严厉时，服从的范围迅速扩大。然而，要实现全部或者近乎全部的服从需要严厉水平的大幅提高。理由是其他人的更多的服从减小了汲取的边际成本，从而提高了违反规范的激励水平。要应对这一现象，就必须特别加大针对违规的惩罚。

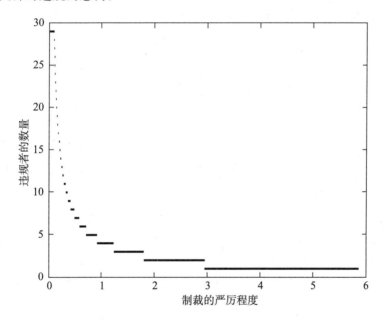

图 8—2 制裁的严厉程度与服从率

并不是所有的机会主义者都有相同的收益，因为均衡点上服从和违反规范的收益并不必然相等。然而，所有的机会主义者都挣得比互惠者多。这是因为服从是机会主义者的一个选项，并且因为他们不用支付监督和执法的成本，所以机会主义者的服从将产生比互惠者的服从更高的收益。因此，如果机会主义者决定违反规范，那么他们是期望能够获得不低于服从的收益，所以不管机会主义者如何选择，其收益都必然严格高于互惠者的收益。由此提出了互惠者如何在这种演进压力下生存的问题。

8.3 演进

假定各个群体是由一个庞大的全体人口中的随机抽样的人组成的，该全体人口包含一定量的互惠者。由于抽样过程的随机性，所以各个群体之间的人口构成存在差异。如果全体人口中互惠者的比例接近于零，那么很有可能绝大多数群体都完全由机会主义者组成，而绝大多数互惠者将会处于一个群体中不存在其他互惠者的境地。同样，如果全体人口中互惠者比例接近为1，那么绝大多数群体完全由互惠者组成，而机会主义者将发现他们处于一个群体中不存在其他机会主义者的境地。当全体人口构成处于中间情形时，群体之间存在着大量的差异并且绝大多数群体都是互惠者和机会主义者的混合。

任何既定群体中机会主义者的平均收益完全由该群体的组成决定。因此，全部人口中机会主义者的平均收益将是机会主义者收益的加权平均，其中不同类型的群体的加权系数是根据该类型群体所占的比例来计算得出的。这一相同的过程也可以用于根据互惠者的收益来计算出全部人口中互惠者的平均收益。当这些平均收益变动时，人口构成也会变化。我们假定人口构成的动态机制是，高收益类型要比低收益类型增长得更快（一个具体的事例就是互惠者的动态机制）。我们感兴趣的是，找到这一动态过程中的稳定停留点，并确定互惠者在这种状态中是否存在。

首先考虑一个完全由机会主义者组成的群体。互惠者能否在演进动态中侵入这一群体？注意，当全体互惠者所占比例非常小的时候，几乎每个互惠者都发现其所处的群体中只有一个互惠者，而几乎所有机会主义者都发现其所处的群体中不存在互惠者。在前一种情况下，互惠者必然获得比机会主义者更少的收益（不管服从的范围是多广）。然而，这并不意味着机会主义者的数量将是稳定的。只要那些拥有一个互惠者的群体要比没有拥有任何互惠者的群体获得了更高的支付，这样的人口构成就是不稳定的。只有当唯一的互惠者至少引发某些机会主义者服从规范，而后者则取决于制裁的严厉程度时才可能实现这一点。

可以证明，当制裁的严厉程度低于某个阈值（该值取决于群体规模和成本参数）的时候，机会主义者的数量必然是稳定的。此外，当制裁的严厉程度超过该阈值时，如果互惠者执行制裁的成本足够小，那么机会主义者的数量将发生变化。尤其是，提高制裁的严厉程度扩大或者没有改变与机会主义人口不稳定性相关的成本值域。但是，不管制裁的严厉程度有多高，在机会主义者可以被侵入的情况下，这里仍然存在一个执法成本的限度。图 8—3 给出了这一模型的某个具体情形。

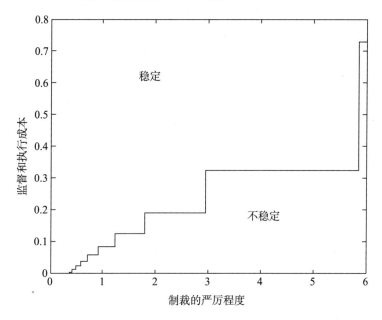

图 8—3　机会主义者人口数量不稳定的条件

机会主义者的人口数量可能是稳定的，也可能是不稳定的，而仅由互惠者组成的群体必然是不稳定的，不管参数值如何确定。当全体互惠者人口数量所占比例接近 1 时，互惠者肯定处于一个同质的群体之中，其中每个人都遵守规范并付出监督成本，而机会主义者肯定处于一个该群体只有他一个机会主义者的情况中。由于他们可以遵守规范而避免监督与执行成本，所以他们可以确保其收益将严格高于全部由互惠者组成的群体。由于这是可行的，所以他们的最优选择将使得他们的收益至少要达到这种水平。因此，当全体人口中的机会主义者足够少时，他们必然拥有比互惠者更高的收益。

对那些令机会主义者人口数量不稳定的参数值而言，唯一稳定的状态将是多态的（polimorphic，指由两种类型混合的）。当机会主义者的人口数量稳定时，多态的状态就会出现，我们不难在两三种稳定状态中找到相关的参数值。图 8—4 表明了机会主义者与互惠者的平均收益是如何跟随后者在全体人口中所占比例的变化而变化的。除了只有机会主义者存在的稳定状态之外，第二个稳定状态是全体人口中存在所占比例约 40％ 的互惠者。事实上，不难看出第三个稳定状态的具体情形——全体人口几乎全部由互惠者组成。

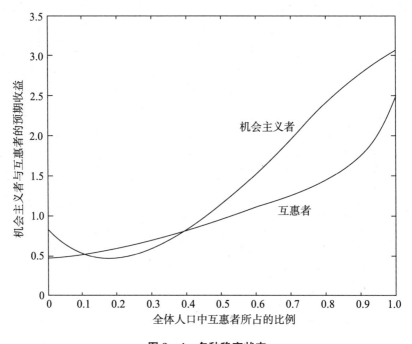

图 8—4　多种稳定状态

　　互惠者和机会主义者一定比例的混合可以保持稳定的理由——甚至仅由机会主义者组成的群体是稳定的——是很微妙的。如果制裁的严厉程度还不够高，那么一群机会主义者中的单个互惠者将导致很少人去服从规范，这样当互惠者所占比例很小的时候，机会主义者将胜过互惠者。然而，当互惠者所占比例并不是很小时，许多群体中的互惠者发现还有其他互惠者的存在，在这样的群体中将会出现显著的规范服从。在任何这样的群体中，机会主义者的收益都要高过互惠者。但由于随机性的群体形成，机会主义者发现自己处于这样的群体中的概率要低于互惠者处于这样的群体中的概率。这一效应将超过每个群体中机会主义者具有更高收益的效应，从而允许一定比例的混合保持稳定。

这一互惠的演进理论基于承诺（commitment）的作用。互惠者可以影响其所在群体中机会主义者的行为，如果后者违反了有限资源汲取的规则，那么他们可以承诺惩罚后者。他们的承诺之所以可信，是因为他们是强互惠者，可以不惜付出代价来惩罚那些违规者。结果是，互惠者所面临的不利因素可以被这一事实抵消，即他们所处的群体要比那些没有互惠者的群体更为成功。在接下来的一节里，我们讨论了没有依赖承诺而是依赖分类互动或者狭隘主义的强互惠演进理论。[5]

8.4　类聚、狭隘主义和身份可辨识性

前面的分析基于随机（非类聚性）的群体形成。如果群体形成是充分类聚性的，那么在缺乏制裁机制的情况下，也能够出现稳定的规范服从。用一个极端的情形来说明这一点，假定类聚极其彻底以至于所有群体都是同质的。这样，每个机会主义者都将生活在所有占用者都以机会主义方式来汲取资源的群体中，而在所有互惠者所处的群体中，所有占用者都有效地汲取资源。互惠者将获得更大的净收益，而机会主义者将在演进选择中消失。很容易看出，如果有足够高程度的类聚性互动，那么这一结果就会出现。[6]

那么类聚性互动如何会在无关的个体中出现呢？一个可能性是群体形成是一个有意识的选择的结果，其中互惠者寻找和自己一样的类型。即使所有类型的人都愿意进入到主要由互惠者组成的群体中，但只要互惠者避免与机会主义者互动就会出现类聚性互动。沿着这些思路思考可得出内生性群体形成需要一定程度上的身份类型可辨识性（type identifiability）——比如，通过一种信号来辨识互惠者。当信号传递了一定信息但信息不完全时，某些机会主义者将以互惠者的面貌出现，反之亦然。这一类聚过程将导致部分的类聚：互惠者与互惠者配对的可能性将大于与机会主义者配对的可能性。

那些碰巧与互惠者配对的机会主义者的获益最大，因为他们违反规范而群体中的其他人却服从规范。然而，只要类聚程度足够高，这一优势就

将被机会主义者所面临的更有可能与机会主义者配对这一劣势抵消。此外，如果根据信号观察而进行的类聚过程是高成本的，那么长期的人口构成将是混合类型的。这一结论的直觉理由是，当群体中绝大多数是互惠者的时候，投资于类聚就是没有必要的，个人将放弃寻求互惠者和避免机会主义者的机会。这样会使得机会主义者所占的比例一直增长到互惠者发现投资于类聚过程是有益的那一点为止。[7]

一个较为间接的类聚过程是，个人因为没有遵守规范而被群体驱逐出去。在这种情况下，机会主义者所要考虑的因素不仅有遵守和违反规范后的直接收益，而且还要考虑可能被发觉和被驱逐后的收益。因为机会主义者违反规范的频率要高于互惠者，所以他们被驱逐的可能性也更高。其结果是类聚性互动：互惠者生活在一个拥有高比例的互惠者的群体中的可能性要高于机会主义者。这对于针对非合作行为的高成本制裁所带来的损失来说是一种补偿，并且两种类型可以长期共存。[8]

即使在缺乏类聚性互动的情况下，只要个人根据各个类型在群体中的分布而采取相应的行动，互惠就仍然能够存在。我们将这种行动取决于群体构成的做法称为狭隘主义（parochialism）。其基本思想可以用一个极端事例来说明，即只有当互惠者的数目大到足够确保机会主义者完全服从时，互惠者才遵守规范并实施监督与惩罚。在这个事例中，当群体中没有足够的互惠者时，机会主义者的行为与互惠者的行为都是一样的。而其他群体则实现了规范服从并获得了显著更高的收益，尽管在这里机会主义者因为逃避了监督成本从而其收益要高于互惠者。如果监督成本足够小，那么机会主义者的这一优势将为这一事实所抵消，即互惠者更有可能发现自己处于实现了规范服从和效率的群体之中，哪怕不存在类聚性的群体形成。在这种情况下，在一个由大量的机会主义者组成的群体中，互惠者仍然能够生存与扩散，其机制与类聚性互动相似。进一步假定在互惠者拥有比例优势的群体中，互惠者所承担的监督成本使得他们的收益低于同一群体中的机会主义者。如果机会主义者很少，那么绝大多数包含两种类型的群体都将属于这种情况，并且机会主义者将侵入互惠者的群体中。在这里，模型预测了一个混合群体的演进。[9]

前面的讨论都建立在这样的假设之上，即个人知道其所属群体的组成，可以根据某些外部特征来将互惠者和机会主义者区分开来。这样，一个拥有互惠者特征的机会主义者将胜过可辨识的机会主义者，并最终取代后者。

然而，一旦出现这种情况，就会产生有利于互惠者的选择压力，迫使互惠者试图将自己与欺骗性的互惠者区别开来。那些能够发出某种信号以实现这个目标的互惠者将可以从因自身类型的存在而导致的有效的规范服从中获益。因此，我们不应该去假定互惠者与机会主义者完全可以区分或者完全不可以区分，而应当现实地假定其处于这两种情况之间。

与前面关于类聚性互动的讨论一样，我们可以假定在选择之前，每个人根据自身的类型以某种固定的概率发出信号。具体而言，就是假定互惠者发出该信号的可能性要大于机会主义者。在信号传递阶段，群体中的每个人都更新他对于群体构成的概率分布的估计。当全体人口几乎全部由机会主义者组成的时候，即使有一个人传递出互惠信号也有极大的可能是机会主义者传出的。这是因为，发出互惠信号的机会主义者所占的比例要高于发出互惠信号的互惠者所占的比例。这样，信号几乎不能传递出信息，机会主义者就没有因过度汲取而遭受惩罚的顾忌，甚至当他与一个发出信号的人配对时也是如此。认识到这一点后，当机会主义者所占的比例很大时，互惠者也会以机会主义者的方式行事。如此，两种类型的行动者都忽视这种信号，选择同样的无效的汲取水平，并获得了同样的收益。

现在考虑另一种极端情形，即群体几乎全部由互惠者组成。同样，互惠信号几乎没有传递出信息，因为极大的可能情形是，不管信号是否被观察到，群体中每个参与人都是一个互惠者。在这种情形中，如果互惠者进行了监督行为，那么机会主义者将永远服从规范并因为避免了监督成本而获得了比互惠者更高的收益。换一种情形，如果互惠者并没有进行监督行为，那么机会主义者将汲取比规范所要求的更高的资源量，同样得到比互惠者更高的收益。不管在哪种情形中，我们都可以看到机会主义者侵入了互惠者的群体之中。（互惠者将永远遵守规范，因为他们几乎百分百地预期所有其他群体成员都是互惠者。）

然而，全体人口组成中还存在中间的情形，以至于互惠信号确实包含了有用的信息。这种情形很复杂，我们这里不妨简化讨论，假设群体规模只有两个人。设想互惠者发出互惠信号，他们遵守规范并参与监督行为；机会主义者不发出互惠信号，他们并不参与监督行为，而且当且仅当与某个发出互惠信号的人配对时才服从规范。在给定互惠者的这种行为方式之后，如果惩罚的成本足够高，那么机会主义者的最优回应是当伙伴发出互惠信号时他就服从规范，而当伙伴没有发出互惠信号时则汲取超过规范水平的资源量。在这种情况下，发出互惠信号的参与人将比那些没有发出信号的人获得更高的收益。在这种群体中，机会主义者将获得比互惠者更高的收益，因为他们从不进行监督行为，而且只有观察到伙伴发出互惠信号后才服从规范。即使如此，这一优势也可能被下述事实所抵消，即互惠者更有可能首先发出互惠信号。[10]

在缺乏承诺、类聚或者狭隘主义的情况下，互惠还能否实现稳定的演进？如果所有人都服从规范从而监督和制裁成本可以忽略不计，那么会存在一个稳定的由互惠者和机会主义者（机会主义者服从规范但并不执行规范）混合组成的群体。这里的稳定是相当脆弱的，当违反规范的个人时而出现，并受到互惠者的惩罚时，该稳定被打破。但如果行为是通过一个部分服从主义（conformist）——广泛出现的行为要比那些少见但同样具有回报率的行为的复制率更高——的文化过程而实现代际传递的，那么这类群体更为稳定。然而，服从主义的传递事实上可以导致任何行为规范的稳定化，包括那些反社会的和无效率的规范在内。减少多种潜在结果的一个办法是允许在结构化的群体（structured populations）中进行文化选择。在这个模型中，群体被置于一个每个群体都有界定清晰的邻里的空间模式之中。那些展示了有效规范的群体比那些拥有无效规范的群体获得了更高的物质收益，这样这类规范可以通过模仿相邻群体的成功实践而在整个群体中扩散。对结构化群体的研究非常有助于辨识强互惠的生存与扩散机制。[11]

在对互惠演进的研究中，下一步可以考虑下述方向。一些研究者最近给出了偏好的简式表达式，这些表达式可以同时用来解释各类策略性环境中的数据。这些技术参数并不涉及任何具体的环境，并反映了研究者对于分布、效率和互惠的关注。[12]演进模型可以建立在这些文献基础之上，将原来对特殊环境中行为规范的分析转向对可以应用于多种情形之中的通用规则的形成与稳定性的分析。

8.5 结论

那些在某个特定经济环境中进行演化的社会规范往往在其他的环境中还继续引导着人们的行为。虽然国家和私有财产的扩张使得传统的地方公共资源的相对的经济重要性减弱，但在早期经济环境中代替市场和国家的约束规范和执行规范仍然在更现代的诸如企业、工会和官僚之类的机构中发挥着作用。服从这些规范可比机会主义行为产生更高的经济效率。据此看来，互惠规范是社会资本的重要组成部分，对其起源与持久性的理解也有助于防止它们受到破坏。有关强互惠演进的文献充满了各式各样的模型，每一个模型都强调了在互惠者与纯粹机会主义者的竞争中互惠者能够生存下来的机制。本章在这些文献中辨识出了三个反复出现的主题——承诺、狭隘主义和类聚。这些效应，不管是单独发挥作用还是联合发挥作用，都很大程度上有助于解释人类在实验室环境中和日常生活中对狭隘自利行为的偏离。

附录

下面给出对 8.2 节和 8.3 节的论点的正式证明。在有 n 个参与人的公共资源博弈中，占用者 i 选择汲取资源水平 x_i，其成本是 $(aX)\,x_i$，$X=\sum_{i=1}^{n}x_i$ 指总汲取水平。个人 i 的收益为

$$\pi_i = x_i\,(1-aX) \tag{1}$$

最大化总收益 $\sum_{i=1}^{n}\pi_i = X\,(1-aX)$ 的有效总汲取水平由下述公式给出：

$$X^* = \frac{1}{2a} \tag{2}$$

互惠者遵守和执行规范，对每个人来说，其汲取水平为

$$x^r = \frac{1}{n}X^* = \frac{1}{2an} \tag{3}$$

互惠者监督他人的成本 $\gamma>0$，并且互惠者能够监督和制裁所有违规者。违规者因为每次制裁而承担成本 δ。机会主义者仅选择能够最大化收益(1)式的汲取水平。令 r 为群体中互惠者的数量。会选择最优汲取水平（因此违反规范）的机会主义者 i 将选择的汲取水平如下：

$$x_i = \frac{1-aX}{a}$$

因为 X 属于公共资源，所以所有违反规范的机会主义者都将选择相同的汲取水平。令 x^v 表示该水平，并令 $v \leqslant n-r$ 表示选择该水平的机会主义者的数量。那么

$$X = (n-v)\,x^r + vx^v$$

根据前面的两个等式可得

$$ax^v = 1 - a((n-v)x^r + vx^v)$$

根据（3）式，可以将它简化成

$$x^v = \frac{1}{2an}\left(\frac{n+v}{1+v}\right) \tag{4}$$

总汲取水平为

$$X = (n-v)\frac{1}{2an} + v\frac{1}{2an}\left(\frac{n+v}{1+v}\right) = \frac{1}{2an}\left(\frac{n+v\,(2n-1)}{1+v}\right) \tag{5}$$

根据（1）式、（4）式和（5）式，以及考虑到对违规者的制裁，我们可以得到

$$\pi^v = x^v(1-aX) - \delta r = \frac{1}{4a}\frac{(n+v)^2}{n^2(1+v)^2} - \delta r \tag{6}$$

其中 π^v 是违规时得到的收益。服从时得到的收益是

$$\pi^c = x^r(1-aX) = \frac{1}{4a}\left(\frac{n+v}{n^2(1+v)}\right) \tag{7}$$

在均衡点上，单方的背叛不会给机会主义者带来任何好处。如果 $v \in [1, n-r-1]$，那么这意味着下述条件：

$$\frac{1}{4a}\left(\frac{n+v}{n^2(1+v)}\right) \geq \frac{1}{4a}\frac{(n+v+1)^2}{n^2(2+v)^2} - \delta r \tag{8}$$

$$\frac{1}{4a}\frac{(n+v)^2}{n^2(1+v)^2} - \delta r \geq \frac{1}{4a}\left(\frac{n+v-1}{n^2 v}\right) \tag{9}$$

第一个不等式表明，已服从规范的机会主义者无法因为转向不服从而获益；第二个不等式表明，已违规的机会主义者也不能因为转向服从而获益。如果均衡点是 $v=0$，则只需满足前一个条件；如果 $v=1$，则只需满足后者。

参数值 a、n 和 δ 以及互惠者的数量 r 界定了该博弈，其中 $n-r$ 个机会主义者策略性地选择其汲取资源的水平，违规者的数量 v 则根据均衡水平来确定。令 $\Gamma(a, n, \delta, r)$ 表示该博弈，那么我们可以得到

命题 1　每个博弈 $\Gamma(a, n, \delta, r)$ 有唯一的均衡。违规者的均衡数量 v 因为 δ 不再增加。

根据（8）式和（9）式可得在任何非对称均衡点上的违规者数量 v 必须满足

$$F(v) \leq \delta \leq G(v) \tag{10}$$

此处

$$F(v) = \frac{1}{4ar} \frac{(n+v+1)^2}{n^2(2+v)^2} - \frac{1}{4ar}\left(\frac{n+v}{n^2(1+v)}\right)$$

$$G(v) = \frac{1}{4arn^2} \frac{(n+v)^2}{(1+v)^2} - \frac{1}{4ar}\left(\frac{n+v-1}{n^2v}\right)$$

注意，$F(v-1) = G(v)$。因此，（10）式定义了一个区间系列 $\{[F(v), F(v-1)]\}_{v=1}^{n-r-1}$，以至于当且仅当 $\delta \in [F(v), F(v-1)]$ 成立时才存在一个含有 v 个违规者的非对称均衡。如果 δ 并未落入任何其中一个区间中，那么均衡就是对称的。如果 $\delta > F(0)$，那么该均衡中不存在违规行为。而如果 $\delta > F(n-r)$，那么该均衡中不存在服从行为。注意，δ 值的增加要么降低了 v 的均衡值，要么没有改变该均衡值。

命题 1 可以让我们将违规者的数量写成互惠者的数量的函数 $v = v(r)$。它反过来将总汲取水平、服从与违规的收益定义为 r 的函数。因此互惠者获得的收益是

$$\pi^r(r) = \pi^c(r) - \gamma \tag{11}$$

而机会主义者获得的平均收益是

$$\pi^m(r) = \frac{v(r)\pi^v(r) + (n-r-v(r))\pi^c(r)}{n-r} \tag{12}$$

假定互惠者在全体人口中所占的比例是 ρ，并且该人口被随机地分配于各个群体。以这种方式形成的群体包含 r 位互惠者的可能性由下式给出：

$$p(r, \rho) = \frac{n!}{(n-r)! \; r!} \rho^r (1-\rho)^{n-r}$$

该全体人口中互惠者和机会主义者的预期收益如下：

$$\bar{\pi}^r(\rho) = \frac{\sum_{r=1}^{n} p(r, \rho)\pi^r(r)}{\sum_{r=1}^{n} p(r, \rho)}$$

$$\bar{\pi}^m(\rho) = \frac{\sum_{r=0}^{n-1} p(r, \rho)\pi^m(r)}{\sum_{r=1}^{n} p(r, \rho)}$$

该全体人口的平均收益的表达式就很简单了：

$$\bar{\pi}(\rho) = \rho\bar{\pi}^r(\rho) + (1-\rho)\bar{\pi}^m(\rho)$$

假定所占比例为 ρ 的演进根据下述互惠机制进行：

$$\dot{\rho} = (\bar{\pi}^r(\rho) - \bar{\pi}(\rho))\rho$$

那么，我们就可以得到

命题 2 假定 n 和 a 是给定的，那么存在 $\bar{\delta} > 0$，使得当 $\delta \leqslant \bar{\delta}$ 时，机会主义者的数量是稳定的。如果 $\delta > \bar{\delta}$，那么存在一个单调非减

的有界函数 $\bar{\gamma}(\delta)$ 使得当且仅当 $\gamma > \bar{\gamma}(\delta)$ 时，机会主义者的数量是稳定的。

$\rho = 0$ 的稳定性取决于 $\pi^m(0)$ 是否大于 $\bar{\pi}^r(1)$。这是因为

$$\lim_{\rho \to 0} \bar{\pi}^m(\rho) = \pi^m(0)$$

$$\lim_{\rho \to 0} \bar{\pi}^r(\rho) = \pi^r(1)$$

当 $r = 0$ 时，所有机会主义者都违反规范，因此 $v = n$，并且

$$\pi^m(0) = \pi^v(0) = \frac{1}{4an^2} \frac{(n+n)^2}{(1+n)^2} = \frac{1}{a(1+n)^2}$$

根据（11）式和（7）式，可以得出

$$\pi^r(1) = \frac{1}{4a} \left(\frac{n+v}{n^2(1+v)} \right) - \gamma$$

从而

$$\pi^r(1) - \pi^m(0) = \frac{1}{4a} \left(\frac{n+v}{n^2(1+v)} \right) - \frac{1}{a(1+n)^2} - \gamma$$

$$= \frac{1}{4} \frac{(n-1)(n^2-n-3vn-v)}{an^2(1+v)(1+n)^2} - \gamma$$

当且仅当 $n^2 - n - 3vn - v > 0$ 时第一项是正的。它要求

$$v < \left(\frac{n-1}{3n+1} \right) n$$

这里存在一个 $\bar{\delta} > 0$，使得对于任何 $\delta < \bar{\delta}$ 都无法满足上述条件，在这种情况下，机会主义的数量必须是稳定的。如果 $\delta > \bar{\delta}$，那么当且仅当 $\gamma > \bar{\gamma}(\delta)$ 时，该稳定性才存在，此处

$$\bar{\gamma} = \frac{1}{4} \frac{(n-1)(n^2-n-3vn-v)}{an^2(1+v)(1+n)^2}$$

上述表达式的右边是随 v 递减的。由于 v 不随 δ 递增，$\bar{\gamma}$ 不随 δ 递减，所以最后我们可以得出

命题 3　不管参数值如何设定，互惠者的数量都是不稳定的。

$\rho = 1$ 的稳定要求 $\pi^r(n)$ 大于 $\pi^m(n-1)$。当 $r = n-1$ 时，唯一的机会主义者将服从规范并获得收益 $\pi^r(n) + \gamma$。由于这一收益是可行的，所以我们的最优选择必须让 $\pi^m(n-1) \geq \pi^r(n) + \gamma > \pi^r(n)$。因此，$\rho = 1$ 是不稳定的。

注释

[1] 利他主义也具有这种效应，但只能在一些很有限的环境中发挥作用，并不包括本章所考虑的情况（Bester and Güth，1998）。

[2] 有关调研证据的总体评述，参见 Bromley（1992）和 Ostrom（1990）。复制了公共资源环境的实验室实验揭示了制裁行为的广泛存在，这一结果与调查的结论相符（Ostrom，Walker and Gardner，1992）；还可参见 Fehr 和 Fischbacher（本书第 6 章）。

[3] 证明该模型的结论的数学分析参见本章附录。

[4] 在这里并不需要论证规范所要求的行为是最优的，只需要知道规范为群体带来了比机会主义汲取更高的收益。

[5] 下面一节主要取自我们的综述（Sethi and Somanathan，2003）。其他着重分析承诺作用的互惠演进模式还包括 Güth 和 Yaari（1992）、Güth（1995）、Sethi（1996）、Huck 和 Oechssler（1999）以及 Freidman 和 Singh（1999）。Gintis（2000）以及 Sethi 和 Somanathan（2001）分析了承诺（影响其他人的行动的力量）与狭隘主义（根据群体组成来规定个人的行为）共同起作用的模型。

[6] 当然这类似于汉密尔顿的观点，即如果平均而言个人和与其互动的对象共享占比相当高的基因，那么一个利他主义的基因将在人群中扩散（Hamilton，1964）。

[7] 这一基于信号传递的部分类聚的模型取自 Frank（1987，1988），还可参见 Guttman（2002）。有关将之前的合作行为用做信号的模型，参见 Nowak 和 Sigmund（1998）。

[8] 参见 Bowles 和 Gintis（2004）有关这些方面的模型。

[9] Gintis（2000）用公共产品供给的经验证据来构建了该模型的效应。

[10] 有关信号传递的进一步讨论与各种版本，参见 Frank（1987）、Robson（1990）、Guttman（2002）以及 Smith 和 Bliege Bird（本书第 4 章）。

[11] 有关互惠者和纯粹的合作者的混合构成可以稳定的模型包括 Ax-

elrod（1986）以及 Sethi 和 Somanathan（1996），还可参见 Gale、Binmore 和 Samuelson 在不同的背景下给出的类似的结论。Boyd 和 Richerson（1995）讨论了服从主义的转变及其含义。这里提到的结构化的人口模型取自 Boyd 和 Richerson（2000）；还可参见 Boyd 等（本书第 7 章）。

[12] 这方面的重要贡献有 Rabin（1993）、Levine（1998）、Fehr 和 Schmidt（1999）、Bolton 和 Ockenfels（2000）、Falk 和 Fischbacher（1998）、Dufwenberg 和 Kirchsteiger（1998）以及 Charness 和 Rabin（2002），还可参见 Falk 和 Fischbacher（本书第 6 章）。

参考文献

Axelrod, R. 1986, "An Evolutionary Approach to Norms." *American Political Science Review* 80:1095 - 1111.

Bester, H., and W. Güth. 1998. "Is Altruism Evolutionarily Stable?" *Journal of Economic Behavior and Organization* 34:193 - 209.

Bolton, G. E., and A. Ockenfels. 2000. "ERC: A Theory of Equity, Reciprocity and Competition." *American Economic Review* 90:166 - 193.

Bromley, D., ed. 1992. *Making the Commons Work*. San Francisco: ICS Press.

Bowles, S. and H. Gintis. 2004. "The Evolution of Strong Reciprocity," *Theoretical Population Biology* 65:17 - 28.

Boyd, R., H. Gintis, S. Bowles, and P. J. Richerson. 2004. Chapter 7, this volume.

Boyd, R., and P. J. Richerson. 1985. *Culture and the Evolutionary Process*. Chicago: University of Chicago Press.

Boyd, R., and P. J. Richerson. 2000. "Group Beneficial Norms Can Spread Rapidly in a Structured Population." Mimeo. University of California at Los Angeles.

Charness, G., and M. Rabin. 2002. "Understanding Social Preferences with Simple Tests." *Quarterly Journal of Economics* 117:817 - 869.

Dufwenberg, M., and G. Kirchsteiger. 1998. "A Theory of Sequential

Reciprocity. "Center Discussion Paper 9837. Tilburg University.

Falk,A. ,and U. Fischbacher. 1998. "A Theory of Reciprocity. "Mimeo. University of Zürich.

Falk,A. ,and U. Fischbacher. 2004. Chapter 5. this volume.

Fehr. E. ,and U. Fischbacher. 2004. Chapter 6,this volume.

Fehr,E. ,and K. M. Schmidt. 1999. "A Theory of Fairness,Competition and Cooperation. "*Quarterly Journal of Economics* 114:817 - 868.

Frank,R. H. 1987. "If *Homo economicus* Could Choose His Own Utility Function,Would He Want One with a Conscience?"*Americain Economic Review* 77:593 - 604.

Frank,R. H. 1988. *Passions within Reason: The Strategic Role of the Emotions*. New York:W. W. Norton.

Friedman,D. , and N. Singh. 1999. "On the Viability of Vengeance. " Mimeo. University of California at Santa Cruz.

Gale,J. , K. Binmore, and L. Samuelson. 1995. "Learning to be Imperfect:The Ultimatum Game. "*Games and Economic Behavior* 8:56 - 90.

Gintis,H. 2000. "Strong Reciprocity and Human Sociality. "*Journal of Theoretical Biology* 206:169 - 179.

Güth,W. 1995. "An Evolutionary Approach to Explaining Cooperative Behavior by Reciprocal Incentives. "*International Journal of Game Theory* 24:323 - 344.

Güth,W. ,and M. Yaari. 1992. "Explaining Reciprocal Behavior in Simple Strategic Games:An Evolutionary Approach. "In U. Witt(ed.)*Explaining Forces and Change:Approaches to Evolutionary Economics*. Ann Arbor:University of Michigan Press.

Guttman,J. M. 2003. "Repeated Interaction and the Evolution of Preferences for Reciprocity. "*Economic Journal* 113:631 - 656.

Hamilton,W. D. 1964. "The Genetical Evolution of Social Behavior. " *Journal of Theoretical Biology* 7:1 - 16.

Hardin,G. 1968. "The Tragedy of the Commons. "*Science* 162:1243 - 1248.

Huck,S. , and J. Oechssler. 1999. "The Indirect Evolutionary Approach to Explaining Fair Allocations. "*Games and Economic Behavior* 28:13 - 24.

Levine, D. K. 1998. "Modeling Altruism and Spitefulness in Experiments." *Review of Economic Dynamics* 1:593 – 622.

Nowak, M. A. , and K. Sigmund. 1998. "Evolution of Indirect Reciprocity by Image Scoring." *Nature* 393:573 – 577.

Ostrom, E. 1990. *Governing the Commons : The Evolution of Institutions for Collective Action*. Cambridge:Cambridge University Press.

Ostrom, E. , J. Walker, and R. Gardner. 1992. "Covenants with and without a Sword: Self-Govemance Is Possible." *American Political Science Review* 86:404 – 417.

Rabin, M. 1993, "Incorporating Fairness into Game Theory and Economics" *American Economic Review* 83:1281 – 1302.

Robson, A. 1990. "Efficiency in Evolutionary Games: Darwin, Nash. and the Secret Handshake." *Journal of Theoretical Biology* 144:379 – 396.

Sethi, R. 1996. "Evolutionary Stability and Social Norms." *Journal of Economic Behavior and Organization* 29:113 – 140.

Sethi, R. , and E. Somanathan. 1996. "The Evolution of Social Norms in Common Property Resource Use." *American Economic Review* 86:766 – 788.

Sethi, R. , and E. Somanathan. 2001. "Preference Evolution and Reciprocity." *Journal of Economic Theory* 97:273 – 297.

Sethi, R. , and E. Somanathan. 2003. "Understanding Reciprocity." *Journal of Economic Behavior and Organization* 50:1 – 27.

Smith, E. A. , and R. B. Bird. 2004. Chapter 4, this volume.

第四篇

惠与社会政策

9 挤出互惠与集体行动的政策[1]

埃莉诺·奥斯特罗姆（Elinor Ostrom）

9.1 引言

在本书以及其他文献中（参见 Bowles，1998；Frey and Jegen，2001；E. Ostrom，1998，2000）采用了广泛的经验研究，对以下假定提出了质疑，即在任何环境下，人类的行为都完全由外部物质诱因和制裁驱动。我们没有假定只存在"利润最大化"或"效用最大化"这种单一类型的个体，而认为能更好地解释人类的行为的假设是，在绝大多数环境下存在多种类型的个体。在这些个体类型中，"理性自我主义者"（rational egoist）很可能无处不在，他们只关注自己的预期物质收益。新古典经济学和非合作博弈论通常认为，理性自我主义者是众多学者为得出有用且有效的行为预期所需要设定的参与人的唯一类型。但现在非市场实验环境下的实证研究提出了强有力的证据，证明了除理性自我主义者之外，在许多环境中也存在受自身偏好与物质收益激励的"强互惠者"。正如本书所述，在个体能够观察到彼此的行为的情况下，强互惠者通常会采取有条件合作与有条件惩罚的策略。

有关社会困境、信任博弈、独裁者博弈以及最后通牒博弈的实验室实验不断发现高于预期的合作行为的存在，而那些假设只存在理性自我主义者的理论难以解释这一点。"从实验文献中可以得出一个众所周知的事实，即在诸如信任博弈之类的博弈过程中，一般有占比 30%～40% 的个体会以纯粹的自我主义方式行动"（Frey and Benz，2001，9）。而剩下的占比 60%～70% 的个体却倾向于遵循那些更为复杂的且牵涉到信任、互惠层面的策略。此外，随着时间的推移，由于个体的自我选择导致了不同类型的情形以及互动模式与既得结果衍生的偏好和期望发生了内在变化，所以不同类型个体所占的比例也可能发生变化（E. Ostrom and Walker，2003）。

然而，大多数当代政策分析都以之前被广泛接受的预设为基础，即所有个体都是严格意义上的理性自我主义者，他们完全由外部收益激励。当理性自我主义者发觉自己身处各种各样的集体行动环境之中时，预期结果是一个他对共同成果的捐献水平极低的无效均衡。因此，集中地计划和从外部实施物质激励——既有积极激励也有消极激励——被看做克服帕累托无效均衡（Pareto-deficient equilibria）的普遍方法。在一些政策类教科书中，《利维坦》依旧有其旺盛的生命力。不知何故，这类教科书假定，政府机构在做出官方决策和寻求"公共利益"时，几乎不会考虑自身的物质利益。

当代政策分析若想为自身确立一个坚实的经验基础，就必须采用一种更广泛的人类行为理论，此人类行为理论假定存在多种个体类型（包括理性自我主义者以及强互惠者），并同时研究集体行动的环境怎样影响各种参与者。

在 9.3 节中，我将简要地分析一下涉及内在动机（intrinsic motivation）的证据。这个证据表明在某些环境中（尤其在人们无法掌控自身命运的环境中），为集体收益的捐献提供外部诱因，实际上可能造成事与愿违的后果。外部激励可能"挤出"那些基于内在偏好的行为，以至于处于激励因素作用下的贡献水平比无激励因素时的水平要低（Frey，1994，1997）。外部激励也可能"挤入"（crowd in）那些以内在偏好为基础的行为，从而使贡献水平超过无激励因素时的水平。

在9.4节中，我将接着讨论一个微妙的制度设计问题，即提高合作水平而不是将其挤出。设计复杂的多中心秩序是有必要的，这些秩序包含相辅相成的公共管理机制、私人市场和社区机构在内（见 McGinnis，1999a，1999b，2000）。对政府的严重依赖挤出了区域和地方层次上对公共和私人问题的解决（而彻底的地方分权将挤出区域和国家层次上对公共问题的解决）。有效的制度设计创造出多层次的复合型系统，这些系统之间多少存在着雷同、重叠和争论。我们应当抛弃政策分析家那种对简洁有序的等级系统的偏好，而代之以这样一种观点，即必须用复合的多中心体系来有效地处理现代生活中的各种复杂问题。

9.2　检验标准理性选择模型的预测

当代博弈理论和集体行动理论的正式模型的一个巨大优势在于它们可以在特定环境下对预期行为做出清晰的预测。鉴于精确的集体行动环境模型以及对预期行为的清晰预测，有可能创建出可以检验预测精度的实验室设计。随着实验室研究方法取得巨大的进步（Smith，1982；Plott，1979），对社会科学家来说，这种方法俨然成为了不同领域的学者检验理论和复制研究成果的有效工具。有关集体行动理论的实验研究已经做出了一些极其明确的预测，并且这些预测已经在实验室中被反复验证。接下来，我们简要地讨论以下两类相关的预测和结果。

9.2.1　基于线性公共产品博弈的预测和经验结果

处于一次性线性公共产品（one-shot linear public good）环境中的个体都面临两种选择，一种是对共同收益的供给不给予任何捐献，另一种则是捐献出自己的一部分资产。实验预测每个个体都会选择前者。如果这种博弈被有限地重复多次，那么在最后一轮博弈中，每个个体的捐献额都将为零。此外，根据逆向归纳预测，从第一轮博弈开始直至最后一轮博弈，个体每一轮的捐献额也将为零。

我们不仅从众多实验室外的环境中收集到了个体向公共产品的供给进行捐献的证据（Loveman，1998；Kaboolian and Nelson，1998），而且也从大量严谨的受控实验室实验中获得了此类证据。在一次性线性公共产品环境中，占比40％～60％的实验对象会为公共产品的供给捐献资产（Dawes，McTavish and Shaklee，1977；Isaac，Walker and Thomas，1984；Davis and Holt，1993；Ledyard，1995；Offerman，1997）。而在有限重复的公共产品实验中，也有相同比例的实验对象在首轮博弈中捐献了代币。然而，捐献率会随时间的推移递减，无限接近却不会达到预期的零值（Isaac and Walker，1988）。由于在实验的最后十轮博弈中捐献率向零值递减，所以理论家们得出的初始结论是实验对象要花十轮的时间学习理性博弈的方法。后续实验扩展到20轮、40轮和60轮。这些实验不仅表明实验对象趋向于维持某种合作水平，而且该合作水平会在占比30％～50％的实验时间内产生波动；同时还表明，在距公布的最后一轮博弈还有几轮时，捐献率并不会递减为零值（Isaac，Walker and Williams，1994）。

9.2.2　与第二级、第三级社会困境相关的预测和经验证据

实验不仅对公共产品环境中缺乏供给的情况做出了清晰的预测，而且还认为参与者无法获得任何帮助以摆脱这一环境。在决定某一公共产品的供给量以及供给成本怎样分摊等问题上努力达成一致无疑将耗时费力。一旦达成协议，不论有没有为协议的设计作出贡献，人人都将获利。因此，实验预测没有人会努力让自己从初始困境中脱身。此外，对那些考虑采取以下行动的人来说，监督此协议的履行程度以及制裁不按规定贡献的人要承担高昂的成本。同样，无论人们有没有为这些行动作出贡献，他们都将从中获利。因此，实验预测人们并不愿意将自己的任意一种资源投入到监督和制裁等行动中去。但是，从众多实验中得出的结论却并非如此。

比如，在某些实验中，为对他人的罚金进行估价，实验对象可以缴纳一定的费用。他们甘愿承担惩罚不合作者所需的成本（E. Ostrom，Walker and Gardner，1992；Fehr and Gächter，1998；Yamagishi，1986）。同实验室外的情形一样，如果在保护公共资源或提供公共产品时有人拒绝支付自己承担的份额，那么实验室实验中的实验对象也会义愤填膺。这些实验对象不惜牺牲自身的资源以制裁不合作者。当个体一致认可某制裁系统时，不需要广泛地使用此系统——因为个体对收益限额和制裁系统的服从率已

经相当高了（E. Ostrom，Gardner and Walker，1994）。

卡德纳斯、斯特兰隆和威利斯（Cardenas，Stranlund and Willis，2000）报告，在哥伦比亚的乡村地区进行了一项公共资源实验，参与实验的农夫在其日常生活中要经常处理一些资源方面的问题。在其中一项实验条件下，作为实验对象的农夫可以从受外部监督者监管的资源中获得一次退出的机会。外部施加了一项规则，即实验对象应该在群体收益最优时进行收获，否则就会面临真实的但低级别的监督以及由外部监督者施加的制裁。处于这种实验条件下的实验对象实际上提高了自己的退出概率。而在其他一些实验中，实验对象既可以面对面交谈，也不会被施加任何规则，此时实验对象的行为就截然不同了。此次实验的特别之处在于虽然一些实验对象拥有最优规则，但这些规则并未得到贯彻落实，与之相比，另一些允许面对面互相交流的实验对象却能获取更高的共同收益。作者得出结论：

> 我们公布的证据表明，即便标准理论预测地方环境政策会改善福利，但适度执行的地方环境政策仍然有可能会失效。实际上，这种政策弊大于利，特别是与允许个体不受干扰地共同应对地方环境困境的政策相比，更显突出。我们还有……证据表明，外部控制绩效不佳的根本原因在于它为了追求更大的个人利益而挤出了涉群行为（group-regarding behavior）（Cardenas，Stranlund and Willis，2000，1731）。

实验发现无论是在实验室环境下还是在实验室外环境下，个体都愿意花大量的时间和精力去设计和适应规则，以此收获集体结果。在实验室外环境下，时间和努力的耗费是大量的（Lam，1998；Tang，1992；Gibson，McKean and Ostrom，2000；Varughese and Ostrom，2001）。当本地用户想要占有和依赖地方资源时，大多数用户会对某些独特的地方制度的设计和运行进行集中研究——其中一些制度可延续好几个世纪（E. Ostrom，1990）。

面对面讨论如何解决自身的过度收益问题可能会产生意想不到的技能与知识。弗罗利希和奥本海默（Frohlich and Oppenheimer，2003）设计了一项实验，其中五个实验对象在重复的囚徒困境（Prisoner's Dilemma，PD）博弈中首次遇到了"激励相容工具"（incentive compatible device，

ICD），而且囚徒困境博弈会随机决定谁将从他们的决策中获得收益。参与人确实能够利用这种工具获得高水平的共同收益，只不过该收益水平和在实验初始阶段允许参与人面对面交流的对照组所获得的收益水平差不多。弗罗利希和奥本海默做过这种假设，即如果实验对象在七轮囚徒困境博弈中都没有使用激励相容工具，那么使用这种工具进行博弈的方式就应该顺延至第二阶段。他们还预测在第一阶段使用过这种工具的实验对象在移除此工具后还将捐献更多。然而，弗罗利希和奥本海默最后不得不推翻自己的假设。"没有讨论，就没有翘尾效应（carryover effect）。而有了讨论，可能是由于分离了道德问题和行为，所以激励相容工具引导出的捐献水平比常规囚徒困境下的水平要低得多"（Frohlich and Oppenheimer，2003，289）。他们发现，面对面交流比 ICD 具有更高水平的正翘尾效应。

弗罗利希和奥本海默得出结论，使用激励相容工具——至少在实验中使用过的那种激励相容工具是这样——可能是"一把双刃剑，应该在将其推广之前进行进一步的研究"（Frohlich and Oppenheimer，2003，289）。在推导意料之外的实验成果的过程中，他们仔细研究了这一制度如何影响处理问题的过程。利用激励相容工具做出决策时，实验对象会"面临个人利益与他人利益完全一致的情况。通过显性设计（explicit design），个体利益最优即群体利益最优"（Frohlich and Oppenheimer，2003，290）。因此，这些个体无须面对自利最优策略和道德最优策略的对立就可以做出决策。为达到自身利益最优，实验对象无须考虑自身决策对他人的影响。"他们没必要展示自己的道德力量"（Frohlich and Oppenheimer，2003，290）。

9.3　多类型的参与人和内在偏好

这些（并且紧密联系的）经验研究一致质疑这一假设，即当所有个体在竞争激烈的市场环境之外互动时，他们都可以用单一的理性行为模型来概括。此外，偏好不仅被看做是完全自私的，而且由于其存在于特殊的制度设计中，所以也被认为是固定不变的。因此，我们有必要重构集体行动的基本理论，并假定至少有一部分参与者不是理性自我主义者（Sen，1977）。在社会困境环境中，至少存在一部分个体会遵守或学习某些行为规范，比如互惠规范、公平规范以及诚信规范，这些行为规范会导致他们采取的行动与当代理性选择理论所预测的截然相反。

换言之，很多个体行为都以这种内在偏好为基础，即在需要采取集体行动来获取共同利益和避免共同损害的情况下，人们偏好怎样行动（以及想要他人怎样行动）。内在偏好会导致一些个体成为有条件的合作者——只要其他人都向集体行动作出贡献，那么他们也愿意这样做——和有条件的惩罚者——只要他们认为其他人同样是有条件的制裁者，他们就愿意制裁那些不按规范行事的人。内在偏好能将某些困境转换成确信博弈（assurance game），该博弈包含两种均衡状态（Chong，1991；Sen，1974）。而且，一些个体会预测理性自我主义者将怎样行动，然后采取与预测结果极其类似的方式行动。因此，需要假定行动者具有多种类型，而不是只存在理性自我主义者。

在许多正在进行的实验室外的实验中，人们彼此获得了大量信息，由此能推测出哪些人也遵守类似的行为规范并与之一起参与集体行动。在这种环境下，一些理性自我主义者将和强互惠者一起生存，因此不可能仅依靠所有参与者的内在动机进行合作——特别是在合作必须维持下去的时候。因此，在多数情况下，必须利用某些制度来支持内在动机，而这些制度能够在预防搭便车者和不诚信伙伴的同时保证个体有动机解决集体行动问题。

在公共财产制度中制定的规则有助于提高参与者长期互动的可能性。而且，占有权的设计也有助于其他参与者以较低的成本对行动实施监督。一旦个体之间可以互相监督，社区中违规行为的曝光率就大大提高了。因此，由富有活力的自组织公共机构制定的规则有助于广泛地践行互惠（Lam，1998；Tang，1992；Gibson，McKean and Ostrom，2000；E. Ostrom，2000）。

自从蒂特马斯（1970）首次提出这种可能性开始，过去30年间，证明制度能够挤出内在动机（也能将其挤入）的证据不断涌现。心理学研究提供的证据表明，一旦个体发现自己的自主和自尊受到了消极影响，其内在动机就会减弱（Deci and Ryan，1985；Deci，Koestner and Ryan，1999）。在对上述理论的最新分析中，弗雷和耶根（2001，594—595）就很可能发生挤出和挤入效应时个体的心理状况做了说明。

（1）如果相关个体认为外部干涉是一种束缚，那么外部干涉就会挤出内在动机。若如此，不仅自主和自尊受到消极影响，而且个体也会在受控行为中减弱内在动机。

（2）如果相关个体把外部干涉看成一种鼓舞，那么外部干涉就会挤入内在动机。若如此，不仅培养了自尊，而且个体也认为被赋予了更多的行动自由，从而扩大了自主。

最近针对 128 项探讨外部奖励影响内在动机的实验研究的基础分析（meta-analysis）发现物质奖励对内在动机有相当大的负面效应（Deci，Koestner and Ryan，1999）。作者的结论如下：

> 尽管奖励能够控制人们的行为——实际上，这很可能就是它们被广泛提倡的原因，但其主要的负面效应是阻碍自我调节。换言之，偶然的奖励削弱了人们自我激励或自我调节的功能。一旦这些机构——比如家庭、学校、企业和运动队——关注并控制人们的短期行为，就可能会产生相当大的长期负面效应（Deci，Koestner and Ryan，1999，659）。

在众多互动之中，存在"控制人们行为"是可取的情况。然而，个体扮演的角色是公民，而不是某些人的雇员或代理人。公民有自愿通过社区服务、探寻解决社区矛盾的方法以及纳税来参与政治生活的动机，而内在价值观则是这种动机的重要源泉。

显然，纳税是当代民主制度中公民参与的重要行动之一。在之前的对纳税者行为的调查研究中，斯内夫利（Snaveley，1990，70）指出，研究反复表明了"强调日益增加的逃税风险的服从性政策并不足以遏制欺骗"。他极力主张政策制定者采取一项可以更为全面地提高纳税人服从率的措施，即在强调服务的教育体系中鼓励发展"纳税价值观"。"经济上的自利因素和非经济标准共同影响纳税人的决策。因此，不论是强制性政策还是服务性/价值观政策都是必不可少的方法。我们要做的就是协调好这两类政策"（Snaveley，1990，70）。

纳税无疑是各级政府为解决集体行动问题而采用的方法之一，这种方法可以使政府从受益人手中获取资金并用此来提供公共产品和保护公共资源。如果个体缴纳的税款与享有的产品和服务之间的关系是清晰明确的，那么税款也能体现公民与官员之间的重要联系。有时候，由于缺乏理解，一些相对持久的地方制度会受到政府官员和政策分析师的质疑，而政策分析师的职责就是分析这些制度怎样运行以及为何资源使用者与官员之间存在的明确有效的联系是如此重要。一个有趣的例子是，在中国台湾，资源使用者和官员之间日趋弱化的联系导致官员与资源投资、资源使用者为监督彼此行为和资源状况所耗费的时间之间的联系也日趋弱化。

在中国台湾，17 家灌溉协会负责大部分灌溉系统的运作和维护。农民自发组织当地的灌溉协会，并且多年来一直向这些灌溉协会缴纳费用。尽管大规模灌溉工程的建造和运作都由政府承担，但灌溉协会还是要负责当地水渠的日常维护和运作。这些灌溉协会被多次誉为台湾地区高效灌溉和农业跨步发展的主要贡献者（Levine, 1977；Moore, 1989；Lam, 1996）。

中国台湾地区的经济对农业的依赖逐渐减弱，对工业和服务业的依赖却逐步加深，而且中国台湾地区一直致力于寻找调节各种经济政策的方法。更重要的是，农村人口依旧掌握着大量的选票，政治家们也一直为谋求农村地区的支持拼得你死我活。20 世纪 90 年代初期，政治家们普遍认为农民处境艰难，难以体面过活。正如林伟丰（Wai Fung Lam，音译）所言，"起初，这些政治家认为政府不应该为农民承担灌溉费用。1993 年，经过多轮政治协商之后，政府终于同意为农民支付灌溉费用"（Lam, forthcoming, 7—8）。即便许多精通灌溉知识的官员对取消征收灌溉费用的长期后果表示出极大的担忧，但台湾当局还是选择支持这一政策，因为没有人愿意被视为与农民作对。

灌溉费用的取消产生了相当大的消极后果。农民们不太可能像过去那样自愿开展工作、为志愿团体支付经费以及关注水渠事务和周围生态环境（Wade，1995）。正如一位灌溉协会的官员所述，"田野层面的灌溉管理所遇到的问题并不是随便找一两个农民担任［地方协会］的领导就能解决的。更严重的问题是，如今精通灌溉系统有关知识并且知道如何与他人一起组织集体行动的农民越来越少了"（引自 Lam, forthcoming, 12）。灌溉系统的维护水平一直在迅速下滑，供水成本不降反升。因此，"帮助"农民减轻负担的努力——这种"负担"曾经是农民自我附加的——极大损害了曾经坚实耐用的灌溉系统。内部构成的规则和融资服务的方法与外部施加的诱因和制裁有所不同，而深刻理解二者的区别有助于提升公民参与集体行动的能力。

在一项引人注目的研究中，即研究公民对自家社区中核废料仓库的接受意愿——一个经典的有关"别在我家后院放垃圾"（not in my back yard, NIM-BY）问题的案例，弗雷和奥伯霍尔泽－吉（Oberholzer-Gee, 1997）针对瑞士某地的公民进行了一项调查，那里的政府官员正试图为核废料仓库寻求一个安置点。他们首先询问调查对象是否愿意接受在自家社区建造这种设施，大约一半（50.8%）的调查对象表示可以接受。当问这些调查对象如果瑞士议会向接受该设施的社区内的全体居民提供一大笔补偿，他们是否还愿意接受这种设施时，他们的接受意愿急剧下降到24.6%。为了使大家接受NIMBY型方案而提供的财政补贴，反而导致占比四分之一的调查对象改变初衷并反对在自家社区安置这一设施。

一些学者已经接受了这种可能性，即在某些环境下，物质激励可能挤出内在动机。但他们依旧怀疑是否整个效应都是消极的（Lazear，2000）。换言之，要是外在激励能激发出足够的努力，那么相比于依靠内在动机激励公民和雇员的方法，依靠外在激励可能更为有效。

弗雷和本兹（2001）报告，针对上述问题，苏黎世大学最近实施了一项实验。他们设计的实验以信任博弈为基础，在第一阶段，第一参与人（委托人）可能会将一部分资产支付给第二参与人（代理人），随后这部分资产的价值将增加为原来的三倍。在第二阶段，代理人获知委托人将支付的金额后，会选择一种高成本但具有互补性的变量组合（combination of variable），其中的变量包括工作数量与工作质量。如果变量组合为正值，那么委托人就可以获得回报。在基础实验中，谋求利润最大化的实验对象应该选择最低水平的工作数量和工作质量，因为委托人根本没有机会对做出这一选择的代理人实施惩罚。由于委托人知道一个理性自我主义者会将自己给予的所有资金保存下来，所以委托人一开始就应该提供一份最低限度可行的契约（the minimum feasible contract）。然而之前的实验已经表明了相当一部分委托人或代理人对另一方的捐献水平会大大超出最低水平（参见Berg，Dickhaut and McCabe，1995；Kirchler，Fehr and Evans，1996；E. Ostrom and Walker，2003）。

弗雷和本兹替这项实验添加了一项实验条件，从而使得委托人有机会惩罚偷懒的代理人。他们发现这种物质激励极大地影响了代理人在数量维度上的捐献水平（可以对这类捐献水平实施监督和惩罚），同时也影响到了第二维度的捐献水平，只不过不能对其实施监督和惩罚。为了应对针对捐献水平的监督和制裁，那些至少显示出潜在自愿合作倾向的代理人会在不能被监督的工作维度上大幅降低努力水平，而在可以被监督的工作维度上适度提升努力水平。此外，若综合考虑这两类维度，那么引入"绩效激励"则会引导受到内在激励的代理人发挥出更为低水平的总体努力。弗雷和本兹（2001，19—20）得出的结论如下：

这种经济激励因素本身改变了各种方式的交换关系的框架。除了产生相对价格效应之外，该激励因素还能通过将关系契约转化成纯粹的交易契约来削弱一部分根本的内在动机……个体在某些维度中能降低自身的内在努力水平，也就是说，在那些维度中，个体不会遇到由激励机制引发的反补贴相对价格效应。

恩斯特·费尔和贝蒂娜·罗肯巴克（2003）也进行了相关的实验，并在这项引人关注的实验中使用了一次性信任博弈。实验中的委托人在以下三个条件下可以向受托人支付一定金额的货币单位（达到十个货币单位）：

（1）委托人可能会简单地记录下"期望回报值"，即委托人期望从受托人那里收回的金额。

（2）委托人可能会声明，如果受托人给予的回报达不到期望值，那么他或她就计划对其罚款四个货币单位。

（3）委托人可能会声明，自己并无取消罚款的计划。

费尔和罗肯巴克发现，受托人在任何条件下都回报了大量的资金，而且在决定回报金额时体现了互惠性——委托人支付的金额越高，受托人给予的回报就越多。然而，从委托人各种投资的水平来看，当委托人拒绝实施罚款时，受托人给予的回报金额则会更多。一旦委托人实施罚款，受托人给予的回报金额就会达到最低值。费尔和罗肯巴克认为"强互惠"有助于解释这一看似矛盾的行为。

首先，尽管罚款是可行的，但是拒绝实施这种威胁可能被看做一种公平的行为，并将诱使受托人提高合作水平。其次，试图通过制裁来强制执行一种不公平的分配方式可能被看做敌对行为，同时也会使受托人降低合作水平（Fehr and Rockenbach，2003，139—140）。

之前对实验室外环境下警务人员的工作绩效进行的研究发现了不能精确测量相对投资的同类模型。就维持治安来说，研究者认为基于打击犯罪的绩效报酬降低了警员为公民提供非犯罪服务的捐献意愿。赫尔曼·戈尔德施泰因（Herman Goldstein）根据自己对警员广泛的研究得出了以下结论："衡量个体警员和组织单位的绩效报酬的传统方法并不有助于提高非犯罪环境下警员的捐献的质量"（引自 Brown，1977，91）。换言之，如果一位警员"仅靠'破案'获取报酬，却从不因善待人民获得赞誉，那么他不会有任何成为公仆的动因"（Brown，1977，91）。

依据这些研究以及其他最近的理论、经验研究可以得出三个重要的教训。这些理论研究和经验研究以假定参与人具有多种类型为基础，并且认为多种类型的参与人包括理性自我主义者以及遵守公平、互惠和信任规范的有条件的合作者。第一个教训是，许多个体受到能影响内在动机的社会规范的激励，或者说他们至少能够习得社会规范并使用它们来指导某些决策。第二个教训是，遵循这些规范的个体有可能在重复的环境中生存下来，在这种环境中，他们会遇到理性自我主义者以及其他遵循类似规范的人。只要他们能够彼此识别，那么随着时间的推移，诚信公平的互惠者实际获得的物质回报就将高于理性自我主义者！换言之，他们将成功。第三个教训是，收集一些有关他人诚信度的可靠信息对这一成就至关重要。因此，对于提高个体解决集体行动问题的能力，有助于高质量地获得其他参与人的信息的制度是不可或缺的。在解决集体行动问题上，虽然信息规则和收益规则同样重要（有可能比收益规则更重要），但是收益规则已经成为了大部分公共政策创立时的主焦点。然而，这并不是根据当前主流理论所提出的公共政策所存在的唯一问题。

9.4 以现存的集体不行动理论为基础的公共政策

1965 年，曼瑟尔·奥尔森（Mancur Olson）明确提出了集体不行动理论（collective inaction），随后加勒特·哈丁（Garrett Hardin）于 1968 年提出的"公地悲剧"以强有力的隐喻充实了这一理论。并且大量有关非合作博弈理论的作品对各种涉及公共产品和公共资源问题的集体行动问题进行了研究，这些作品也为集体不行动理论夯实了根基。20 世纪 60—70 年代，人们充分相信政府有能力解决社会问题和环境问题。政府可以通过合理规划的应用和激励机制的设计诱导出积极的行为，最终解决上述问题。许多国家政策——尤其是在发展中国家——的实施都基于这样一种假设，即自然资源的本地用户无法对当地的林业资源、水资源、野生动物资源以及渔业资源实施有效地监管

(Gibson，1999；Arnold，1998)。许多国家将自然资源的控制权移交给了某个官僚机构，同时要求这一机构采取一套行之有效的方法来提高资源的利用率和维持资源的可持续生产 (Bromley et al.，1992；Agrawal，1999)。

在许多环境中，个体利用地方知识和地方制度对中小型资源实施了几个世纪的管理，针对他们的去权行为会导致环境问题的恶化而不是好转 (Finlayson and McCay，1998；Wunsch and Olowu，1995；Shivakoti and Ostrom，2002)。无能的、腐败的官僚机构无法有效地监督资源的使用情况，更谈不上研究出维持资源可持续性的有效方案了 (Repetto，1986)。事实上的社区资产变成了法理上的政府资产。随后，它实际上又变成了开放的和无约束的资产 (Bromley et al.，1992)。

此外，公民获知了两个相当令人吃惊的有关民主社会可持续发展的信息。第一个信息是，一些公开声明强调从"普通民众"那里只可能看到短期的自私行动。如果情况属实，那么解决集体行动问题就需要一些建立在外部设计和外部监督的诱因的基础之上的公共政策。然而，我们从社会心理研究中得知，当个体自我感觉失控时，外部诱因趋向于"挤出"内在动机。或许，正如弗雷（1997，44）强调的那样，"为无赖们设计的宪法会驱逐公民的美德"。同激励维持了一种控制感并且它在物质激励之外还有赖于内在激励的时候相比，当内在动机被挤出时，为诱导出努力所需的物质资源就更多了。一旦公民觉得自己有纳税的道德义务，就有可能设计出一项征税服务，并将征税成本控制在一个较低的水平。然而，一个有效的税收系统要求大部分公民都接受这样一种规范，即"自己应该缴税"。为了长期实现这一目标，税收系统必须以一种公平的方式运行并且公民也必须相信每个人捐献的份额是公平的 (Rothstein，1998)。

第二个信息蕴含于政策文献中，即设计合适的制度来解决集体行动问题需要相关的知识和技能，但公民并不具备这些知识和技能。此外，职业策划人被认为拥有分析复杂问题、设计最优政策并实施这些政策的技能。公民充分认识到自己应该在设计和实施有效公共政策的过程充当被动的观察者。公民的作用已沦落到在各个政治领袖的竞选团队中充当投票者。随后，公民不仅被认为在政治生活中袖手旁观，而且还被认为将政治系统的"掌控权"拱手让给由政治领袖雇用的专家。我们简要地研究一下政府官员是否能够为自然资源的调配选出可行的最优政策。

在过去的 15 年间，政治理论和政策分析研讨会的同行们收集了数以千计的有关资源的书面案例，这些资源分别由沿海渔业、灌溉系统以及牧场的本地用户管理（Schlager，1994；Schlager and Ostrom，1992；Blomquist，1992；Agrawal，1994；E. Ostrom，Gardner and Walker，1994；Tang，1992；Lam，1998；Hess，1999）。比如，在尼泊尔，我们已经收集到关于用来管理和经营200多个灌溉系统的规则和常规管理策略的数据，这200多个灌溉系统中既包括由政府机构管理的灌溉系统（agency managed irrigation system，简称A-MIS），也包括由农民自己管理的灌溉系统（farmer managed irrigation system，简称FMIS）。我们发现，与AMIS相比，FMIS的农业产量更高，水源分布更均匀，而且系统维护水平也更高（参见Lam，1998；Joshi et al.，2000；Shivakoti and Ostrom，2002）。

而且，农民在自己管理的灌溉系统中执行规则的方式和政府官员在政府管理的灌溉系统中执行规则的方式存在着明显的差异。农民们报告，在AMIS中，政府官员对占比23％的系统记录了公职违规行为；然而，在FMIS中，农民监察员对占比58％的系统记录了违规行为（Joshi et al.，2000，76）。此外，与AMIS相比，在FMIS中实施罚款的可能性更高。而且农民们还报告，在FMIS中占比65％的时间内，遵守规则的概率非常高；而在AMIS中，这一时间比例只有35％（Joshi et al.，2000，76）。因此，农民自发设计的规则和制裁方式——并且由对农民负责的个体进行监督——与外部机构实施的规则和制裁方式相比，更有可能得到贯彻落实，而且产生的规则的服从水平也更高。由FMIS执行的规则挤入了合作，而不是将其挤出。

我们目前正从事对各种林业制度进行一项大规模的包括10个国家的跨时比较研究（Gibson，McKean and Ostrom，2000；Poteete and Ostrom，2004）。我们再次发现在一些资源系统中，本地用户掌握着制定和执行规则的大权，与那些由外部施加规则的资源系统相比，这些系统更能提高合作水平。我们也特别关注某些特定规则，即被个体用来调节参与人数和分配地方资源使用权的规则。

人们在这项研究中发现了各种应用于实际的规则——许多规则组合是成功的。比如，我们已经发现了自组织资源机构使用的27种不同类型的边界规则（详见E. Ostrom，1999）。这些规则大多能增加个体之间互相了解并长期保持接洽的可能性。换言之，内部设计的规则改善了解决集体行动问题所需的条件。我们还发现了100多条用以分配资源使用权的权威规则（E. Ostrom，1999）。这些规则大多关注时间、空间和技术，而不是需要被分配的资源的流动量。因此，这些规则有助于个体以低成本获得更多有关他人行动的信息。当个体认为其他人也同样遵守规则时，服从率就会提高。

某中央机构独揽设计规则的大权的政策是基于以下一个错误的观念的，即需要考虑的规则寥寥无几，而且只有专家了解这些选项，也只有他们能设计出最优政策。我们的经验研究对这一观点提出了强烈的质疑。用来管理资源的个体规则数以千计，但没有一个人（包括接受过科学培训的专业人员）能够对任一特殊环境做出完整的分析。

需要把所有政策都看做实验（Campbell，1969）。考虑到人类的局限性，出现误差在所难免。因此，为界定清晰的（well-bounded）地方资源（或社区资源）的规则设计制作备份可以丰富实验方法，这一点有助于发现更为成功的规则系统组合（Low et al.，2001）。此外，不同地方、不同种群的生态系统各不相同。有利于龙虾渔业的规则组合对深海渔业而言可能是一场灾难（反之亦然）（Wilson et al.，2001）。一种对诸如堤坝之类具有多种调节设备的河流系统而言是好的规则组合，对其他一般性的河流系统却可能是一场灾难，反之亦然。

因此，为实现资源的可持续利用需要建立可持续的民主制度，针对这一问题我们能给出的最佳经验证据是设计多中心体系，而不是高度集中的治理体系（V. Ostrom，1987，1997）。一个多中心体系拥有多个半自治的治理单位，它们分布在小规模的、地区规模的、全国规模的以及国际规模的组织中（Keohane and Ostrom，1995）。尽管一部分治理单位存在于公共部门之中，但仍有一部分可能存在于私人部门之中。政府并不是几百年来人类创立的唯一治理形式。动态多中心体系的基本要素包含两类机制：一类用于生成关于结果和互动模式的信息；另一类用于监督和自我校正。在无重叠的小规模地方治理单位中，完全分权的系统与完全集权的系统一样，都不能学习和自我校正。重叠的大规模治理单位是现代民主制度的重要环节。然而，次等规模和中等规模的治理单位则是整个多中心体系的必要组成部分。

现代政策分析需要赶上当代经验和理论研究的步伐。当代公共政策分析中隐含的两条信息不仅对民主制度治理的可持续性没有任何帮助，而且还会对其产生威胁。第一条信息削弱了自由社会的规范基础。它基本上表达了这样一种观点：在自愿向集体行动捐献之前，行动者既可以成为狭隘的自利者，也可以等待外部施加诱因和制裁。第二条信息削弱了自由社会的积极性基础，因为它破坏了公民在实验中利用不同方法处理各种问题和积累知识的能力。

该信息认为存在一种可以解决所有集体行动问题的最佳方法，并且只有专家能掌握这种方法。该信息还认为公民对公共政策的设计毫无贡献。

因此，大部分当代政策分析和现代民主制度中采用的政策一起挤出了公民权和自愿合作。上述结果是通过挤出信任和互惠规范、挤出地方环境知识、挤出对道德问题的商讨（和受影响的个体一起商讨）以及挤出设计有效制度所需的实验方法来实现的。挤出互惠、合作和公民权是对人力资源和物质资源的一种浪费，同时还会严重威胁到民主制度的可持续性。

注释

[1] 本文的早期版本曾提交给 2001 年在瑞士央行研究中心举办的"法律与商业中的内在动机"研讨会。感谢麦克阿瑟基金会和福特基金会提供的资助，感谢布鲁诺·弗雷、赫尔伯特·金蒂斯以及两名匿名评审者的有益评论，感谢帕蒂·莱佐特（Patty Lezotte）对本文各个版本所做出的出色编辑。

参考文献

Agrawal, Arun. 1994. "Rules, Rule Making, and Rule Breaking: Examining the Fit between Rule Systems and Resource Use." In *Rules, Games, and Common-Pool Resources*. Eds. Elinor Ostrom, Roy Gardner, and James M. Walker. Ann Arbor: University of Michigan Press, 267 – 282.

——. 1999. *Greener Pastures: Politics, Markets, and Community among a Migrant Pastoral People*. Durham, NC: Duke University Press.

Arnold, J. E. M. 1998. *Managing Forests as Common Property*. FAO Forestry Paper #136. Rome, Italy: Food and Agriculture Organization of the United Nations.

Berg, Joyce. John W. Dickhaut, and Kevin McCabe. 1995. "Trust, Reciprocity, and Social History." *Games and Economic Behavior* 10(1): 122 – 142.

Blomquist, William. 1992. *Dividing the Waters: Governing Groundwater in Southern California*. Oakland, CA: ICS Press.

Bowles, Samuel. 1998. "Endogenous Preferences: The Cultural Consequences of Markets and Other Economic Institutions." *Journal of Economic Literature* 36: 76-111.

Bromley, Daniel W. , David Feeny, Margaret McKean, Pauline Peters, Jere Gilles, Ronald Oakerson, C. Ford Runge, and James Thomson, eds. 1992. *Making the Commons Work: Theory, Practice, and Policy*. Oakland, CA: ICS Press.

Brown, Lee P. 1977. "Bridges over Troubled Waters: A Perspective on Policing in the Black Community." In *Black Perspectives on Crime and the Criminal Justice System: A Symposium*. Ed. Robert L. Woodson. Boston, MA: G. K. Hall, 79-105.

Campbell, Donald T. 1969. "Reforms as Experiments." *American Psychologist* 24:409-429.

Cardenas, Juan-Camilo, John K. Stranlund, and Cleve E. Willis. 2000. "Local Environmental Control and Institutional Crowding-out." *World Development* 28 (10):1719-1733.

Chong, D. 1991. *Collective Action and the Civil Rights Movement*. Chicago: University of Chicago Press.

Davis, Douglas D. , and Charles A. Holt. 1993. *Experimental Economics*. Princeton, NJ: Princeton University Press.

Dawes, Robyn M. , Jeanne McTavish , and Harriet Shaklee. 1977. "Behavior, Communication, and Assumptions about Other People's Behavior in a Commons Dilemma Situation." *Journal of Personality and Social Psychology* 35:1-11.

Deci, E. L. , R. Koestner, and R, M. Ryan. 1999. "A Meta-analytic Review of Experiments Examining the Effects of Extrinsic Rewards on Intrinsic Motivation. " *Psychological Bulletin* 125.

Deci, E. L. , and R. M. Ryan. 1985. *Intrinsic Motivation and Self-Determination in Human Behavior*. New York: Plenum Press.

Fehr, Ernst, and S. Gächter. 1998. "Cooperation and Punishment. " Working paper. Zürich, Switzerland: University of Zürich.

Fehr, Ernst, and Bettina Rockenbach. 2003. "Detrimental Effects of Sanctions on Human Altruism. " *Nature* 442(March 13):137-140.

Finlayson, A. C. , and Bonnie J. McCay. 1998. "Crossing the Threshold of

Ecosystem Resilience: The Commercial Extinction of Northern Cod. "In *Linking Social and Ecological Systems : Management Practices and Social Mechanisms for Building Resilience*. Eds. Fikret Berkes and Carl Folke. Cambridge: Cambridge University Press.

Frey, Bruno S. 1994. "How Intrinsic Motivation Is Crowded Out and In. "*Rationality and Society* 6 : 334 – 352.

——. 1997. *Not Just for the Money : An Economic Theory of Personal Motivation*. Cheltenham, England : Edward Elgar.

Frey, Bruno S. , and Matthias Benz. 2001. "Motivation Transfer Effect. " Working paper. Zürich : University of Zürich, Institute for Empirical Research in Economics.

Frey, Bruno S. , and Reto Jegen. 2001. "Motivation Crowding Theory : A Survey of Empirical Evidence. "*Journal of Economic Surveys* 15 : 589 – 611.

Frey, Bruno S. , and F. Oberholzer-Gee. 1997. "The Cost of Price Incentives : An Empirical Analysis of Motivation Crowding Out. "*American Economic Review* 87 : 746 – 755.

Frohlich, Norman, and Joe A. Oppenheimer. 2003. "Optimal Policies and Socially Oriented Behavior : Some Problematic Effects of an Incentive Compatible Device. "*Public Choice* 117 : 273 – 293.

Gibson, Clark C. 1999. *Politicians and Poachers : The Political Economy of Wildlife Policy in Africa*. New York : Cambridge University Press.

Gibson, Clark C. , Margaret McKean, and Elinor Ostrom, eds. 2000. *People and Forests : Communities, Institutions, and Governance*. Cambridge, MA : MIT Press.

Hardin, Garrett. 1968. "The Tragedy of the Commons. "*Science* 162 : 1243 – 1248.

Hess, Charlotte. 1999. *A Comprehensive Bibliography of Common Pool Resources*. (CD-ROM) Bloomington : Indiana University, Workshop in Political Theory and Policy Analysis.

Isaac, R. Mark, and James M. Walker. 1988. "Group Size Effects in Public Goods Provision : The Voluntary Contributions Mechanism. "*Quarterly Journal of Economics* 103 : 179 – 199.

Isaac, R. Mark, James M. Walker, and Susan Thomas. 1984. "Divergent Evidence on Free Riding: An Experimental Examination of Some Possible Explanations. "*Public Choice* 43:113 – 149.

Isaac, R. Mark, James M. Walker, and Arlington Williams. 1994. "Group Size and the Voluntary Provision of Public Goods: Experimental Evidence Utilizing Large Groups. "*Journal of Public Economics* 54:1 – 36.

Joshi, Neeraj N. , Elinor Ostrom, Ganesh P. Shivakoti, and Wai Fung Lam. 2000. "Institutional Opportunities and Constraints in the Performance of Farmer-Managed Irrigation Systems in Nepal. "*Asia-Pacific Journal of Rural Development (APJORD)* 10:67 – 92.

Kaboolian, L. , and B. J. Nelson. 1998. "Creating Organizations of Concord: Lessons for Collective Goods Theory. "Working paper. Berkeley: University of California, School of Public Policy and Social Research.

Keohane, Robert O. , and Elinor Ostrom, eds. 1995. *Local Commons and Global Interdependence: Heterogeneity and Cooperation in Two Domains.* London: Sage.

Kirchler, E. , Ernst Fehr, and R. Evans. 1996. "Social Exchange in the Labor Market: Reciprocity and Trust versus Egoistic Money Maximization. " *Journal of Economic Psychology* 17:313 – 341.

Lam, Wai Fung. 1996. "Institutional Design of Public Agencies and Coproduction: A Study of Irrigation Associations in Taiwan. "*World Development* 24(6):1039 – 1054.

——. 1998. *Governing Irrigation Systems in Nepal: Institutions, Infrastructures, and Collective Action*. Oakland, CA: ICS Press.

——. Forthcoming. "Reforming Taiwan's Irrigation Associations: Getting the Nesting of Institutions Right. "In *Asian Irrigation in Transition: Responding to Challenges*. Eds. Ganesh Shivakoti, Douglas Vermillion, Wai Fung Lam, Elinor Ostrom, Ujjwal Pradhan, and Robert Yoder. New Delhi: Sage Publications India.

Lazear, Edward P. 2000. "Performance Pay and Productivity. "*American Economic Review* 90(5):1346 – 1361.

Ledyard, John O. 1995. "Is There a Problem with Public Goods Provision?"In *The Handbook of Experimental Economics*. Eds. John Kagel and Alvin Roth. Princeton,NJ:Princeton University Press,111 – 194.

Levine,Gilbert. 1977. "Management Components in Irrigation System Design and Operation."*Agricultural Administration* 4:37 – 48.

Loveman, M. 1998. "High-Risk Collective. Action: Defending Human Rights in Chile,Uruguay,and Argentina."*American Journal of Sociology* 104:477 – 525.

Low,Bobbi S. , Elinor Ostrom, Robert Costanza, and James Wilson. 2001. "Human-Ecosystems Interactions:A Basic Dynamic Integrated Model."In *Institutions,Ecosystems,and Sustainability*. Eds. Robert Costanza, Bobbi S. Low,Elinor Ostrom,and James Wilson. New York:Lewis Publishers,33 – 57.

McGinnis, Michael, ed. 1999a. *Polycentric Governance and Development :Readings from the Workshop in Political Theory and Policy Analysis*. Ann Arbor:University of Michigan Press.

——. ed. 1999b. *Polycentricity and Local Public Economies :Readings from the Workshop in Political Theory and Policy Analysis*. Ann Arbor: University of Michigan Press.

——. ed. 2000. *Polycentric Games and Institutions :Readings from the Workshop in Political Theory and Policy Analysis*. Ann Arbor:University of Michigan Press.

Moore,Mike. 1989. "The Fruits and Fallacies of Neoliberalism: The Case of Irrigation Policy."*World Politics* 17(1):733 – 750.

Offerman,T. 1997. *Beliefs and Decision Rules in Public Goods Games : Theory and Experiments*. Dordrecht,the Netherlands:Kluwer.

Olson,Mancur. 1965. *The Logic of Collective Action :Public Goods and the Theory of Groups*. Cambridge,MA:Harvard University Press.

Ostrom,Elinor. 1990. *Governing the Commons :The Evolution of Institutions for Collective Action*. New York:Cambridge University Press,

——. 1998. "Self-Covernance of Common-Pool Resources."In *The New Palgrave Dictionary of Economics and the Law*,vol. 3. Ed. Peter Newman. London:Macmillan Press,424 – 433.

———. 1999. "Coping with Tragedies of the Commons. "*Annual Review of Political Science* 2:493 – 535.

———. 2000. "Collective Action and the Evolution of Social Norms. " *Journal of Economic Perspectives* 14(3):137 – 158.

Ostrom, Elinor, and James Walker, eds. 2003. *Trust and Reciprocity: Interdisciplinary Lessons from Experimental Research*. New York: Russell Sage Foundation.

Ostrom, Elinor, Roy Gardner, and James M. Walker. 1994. *Rules, Games, and Common-Pool Resources*. Ann Arbor: University of Michigan Press.

Ostrom, Elinor, James M. Walker, and Roy Gardner. 1992. "Covenants with and without a Sword: Self-Governance is Possible. "*American Political Science Review* 86:404 – 417.

Ostrom, Vincent. 1987. *The Political Theory of a Compound Republic: Designing the American Experiment*. 2d rev. ed. Oakland. CA: ICS Press.

———. 1997. *The Meaning of Democracy and the Vulnerability of Democracies: A Response to Tocqueville's Challenge*. Ann Arbor: University of Michigan Press.

Plott, Charles R. 1979. "The Application of Laboratory Experimental Methods to Public Choice. " In *Collective Decision Making: Applications from Public Choice Theory*. Ed. Clifford S. Russell. Baltimore, MD: Johns Hopkins University Press, 137 – 160.

Poteete, Amy, and Elinor Ostrom. 2004. "Heterogeneity, Group Size, and Collective Action: The Role of Institutions in Forest Management. "*Development and Change* 35:435 – 461.

Repetto, Robert. 1986. *Skimming the Water: Rent-seeking and the Performance of Public Irrigation Systems*. Research report no. 4. Washington, DC: World Resources Institute.

Rothstein, B. 1998. *Just Institutions Matter: The Moral and Political Logic of the Universal Welfare State*. Cambridge: Cambridge University Press.

Schlager, Edella. 1994. "Fishers' Institutional Responses to Common-

Pool Resource Dilemmas. " In *Rules, Games, and Common-Pool Resources*. Eds. Elinor Ostrom, Roy Gardner, and James M. Walker. Ann Arbor: University of Michigan Press, 247 – 265.

Schlager, Edella, and Elinor Ostrom. 1992. "Property-Rights Regimes and Natural Resources: A Conceptual Analysis. " *Land Economics* 68: 249 –262.

Sen, Amartya K. 1974. "Choice, Orderings and Morality. " In *Practical Reason: Papers and Discussions*. Ed. S. Korner. Oxford: Blackwell.

——. 1977. "Rational Fools: A Critique of the Behavioral Foundations of Economic Theory. " *Philosophy and Public Affairs* 6: 317 – 344.

Shivakoti, Ganesh P. , and Elinor Ostrom, eds. 2002. *Improving Irrigation Governance and Management in Nepal*. Oakland, CA: ICS Press.

Smith, Vernon L. 1982. "Microeconomic Systems as an Experimental Science. " *American Economic Review* 72: 923 – 955.

Snaveley, Keith. 1990. "Governmental Policies to Reduce Tax Evasion: Coerced Behavior versus Services and Values Development. " *Policy Sciences* 23: 57 – 72.

Tang, Shui Yan. 1992. *Institutions and Collective Action: Self Governance in Irrigation*. Oakland, CA: ICS Press.

Titmuss, R. M. 1970. *The Gift Relationship*. London: Allen and Unwin.

Varughese, George, and Elinor Ostrom. 2001. "The Contested Role of Heterogeneity in Collective Action: Some Evidence from Community Forestry in Nepal. " *World Development* 29(5): 747 – 765.

Wade, Robert. 1995. "The Ecological Basis of Irrigation Institutions: East and South Asia. " *World Development* 23(12): 2041 – 2049.

Wilson, James, Robert Costanza, Bobbi S. Low, and Elinor Ostrom. 2001. "Scale Misper-ceptions and the Spatial Dynamics of a Social-Ecological System. " In *Institutions, Ecosystems, and Sustainability*. Eds. Robert Costanza, Bobbi S. Low, Elinor Ostrom, and James Wilson. New York: Lewis Publishers, 59 – 75.

Wunsch, James S. , and Dele Olowu, eds. 1995. *The Failure of the Centralized State: Institutions and Self-Governance in Africa*. 2d ed. Oakland.

CA: ICS Press.

Yamagishi, Toshio. 1986. "The Provision of a Sanctioning System as a Public Good. "*Journal of Personality and Social Psychology* 51:110 - 116.

10 互惠与福利国家

克里斯蒂娜·M·方 (Christina M. Fong)
塞缪尔·鲍尔斯 (Samuel Bowles)
赫尔伯特·金蒂斯 (Herbert Gintis)

人们应当诚挚待友，礼尚往来。人们也应当以微笑回报微笑，以谎言惩治背叛。
——摘自《埃达》，13世纪的古冰岛诗集

10.1 引言

现代福利国家是人类取得的一项显著的成就。在发达经济体的总收入中，有相当一部分收入定期由较富裕阶层转向较贫困阶层，并且公众普遍赞同政府实施此类转移支付（Atkinson, 1999）。因此，在有关陌生人自愿实施收入再分配的人类史中，现代福利国家是最重要的典范。它何以深入人心？

我们认为人们之所以拥护现代福利国家是因为它遵循了人们心中那些根深蒂固的互惠规范和有条件的义务，这一点毋庸置疑。大多数经济学家采用涉己的人类动机理论来解释谁会为再分配投赞成票。中位投票者模型是经济学中公认的有关再分配需求的模型，该模型认为每一位投票者都渴望再分配能实现个人财富最大化。通过各种合理的假设可以得出，按多数规则体系选举产生的政府实施的再分配深受中位收入投票者的拥护。收入分布的普遍右倾（存在少量高收入个体）导致中位投票者的收入比平均投票者低。因此，中位投票者需要再分配。

中位投票者模型的一项重大发现是，人们对再分配的需求会随着个人收入的增加而减少（Roberts，1977）。但是依据个人收入来预测对再分配的支持度注定收效甚微（Gilens，1999；Fong，2001）。大部分低收入者反对收入再分配，而大部分高收入者却支持收入再分配。在一项全国范围内的具有代表性的对美国的调查（Gallup Organization，1998）中，在家庭年收入在150 000美元以上并且生活水平有望在未来五年内进一步得到改善的调查对象中有占比24％的调查对象认为政府应当"通过提高富人的纳税额来实施财富的再分配"，同时还有占比67％的调查对象认为"华盛顿当局应当尽其所能来提高穷人的社会地位、经济地位"。同样值得一提的是，在那些家庭年收入低于10 000美元并且生活水平无望在未来五年内得到改善的调查对象中，有占比32％的调查对象认为政府不应该通过提高富人的纳税额来实施财富的再分配，同时还有占比23％的调查对象认为穷人应当自力更生，而不是依靠政府"尽其所能来提高穷人的……地位"[1]。

因此，尽管自利是一项重要的人类动机，并且收入也确实能解释某些针对再分配问题的不同态度，但其他的动机似乎也起了一定作用。社会科学中存在充分的证据——其中大部分证据研究的是美国自身，而类似的结论也存在于对其他各国的研究中——表明，当人们指责穷人的贫困时，他们不那么支持再分配；相反，当他们认为穷人的贫困并非穷人自身的过错时，他们更容易支持再分配。也就是说，对待穷人的那份慷慨取决于穷人工作的努力程度（Williamson，1974；Heclo，1986；Farkas and Robinson，1996；Gilens，1999；Miller，1999）。以1972年针对波士顿白种女性实施的研究为例，相比于个人的家庭收入、宗教信仰、文化程度以及许多其他的人口和社会背景变量，穷人工作的道德规范能更有效地预测出对资助穷人的支持度（Williamson，1974）。事实上，在预测该支持度的过程中，附

道德情操与物质利益：经济生活中合作的基础

加了一项可以衡量工作动机的单一变量，该变量使得上述所有背景变量的解释力增至三倍。莫菲特、里巴尔和威廉（Moffitt, Ribar and Wilhelm, 1998）是第一批发现这一关联的经济学家。他们使用综合社会调查（General Social Survey）的数据表明，认为成功人士得益于"机遇或他人的协助"而不是辛勤工作的那些人偏好更高额度的福利开销。方（Fong, 2001）利用了1998年盖洛普社会审计中的全国性数据证明，对收入来源的看法对于再分配需求的影响相当惊人，并且难以用缺乏测量的自利来解释。艾莱斯那、格莱泽和萨塞尔多特（Alesina, Glaeser and Sacerdote, 2001）指出，从"世界价值观调查"中也能得出相关结论。与欧洲人相比，美国人更加坚信懒惰导致贫困：占比60％的美国人认为懒惰是穷人的特性，但是只有占比27％的欧洲人支持这一观点。他们认为这一点极其重要，足以解释为何美国福利的规模比普通欧洲福利国家的更小。

我们对这些调查结果的解释是，人们乐于帮助穷人，但是当发现穷人存在欺诈行为或者由于穷人既不能自给自足也不够正直从而导致合作失败时，人们就会撤消对穷人的帮助。在经济学中，我们的观点与下述观点极其类似，即纳税人并不认可贝斯利和科特（Besley and Coate，1992）构建的再分配模型以及塞尔日·科尔姆（Serge Kolm, 1984）提出的互惠情操影响公共财政再分配的观点。[2]我们的观点也与希科罗（Heclo, 1986）和吉伦斯（Gilens, 1999）的解释一致，他们的证据表明，美国人宁愿给予穷人大量资助也不赞同"福利政策"是因为"福利政策"意味着现金资助，美国人认为这种政策让那些未婚生子并且不愿工作的身强体壮的成年人受益。我们的解释同样也与公平理论（equity theory）和归因理论（attribution theory）相一致。公平理论认为，人们从某一体系中获取的资源量应当与自身的捐献量成正比（Walster, Walster and Bersheid, 1978；Deutsch, 1985；Miller, 1999）。归因理论学家认为，当人们决定每个人都要对他或她自身的结果负责时，他们就不太可能帮助他人（Weiner, 1995；Skitka and Tetlock, 1993）。

经济学家之所以质疑非自利模型是出于以下几个原因。第一，用以解释再分配支持度的自利变量可能难以被测定。特别是对于那些收入水平具有低均值和高方差特点的人群来说，他们更有可能认为贫穷是坏运气所致，同样，也更有可能出于自利的目的而要求实施再分配，以实现收入保障。在10.4节中，我们完全反对这一假说。

第二，那些认为努力是工薪阶层的重要特征的人可能会关注税收或转移支付的激励效应，而不是接受者的"价值"（Piketty，1995）。然而，我们确实拥有两项证据可以证明激励成本并不能充分解释对待再分配的不同态度。一项证据是，如果税收的激励成本是问题所在，那么一般来说，那些相信努力至关重要的人应该会主张全面减少政府开支。但是，正如我们在10.4 节中所说明的那样，这种认为努力决定人生成功的想法与对再分配的支持度呈反比，与对军费开支的支持度呈正比。另一项证据是，如10.3 节中所述，在行为实验中，当给予福利受益者慈善捐助的实验对象被随机搭配一位声称自己有工作意愿的女性福利受益者时，他们给予的捐助金额比随机搭配一位声称自己没有工作意愿的女性福利受益者时给予的捐助金额要多得多。在这项实验中并不存在抑制成本，因此有必要给出一些其他的解释。

第三，实验研究结果也论证了经济学家提出的不愿资助穷人的人们可能会认为穷人懒得替自己的自私辩护这一观点。这并不能解释为何在刚才讨论过的慈善实验中，随机分配的方式会对福利受益者获取的捐助产生如此大的影响。

美国人提出要留意"不值得救济的穷人"（undeserved poor）问题，这一情况在欧洲也不鲜见。如图 10—1 所示，在 12 个欧洲国家中，认为懒惰导致贫困的那些人与不赞同此观点的人相比，他们对政府再分配政策的支持度以及对失业、贫困和不平等的关注度更低。这些数据来源于 1989 年实施的欧洲民意调查（Reif and Melich，1993），参与调查的代表为当时 12 个欧洲国家中 15 岁以上的公民。在数据集的 11 819 个调查对象中，我们对8 239 个回答了我们调查分析中所有问题的对象进行了调查。针对以下四个问题做出的所有回应就是我们的因变量。

（1）克服失业问题的重要性；

（2）克服贫困问题的重要性；

（3）通过帮助相对落后或陷入困境的地区来缩小国内不同地区差距的重要性；

（4）国家的政府当局是否为穷人做了所有该做的事情。

这一措施越来越关注涉及贫困、失业、不平等等方面的问题，以及认为政府当局并未"为穷人尽责"（do enough for poor people）的问题。为了简单起见，我们把这种综合措施看做"对贫穷的关切"（concern about poverty）。

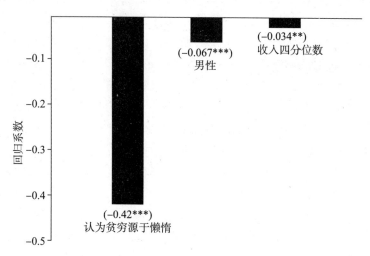

图 10—1　利用欧洲 12 国的数据来解释对贫穷的关切

注：条形表示一般最小二乘系数（括号中为系数估值），它预测了对贫穷的关切。因变量的标准化使得系数估值表示了以标准差为单位计算的贫穷关切度的变化。回归方程还包括年龄和国家等虚拟变量。显著水平的计算根据是考虑了国家内部的群集误差因素的稳健标准差。该回归分析使用了样本权重，尽管结果不受样本权重的影响。观察样本数为 8 239，$R^2 = 0.161$。＊＊＊表示在 1％置信水平下显著，＊＊表示在 5％置信水平下显著。

基本利益（primary interest）的自变量是这样一种信念，即不认为贫困是由坏运气或不公平激发的，也不认为贫困会无缘无故出现，而认为是懒惰导致了贫困，或者认为贫困是不可避免的。[3]此类回归问题的其他变量为家庭收入四分位数（family income quartiles）、性别和年龄。请注意，我们因变量中的第四项变量指的是特定国家。就此问题进行跨国比较好像并无价值，因为在某个具有慷慨的再分配体系的国家中，虽然人们可能会极其关注贫困，但他们依旧认为本国政府可以妥善处理这一问题。建构因变量的其他三项变量也关注同样的问题，尽管其关注的程度更低。为了解释国家之间不可测定的差别所产生的影响，我们采用固定效应来考虑在平均响应水平上的国家差别。

图 10—1 显示的结果表明，那些认为懒惰导致贫困的调查对象对贫困的关注度要比其他的调查对象低 0.42 个标准差。相反，家庭收入的影响极其

轻微。[4]家庭收入四分位数值最高的人与最低的人相比，他们的贫困关切度的差距低于 0.25 个标准差，而那些认为懒惰导致贫困的调查对象与那些不赞同此观点的调查对象之间的贫困关切度的差距恰好为 0.25 个标准差。调查对象的性别对贫困关切度也存在着显著的影响（与收入和其他回归因素独立），男性对贫困的关切度要低于女性。

我们毫不怀疑涉己动机通常会为明显的慷慨行动奠定基础。但是，我们认为涉己动机不会一直达到这一效果。如今，要理解平等主义政治学则需要重新审视"经济人"——经济理论中的执着的涉己行动者。然而，我们并不期望用同样片面的利他主义行动者——愿意高成本地为低收入阶层提供无条件捐献——来取代教科书中的涉己行动者。恰恰相反，我们认为强互惠可以更好地解释为福利国家提供支持的潜在动机。我们用"强互惠"来解释某种与拥有类似意愿的人进行合作和分享的倾向（即便需要个人承担成本）以及某种对破坏合作和其他社会规范的行动者实施惩罚的意愿（即便惩罚需要个人承担成本并且未来不太可能收回个人净收益）（参见第1章）。

"强互惠"远不只是合作的自利形式，而我们将这一自利形式称为"弱互惠"，并且这一状况还包括市场交换和礼尚往来的行为——生物学家称之为"互惠利他主义"。

正如我们将要预料到的那样，我们所有的三个角色——经济人、强互惠者以及纯粹的利他主义者——都可以用任意规模的群体来代表。出于这个原因，如果忽视人类动机的异质性，那么平等主义政策的制定——不亚于宪法设计的浩繁工程——将面临脱离现实的风险。正如古典经济学家所想，此类制度设计问题并不是指诱导彻底涉己的个体以各种能够创造出理想的总和结果的方式进行互动。相反，它应该指各类动机的混合体——涉己动机、互惠动机和利他主义动机——以这些方式进行互动，即防止涉己的个体利用慷慨的个体以及防止他们破坏合作。

10.2　互惠的起源

本书的前几章为强互惠提供了实验证据。历史证据也支持以下观点，即对再分配的支持通常建立在强互惠动机之上。小巴林顿·穆尔（Barrington Moore Jr.，1978，21）在《不公正：顺从与反叛的社会基础》中致力于探寻共同的道德暴行的动机基础（"不公平和不公正行为的一般概念"）。这一动机基础加剧了人类历史中为谋求公正而进行的斗争。作者根据自己广泛的调查得出了结论：

> 怀疑相互交织的道德准则可能会掩盖某种原生形式的联合体……一种基本框架，一种对社会关系应当如何的观念。此观念绝对不会将等级制度和权威排除在外，在这里，卓越的才能和缺陷都能成为钦佩和敬畏的重要源泉。同时，在相互交换的过程中，服务、喜好、信任和情感都有望达成某种初步的平衡（Moore，1978，4—5，509）。

穆尔定义了这种基本框架并揭示了"互惠的概念——或者说更好的概念、相互间的义务以及一种不能表达负担或义务的平等性的术语……"（Moore，1978，506）。詹姆斯·斯科特（1976）以同样的方式分析了农民起义，并把违反"互惠规范"的行为看做起义动机的一项实质诱因。

日常生活中的随机观测、人类学与古人类学所描述的自晚更新世（late Pleistocene）至今的游猎—采集觅食群体以及关于团结奋斗的史料记载使我们坚信，强互惠是一种普遍的强有力的动机。

10.3 有关单向收入转移的实验证据

针对人类各类主体实施的行为实验提出了充分的证据来反对经济人。本书的第 1 章和第 5 章介绍了大量此类实验，在此不再赘述。然而，除此之外还存在可以更为直接涉及慈善性再分配问题的证据。比如，独裁者博弈这一例子。在此项博弈的两位彼此匿名的参与者中，获赠一定数额的货币（通常为 10 美元）的参与者被称为"提议者，"并要求他从总金额中拿出一部分给另一位参与者，同时允许他保留余下的部分。经济人在这种实验环境下不会支付任何金额，但是在实际操作的实验环境中，大部分提议者都会支付一部分金额，通常为总金额的 20％～60％（Forsythe et al.，1994）。

研究者们利用独裁者博弈证明了这一点，即人们认为某些个体值得作为接受者以及是可以谈判的伙伴时，会对这些个体更为慷慨。比如，埃克尔和格罗斯曼（Eckel and Grossman，1996）发现在独裁者博弈中，当接受者为美国红十字会成员时，实验对象给予的金额差不多是在匿名环境时的三倍。最近，方（Fong，2004）开展了一系列慈善博弈（包含 n 个捐赠者的独裁者博弈），其中，若干独裁者搭配一位真实的福利接受者。她完成了一项针对福利接受者的调查，根据福利接受者所表达的强或弱的工作偏好，各项实验条件被随机分配并且互不相同。独裁者在出价之前会参考这种针对福利接受者的调查。被随机分派给具有强工作偏好的福利接受者的独裁者所支付的金额大大超过那些被随机分派给具有弱工作偏好的福利接受者的独裁者。我们认为强互惠是一种共同动机，这些实验为这一观点提供了论据。

还有一个结论与互惠观点一致，即合作行为和惩罚行为对形成互动的环境异常敏感。在早期对所谓"公正偏好"（inequality aversion）的研究中，勒文斯泰因、汤普森和巴泽曼（Loewenstein，Thompson and Bazerman，1989）发现分配偏好对社会情境异常敏感。他们要求实验对象幻想自己身处各种假设情境之中。第一种假设情境是，实验对象与一个大学生一起分担共同生产的产品的收益和损失。第二种假设情境是，实验对象及其邻居将他们房屋之间的空地卖出，并分享卖地所得的收益。第三种假设情境是，实验对象是一位顾客，他可以与销售员一起分享从过期折扣或维修费用中所获的收益。

这些学者发现实验对象对相对收益的关注度甚至要高于他们对绝对收益的关注度。他们还发现，如果不考虑实验对象的自身收益，低于他人的收益对处于所有环境和关系类型下的效用都具有极深的消极影响。然而，高于他人的收益（称之为有利的不平等）对效用的影响同样存在并且取决于各类关系和环境。如果实验对象之间的关系是友善的，那么他们会反感这种有利的不平等。但是，如果这种关系并非友善，那么这种有利的不平等对他们的满意度不会产生什么影响。有趣的是，这些研究者还发现，实验对象在顾客/销售员情境中偏好有利的不平等，而在另外两类情境（生产产品以及分享买卖空地的收益）中却反感有利的不平等。

尽管可能还存在许多其他的因素可以导致行为依据情境的变化而有所不同，但这一发现——身处友善关系中的实验对象对有利的不平等的厌恶程度（或者可以这样说，期望其他对象可以获得更高的相对收益）高于身处非友善关系中的实验对象——和我们对互惠的解释完全一致。在另一个例子中，实验要求加利福尼亚大学洛杉矶分校（UCLA）的兄弟联谊会对五种不同情境下的囚徒困境博弈产生的结果排序：与一名兄弟联谊会的同事进行互动、与一名来自另一个（未命名的）联谊会的成员互动、与一名UCLA的非联谊会成员的学生互动、与一名来自附近的南加利福尼亚大学的学生互动以及与一名来自UCLA警察局的官员互动。与兄弟联谊会博弈时，他们显露出的相互合作的偏好比背叛同伴的偏好更为强烈，并且随着社会距离的不断增加，排列顺序也会发生颠倒——与UCLA的警察一样，他们也愿意利用南加利福尼亚大学的学生（Kollock，1997）！

10.4　调查证据

这些结论有力地支持了我们对态度调查结果做出的解释，这表明如果人们认为贫困由坏运气所致而不是由懒惰所致，那么他们就会更加支持政府将财富重新分配给穷人。我们对此做出的解释是，受强互惠的影响，人们期望帮助那些试图依靠自身力量摆脱贫困（但是某些在他们控制能力之外的因素又使得他们不能摆脱贫困）的人。人们期望惩罚或者拒绝协助那些有能力努力工作却不愿努力工作的人。然而，存在若干替代性解释可以说明，关于穷人价值的信念效应符合纯粹的自利主义。在本节中，我们检验了这些替代性解释并且发现了有关穷人价值的信念与对再分配的支持度之间的关系——仅凭自利主义不能解释这一关系。这些结论都基于方（Fong，2001）的研究。

我们使用了一项于1998年实施的盖洛普民意社会审计调查，这项调查名为"富人与穷人：对公平和机遇的不同看法"，参与者为5 001名在全国范围内随机选出的调查对象。除非是特殊情况，否则参与每轮检测的个体都必须回答这项回归调查包含的所有问题。[5]

相对于其他一些常用的调查方式，盖洛普调查拥有的样本量大，包含了大量的用以分析不平等和分配的问题。此样本量允许用完全控制样本狭窄段（narrow segments）——高收入和低收入的子样本——的方法实施回归分析。另外，此调查方式还存在某些自利的措施，这些措施不仅包括一些普通的客观社会经济变量，而且还包括一些经济福利和未来预期的主观措施。这些措施可能扩大了这张意欲捕获自利主义的网。

为构建因变量，我们添加了针对以下五个问题的回应，并将其记录下来，以便利用这项措施提高对再分配的支持度。

（1）政府应该采取何种措施？对此，人们看法不一。对于下面这句话，有些人支持，有些人却反对。你认为我们的政府是否应该通过对富人征收重税来重新分配财富呢？（回答选项：应该、不应该）

（2）有些人认为华盛顿政府应该尽其所能改善穷人的社会和经济地位。其他人则认为政府不应该对穷人进行特别照顾，因为他们应该自助。你对此有何感想呢？（回答选项：政府应该帮助穷人、穷人应该自助）

（3）你认为以下哪一群体最应该肩负帮助穷人的重任：教会、私人慈善组织、政府、穷人的亲属与家庭、穷人自身还是其他人？（回答选项：除穷人以外的群体、穷人自身）

（4）你认为我国现在的货币和财富分配公平吗？或者说你认为我国是否应该在更为广泛的人群中对货币和财富实施更为均等的分配？（回答选项：分配是公平的、应该实施更为均等的分配）

（5）在美国，一部分人是富人，而另一部分人则是穷人。你认为这一事实代表着一个需要解决的难题，还是我们经济体系中可以接受的一部分？（回答选项：难题、可接受的一部分）

这次研究使用了两类用以分析收入不平等的措施。第一类措施包括两个问题，其中一个问题与导致富裕和贫困的努力和运气的重要性有关，另一个问题则涉及当今美国是否存在大量辛勤工作和获取成功的机会。第二类措施则包括一系列问题，这些问题与各类成功因素的重要性有关，比如种族和性别。

自利可以用收入和其他的一些变量来衡量，这些变量也许能够预测当今的和未来的纳税义务以及对社会保险或再分配方案的依赖度。在图10—2和图10—3中，我们在回归分析中增加了收入、种族、性别、教育、年龄以及调查对象所担忧的弥补家庭开销的频率等变量，以此来控制自利因素。[6]

在图10—2中，我们讨论的结果来自一般最小二乘回归（ordinary least

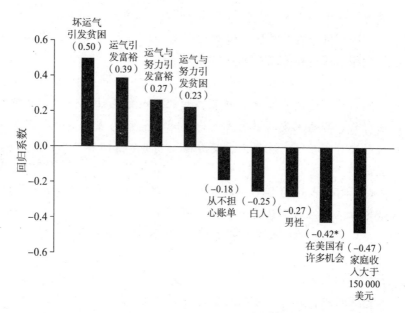

图 10—2　支持再分配的决定因素

注：条形表示一般最小二乘系数（括号中为系数估值），它说明了对再分配的支持。因变量的标准化使得系数估值表示了以标准差为单位计算的贫困关切度的变化。回归方程还包括另外 7 个收入虚拟变量、年龄、是否上过大学（虚拟变量）、"绝大多数时候都为账单发愁"和"偶尔为账单发愁"（虚拟变量）等变量。家庭收入中遗漏了收入少于 10 000 美元/年这一类别。贫困与富裕原因类别中遗漏了"不努力"和"很努力"的分类。为了简化关于种族因素的分析，我们仅仅使用了白人和黑人的样本。"账单问题"上我们遗漏了"一直为账单发愁"的类别。观察样本数为 3 417，$R^2 =$ 0.260。该回归分析使用了样本权重，尽管结果不受样本权重的影响。我们使用了稳健标准差。所有系数在 1% 置信水平下显著。

square regression），这一回归分析利用两类变量来预测对再分配的支持度：（1）对富裕和贫困的产生原因的不同信念；（2）对自身利益的衡量（measure of self-interest）。为了更好地解释这一系数，我们将因变量标准化。该解释如下：那些认为只有坏运气才会引发贫困的人对再分配的支持度比那些认为贫困仅仅是由缺乏努力所致的人高 0.50 个标准差。那些认为富裕仅仅是由好运所致的人对再分配的支持度比那些认为只有努力才能创造富裕生活的人高 0.39 个标准差。并且，那些认为美国可以提供大量成功机会的人对再分配的支持度比持相反观点的人低 0.42 个标准差。

自身利益的大小对再分配支持度的预期方向也有相当大的影响。那些位于最高收入类别的人们（家庭年收入超过 150 000 美元）对再分配的支持

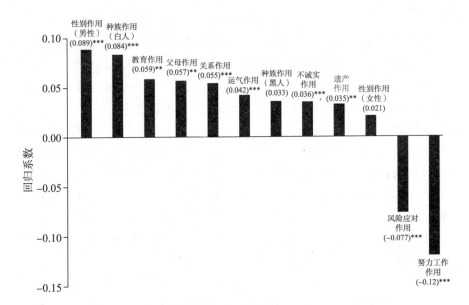

图 10—3　生活中各种因素在影响支持再分配信念上的重要性

注：条形表示一般最小二乘系数（括号中为系数估值），它说明了对再分配的支持。因变量被标准化。自变量是被调查者对生活中各种因素的重要性的信念。系数为被调查者的信念每增加一个点所导致的支持再分配的信念的标准差的变化估值。该回归分析还包括了图 10—2 中所有对自利因素的测量。观察样本数为 3 437。该回归分析使用了样本权重，尽管结果不受样本权重的影响。$R^2 =$ 0.184。***表示在 1% 置信水平下显著，**表示在 5% 置信水平下显著。

度比那些处于最低收入类别的人们（家庭年收入少于 10 000 美元）低 0.47 个标准差。与那些总是为账单发愁的人相比，那些几乎从未为账单担忧过的人对再分配的支持度就低得多了。当这些自利变量达到 1% 的置信水平时便具有相当大的影响力了。

　　虽然白色人种产生的影响很大并且极其重要，但是男性产生的影响甚至更大。种族是影响最大的和信赖度最高的因素之一，而性别却并非如此。乍看起来，这一点似乎与社会经济变量中的经验规则（empirical regularity）相矛盾。然而，如果我们不考虑信念变量（beliefs variables），那么种族和性别的影响便会增大并且最后二者在规模上大致相等。这一点与吉伦斯（Gilens，1999）提出的观点是一致的，即针对穷人，尤其是贫穷的黑人身上各种特征的看法中和了种族的影响。

　　如果我们认为所有的社会经济变量共同解释了自利因素，那么此时自利因素产生的影响就比我们简单考虑收入系数时要大得多。方（Fong，

2001）运用有序概率模型（ordered probit）估算了类似的方程，方将对再分配规模的支持度分为六个类别，并推算出这些自变量对各类别中的得分的概率的影响。在控制了有关富裕和贫困产生原因的各种信念和大量主观和客观的自身利益程度等变量之后，在此方程中，弱势阶层（非白色人种、女性、单身、工会成员、临时工、未受过大学教育的人、最低收入阶层、家庭规模大于四人以及一直为账单发愁的人）的对再分配的支持度与强势阶层形成了对立，其对立程度类似于那些认为富裕和贫困仅仅由运气所致的人与那些认为富裕和贫困仅仅由努力所致的人之间的差距。

缺失的自身利益变量能否改变我们的结论？那些坚信坏运气或超出个体控制范围的环境会引发贫困的人们，其收入状况可能低于平均水平（low-mean）并且极其不稳定。这类个体对将来政府给予的援助有着更高的期望，因此会出于纯粹自利的动机要求重新分配更多的财富。同理，那些认为贫困是懒惰引起的人们，其收入状况可能高于平均水平（higher-mean）并且较为稳定，因此他们在再分配过程中不太受自身利益因素的影响。如果这是正确的，那么这些关于再分配政策偏好的各种观点所产生的影响与这样一种心理并无关联，即要求穷人对自身的结果负责并接受谴责。情况是这样的，收入不平等产生的原因与一个人的财务状况是有关联的，并且财务状况反过来还能决定一个人对再分配的需求度。

如果有关贫困和富裕的产生原因的各种信念只有通过自利因素才能生效，那么它们对于那些位于收入分配顶端和末端并且期望保持原状的人来说是毫无影响的。尽管对于期望获得收益的人来说，不论他们对收入不平等的原因持何观点，都应该最为强烈地支持实施再分配，但是对于那些不期望获得收益的人来说，不论他们对收入不平等的原因持何观点，都认为根本不需要实施再分配。为了验证情况是否属实，我们使用的子样本有年收入超过 75 000 美元、期望自己的生活水平在未来五年内进一步得到改善并且不怎么为账单发愁的个体，年收入低于 10 000 美元的个体，以及年收入低于 30 000 美元、不期望自己的生活水平在未来五年内进一步得到改善并且偶尔会为账单发愁的个体。

在所有的这些子样本中，一组用以解释自利的变量在共同解释再分配的相关性问题上并不显著。也就是说，我们不能否认这一假说，即每个单一的社会经济变量都有一个为零的系数。但是从总体上看，关于运气、努力和机遇在生活中所起的作用的各种观点对上述三个子样本的影响显著，并且在大部分情况下，其显著性与所预期的相符。[7]因此，那些贫困的并且不期望改善自己生活的个体以及那些认为缺乏努力会引发贫困的个体都反对再分配。同样，在那些认为贫困由坏运气所致的富裕的调查对象之中，对再分配的支持度是比较高的。

在另一项检验自利因素的过程中，我们考察了调查对象关于各种因素（包括种族和性别）的重要性的不同观点。图10—3给出了对再分配的支持度与各种决定性成功因素的重要性的一般最小二乘回归，并控制了图10—2的回归分析中给出的那些相同的社会经济变量。认为"冒险的意愿"以及"努力工作和积极性"可以解释为何有些人能够获得成功而有些人却不能的观点对再分配的支持度有显著的消极影响。认为教育、个人的父母、关系、好运、不诚实和遗产可以解释为何有些人能够获得成功的观点对再分配支持度有显著的积极影响。另外，对男性而言，认为性别是获得成功的重要因素的观点对再分配的支持度有相当积极的影响，尽管对女性而言，这类观点也会产生积极的影响，但是影响程度更小并且从统计上看也并不显著。对白种人而言，认为种族是生活获得成功的重要因素的观点对再分配的支持度有积极的影响，尽管对黑种人而言，这类观点也会产生积极的影响，但是影响程度更小并且从统计上看也并不显著。

如果人们认为种族和性别是生活获得成功的重要因素，那么这些观点便会对这些人的对再分配的自利需求产生与预期结果相反的影响，即期望从种族和性别歧视中获得收益的人和承担损失的人。[8]换言之，认为种族是生活得以成功的重要因素的白种人将期望获得经济上的优势并且支持再分配的自利理由比不赞同此观点的白种人少。类似的推理对认为性别是生活得以成功的重要因素的男性同样有效。

然而，根据图10—3给出的另外一种回归分析，我们发现这一观点——性别是生活得以成功的重要因素——对男性产生的积极影响远超过女性。在1%置信水平下，这一交互效应是非常显著的（报告没有给出）。如我们所见，这一点与自利主义并不一致，因为持这个观点的男性和白种人都期望从歧视中获得收益，所以他们不太可能从再分配政策中获得收益。

对税收激励效应的关注是一种终极机制（final mechanism），自利因素可以通过该机制引发某些看法，即穷人是懒惰的并且富裕勤勉的个体对再分配的需求会降低。当收入水平对工作努力程度更为敏感时，税收可能会抑制努力并使总收入水平下降。若如此，努力、运气和机遇三者影响收入水平的观点通过权衡再分配的激励成本可能会影响对再分配的支持度（Piketty, 1995）。这一类型的激励关注不仅应该应用于再分配之上，而且还应该应用于任何由税收资助的开支之上，包括诸如国防之类的开支。

　　根据这一税收成本假说，如果这些认为收入水平受人为因素控制的观点降低了对再分配的需求度，那么这些观点也应该降低对其他由税收资助的开支（包括国防开支）的需求度。但是没有证据表明，税收成本会对公共开支的需求度产生消极影响。我们根据 1990 年的综合社会调查估算出了有序概率回归模型（ordered probit regressions），此类回归分析可以预测对福利、国防、抑制不断上升的犯罪率以及戒除毒瘾等各项开支的支持度。[9]这里的自变量包括这些认为穷人之所以贫困是因为缺少努力的观点以及五个人口学统计变量（收入、教育、种族、性别和年龄）。在以上报告的样本中，认为缺乏努力导致了贫困这一观点对再分配的支持度有显著的消极影响。然而，这些观点不但不影响对为解决犯罪和吸毒问题所需开支的支持度，而且对国防开支的支持度有显著的积极影响。如果这些观点只是反映了税收成本问题，那么它们对各类开支的支持度都应该有消极的影响。

　　然而，就这一点而言，从包含了本节前一部分所描述的事实上的福利接受者在内的实验中可以得出更令人信服的证据。这项实验中并不存在阻碍成本，但是对于做出更努力的工作承诺的福利接受者，这些由学生组成的实验对象给予得更多。这些结果支持了之前做出的对调查数据中各种公认的模式的假设。希科罗（Heclo, 1986）报告，当一位寡妇必须抚养自己的三个孩子时，占比 81％的调查对象支持动用公共资金来实施儿童保育；可是当一位不愿意工作的未婚妈妈面临此类情形时，却仅有占比 15％的调查对象愿意采取这种资助形式。希科罗还报告了某项调查的一些结果，这项调查涉及对公共再分配的支持度。其中一部分人表达了自己对"福利"开支的看法，另一部分人则表达了自己对另一开支——"帮助穷人"或"关爱穷人"的开支——的看法。在那项实验中，占比 41％的调查对象认为福利开支过于庞大，而占比 25％的调查对象却认为福利开支还远远不够。相比之下，分别只有占比 11％和 7％的调查对象认为政府在帮助穷人和关爱穷人方面的开支过于庞大，然而却有占比 64％和 69％的调查对象认为政府在这两方面的开支还远远不够。佩奇和夏皮罗（Page and Shapiro, 1992）以类似的方式报告了尽管人们对福利开支的支持度一直很低，但是对社会保障开支的支持度却一直很高也很稳定。对于诸如此类的一些调查结果，他们给出的理由是，人们对某些应该工作却没有去工作的调查对象，或者某些被认为道德品行有问题的调查对象不够慷慨（Heclo, 1986；Gilens, 1999）。我们已经证明，关于自利的更完整、更严格的说明也不能解释清楚这些调查结果。

10.5　强互惠和福利国家：不幸的婚姻？

以下几点概括总结了实验数据、调查数据和其他数据与设计并维系方案以促进经济安全和消除贫困的问题之间的关联。第一，人们展现出相当高的慷慨水平，即使是面对陌生人。第二，重要的问题是为何会产生关于收入不平等的各种观点。第三，人们为公共产品作出贡献、为集体努力而团结互助并认为在捐献行为和他人的努力方面搭便车是不公平的。第四，人们会承担相当大的成本来惩罚搭便车者，即便他们不能从这些惩罚行动中合理地预测出未来的个人收益（本书第 1 章以及第 5 章至第 8 章）。

设计一个收入保障和经济机会体系——该体系可以利用而不是破坏以上四点所表达的动机——并非难事。该体系对穷人十分慷慨，并且对处于以下情况中的个体给予援助：从事受社会尊重的工作、试图改善从事此类工作的机遇，以及由于一些力所不及的意外（比如疾病和裁员）而沦落为穷人。

尽管强互惠可能支持平等主义，但它也同样有可能反对过去几十年间发达市场经济体所奉行的福利国家政策。特别是根据上述经验规律，我们怀疑以下观点也是正确的：即使接受者理应获得支持，即使目标人群的不合作率相当低，平等主义政策——其资助人们的宗旨不会因人们是否为社会作出贡献发生改变，也不会因贡献水平的高低发生改变——还是被看做不公平的并且不会获得支持。可以用这一点来解释为何会反对那些为穷人制定的福利措施，特别是因为人们认为此类措施已经促进了各种社会病理学的发展。同时，它还可以解释为何美国的社会保障和医疗保险一直获得了支持，那是因为公众都认为接受者"值得拥有"并且不认为此类政策会支持那些被看做反社会的行为。本书第 5 章报告的公共产品实验同样与这一观点一致，即穷人之所以抵制税收可能是因为他们认为富人并没有付出应付的份额。

然而，一个引人注目的事实是，之前在美国的通过援助有受抚养子女的家庭、提供食品券等社会支持计划（social support programs）来援助家庭的意愿已经衰减，绝大多数人——不论他们的收入水平、种族或个人与此类方案的接触历史是怎样——都反对现状。我们认为，可以依据强互惠原则来解释这种公共情操模式。

我们主要依赖两项研究。第一项研究是，法卡斯和罗宾逊（Farkas and Robinson，1996）对一个名为公共议程（Public Agenda）的无党派非营利研究机构于 1995 年年末收集的数据展开了分析。作者在全国组建了八个专题小组，然后实施了一项全国性的调查，内容包括与 1 000 个随机挑选的美国人进行半小时面谈以及在全国范围挑选 200 名非裔美国人。第二项研究是，政治学家马丁·吉伦斯在《美国人为何憎恨福利》中对各新闻机构在 20 世纪开展的一些民意调查进行分析和评论。[10]

在公共议程组织的一项调查中，尽管占比 34％的调查对象认为福利体系只需要 "稍加调整"，但仍然有占比 63％的调查对象认为应该取消福利体系或者对其实施 "根本性的改革"。赞同福利体系维持现状的人所占的比例仅有 3％（Farkas and Robinson，1996，9）。即使在那些接受福利救济的调查对象之中，也仅有占比 9％的对象表示基本赞同福利体系，并且认为该体系需要实施根本性变革和稍加调整的比率分别高达 42％和 46％。

不能用福利体系的成本来解释这类反对意见。尽管人们普遍夸大了个体在联邦政府的福利体系预算中所分担的份额（Farkas and Robinson，1996，9），但是这并不能解释当前的反对意见。[11]法卡斯和罗宾逊强调：

> 美国人认为福利体系最令人不满的一点是 "它鼓励人们采取错误的生活方式和价值观"，而不是 "它花费了纳税人太多的钱"，因为对二者的支持比例分别是 65％和 14％……为调查对象介绍了九种可行的改革——从要求实施职业培训到突击检查以确保福利接受者获得应得的收益——以减少这项最不受认可的收益。

显然，成本并不是问题。在这些专题小组中：

> 参与者不断地以诸如无关和离题之类的近乎嘲笑式的术语来驳斥此类观点——福利体系所需的财务成本是有限的（Farkas and

Robinson，1996，9—10）。

也不能用欺诈感来解释这类反对意见。确实有占比 64% 的调查对象（以及占比 66% 的接受福利救济的调查对象）认为福利欺诈（welfare fraud）是一个严重的问题。然而大多数人都认为，福利欺诈不会比其他政府方案中的欺诈行为更为严重。就算消灭了欺诈行为，也只有占比 35% 的调查对象会更加"满意福利体系"（Farkas and Robinson，1996，11—12）。

在对这一事实的评论中，马丁·吉伦斯（Martin Gilens，1999，1，2）发现："至少对精英们来说，政治学通常被看做一种关注'谁获得了什么'的方法。然而对美国普通民众来说，政治学通常都被看做一种关注'谁应该获得什么'的方法，当然，福利国家也不例外。"在公共议程组织的一项调查中，绝大多数调查对象认为，对劳动群众而言福利体系并不公平，而且容易使福利接受者对福利体系产生依赖。调查对象认为，与其说接受者在福利体系中作弊（比如获取多重收益），倒不如说他们是在滥用福利体系（比如不去寻找工作）（Farkas and Robinson，1999，12）。此外，占比 68% 的调查对象（以及占比 59% 的接受福利救济的调查对象）认为，福利体系"一代一代传承至今，造就了一个永恒的下层阶级"。同样，占比 70% 的调查对象（以及占比 71% 的接受福利救济的调查对象）认为福利体系使得"依赖福利救济比拥有工作能获得更优的财政状况"，占比 57%（占比 62% 的福利接受者）的调查对象认为福利体系鼓励"人们变得懒惰"，还有占比 60%（占比 64% 的福利接受者）的调查对象认为福利体系"鼓励人们未婚生子"（Farkas and Robinson，1999，14—15）。请注意，在这一点上，福利接受者和其他公民的观点一致。

调查对象认为福利国家引发了这些行为，这一观点虽然明确无误但是偏离了论题。无论福利体系会不会引发（比如）未婚生育的行为或滋生不愿工作的想法，人们都会反对福利体系为那些人——他们的行为不受社会认可——提供财政支持。不管自己的行动能否改变这一行为，他们想做的就是证明这一行为是有害的并且让自己远离这一行为。

种族偏见（racial stereotyping）和反对福利紧密联系在一起。公共议程组织的一项调查表明，白种人比非裔美国人更可能将消极属性归于福利接受者以及将个体的贫困归咎于缺乏努力。吉伦斯（Gilens，1999）记录的调查数据表明：

对于大多数美国白人来说，由种族因素引发的反对福利行为并不是因为仇视黑人，也不是因为白人渴望保持对非裔美国人的经济优势，而是因为由种族因素引发的反对福利行为起源于一种特别的观点，即总体上说，非裔美国人并不遵守职业道德。

有证据证明，人们比较能够容忍对同一民族和种族的再分配，但却不太能容忍对其他民族和种族的再分配。叶尔佐·卢特默（Erzo Luttmer，2001）发现，如果个体的邻居大多都是不同种族的福利接受者，那么他们反对福利的意愿就更强。卢特默的发现与我们对再分配政治学的互惠解释相一致，这点可以从下面的证据中得到验证，即当人们认同某一社会群体时，他们更有可能因为群体外成员的不好的结果和行为而谴责他们（要求这些群体外成员各负其责）以及因为群体外成员的优秀结果和行为而怀疑他们（归功于各种因素而不是群体外成员的自愿控制）（Brewer and Miller，1996）。然而，卢特默掌握的美国数据中的种族显著性在其他文化环境下时可能就不那么显著了，因为这些能决定谁是"内部人"和谁是"外部人"的特征是由特定文化决定的。存在着这样一个事实，即许多美国人把当今的福利体系看做对深入贯彻的互惠规范的破坏。这一事实并不是要求政策制定者对穷人采取惩罚性措施或减少预算。当询问的方式使得穷人值得获得资助时，公众确实会强烈支持此类收入支持措施。比如，《纽约时报》/哥伦比亚广播公司于1995年进行的民意调查发现，"政府有责任照顾那些不能照顾自己的人民"这一观点的支持者的人数是反对者的两倍。

10.6　结论

和20世纪的彼得·克鲁泡特金（Petr Kropotkin，1989［1903]）一样，我们发现了令人信服的证据来证明在大多数社会情况下，人类的行为倾向于以慷慨和互惠的方式行动，而不是以自利方式行动。尽管许多经济学家都未能在政策事务中发现这些倾向的实践作用，但是弗雷德里克·哈耶克（Frederick Hayek，1978，18，20）却没有遗漏它们的突出存在：

　　［这种］对公平分配的需求……是……一种基于原始情感
（primordial emotions）的返祖现象。并且这些盛行的情感是预言
家（和）道德哲学家……计划通过有意识地创建一个新的社会类
型来获求的。

　　如果我们是正确的，那么经济学家肯定误解了支持福利国家和反抗福
利体系的行为（已经发生了），他们将这种行为归因于选民的自利，而没有
看到原因在于这些方案未能有效实现诸如公平和慷慨之类的承诺，并且它
们显然违反了深入人心的互惠规范。一旦平等主义者证明主体制度违反了
互惠规范并有可能被一些更匹配的制度所取代，那么平等主义者便能成功
地提升人类动机。

　　为了调动而不是侵犯互惠价值观，公共政策应该认识到这一点，即只
要穷人试图努力改善自己的处境并且道德品行优良，那么慷慨对待穷人这
一观点便会得到相当多的支持。对于政治上可行的平等主义政策设计来说，
其首要任务可能是识别出那些可以赋予个体互惠权利的行为。在美国，在
个人收入水平允许的情况下，这些行为目前包括储蓄、努力工作以及接受
教育等。长期贫困通常是这一现象带来的恶果，即受社会尊敬的行为只能
换来低回报：努力工作的低薪酬、储蓄的低利率、为那些想要从事某些创
业活动的人设置高成本的信贷准入以及恶劣的教育环境甚至阻碍了最勤勉
的学生的成长。需要设计某些政策，使得穷人在从事这些活动的时候活动
的回报水平能够被提高，这将获得广泛的支持。基于互惠的政策设计的第
二项原则应该是为个体提供保险以防坏运气带来不测，而不是为了防止自
身行动产生恶果，尤其是当自身行动违反了这些深入人心的社会规范
时——这些规范反对诸如非法使用违禁药品或在不能充分承担抚养义务的
情况下生育之类的行为。

　　许多传统的平等主义方案——比如土地改革和员工所有制——都与互
惠规范极其一致，因为它们不仅可以让人们享受自身劳动的成果，而且还
能让人们更广泛地承担自身行动的结果（Bowles and Gintis，1998；Bowles
and Gintis，1999）。一些更为常见的倡议也与互惠规范极其一致，比如已改
进的教育机会和支持房产所有权的政策。充分的证据证明了在街坊邻里中，
房产所有权能够提高参与地方政治的积极性以及约束从事反社会行为的意
愿（Sampson，Raudenbush and Earls，1997）。埃德蒙·费尔普斯（Ed-

mund Phelps，1997）提出以扩大补助来提升就业率和增加穷人的收入，这些措施利用了广泛存在的互惠动机。同样，社会保险计划可能会根据约翰·罗默尔（John Roemer，1993）提出的建议重新被制定，以此保护那些需要承担无法抗拒的风险的个体，但是这项计划却（除了提供最低生活保障之外）不会补偿那些需要承担自身选择的结果的个体。比如罗伯特·席勒（Robert Shiller，1993）提出的这样一种方式，即根据地方房价波动情况对各个家庭实施补助——对大多数人而言是一种主要的财富形式。其他的保险形式只能部分地保护这些工人——他们在由全球性经济变革引发的劳动力服务需求波动中遭受损失。

以这些以及其他与强互惠相符的政策为基础，再加上与广泛可见的基本需求问题上的慷慨动机相符的最低生活保障，可以构建一个平等主义社会。但如果我们是正确的，那么经济分析便不足以引导这一领域的决策，除非它改变了自己关于人类动机的基本假设。

注释

[1] 就此类问题对低收入群体实施调查的次数分别为 78 和 79，对高收入群体实施调查的次数则分别为 294 和 281。Gilens（1999）也利用早期的数据做过类似的调查。

[2] 早期的"福利耻辱"（welfare stigma）模型，请参见 Moffitt（1983）。论述工作规范（诸如政府转移支付供给的内部规范）在再分配的政治和方式中的作用的相关文献参见 Lindbeck、Nyberg 和 Weibull（1995）。

[3] 对该问题的确切表述是："依你所见，人们身陷贫困究竟所为何故？这里有五种不同的观点，哪一种与你的观点最为接近呢？（1）因为他们太不走运；（2）因为懒惰以及缺乏意志力；（3）因为在我们的社会中存在着太多的不公；（4）这是现代社会进步不可或缺的一部分；（5）以上观点都不正确。"对赞同"因为懒惰以及缺乏意志力"这一观点的调查对象而言，我们的虚拟变量为 1；而对赞同其他四种观点之一的调查对象而言，我们的虚拟变量为 0。

[4] 这些结果并不取决于我们给出的具体样本和说明。在各种说明中，

提升到下一级收入四分位数所产生的效应比认为贫困的存在源于穷人的懒惰所产生的效应低一个数量级。当我们研究贫困的综合措施遗漏了政府当局是否竭尽全力为穷人这一问题时，尽管穷人是懒惰的这一观点产生的效应依旧广泛深远，但是不论这项回归分析是否包含其他的人口学统计变量，收入还是不能产生显著的效应。

[5] 我们略去了那些无回应的以及以"不知道"来回应的调查对象。另一种方式是将"不知道"作为一种有效回应保留下来。然而，这些界定清晰的偏好和观点是如何产生的，又为何会产生呢？这一问题超出了本章的讨论范围。我们关注的是，假定人们的观点和偏好界定清晰，那么他们为何反对或支持收入再分配。

[6] 存在一些其他的问题，这些问题或许可以捕获被此处的模型排除在外的自利因素。对这些变量的讨论和分析，参见方（Fong，2001）。

[7] 由于篇幅有限，我们无法在此将这些结果一一列出。然而，在方（Fong，2001）的论文中可以找到这类运用了有序概率模型的研究成果。

[8] 我们假定，当人们认为个体的种族和性别是获取成功的重要因素时，他们会接受哪种群体收益和损失。

[9] 这些回归分析的样本数量为 584 至 594。

[10] Weaver、Shapiro 和 Jacobs（1995）实施的第三项研究依据全国民意研究中心（National Opinion Research Council）和综合社会调查的数据得出了基本一致的结论。

[11] 作为一项普遍规则，当一部分税收投入到非专家人士所反对的事情之上时，他们便极度夸大自己担负的税收份额，不论它是对外援助、福利、AIDS 研究还是军费开支——一般而言，反对意见是夸大行为的充分不必要条件。

参考文献

Alesina, Alberto, Edward Glaeser, and Bruce Sacerdote. "Why Doesn't the United States Have a European-Style Welfare State?" *Brookings Papers on Economic Activity* 2(2001):187 - 278.

Atkinson, A. B. *The Economic Consequences of Rolling Back the Wel-*

fare State. Cambridge, MA: MIT Press, 1999.

Besley, Timothy, and Stephen Coate. "Understanding Taxpayer Resentment and Statistical Discrimination," *Journal of Public Economics* 48 (1992):165 – 183.

Bowles, Samuel, and Herbert Gintis. "Schooling, Skills and Earnings: A Principal-Agent Approach," in Kenneth Arrow, Samuel Bowles, and Steven Durlauf(eds.), *Meritocracy and Economic Inequality*. Princeton, NJ: Princeton University Press, 1998.

——. *Recasting Egalitarianism: New Rules for Markets, States, and Communities*. Erik Olin Wright(ed.). London: Verso, 1999.

Brewer, Marilynn B. , and Norman Miller. *Intergroup Relations*. Pacific Grove, CA: Brooks/Cole Publishing Company, 1996.

Deutsch, Morton. *Distributive Justice*. New Haven: Yale University Press, 1985.

Eckel, Catherine, and Philip Grossman. "Altruism in Anonymous Dictator Games," *Games and Economic Behavior* 16(1996):181 – 191.

Edda. "Havamal. "In D. E. Martin Clarke(ed.), *The Havamal, with Selections from Other Poems in the Edda*. 1923.

Farkas, Steve, and Jean Robinson. *The Values We Live By: What Americans Want from Welfare Reform*. New York: Public Agenda, 1996.

Fong, Christina M. "Social Preferences, Self-Interest. and the Demand for Redistribution," *Journal of Public Economics* 82, 2(2001):225 – 246.

——. "Empathic Responsiveness: Evidence from a Randomized Experiment on Giving to Welfare Recipients. "Carnegie-Mellon University, 2004.

Forsythe, Robert, Joel Horowitz, N. E. Savin, and Martin Sefton. "Replicability, Fairness and Pay in Experiments with Simple Bargaining Games," *Games and Economic Behavior* 6, 3(May 1994):347 – 369.

Gallup Organization. *Haves and Have-Nots: Perceptions of Fairness and Opportunity*. Gallup Press, 1998.

Gilens, Martin. *Why Americans Hate Welfare*. University of Chicago Press, 1999.

Hayek, Frederick. The Three Sources of Human Values. London: London School of Economics, 1978.

Heclo, Hugh. "The Political Foundations of Antipoverty Policy." In Sheldon H. Danziger and Daniel H. Weinberg (eds.), *Fighting Poverty: What Works and What Doesn't*. Cambridge: Harvard University Press, 1986, 312 – 341.

Kollock, Peter. "Transforming Social Dilemmas: Group Identity and Cooperation." In Peter Danielson(ed.), *Modeling Rational and Moral Agents*. Oxford: Oxford University Press, 1997.

Kolm, Serge-Christophe. *La Bonne Economie: La Réciprocité Générale*. Presses Universitaires de France: Paris, 1984.

Kropotkin, Petr. *Mutual Aid: A Factor in Evolution*. New York: Black Rose Books, 1989(1903).

Lindbeck, Assar, Sten Nyberg, and Jörgen Weibull. "Social Norms and Incentives in the Welfare State," *Quarterly Journal of Economics* 114 (1995): 1 – 35.

Loewenstein, George F., Leigh Thompson, and Max H. Bazerman. "Soaal Utility and Decision Making in Interpersonal Contexts," *Journal of Personality and Social Psychology* 57,3(1989): 426 – 441.

Luttmer, Erzo F. P. "Group Loyalty and the Taste for Redistribution," *Journal of Political Economy* 109,3(June 2001): 500 – 528.

Miller, David. *Principles of Social Justice*. Cambridge, MA: Harvard University Press, 1999.

Moffitt, Robert. "An Economic Model of Welfare Stigma," *American Economic Review* 73(1983): 1023 – 1035.

——. David Ribar, and Mark Wilhelm. "Decline of Welfare Benefits in the U. S. : The Role of Wage Inequality," *Journal of Public Economics* 68,3 (June 1998): 421 – 452.

Moore, Barrington Jr. *Injustice: The Social Bases of Obedience and Revolt*. White Plains: M. E. Sharpe, 1978.

Page, Benjamin, and Robert Shapiro. *The Rational Public: Fifty Years of Trends in American's Policy Preferences*. Chicago: University of Chicago Press, 1992.

Phelps, Edmund S. *Rewarding Work : How to Restore Participation and Self-Support to Free Enterprise*. Cambridge, MA: Harvard Uruversity Press, 1997.

Piketty, Thomas. "Social Mobility and Redistributive Politics," *Quarterly Journal of Economics* 110, 3 (August 1995): 551 – 584.

Reif, Karlheinz, and Anna Melich. *Euro-Barometer* 31A: *European Elections*, 1989: *Post-Election Survey, June—July* 1989 [*Computer File*]. Conducted by Faits et Opinions, Paris. ICPSR ed. Ann Arbor, MI: Inter-university Consortium for Political and Social Research, 1993.

Roberts, Kevin. "Voting over Income Tax Schedules," *Journal of Public Economics* 8 (December 1977): 329 – 340.

Roemer, John. "A Pragmatic Theory of Responsibility for the Egalitarian Planner," *Philosophy and Public Affairs* 22 (1993): 146 – 166.

Sampson. Robert J., Stephen W. Raudenbush, and Felton Earls. "Neighborhoods and Violent Crime: A Multilevel Study of Collective Efficacy," *Science* 277 (August 15, 1997): 918 – 924.

Scott, James C. *Thc Moral Economy of the Peasant : Rebellion and Subsistence in Southeast Asia*. New Haven, CT: Yale University Press, 1976.

Shiller, Robert J. *Macro Markets : Creating Institutions for Managing Society's Largest Economic Risks*. Oxford: Clarendon Press, 1993.

Skitka, Linda, and Philip Tetlock. "Providing Public Assistance: Cognitive and Motivational Processes Underlying Liberal and Conservative Policy Preferences," *Journal of Personality and Social Psychology* 65, 6 (1993): 1205 – 1223.

Walster, Elaine, G. William Walster, and Ellen Berscheid. *Equity, Theory and Research*. Boston: Allyn and Bacon, 1978.

Weaver, R. Kent, Robert Y. Shapiro, and Lawrence R. Jacobs. "Poll Trends: Welfare," *Public Opinion Quarterly* 39 (1995): 606 – 627.

Weiner, Bernard. Judgments of Responsibility: *A Foundation for a Theory of Social Conduct*. New York: The Guilford Press, 1995.

Williamson, John B. "Beliefs about the Motivation of the Poor and Attitudes toward Poverty Policy," *Social Problems* 21, 5 (June 1974): 734 – 747.

11 公平、互惠和工资刚性

特鲁曼·比利（Truman Bewley）

11.1 引言

工资刚性（wage rigidity）问题上存在许多相互竞争的理论，其中大多数经验检验使用的是随处可得的有关工资标准（pay rates）和就业率的公开数据，而这些数据并不能说明有关工资行为的制度和动机。为了了解更多，有些经济学家分析了非常规的数据来源或者是进行了调查和实验。管理学家和组织心理学家多年来一直在收集与工资刚性相关的数据。在此，我报告了我所了解的有关工资刚性起源的一些资料来源。

11.2 工资和薪酬有向下刚性吗？

在探讨工资刚性的原因之前，有必要检验工资是否真的具有向下刚性。由于缺乏精准的数据，所以目前要回答该问题出奇地困难。我们甚至连工资的准确定义都尚未明确。第一，企业的边际成本取决于平均时间内每份工作的名义劳动力成本。第二，雇员福利取决于每个工人的总名义薪酬（total nominal compensation）。第三，在固定的工作环境下，雇员工作任期内，当职位固定、雇主固定时，付给该雇员的名义薪酬如果是按小时支付的，那么工资就是时薪和小时利润。第三种定义与雇员和管理者关于公平的概念最接近，因此它与解释工资向下刚性的管理问题是最相关的。

为了能和盛行于贸易中的公平意识联系得更加紧密，建议最好只将基本工资纳入其中，将其他如奖金之类的可变部分排除在外。三种工资标准都可以独立变化。举例来说，如果工人分配到的工作所需的要求提高了，那么在不改变工人工资的前提下，这份工作的平均小时劳动力成本依然可以增加。相同地，工作时间或是工作分配的改变，都能在不改变小时工资标准或单位工作的劳动力成本的情况下，改变个人的总工资。关于福利，还存在许多概念上的模糊。例如，如果一项给定的医疗保险政策所增加的成本由公司和其员工共同分担，那么该公司的单位工作的名义劳动成本也会增加，但是工人们则可能会觉得他们的医疗收益总价值反而减少了。

工资削减可被定义为工资的第三种定义中的工资的减少。遗憾的是，这种工资标准是最难计算的，因其所需的知识远超过对总工资的了解。

我所了解的衡量工资第一种定义的研究仅有勒博、萨克斯和威尔逊（Lebow, Saks and Wilson, 1999）的学说，即公司的平均劳动力成本。这些作者运用美国劳工统计局数据，发现工资成本似乎有向下刚性，尽管存在相当规模的工资削减。

大量文献使用了对个体劳动者工资的相关调查来研究第三种工资中的变化。这些研究包括麦克劳克林（McLanughlin, 1994, 1999），勒博、斯托克顿和瓦舍尔（Lebow, Stockton and Wascher, 1995），卡德和希斯洛普（Card and Hyslop, 1997），卡恩（Kahn, 1997），费尔和戈特（Fehr and Goette, 1999），以及史密斯（Smith, 2000, 2002）。在做工资标准报告时，其中某些作者不得不面对可能出现的错误。所有的研究都忽视了工作时间、工作分配、奖金红利，或者是工作环境中的变化。因此，尚不明确这些数据是否揭示了第三种定义中的工资变化。所有研究都报道了工资额度的大幅削减。

对企业的工资刚性所进行的实地调查得出了相互冲突的结论。罗杰·考夫曼（Roger Kaufman，1984）、艾伦·布林德和唐·舒瓦（Alan Blinder and Don Choi，1990）、约纳斯·阿格尔和佩尔·伦德堡（Jonas Agell and Per Lundborg，1999）以及我本人（Bewley，1999）只是单纯询问了雇主是否下调了工资。虽然答案也许适用于工资的第三种定义，但目前仍无法证实。在考夫曼的研究时期发生了经济衰退，但是在他的 26 家英国公司样本中，没有一家公司考虑削减名义工资。布林德和舒瓦发现，在他们所研究的 19 家美国公司里，有 5 家减薪率很高。此外，阿格尔和伦德堡几乎没有发现减薪现象；过去的 7 年，是高失业率和低通货膨胀时期，153 家接受调查的瑞典公司中只有 2 家经历了名义工资削减，仅有几个雇员遭遇减薪。之所以几乎没有减薪状况出现，恐怕要归因于瑞典独特的制度因素。尽管我在经济衰退期间开展了调查，并且也积极寻找减薪的公司，但我发觉减薪的可能性非常小；在 20 世纪 90 年代初期的经济衰退中，被调查的 235 家公司中有 24 家削减了雇员的基本工资。

针对劳资协议（union wage agreements）的调查也同样出现了相互冲突的结论。在《目前的工资发展》（*Current Wage Developments*）和《每月劳工评论》（*Monthly Labor Review*）中，劳工统计局报道了从 1959 年到 1978 年工会和非工会产业工人工资的一般变化。这些数据显示了一个可以忽略不计的减薪幅度；每年占比不高于 0.5％的工人经历了减薪（与此相关的百分比中，我的样本是占比 0.14％）。[1] 米切尔（Mitchell，1985）发现了不同的证据，他使用劳工统计局的数据计算出，1983 年，在新合同的主导下，占比 13％的工人经历了减薪。同样，福廷（Fortin，1996）发现，从 1992 年到 1994 年，在加拿大 1 149 个大型非生活成本调整的劳资协议中，占比 6％的包含了减薪。

有一小部分研究通过公司记录了解了与工作分配、工作时间、单个工人的工资相关的历史，得出了工资第三种定义中关于向下刚性的更清晰的论据，这其中包括贝克、吉布斯和霍尔姆斯特罗姆（Baker, Gibbs and Holmstorm，1994），威尔逊（Wilson，1996），以及阿托济和德弗罗（Altonji and Devereux，2000）。遗憾的是，这些作者只研究了三家公司。贝克、吉布斯和霍尔姆斯特罗姆研究了一家，威尔逊研究了两家，其中一家正是贝克、吉布斯和霍尔姆斯特罗姆研究的那家，阿托济和德弗罗研究了第三家。只有阿托济和德弗罗报道了关于小时工的数据。其他两项研究只收集了带薪雇员的相关信息。

三项研究都发现了少量的减薪现象。阿托济和德弗罗发现占比 2.5％的小时工都经历过减薪，但是所有的这些都是"与全职或者是兼职状态变化，或者绩效奖励是否是薪酬的一部分相关联"。阿克洛夫、狄更斯和佩里（Akerlof，Dickens and Perry，1996）所做的一项电话调查更加证实了这些发现，该调查范围是整个华盛顿特区，参与调查的人数为 596。核心问题是："除去加班、佣金和奖金，你的基本工资标准与一年前的今天相比是否有变化？"几乎没有数据显示减薪的存在。鉴于该问题的形式，这一证据可能涉及工资的第三种定义。这一证据与以下两项在新西兰实施的类似的调查相矛盾，这两项调查分别实施于 1992 年和 1993 年，并有占比 8％和 5％的调查对象报告了小时工资的减少（Chapple，1996，table 11.2 and 11.3）。要做的努力还有很多。目前尚未有人根据工资的第三种定义开展关于精确计算减薪的发生率的大型调查。

11.3 经济学家的调查证据

这里有六组经济学家所做的针对负责薪酬政策的企业经理的调查。其中五组的目的是了解工资向下刚性的原因——罗杰·考夫曼（Roger Kaufman，1984）、艾伦·布林德和唐·舒瓦（Alan Blinder and Don Choi，1990）、约纳斯·阿格尔和佩尔·伦德堡（Jonas Agell and Per Lundborg，1995，1999）、卡尔·坎贝尔和库纳尔·卡姆拉尼（Carl Campbell and Kunal Kamlani，1997）以及比利（Bewley，1999）。第六项研究由戴维·莱文（David Levine，1993）实施，同样也包含了相关的信息。尽管这些调查结果从某种程度上来说是有差异的，但还是一致描述了工资刚性的起源。同样，我也讨论了珍妮弗·史密斯（Jennifer Smith，2002）所撰写的一篇论文，其中分析了关于英国工人的一项调查。

20 世纪 90 年代初，经济萧条，失业率很高，当时我在美国东南部区域采访了 246 家公司的管理者以及 19 个劳工领袖，并在此基础上，首次对自己的调查做出了总结。我的调查最后反映了管理者的意见，尽管劳工领袖在所讨论的问题之上拥有极其一致的意见。减薪的主要阻力来自上层管理者，而不是雇员。避免减薪的主要原因是其破坏了道德准则。道德准则由三部分组成。第一个部分是公司认同感和目标内在化。第二个部分是与公司和其他雇员进行隐形交流时的信任。雇员们清楚，即便没有被察觉，对公司或同事的贡献最终也都会获得回报。第三个部分是一份有助于好好工作的心情。这份心情不需要是快乐的，尽管快乐对某些工作的绩效十分重要，如那些需要和顾客打交道的工作。这份心情就如同讨厌一份不愉快的工作一样，它与取得成就和骄傲严格挂钩。高昂的士气并不等同于幸福或工作满意度。工人们感到满足可能只因为他们什么事都没做。高昂的士气是与自愿为公司和同事做出牺牲的意愿相联系的。

一般意义上的公平是有利于保持高昂的士气的，它会有助于创造一种互信的气氛。管理者公平对待工人，用公正的规则解决争端、决定升迁和分配工作，使用合理的标准来设定不同雇员的相对工资等，都可以产生公平感。这些标准大多有精细的系统结构，并且被称为"内部薪酬结构"（internal pay structure）。它们依据不同因素将薪酬差距清晰地划分出来，比如在公司的培训、经验、工期和生产率。这些结构是极其重要的，因为在公司，任何可感知的薪酬不平等也许就会引发不满和罢工。内部公平的标准多少有点武断，大部分是基于公司的传统，并且不会提及薪酬与生产率是成正比的。许多雇主相信，尽管如果给予更多的财政激励，那么有些人可能会生产得更多，但当薪酬增加得比生产率少时，劳动力的总生产率反而提高了。

公司薪酬与生产率在多大程度上相关，对此人们意见不一。由于生产率不同而造成的大的薪酬差距，会引发憎恨情绪，尤其是当生产率难以被衡量的时候（而事实也是如此）。然而，当可以模糊衡量生产率时，许多公司使用计件工资标准，并且当计件工资标准还是公平的不可行的一般概念时，已经要求根据奖励资金来区分人们的不同贡献。薪酬对于生产率的敏感性，也许会被其他诸如公司工作年限等薪酬因素影响从而变得迟钝。不管个人的薪酬对于生产率的敏感性如何，通过将每个类型的工人数量调整到利润最大化的水平，公司都会自动保持各种类型工人的平均工资与他们的平均边际产品价值相一致。

管理者都关注士气，因为士气可以影响劳工流动率、新员工招募和生产率。一旦抱有不满情绪的员工找到另外一份工作，他们就会立马跳槽。公司最好的招募者就是自己的员工，因此不要让员工四处抱怨公司，这是十分重要的。在考虑执行例行任务的速度时，士气对生产率几乎没有影响。习惯和工作环境对这种生产率的影响力很大。管理者必须将士气的影响谨记于心，这有利于工人自愿做额外的工作，有利于工人互相鼓励帮助对方，有利于工人提出建议，有利于使工人在没人监督的情况下依然认真工作。同样，士气低落的工人则会浪费时间互相抱怨。在考虑士气对生产率的影响时，必须清楚地意识到，由于监督成本高，因此许多雇员并未被严格监控，在工作时仍享有广泛的自由。除了某些低层次的工作之外，雇主依赖于工人们的自愿合作，而不是简单的发号施令。

　　当考虑为何减薪会破坏士气时，有必要将新员工与现有员工做出区分。减薪破坏了现有员工的士气是因为侮辱效应（insult effect）和生活水平效应（standard of living effect）。工人们以往都认为定期加薪是对认真工作和忠诚的奖励，因此觉得减薪是一种侮辱，它破坏了隐含的互惠，即使所有员工的工资都下调了。当所有人的工资都下调了的时候，单个工人可能不会认为减薪是针对个人的，但是当人人都遭受损失时，他们就会互相抱怨，激起群愤。生活水平效应是由收入下降引发的憎恨。当发现生活水平下降时，工人们则会责怪他们的雇主。这种效应十分接近于实验经济学家所称的"损失厌恶"（loss aversion）。

　　刚才的观点并不适用于新雇用的工人。如果他们的公司在他们进公司之前刚好有过减薪行为，那么他们是很难察觉的。然而，在减少新雇用员工工资的同时，还继续给现有员工加薪，这种情况也是有可能的。一定时间之后，将仅根据减薪范围向新雇用的员工支付工资。有些公司就采取了这种两层薪酬的结构。管理者们认为，低级别薪金的新员工开始可能会为他们拥有了工作而开心，但是在得知他们的薪酬违反了传统的薪酬内部结构后，他们的态度可能会有所改变。他们会认为自己受到了不公平的待遇，憎恨会破坏他们的士气，并且不满情绪也会波及他人。

　　抗议减薪和寻求内部薪酬平等源于公平的想法，这些想法常常涉及某些参考工资。减薪的参考工资就是以往的薪酬。内部平等的参考工资就是在公司内部相同条件和相同工作的情况下其他工人的工资。工资的公平性与利润和生产率几乎无关，尽管工人和管理者都认为在某种程度上，员工们分享公司的成果是十分合适的。当建立一个内部薪酬结构时，管理者们往往试图使用合理的标准，一旦结构建立成功，它自身的传统也使得它是一个公平的准则。

刚才所提及的对工资向下刚性的解释与以下士气理论密切相关，分别是索洛（Solow，1979）、阿克洛夫（Akerlof，1982）以及阿克洛夫和耶伦（Akerlof and Yellen，1988，1990）。他们认为士气和生产率随着工资的增长而提高，并且工人成本和生产率之间的权衡决定了薪酬，这种薪酬是与失业率无关的。阿克洛夫（Akerlof，1982）利用他的礼物交换模型（gift exchange model）解释了薪酬和士气之间的联系。根据这一模型，工人们为交换超出市场出清水平的工资标准，会付出多于雇主所要求的努力，因此努力水平随薪酬水平的提高而提高。

然而，我认为这一理论还不够精准，因为雇主说他们并没有在努力和薪酬水平或者是士气和薪酬水平之间发现太多联系。生产率和士气并不随薪酬水平的提高而提高，尽管它们会被减薪或是令人失望的小幅度加薪所破坏。甚至大幅加薪也不会提高士气或者是生产率，因为工人很快就会适应加薪并且逐渐会认为他们有权加薪。很快他们就会失去通过付出额外劳动来换取更高的薪酬的想法。当决定薪酬水平时，尽管管理者考虑了公司所能吸引和保留的劳动力的成本和劳动力素质之间的权衡，但雇主不会考虑这些。

在阿克洛夫、索洛和耶伦的理论中，士气取决于薪酬水平，然而我所描述的一种解释是，工资只有在减少的时候才会对士气产生影响。阿克洛夫—索洛—耶伦理论认为雇主会尽量避免减薪，因为减薪会破坏士气。该理论遗漏了一点，即不管雇员所能获得的最高薪酬是多少，他们总是对自己工作的公平或者市场价值几乎没有概念，并且很快就相信他们有资格获得现有薪酬。工人们不会用其他公司的薪酬作为参考工资，因为他们对其他公司的了解少之又少。当一个积极的劳工联盟提供其他公司的薪酬给他们时，这个观点也会出现例外。

尽管减薪不是常事，但在讨论不该减薪的时候，减薪还是会发生，并且没有出现管理者所描述的有害影响。对于这种不一致，解释如下：如果要避免公司倒闭或挽救一大批工作岗位，那么员工们还是能接受减薪的。管理者十分有信心让员工相信如果事实如此，那么减薪是必须的。

关于工资刚性的学说中的讨论有个疑团，即相比于减薪，为什么公司宁愿选择裁员？我发现大多数管理者相信他们的公司对劳动力的需求弹性太小，以至于减薪无法缓解公司的劳动力供应过剩。弹性小是因为直接劳动是边际成本的一个微不足道的部分，并且产品需求的价格弹性还远不到无限大。只有在产品的需求弹性很高的公司中，如建筑公司，才会有减薪会极大增加劳动力需求的可能性。根据我的研究，许多减薪情况就发生在此类公司或者是濒临破产的公司中。其他经历减薪的公司，是因为在减薪和裁员之间必须做出选择，它们裁员只是为了省钱，而不是削减剩余劳动力（这样的公司不在少数）。选择裁员而不是减薪，最主要的论点在于裁员对士气的破坏更小。被解雇的员工很痛苦，但是他们也不再待在公司。用某个管理者的话说，"裁员将痛苦拒之门外"。良好的管理实践是，推迟潜在的裁员直至雇主累积了大量需要裁去的员工，立马裁员，然后告知剩下的员工，保证短期内不会再有裁员。

裁员对士气的破坏只是短暂的，然而如果是减薪，那么破坏则是持久的。其他一些论点是，裁员使得生产率提高（然而减薪降低生产率），并且裁员可以让管理层决定谁被裁掉（然而减薪时，最好的员工往往选择辞职）。优秀职员的辞职倾向往往是许多公司的关心所在，因为薪酬内部公平的影响意味着，在给定的工资类别下，当工人对利润所作出的贡献增加时，工资的增加幅度低于贡献的增加幅度。另一种考虑是，可行的裁员往往比可行的减薪更省钱，减薪的幅度常常都不高于基本工资的20%。裁员节省了雇用员工发生的固定成本，这是最实质的部分，而减薪则只能减少薪酬的可变部分。

经济学说中另外一个疑团就是，为何失业者不尝试以低薪的方式来取代那些有工作的人的岗位？罗伯特·M·索洛（Robert M. Solow，1990）认为失业者之所以不采取这样的削价方式，是因为社会约定反对此种做法。我发现，对大部分人来说，显性削价是不可能的，因为他们既不知道自己申请的工作具体是什么，也不知道工资是多少。然而，在高失业率时期，求职人员以极低的工资应聘工作的情况也不少见。这类求职并非不被社会赞同，但大部分没被接受，除非是为减少试用期的工资支付，因为接受这些求职就会破坏工资内部结构，并且降低新员工的士气。

一个类似的疑团是，为何公司在危机时不选用更便宜的失业者来取代员工？阿萨尔·林德贝克和丹尼斯·J·斯诺尔（Assar Lindbeck and Dennis J. Snower，1988）在他们的局内人—局外人理论（insider-outsider theory）中对此做出了如下回答：公司极少替换员工是因为留下来的老员工拒绝与这种新员工合作和培训这种新员工，这会降低他们的生产率。我发现雇主不更换员工的主要原因是，新员工不如现有员工经验丰富，并且替换员工会使得劳动力士气低落，甚至会丢失部分技艺，而它们对于公司来说是独一无二的。管理者们一致赞同，在员工换血之后，老员工会抵制新员工，但是管理者又认为在解释为何在危机中不替换员工时，应优先考虑其他的因素。

约翰·梅纳德·凯恩斯（John Maynard Keynes，1936）认为工资的向下刚性可由员工对不同公司的相同工种的工资差距的关注来解释。然而，我发现除了在高度统一化的工厂之外，这样一个外部工资差距并不是一个问题。在大部分公司里，员工对其他公司的工资标准的了解少之又少，因此他们根本不知道公司是否少付了工资。尽管劳工工会试图让他们的成员了解其他公司的工资标准，但是美国的工会力量还太薄弱。

关于工资刚性的一个被广为接受的解释是夏皮罗和斯蒂格利茨（Shapiro and Stiglitz，1984）的"不偷懒理论"（No Shirking Theory）。根据他们的模型，如果员工生产率低于规定水平，那么管理者就通过解雇他们来迫使员工认真工作。如果工资较高，那么被解雇对员工来说损失太大，因此高薪使得坚持创造出更高的生产率成为可能。根据夏皮罗和斯蒂格利茨的理论，管理者为了实现薪酬成本与生产率之间的平衡而调整工资。这个理论并没有真正解释工资的向下刚性，因为其认为当失业率上升时，工资会减少。然而，当失业率上升时，找一份新工作就变得困难，因此失去一份工作对员工来说损失更大。这一理论同时还认为公司可以在低薪酬的情况下依然保持相同的生产率，但事实却不一定是这样。

虽然有这些不足，但"不偷懒理论"还是广受经济学家的欢迎。然而，当我与管理者和劳工领袖们谈到这一理论时，他们总是告诉我这一理论并不奏效。正如阿克洛夫的礼物交换模型中提到的，雇主并未在薪酬和士气之间发现太多联系。同样，雇主们也没有依靠恐吓懒惰的工人并声称解雇他们而获得他们的合作。这样做只会引发负面情绪，破坏士气。员工们装病以逃避工作，并不会因此被开除，当然在被雇用后短暂的试用期内除外。装病通常通过讨论或训诫解决，员工们被解雇往往只是因为一系列的恶劣行为。管理者通过向员工解释对他们的期待、用建设性态度区分他们的工资、指出他们所做的项目的重要性、对他们的工作表现出兴趣并加以表扬、让他们觉得他们是公司价值不菲的员工等方式来诱使员工努力工作。大多数员工会喜欢工作，转而主动配合以取悦老板。

不偷懒理论除去其应用性不强外，其所假定的激励机制还是有效的。例如，在经济衰退时期，当难以寻求新工作，裁员迫在眉睫，尤其是裁员是依据工作的表现进行时（也就是说，在某种工作分类下，生产效率最低的工人将首先被解雇），员工往往会努力工作。因为在经济衰退时期更加容易有失业的危险，所以员工们会加倍努力工作。此外，为避免被解雇，员工们会主动合作，勤于生产。由于裁员的起因往往不是管理者所能掌控的，所以它们不会引起不愉快的情况发生。

尽管裁员不是用来刺激工作的努力程度的，但财政激励却被认为是行之有效的办法，并且不会破坏士气，反而会激励甚至提升士气，因为员工们会发觉，按他们对公司作出的贡献来进行奖励是十分公平的。提供激励并不是夸大其辞，它们确实对内部平衡作出了贡献。规章制度甚至是裁员也同样有利于内部平衡，因为一旦致力于做好自己的工作并且遵守公司规章制度的员工发现其他员工态度恶劣、行为粗鲁却仍侥幸逃脱惩戒，他们就会因此被激怒。裁员的目的就是保护公司远离坏人和不称职者，维持内部平衡。裁员如果做得好，就能让管理者赢得尊重。需要避免的是，不要引发报复的情绪，以免影响大家。然而，这个建议似乎不适用于低层次的工作。在低收入、不需要太多培训、员工又易于管理的工作中，雇主有时会使用强制手段来动员员工，这些是有证可循的。

另一个关于工资刚性的被广为接受的解释是安德鲁·韦斯（Andrew Weiss，1980，1990）的逆向选择模型。这一模型有两种解释，分别与辞职和雇用相关。在辞职解释中，相比于减薪，管理者更愿意选择裁员，因为薪酬减少时，最好的员工也辞职了。然而当管理者选择裁员时，他们可以选择让谁离开。根据雇用说法，管理者相信，求职者想要的薪酬水平越高，那么他或者她的潜在能力也越高，并且新员工的工资也是由员工素质和工资之间的平衡决定的。韦斯认为，第二部门的其他工作决定了薪酬和求职者素质之间的关系。第二部门包括了家庭生产或者是流动率极高的兼职工作。韦斯的逆向选择理论中的雇用解释适用于第一部门，第一部门的工作都是长期的全职工作。他说第二部门中的实际工资有向下刚性，因为该部门的劳动生产回报率是固定的。根据该理论，通过逆向选择对雇佣工资的影响，这种向下刚性接着会向第一部门转移。

我发现了支持韦斯理论的辞职解释的强有力的证据，但是对于支持雇用解释的证据却一无所获。尽管管理者认为减薪会促使最好的员工辞职，但我并未找出任何证据证明招聘人员以理想工资作为考量求职者素质的标准。招聘人员只是将薪酬与工人素质之间的平衡看成生活中的一个基本事实，但是他们并没有从薪酬要求中对工人素质了解更多。招聘人员将平衡视为即便在经济衰退时期也不能降低稀缺技能的薪酬的一种理由。对于大部分技能来说，招聘人员可以在经济衰退时期以低薪聘请任何他们想要的工人。第二部门并不支付求职者的保留工资（reservation wgaes）。第二部门中的雇佣工资要比第一部门中的灵活——与韦斯理论所预言的相反。在第二部门中，两层或者是多层的工资结构是很常见的，因为工作的临时性让工人们不能十分了解对方，因此减少了对避免内部工资不平衡的需求。

考夫曼（Kaufman, 1984）的研究结果给我的主要发现提供了支持。在1982年的一段高失业率时期，他采访了26家英国公司。他也发现了雇主"相信他们能够低薪聘请高素质员工"。他还发现雇主们因为技术的价值和长时间的雇佣关系而不愿意以低薪工人来取代现有工人。雇主为了生产率而避免工资削减。因为监督成本很高，所以雇主极其依赖"员工的信誉度"。员工们将工资视为"称职表现的奖励"，并且将工资削减视为一种"侮辱"。雇主之所以避免以比现有员工工资低的薪酬雇用新员工，是因为这样会引发"无法忍受的摩擦"，尤其是"新员工会因为两层薪金结构而最终心怀不满"。如果"严重减产或是倒闭是必须的"，那么管理者认为他们可以削减名义支付。

布林德和舒瓦（Blinder and Choi, 1990）采访了19家公司的管理者，他们的结论与我的大部分一致。安德鲁·韦斯认为求职者的工资要求是生产率的有效风向标，而他们几乎找不到证据来支持此观点。接受采访的19家公司里几乎没有回馈信息认为较高的薪酬会降低努力程度，然而大部分回馈信息却认为减薪会降低努力程度。大部分受访者说，减薪后努力程度就会随之降低，因为士气也降低了。没有谁提到解雇这一处罚。大部分调查对象相信高失业率会促使人们更加努力工作。

所有被访者都认为减薪会加速劳动力的流动，尽管只有占比五分之一的公司刚刚经历了减薪后辞职率的迅速攀升。"减薪的原因似乎很重要……一般说来，实行减薪是为了挽救公司于失败之中或者是为了调整工资，使工资水平与那些竞争公司相一致。这些公司被视为公平公正、考虑周全，相反另外那些仅仅为了提高利润的公司则没有公平可言。"管理者强烈地感受到被看做不公平的工资政策"会影响工作的努力程度、辞职率和未来应聘者的素质……不过这样的态度会极力阻碍不公平的工资政策……在合适的环境中不需要排除减薪的可能"（Blinder and Choi，1990，1008－1009）。工人关心相对工资也是工资向下刚性的一个原因，布林德和舒瓦已经发现支持该观点的有力证据。然而，他们所提的问题并没有区分内部工资和外部工资，因此他们给凯恩斯的相关工资学说所提供的证据是模糊的。

坎贝尔和卡姆拉尼（Campbell and Kamlani，1997）调查了184家公司，他们向管理者发出问卷，要求调查对象在取值为1到4的量表上估计各种观点的重要性。坎贝尔和卡姆拉尼的大部分观点都与我本人以及其他调查的相一致。调查对象认为减薪会引起优秀员工辞职这一观点是十分重要的，这也是韦斯的逆向选择理论在辞职上的应用（Weiss，1990）。坎贝尔和卡姆拉尼发现优秀员工是极具价值的，因为工资的增加和生产率并不成正比，并且员工的技巧常常是公司独有的。还有其他重要的观点：减薪会加速劳动力流动（因此还有雇佣与培训成本），并且还会引发不良情绪，从而导致怠工。对于减薪会使得招聘更加艰难的观点，坎贝尔和卡姆拉尼没有找到太多证据，并且也没有找到证据证明"不偷懒模型"。因为没那么害怕失业，所以减薪会降低努力程度。管理者并不赞成此观点，但他们赞成下降的忠诚度会造成努力程度的降低的观点。

此外，相比于高薪、严密的监督，或者是高失业率，良好的雇主—员工关系被认为能够更好地影响努力程度。同样也没有证据支持局内人—局外人理论。大部分管理者都认为，如果公司解雇部分现有员工，并且以低薪聘请的新员工代替他们，那么留下来的老员工并不会因此愤怒且拒绝与新员工合作。如果公司是获利的，那么减薪对努力工作的负面影响要比公司是损失的更大。加薪和减薪之间的影响是不对称的，减薪的不利影响会远超出加薪的积极影响。相同地，相比于长期支付低薪，减薪对于努力工作和士气的不利影响更加强烈。

阿格尔和伦德堡（Agell and Lundborg，1995，1999，2003）对瑞典制造公司的管理者做了问卷调查，1991年有179家公司给出了回应，他们对其中157家公司于1998年做了后续调查。绝大部分调查对象认为雇员会强烈反对名义工资的削减，并且要求公司中至少有占比50%的职位的工资削减是可接受的。瑞典的法律使得减薪变得困难这一事实也许会影响该结论。

想要维持外部工资的对比关系的愿望解释了工资的向下刚性，调查对象对凯恩斯的这一理论给予了大量支持。该结论与我的结论之间的不一致也许可以这样解释，即瑞典的劳工联盟比美国的工会要重要得多。阿格尔和伦德堡几乎没有找到关于不偷懒模型的相关证据。管理者并不把偷懒看做常见的，也不认为"被多次发现偷懒的员工只会简单地遭到口头训斥"（Agell and Lundborg，1999，11）。与坎贝尔和卡姆拉尼一样，阿格尔和伦德堡发现，相比于高薪、监督，或者是失业，良好的雇主—员工关系对努力工作更为重要。当要求管理者列出动员员工的最重要的因素时，"他们回答说，需要分配激励性的工作任务给员工，并且让他们觉得他们也是决策的一份子。有些管理者还强调说，让所有的员工都觉得自己是被重视和信任的，并且不断给予他们回馈和欣赏，这是十分重要的"（Agell and Lundborg，2003，25，16）。正如作者指出的，这些回答与我在美国管理者那里听到的十分相近。

管理者报道说高失业率会提高工作努力程度，并且相比于1991年（失业率很低），在1998年（失业率极高）时工人们似乎更加努力。关于失业影响的结论很好地证明了我和考夫曼的观点。与布林德和舒瓦一样，阿格尔和伦德堡也几乎找不到证据来支持韦斯的关于求职者的工资要求是生产率的有效风向标这一观点（Agell and Lundborg，1999，table 11.6）。阿格尔和伦德堡也几乎没找到证据来支持索洛的关于削减的理论。他们发现（我也在研究中发现）以低薪求职并不罕见，尽管相比于1991年，1998年类似的求职更少，但这也许是因为1998年的高失业率使寻找工作变得消极。管理者往往会拒绝低薪求职者，因为接受他们会在公司内引起工资不平等，并且低薪求职者被认为技艺不精（Agell and Lundborg，1995，299）。在我的调查中，经常听到第一种解释，极少听到第二种。

莱文（Levine，1993）向139名大型美国公司的薪酬经理实施了问卷调查，并得到了关于薪酬政策的回馈信息。问题更多的是注重薪酬和工资的决定因素，而不是工资向下刚性的原因。然而，他发现失业率和其他衡量劳动力过剩需求的因素对薪酬几乎没有影响。并且，在决定与工作和技巧紧密相连的相对工资标准时，内部平等要比市场工资标准的变化更重要。

综上所述，上述调查——考夫曼（Kaufman，1984）、布林德和舒瓦（Blinder and Choi，1990）、坎贝尔和卡姆拉尼（Campbell and Kamlani，1997）、阿格尔和伦德堡（Agell and Lundborg，1995，1999，2003）以及

莱文（Levine，1993）——大部分都是一致的，相比于不偷懒模型中发挥作用的激励方式，或者是韦斯关于雇用的逆向选择模式，以上学说更多的是基于道德准则来解释工资的向下刚性的。但是，辞职的逆向选择模式似乎也是对工资的向下刚性的解释的一部分。

下面我将讨论的是珍妮弗·史密斯（Jennifer Smith，2002）于1991年到1999年9年间对英国家庭事务研究小组（British Household Panel Study）的关于6 000名雇员的研究数据的调查。她使用是其中占比70%的员工的数据，这些员工在9年间既没有更换雇主，也没有更换工作层次。数据包括了月收入以及对工作和工资满意度的回答。她发现，在一个典型月份，大约有占比28%的工人遭受了名义减薪（在这个意义上，他们的月收入减少了），并且占比6%的工人的工资被冻结（也就是说他们名义月收入并没有改变）。史密斯研究了满意度的变化和月收入之间的联系，发现遭遇减薪的工人的平均满意度都不如那些享受加薪的工人，尽管满意度的区别并不显著。对于那些收入减少的工人，有占比接近40%的工人对工资表示满意，占比接近60%的工人对工作表示满意。

史密斯同时还发现那些工资被冻结的工人与收入减少的工人的满意度一样。她解释说该发现可以作为反对本章开头曾提到的工资刚性的士气理论的证据，因为根据士气理论，减薪引发的不快要比冻结薪酬更大。当然，这一理论可能是错的，但是根据史密斯的分析，结论如何尚不明确，因为在之前部分所给的工资的第三个定义下，她可能没有关于减薪和冻结薪酬的数据。月收入的变动有许多原因，如加班、轮班、工作分配、奖金，或者是时间等的变化，史密斯除了时间信息之外，没有任何与这些变化相关的信息，并且她也不确定时间上的数据是否是准确的。工资上涨、冻结、削减是与计算工资的原则相关的。

相比于总的月收入，还需要更多的信息来监测这些规则的变化。根据减薪的准确定义，从一个月到下个月，平均占比28%的工人会遭受减薪，但我发现这个的可能性微乎其微。另外一个问题是，事实上减薪常常对士气的破坏极小，因为减薪的理由常常很好并且能被工人们接受。当管理者说减薪会破坏道德准则时，他们是指不公正的减薪。而且，工作和工资满意度可能并不是对道德准则的良好衡量标准。但是，我认为相比于享受加薪的工人，那些遭受了真正减薪的工人的满意度要低得多。

11.4　实验经济学证据

　　累积的实验证据表明，首先要赞同管理者所说的自身选择和工人动机。最重要的发现就是互惠的普遍性。许多人在实验中扮演工人或者雇主的角色时，他们会因为获得额外支付而付出额外劳动，或者是付出额外支付之后得到额外劳动（即使并未对回报做出要求）。同样，人们以怨报怨。在实验中，实验对象会通过创造损失来报复伤害过他们的人。以德报德的意愿是保持高昂的士气的根本。消极互惠是减薪的侮辱效应的基础，员工由于公司对正互惠的破坏而产生愤恨。工人们期望雇主加薪，而不是减薪，以此来交换忠诚和努力。消极互惠的普遍性也许可以解释管理者的观点，即有系统地裁员并不能激励员工认真工作。另外一个发现是经济刺激能提高努力水平，只要在运用这些经济刺激时不带有威胁的意味。关于这一学说的调查包括费尔和加希特（1998b，2000）、费尔和福尔克（2002）以及本书的第 5 章。

　　一系列的实验说明了在模拟就业关系时互惠的重要性（Fehr，Kirchsteiger and Riedl，1993，1998；Kirchler，Fehr and Evans，1996；Fehr et al.，1998；Gächter and Falk，2002）。在这些实验中，存在两类实验对象（雇主和工人）以及两个阶段的互动。在第一阶段的互动中，每一个雇主都提供一份工资，部分工人会接受这份工资，而部分工人会拒绝这份工资。接受则被雇用且进行至互动的第二阶段，在此阶段，工人和实验者二者中有一方选择付出的努力水平。一个雇主只能雇用一个工人，并且一个工人只能为一个雇主工作。一名被雇用的工人的报酬是工资减去成本，成本随努力水平的提高而增加。雇主的报酬随努力水平的提高而增加，当然也随着工资的增加而减少。

　　请注意，雇主无法强迫工人选择某种努力水平。这两个阶段常常会重复 10 次到 15 次。在某些实验中，一个工人和一个雇主搭配成对完成这些重复。在其他实验中，实验者在每次重复后改变配对。在另一种版本中，每次重复中的配对是通过竞争投标工人和工作而完成的。在这样的市场互动中，工人比雇主多，因此市场出清的工资会比工人的保留工资略高，与他们的努力成本相等。

实验者们一致发现，如果是工人选择了努力水平，那么平均工资就会比保留工资高，即使竞争投标会迫使工资降低至保留工资水平。此外，工人的平均努力水平要高于允许的最小值，并且随着所提供工资的增加而提高。除此之外，如果是实验者选择了努力水平，并且在劳动力供给过剩的情况下存在竞争投标，那么工资就仅比保留工资高一点。即使雇主和工人只交换一次，这个结果也依然成立。也就是说，工人提供额外劳动以换取高于最低工资的薪酬，即使在工人选择努力水平之前就已经敲定工资，并且雇主没有任何其他奖励或者处罚工人的机会。雇主通过提供丰厚的工资来利用工人的互惠。

这一系列的实验表明只有一部分人是互惠的。其他人表现出自利并且只愿提供最低水平的努力。有些在其他方面有自利行为的雇主可能会提供丰厚的工资，并且期望工人以很高的努力水平来回报。因为当实验者确定了努力水平时，工资就降到了最低水平，我们可以得出初步的结论：雇主的行为是由对互惠的期望而不是公平感所驱使的。也就是说，期望平均分配由工人—雇主互动产生的经济剩余。

互惠的趋势也许会被纳入人类精神。里林等人（Rilling et al.，2002）使用磁共振成像技术来研究在不断重复演化的囚徒困境博弈中，大脑的反应如何，并且发现接受合作以及决定合作的过程都伴随着相关的大脑活动，且这些活动都能产生快感。[2]

阿克洛夫（Akerlof，1982）在他的礼物交换模型中所提出的对工资刚性的解释，在以上发现中都得到了支持。之前我曾指出这个理论并不适用于商业环境，是因为工人们很快就开始认为不管他们获得多少工资，都是值得的。实验没有持续足够长的时间来捕捉这种习惯的影响。

实验的重要性在于，它们揭示了人类互惠的一个重要因素。除此之外，这些实验发现反映了管理者向我解释的某些做法。当设定新雇用的员工的工资时，招聘者往往会提供比求职者期望值略高一点的薪金，目的在于在正确的基础上与他们建立良好关系，并且激发他们对新工作的热情。招聘者不喜欢雇佣条件太好的求职者，众多原因中之一是他们也许会因为工资没有达到他们的期望值而变得愤怒。

费尔和福尔克（1999）实现了对费尔、基希斯泰格和里德尔（1993）和其他在本章前部分所述的实验的有趣模仿。费尔和福尔克在存在竞争投标和劳动力供应过剩的情况下开展了对工作和工人的双方投标，而不仅仅是单方面的。也就是说，工人和雇主一样，也能提出工资要价。作者们发现当实验者决定努力水平时，雇主只接受最低工资，并且工资被迫降低到几乎接近保留工资的水平。然而，当工人们选择努力水平时，工资就更高了，就如同在那种只有雇主提供工资报价的实验中一样。工人们提出许多低出价试图获取一份工作，但这些出价均被拒绝了，显然是因为雇主们希望通过支付丰厚的工资以刺激更高的努力水平。参与实验的雇主的行为反映了那些公司的行为，即在现实中常常拒绝工人对工作的低出价。

布尔达等人（Burda et al.，1998）也开展了包含减薪的实验。在他们的实验中，雇主和工人需要配合两个阶段，并且由雇主提供工资，工人可以接受也可以拒绝。如果工人选择拒绝，那么雇主也许会（在支付了固定的培训成本后）以市场工资雇用一名虚拟工人，实际工人也获得相同的市场工资（如同被其他虚拟公司雇用一样）。市场工资事先由实验者决定，并且从第一阶段到第二阶段工资会减少。在实验中，工资刚性极小，雇主和工人协商的工资有随着市场工资的下降而下降的趋势。雇主和工人实际上是在进行两个连续的最后通牒博弈，从第一阶段到第二阶段，工人的谈判力量逐渐减弱，因此工资下降。此时，收入不会引发侮辱效应，并且由于工人们并不依靠他们的收入过活，所以生活水平的影响并不适用于此。因此，这些实验给出了证据证明，排除这两种影响后，工资会具有向下的灵活性。

实验证据支持了商业人士的观点，即即使在消极状态下，只要不是以怀有敌意的方式实施财政激励，财政激励也是有效的。举例说来，纳金等人（Nagin et al.，1998）报道了由一家电话销售公司所做的一个现场实验。在这家公司，电话销售人员的工资随着他们所做成功的电话交易数的增加而增加，并且公司会回访一部分据说成功了的交易以监督员工。公司会秘密修改通报给员工的失败通话所占的比重并提高成功通话所占的比重。通过对该公司的数据进行分析，作者们发现当通报的失败通话所占比重降低时，欺骗反而增加了，这样工人们就会对负面激励的变化做出相应反应。

费尔和加希特（1998a）以及布朗、福尔克和费尔（2002）所做的实验室实验显示了负回报的可能性并不会使回报难以变成强大的激励。费尔和加希特（1998a）修改了费尔、基希斯泰格和里德尔（1993）的两个阶段的实验，即在第一阶段中，雇主对努力水平提出要求。在另外的实验中的第三阶段，雇主可以奖励或者惩罚工人，作者们将前一实验的数据与后一实验的进行了比较。由雇主决定奖励和惩罚的人数，并且不提前发出通告。雇主会造成一部分成本，该成本随着奖惩的绝对大小的增大而增加。相比于两个阶段的实验，在三个阶段的实验中，尽管存在成本，但许多雇主仍奖励高努力水平的工人，惩罚低努力水平的工人，并且平均来看，工人们都付出了更多努力，得到的工资却都要低一些。

布朗、福尔克和费尔（2002）将费尔、基希斯泰格和里德尔（1993）所做的实验在两种环境下重复了 15 次。第一种环境是，雇主和工人可以通过号码来区分彼此，雇主可以对一名特定的工人出价。这种安排使得一对雇主和员工保持长期合作关系成为可能。第二种环境是，身份标识号码在每个时期都会重新被安排，因此长期合作关系不再成为可能。当身份标识号码不变时，单个工人和雇主建立了对彼此都有利的合作关系，因为他们可以建立一种高努力水平换取高工资的模式。许多雇主以解雇的方式惩罚了低努力水平的工人。也就是说，停止继续向他们出价。相比于身份标识号码被重新安排的情况，在身份标识号码不变的情况下，平均工资和努力水平要高一些，因此工人们并不因为害怕被解雇而拒绝回报。消极激励并未明确表露出来的事实，也许可以消除他们在费尔和加希特（1998a）所做的实验中留下的坏印象。关于消极激励影响力的另一种解释也许与自利和互惠的工人都相关联。尽管互惠的工人也许会因可能的惩罚而引起不满情绪，但自利的工人也许因对奖励的期望和对惩罚的害怕而贡献更高水平的努力。

其他模仿不偷懒模型的实验提供了一些额外的证据来表明惩罚并不会打破互惠，也不会阻碍努力。费尔、基希斯泰格和里德尔（1996），费尔、加希特和基希斯泰格（1997），费尔、克莱因和施密特（2001），以及费尔和加希特（2002）都做了相关实验。实验都包含费尔、基希斯泰格和里德尔（1993）所描述的两个阶段模式，雇主除了可以对特定的努力水平做出规定之外，当努力水平低于雇主的要求时，雇主还可以惩罚工人。在其出价中，由雇主指定工资、惩罚以及所要求的努力水平。夏皮罗和斯蒂格利茨（Shapiro and Stiglitz, 1984）的不偷懒模型同样也包括了工人因偷懒被抓的可能性，并且在该实验中惩罚意味着被解雇。其中一个发现是对惩罚的恐惧会诱发高于最低水平的努力。同样，互惠也是存在的，当雇主提供丰厚的工资时，雇主会得到高于他们所要求的努力水平。也许是因为雇主期望获得互惠，他们要求的努力水平常常太高，以至于工人不会被惩罚所驱动。极大程度的偷懒会降低实际努力的平均水平，这也许可以反映由于对被罚款怀有敌意而产生的回应。

在惩罚降低互惠的程度的问题上，各种证据并不一致。费尔、克莱因和施密特（2001）以及费尔和加希特（2002）将不偷懒模型（就如在 Fehr，Kirchsteiger 和 Riedl［1996］中的一样）和只取决于互惠和信任的劳动力关系模型（就如在 Fehr，Kirchsteiger 和 Riedl［1993］中的一样）做了比较。在信任模型（trust model）中，雇主提供工资，并做出一个无约束的努力要求，接着工人付出努力。不偷懒模型就如之前所描述的一样。这两篇论文报告了相反的结果。在费尔和加希特（2002）中，信任模型获得的实际努力水平比不偷懒模型更高。[3] 在费尔、克莱因和施密特（2001）中，不偷懒模型获得了更高的努力水平。我无法解释这种差异，两个实验中的工资几乎是一样的，并且两者之间的差异似乎又没有关联。[4] 费尔和加希特（2002）继续进行了另外一项比较，比较显示罚款在某种程度上会激怒工人。费尔和加希特利用一个数量上等价的奖金模型（bonus model）来对比不偷懒模型，在数量上等价的奖金模型中，惩罚只是免去奖金而不是罚款。奖金模型获得的努力水平比不偷懒模型要高，但是比信任模型低。

费尔和罗肯巴克（2002）对消极激励的不利影响的实验证据做了进一步说明。在他们的实验中，实验对象参与博弈，由一名投资者选择一定数量的钱投资给实验对象，并且规定他或者她所期望实验对象所能回报的金额。实验者将所给资金增至三倍，因此如果投资者给了 x，那么实验对象就得到 $3x$。接着实验对象选择回报多少给投资者。在该博弈的另一种方式中，当投资者向实验对象投资时，如果实验对象回报的金额比投资者规定的金额少，那么投资者可能会对实验对象实施固定金额的罚金。平均来说，当被强迫缴纳罚金时，实验对象最不慷慨；当没有罚金时，实验对象会比较慷慨；当投资者免去原来需要缴纳的罚金时，实验对象最慷慨。

福尔克、费尔和菲施巴赫尔（2000，2003）所发表的两篇论文提供实验证据证明了对意图的感知与对公平的期望一样，能够影响互惠。福尔克、费尔和菲施巴赫尔（2000）报道了费尔和罗肯巴克（2002）所做实验（刚才所提及的）的另一个版本。首先，投资者可以拿走资金也可以把资金给实验对象；其次，实验对象可以把资金给投资者或者从投资者那拿走资金。在该实验的另一版本中，实验者根据随机分布决定投资者的行为。在这两个版本中，如果资金来源于实验对象，那么实验对象就会把资金取回；如果资金是给他们的，那么他们就会把资金退回去。然而，当实验的第一步由投资者来选择而不是由实验者来选择时，回应的幅度更大。

这种行为表明，实验对象的行为在某种程度上受博弈中赢利的欲望所驱动，但它最重要的是通过回报投资者的好的或坏的意图来实现的。通过各类最后通牒博弈实验，福尔克、费尔和菲施巴赫尔（2003）也得出了相同的结论。参与人可以向实验对象建议 10 个货币单位的两种可能分配方式中的一种。一种方式是（8，2）分配——提议者占 8，实验对象占 2。另一种方式是平均分配（5，5），或者（2，8），（10，0），甚至是（8，2）。最后一个选择意味着别无选择。实验对象很可能拒绝（8，2）分配，因为它与其他选择相比不够公平。比如说，如果（5，5）是可选择项，那么（8，2）就会被拒绝得最多；如果（10，0）是可选择项，那么（8，2）被拒绝的概率就是最小的。

管理者认为系统地使用裁员来刺激努力的做法会有损道德、降低生产率，上述结果已经给予该观点一些支持（虽然不是大力支持）。我怀疑在实验范围内很难把握管理者所提及的影响，因为裁员是十分严厉的惩罚，很难在实验中重现，并且在工作环境中，由频繁的裁员和对裁员的恐惧所引起的威胁气氛，是很难在实验室重现的。

11.5　来自组织心理学和管理科学方面的证据

尽管管理学家和组织心理学家所做的早期调查——关于工资、道德和生产率三者之间的关系——与管理者关于这三者的一些观点相矛盾，但自关于该主题的研究开始到现在，管理者的大量观点都被研究所证实。回想一下，管理者曾断言，薪酬水平对动机或绩效几乎没有影响，但与绩效相联系的财政激励可以极大地提高生产率。许多我未曾提及的管理学家和心理学家做了许多研究，极大地支持了这些结论。相关学说参见弗罗姆（Vroom，1964，252）和劳勒（Lawler，1971，133）。

与士气和生产率之间的联系相关的管理直觉，在早期研究中并没有得到太多支持。士气是由与工作满意度、组织承诺和忠诚相关的问卷调查的结果来衡量的。绩效则是通过直接观察或者通过监督者对员工的评估来衡量的。大量文献都涉及这些管理话题，其中不乏许多极富价值的言论

(Brayfield and Crockett, 1955; Herzberg et al., 1957, chapter 4; Vroom, 1964, 181—186; Locke, 1976, 1330—1334; Iaffaldano and Muchinsky, 1985; Mathieu and Zajac, 1990)。结论表明士气和绩效之间的相关性是正向的,但是关联较弱。绩效既包括个人绩效也包括团队绩效。在某种程度上,这些结论证实了管理者所述的观点,因为他们中的大部分人都认为高昂的士气与幸福并不相同。有相当一部分证据证明,工作满意度与辞职和缺席呈负相关。关于该主题的文献请参见 Brayfield 和 Crockett (1955)、Herzberg 等 (1957,106—107)、Vroom (1964,175—180)、Locke (1976,1331—1332)、Price (1977,79)、Steers 和 Rhodes (1978)、Mobley (1982,95—105)、Staw (1984,638—645),以及 Mathieu 和 Zajac (1990)。

20 世纪 50 年代曾有有趣的研究支持管理者关于士气重要性的观点。研究者在管理实践中通过改变实验来决定工作团队的态度和绩效之间的关系 (Viteles,1953,chapter 8; Seashore,1954; Whyte et al.,1955,1961; Likert,1961,chapter 3)。主要结论是绩效确实与工作团队或者公司的自豪感呈正相关,但与其他态度无关。

鉴于没有成功找到工作满意度和绩效之间的重要关联,作为回应,研究者们转而研究工人为雇主所做的职责范围外的事情和工作态度之间的联系。学者们在与商业接触后也许会想要寻找这样的联系,因为管理者认为只有通过员工自愿超额完成任务才能感觉到高昂的士气对生产率产生的影响。超额完成任务有许多名字,如"自发行为"(spontaneous behavior,Katz,1964)、"亲社会行为"(prosocial behavior,O'Reilly and Chatman,1986; Brief and Motowidlo,1986)、"外角色行为"(extra-role behavior,O'Reilly and Chatman,1986),以及最常见的"组织公民行为"(organizational citizenship behavior,Organ,1988)。从某种程度上说,这些概念彼此有所区别。丹尼斯·奥根(Dennis Organ)定义了五种组织公民行为:利他主义(帮助其他工人)、责任心(遵守公司规则)、体育精神(对不便的良好迁就忍耐心)、好心(考虑同伴的待遇)以及公民道德(参与组织的内部政治生活)。

第一个问题就是高昂的士气是否能加强组织公民行为。对于该主题,组织心理学家已经做了许多研究。典型模式是,他们以一组松散定义的概念开始研究,如工作满意度、对工作环境中的公平的定义,以及组织公民行为,接着抽样几百人,通过分析他们对问卷做出的回答来决定上述那些是如何联系的。每个概念常常都会分裂成几个部分，例如奥根的五种组织公民行为，并且一系列的问题都是相互关联的。员工回答关于工作满意度和公平概念的问题，员工或者其监督者回答关于组织公民行为的问题。要素分析用来检验这些回答是否与某个概念的某个部分相关，是否与其他问题联系不大。概念和其相关部分的联系之后可能会被用于回归分析，该方法与在经济学中的某些方法类似。这种调查优于实验室实验的地方在于，它可以调查真实的状况，工人和雇主之间存在长期合作关系，而实验室实验中的实验对象常常是大学里的学生。这种调查的缺点在于，在建立因果关系问题上，它比实验室的难度要大。

尽管组织心理学家的结论并不是完全一致的，但是关于士气的典型衡量标准（如工作满意度和组织承诺）与组织公民行为是有积极联系的这一结论，组织心理学家是一致同意的。更重要的是，商业组织内部的公平概念与工作满意度和组织公民行为都有积极联系，并且可能还是影响两者的主要因素。此外，程序公平——尤其是程序公平的相互影响——相比于分配公平，与工作满意度和组织公民行为的联系更加紧密。分配公平与分给员工的实际奖励相联系，而程序公平是与奖励的分配系统相联系的。互动公平与管理者在对待他们的下属时是否为他们考虑，是否对他们礼貌，是否尊重他们有关。

另一个结论是，相比于员工的情绪，组织公民行为更多地是以员工对自身工作的清醒认识为基础的。关于公平对组织公民行为的影响的讨论请参见 Organ 和 Konovsky（1989），Moorman（1991，1993），Floger（1993），Moorman、Niehoff and Organ（1993），Niehoff 和 Moorman（1993），Podsakoff 和 MacKenzie（1993），Organ 和 Ryan（1995），Konovsky 和 Organ（1996），Netemeyer 等（1997）。Moorman（1991）讨论了公正的不同形式之间的联系的影响。情绪的影响在 Organ 和 Konovsky（1989）、George（1991）和 Moorman（1993）中做出了探讨。工作满意度和组织公民行为承诺的影响在 O'Reilly 和 Chatman（1986），Puffer（1987），Farh、Podsakoff 和 Organ（1990），Moorman（1991），Organ 和 Lingl（1995），Organ 和 Ryan（1995），Konovsky 和 Organ（1996），Netemeyer 等（1997），以及 MacKenzie、Podsakoff 和 Aherane（1998）中做出了探讨。提出公平对组织公民行为有积极影响的学者是 Organ（1998，1990）、Schnake（1991）、Greenberg（1993），以及 Organ 和 Moorman

(1993)。

有研究者通过关于领导方式对下属的组织公民行为的影响的研究，建立了另一种士气和组织公民行为的联系。他们在事务型领导方式（transactional leadership）和变革型领导方式（transformational leadership）之间做了个对比。事务型领导方式的特点是表扬和训诫，变革型领导方式则鼓励员工超越自己的兴趣，并且将公司或者工作利益谨记于心。变革型领导方式似乎试图说服员工认同公司，而事务型领导方式则侧重于激发员工的自我兴趣。变革型领导方式试图创造生意人谨记于心的良好道德准则。研究者发现，变革型领导方式不仅对角色内的工作表现有强烈的积极影响，而且还对组织公民行为有相同的影响，它的影响超出了事务型领导方式，并且它的影响部分源于工人对领导不断加深的信任。相关文献如下：Podsakoff 等（1990），Podsakoff、MacKenzie 和 Bommer（1996），以及 MacKenzie、Podsakoff 和 Rich（2001）。

有一个明显的问题，即组织公民行为是否会增加公司的收益。显然，管理者认为是会增加的，因为有证据证明，组织公民行为在上级对下级的绩效评估上的影响是巨大且积极的。支持这种联系的文献有 MacKenzie、Podsakoff 和 Fetter（1991，1993）以及 Podsakoff、MacKenzie 和 Hui（1993）。有一些研究衡量了在各种安排下组织公民行为对工作团体绩效的影响，并且发现影响是积极的。这些研究包括 George 和 Bettenhausen（1990），Podsakoff 和 MacKenzie（1994，1997），Walz 和 Niehoff（1996），以及 Podsakoff、Ahearne 和 MacKenzie（1997）。然而，这些观察结果可能是不真实的，因为实验室实验的结果证明，一个工作团体的良好表现会对组织公民行为产生积极影响（Bachrach，Bendoly and Podsakoff，2001）。Podsakoff 等（2000）已阐述了该主题。

最近，一些有意义的研究开始探讨对组织的身份认同与辞职和绩效（尤其是角色外绩效）的关联。汤姆·泰勒参与了大部分工作。他将与公司相联系的身份认同看做身份认同目标的内在化，并认为对组织的地位的评价（judgments about organizational status，他称之为自豪）以及对组织中的地位的评价（judgments about status within organization，他称之为尊重）的结果就是身份认同。自豪是与对组织整体的良好评价相关的，尊重是与在组织中被平等对待相关的。地位判断可能是比较性质的，也可能是自发的。比较性质的判断将一个组织或个人与他人联系起来，自发性质的判断则是关于整个组织的绝对判断。泰勒认为，如果人们认同一个组织，那么他们会希望该组织成功，因为它的成功会加强他们的自身形象。在我看来，对一个组织的认同，比工作满意度甚至是组织公民行为更能解释管理者们所说的"高昂的士气"。泰勒和其合作者发现，身份认同是对自愿与组织合作这一现象的主要解释。在商业组织背景下，相比于从中获得的收入回报，对公司的认同才是更重要的说明因素。研究者发现，身份认同对组织公民、额外角色或者是全权委托行为的影响，要比对内部角色或者是强制行为大得多。自豪主要影响相关规则或觉悟，而尊重主要影响助人行为（也就是说，帮助同事）。自发性质的地位判断比比较性质的地位判断的影响要大得多。

泰勒和其合作者认为公平的概念尤其是程序公平在判断一家公司的地位和因此决定是否认同它的问题上具有重要作用。回忆一下管理学家之前所述的（Morris Viteles，1953；Stanley Seashore，1954；William Whyte et al.，1995，1961；Rensis Likert，1961），同样也可以找到组织内的自豪和表现之间的联系。泰勒和其同事的成果见 Tyler（1999）以及 Tyler 和 Blader（2000，2001）。阿布拉姆斯、安多和亨克尔（Abrams，Ando and Hinkle，1998）也观察到了组织身份认同和辞职意图之间的紧密联系。泰勒和其同事对组织身份认同和合作的研究，大部分是在政治、社会和教育机构的背景下完成的，但刚刚提到的研究则是与经济相关的。这项有趣的研究提出了一个问题，即为什么人们会认同组织。地位是一种不完整的解释，因为地位这个术语几乎没有独有的内容，并且包含了个人喜欢组织的所有可能原因。有趣的是，公平对地位的影响很大，并且人们对公平对待他们和他人的组织感到骄傲，但是为何会出现这样的情况，研究者没有给出原因。

还有一个明显的问题是有多少证据说明了实际减薪或者是工资冻结对士气的影响。有关这一主题的文献，我只找到格林伯格的论文（Greenberg，1989，1990）与肖布罗克、梅和布朗的论文（Schaubroeck，May and Brown，1994）。在格林伯格的第一篇论文中，他在调查中发现，减薪幅度达到 6% 之后，虽然员工们觉得所给工资不够，但是工作满意度并未下降，并且员工们反而更加关注他们工作的非物质优势。在第二篇论文中，格林伯格指出减薪幅度达到 15% 之后，盗窃公司财产的情况加剧了。在这篇论文中，他开展了一个实验，在某个工厂，当减薪来临时，他将一个好的减薪理由告知了员工，而对于另外一个工厂，他并没告知理由。在得知原因的工厂里，对工资待遇不平等的感觉和偷窃行为比另外那家工厂要少。这个证据证明了管理者的观点，即如果员工们认为他们是被公平对待的，那么他们就更易忍耐减薪。

肖布罗克、梅和布朗（Schaubroeck，May and Brown，1994）的论文进一步巩固了这些结论，他们研究了带薪员工对工资冻结的反应。这些研究者同样也开展了一个实验，给一部分遭受工资冻结的员工一个美好的解释，而其他一部分员工则没有。解释减少了员工的愤恨。而那些没得到解释的员工，工作不满意度攀升，并且认为工资冻结使得他们经济困难。得到解释的员工则没有这样。

11.6　结论

一个明显的结论是，本章所讨论的内容是公平对劳动绩效的重要性。要评判公平的意义并非易事。当然，公平并不意味着将公司运行所得的利润平均分配，公司的薪酬水平还远称不上平均主义。即使是做相同的工作，工人得到的工资也会大不一样，原因很多，比如公司的寿命、要求的技能以及生产率。在商业中，公平被认为天生具有模棱两可的性质。举例来说，对内部薪酬结构的公平的评判极大地依赖于公司传统。其他关于公平并不意味着收入平等的证据来自组织心理学，相比于分配公平，程序公平和互动公平对公平的表达来说更为重要。泰勒和布莱德（2000，2001）的一个结论十分重要，那就是对程序公平的感知能为组织的自豪感作贡献。

我们不知道为什么人们如此迫切地渴望公平。是因为它能创造一种积极互惠的气氛，让人们交换恩惠吗？公平让人们觉得更加安全吗？难道是人们觉得公平是对的，并且想要周围的环境与他们的道德观相一致吗？难道人们只是想要一个可以公平竞争的平台吗？只能寄希望于更进一步的实验，以求得到更多的证据来解释这些问题。

对于需求公平的理解有助于理解公司如何获得合作和解释工资刚性。公平感是决定公司能否拥有高昂的士气的最重要的因素。其他重要因素包括同事之间的紧密联系和公司的产出的附加意义。憎恨减薪的一个原因是它们会消除公平。如果工人们觉得公平，那么他们会接受减薪；如果减薪挽救了大部分的工作岗位，那么他们也会觉得减薪是公平的。

另外一个重要结论是公司应当努力让员工认同公司和使公司目标内在化，从而获得员工的合作。正如泰勒和布莱德（2000，2001）所强调的，公平的气氛会使员工更愿意做上述事情。了解为何公平能提升公司的认同感和为何人们能完全认同公司，是十分有用的。这也是很清楚的。

注释

[1] 这些数据引用自阿克洛夫、狄更斯和佩里（Akerlof，Dickens and Perry，1996，8）。

[2] 我从安吉尔（Angier，2002）的论文中获得了这一参考数据，他与恩斯特·费尔的实验成果建立了联系。

[3] 参见费尔和菲施巴赫尔（2002）中的图6。

[4] 在费尔、克莱因和施密特（2001）中，雇主选择了使用过的模型类型，其中并没有过剩的劳动力供给并且实验者在各阶段都只能让一个工人和一个雇主配对。在费尔和加希特（2002）中，实验者选择了模型，其中有过剩的劳动力供给并且配对的工人和雇主由市场竞价决定。

参考文献

Abrams,Dominic. Kaori Ando,and Steve Hinkle. (1998),"Psychological Attachment to the Group:Cross-Cultural Differences in Organizational Identification and Subjective Norms as Predictors of Workers' Turnover Intentions."*Personality and Social Psychology Bulletin* 24,1027 – 1039.

Agell,Jonas,and Per Lundborg. (1995),"Theories of Pay and Unemployment:Survey Evidence from Swedish Manufacturing Firms,"*Scandinavian Journal of Economics* 97,295 – 307.

——. (1999),"Survey Evidence on Wage Rigidity and Unemployment: Sweden in the 1990s,"Office of Labour Market Policy Evaluation,Uppsala, Sweden,Discussion Paper 1999,2.

——. (2003),"Survey Evidence on Wage Rigidity and Unemployment: Sweden in the 1990s,"*Scandinavian Journal of Economics* 105,15 – 29.

Akerlof, George A. (1982), "Laloor Contracts as Partial Gift Exchange,"*Quarterly Journal of Economics* 97,543 – 569.

Akerlof, George A. , William T. Dickens, and George Perry. (1996), "The Macroeconomics of Low Inflation. "*Brookings Papers on Economic Activity* 1 – 76.

Akerlof,George A. ,and Janet Yellen. (1988),"Fairness and Unemployment,"*American Economic Association ,Papers and Proceedings* 78,44 – 49.

——. (1990),"The Fair Wage-Effort Hypothesis and Unemployment," *The Quarterly Journal of Economics* 105,255 – 283.

Altonji,Joseph G. ,and Paul J. Devereux. (2000),"The Extent and Consequences of Downward Nominal Wage Rigidity,"in Solomon W. Polachek (ed.),*Worker Well-Being* ,vol. 19 of *Research in Labor Economics* 383 – 431.

Angier, Natalie. (2002),"Why We're so Nice: We're Wired to Cooperate. "*New York Times* ,Science Section,July 23,2002.

Bachrach,Daniel G. ,Elliot Bendoly, and Philip M. Podsakoff. (2001), "Attributions of the 'Causes' of Group Performance as an Alternative Explanation of the Relationship between Organizational Citizenship Behavior and Organizational Performance. "*Journal of Applied Psychology* 86(6),1285 – 1293.

Baker, George, Michael Gibbs, and Bengt Holmstrom. (1994), "The Wage Policy of the Firm,"*Quarterly Journal of Economics* 109,921 – 955.

Bewley, Truman F. (1999),*Why Wages Don't Fall During a Recession.* Cambridge,MA: Harvard University Press.

Blinder,Alan S. ,and Don H. Choi. (1990),"A Shred of Evidence on Theories of Wage Stickiness,"*Quarterly Journal of Economics* 105,1003 – 1015.

Brayfield,A. H. ,and W. H. Crockett. (1955),"Employee Attitudes and Employee Performance,"*Psychological Bulletin* 52,396 – 424.

Brief, Arthur P., and Stephan J. Motowidlo. (1986), "Prosocial Organizational Behaviors," *Academy of Management Review* 11(4), 710 - 725.

Brown, Martin. Armin Falk, and Ernst Fehr. (2002), "Contractual Incompleteness and the Nature of Market Interactions," Institute for Empirical Research in Economics, University of Zurich, Working Paper No. 38.

Burda, Michael, Werner Güth, Georg Kirchsteiger, and Harald Uhlig. (1998), "Employment Duration and Resistance to Wage Reductions: Experimental Evidence," Tilburg University, Center for Economic Research Discussion Paper No. 9873.

Campbell, Carl, and Kunal Kamlani. (1997), "The Reasons for Wage Rigidity: Evidence from Survey of Firms," *Quarterly Journal of Economics* 112, 759 - 789.

Card, David, and Dean Hyslop. (1997), "Does Inflation 'Grease the Wheels of the Labor Market'?" in Christina D. Romer and David H. Romer (eds.), *Reducing Inflation, Motivation and Strategy*. Chicago: University of Chicago Press.

Chapple, Simon. (1996), "Money Wage Rigidity in New Zealand," *Labour Market Bulletin: A Journal of New Zealand Labour Market Research* 23 - 50.

Falk, Armin, Ernst Fehr, and Urs Fischbacher. (2000), "Testing Theories of Fairness-Intentions Matter," Institute for Empirical Research in Economics, University of Zurich, Working Paper No. 63.

——. (2003), "On the Nature of Fair Behavior," *Economic Inquiry* 41, 20 - 26.

Farh, Jiing-Lih, Philip M. Podsakoff, and Dennis Organ. (1990), "Accounting for Organizational Citizenship Behavior: Leader Fairness and Task Scope Versus Satisfaction," *Journal of Management* 16(4), 705 - 721.

Fehr, Ernst, and Armin Falk. (1999), "Wage Rigidity in a Competitive Incomplete Contract Market," *Journal of Political Economy* 107, 106 - 134.

——. (2002), "Psychological Foundations of Incentives," *European Economic Review* 46, 687 - 724.

Fehr, Ernst, and Urs Fischbacher. (2002), "Why Social Preferences

Matter-The Impact of Non-Selfish Motives on Competition, Cooperation and Incentives,"*The Economic Journal* 112, C1-C33.

Fehr, Ernst, and Simon Gächter. (1998a), "How Effective Are Trust-and Reciprocity-Based Incentives?"In A. Ben-Ner and L. Putterman (eds.), *Economics, Values and Organizations.* Cambridge: Cambridge University Press.

——. (1998b), "Reciprocity and Economics: The Economic Implications of Homo Reciprocans,"*European Economic Review* 42, 845 – 859.

——. (2000), "Fairness and Retaliation: The Economics of Reciprocity,"*Journal of Economic Perspectives* 14(3), 159 – 181.

——. (2002), "Do Incentive Contracts Undermine Voluntary Cooperation?"Institute for Empirical Research in Economics, University of Zurich, Working Paper No. 34.

Fehr, Ernst, Simon Gächter, and Georg Kirchsteiger. (1997), "Reciprocity as a Contract Enforcement Device-Experimental Evidence,"*Econometrica* 65, 833 – 860.

Fehr, Ernst, and Lorenz Goette. (1999), "How Robust Are Nominal Wage Rigidities?"Discussion Paper, University of Zurich.

Fehr, Ernst, Erich Kirchler, Andreas Weichbold, and Simon Gächter. (1998), "When Social Norms Overpower Competition-Gift Exchange in Experimental Labor Markets,"*Journal of Labor Economics* 16, 324 – 351.

Fehr, Ernst, Georg Kirchsteiger, and Arno Riedl. (1993), "Does Fairness Prevent market Clearing? An Experimental Investigation,"*Quarterly Journal of Economics* 108, 437 – 459.

——. (1996), "Involuntary Unemployment and Non-Compensating Wage Differentials in An Experimental Labour Market,"*Economic Journal* 106, 106 – 121.

——. (1998), "Gift Exchange and Reciprocity in Competitive Experimental Markets,"*European Economic Review* 42, 1 – 34.

Fehr, Ernst, Alexander Klein, and Klaus M. Schmidt. (2001), "Fairness, Incentives and Contractual Incompleteness,"Institute for Empirical Research in Economics, University of Zurich, Working Paper No. 72.

Fehr, Ernst, and Bettina Rockenbach. (2002), "Detrimental Effects of Incentives on Human Altruism," Working Paper, University of Zurich.

Folger, Robert. (1993), "Justice, Motivation, and Performance: Beyond Role Requirements: *Employee Responsibilities and Rights Journal* 6(3), 239-248.

Fortin, Pierre. (1996), "The Great Canadian Slump," *Canadian Journal of Economics* 29, 761-787.

Gächter, Simon and Armin Falk. (2002), "Reputation and Reciprocity: Consequences for the Labour Relation," *Scandinavian Journal of Economics* 104, 1-26.

George, Jennifer M. (1991), "State or Trait: Effects of Positive Mood on Prosocial Behaviors at Work," *Journal of Applied Psychology* 76(2), 299-307.

George, Jennifer M., and Kenneth Bettenhausen. (1990), "Understanding Prosocial Behavior, Sales Performance, and Turnover: A Group-Level Analysis in a Service Context," *Journal of Applied Psychology* 75(6). 698-709.

Greenberg, Jerald. (1989), "Injustice and Cognitive Reevaluation of the Work Environment," *Academy of Management Journal* 32, 174-184.

——. (1990), "Employee Theft as a Reaction to Underpayment Inequity: The Hidden Cost of Pay Cuts," *Journal of Applied Psychology* 75(5), 561-568.

——. (1993), "Justice and Organizational Citizenship: A Commentary on the State of the Science," *Employee Responsibilities and Rights Journal* 6(3), 249-256.

Herzberg, Frederick, Bernard Mausner, Richard O. Peterson, and Dora Capwell. (1957), *Job Attitudes: Review of Research and Opinion.* Pittsburgh: Psychological Service of Pittsburgh.

Iaffaldano, Michelle T., and Paul M. Muchinsky. (1985), "Job Satisfaction and Job Performance: A Meta-Analysis," *Psychological Bulletin* 97(2), 251-273.

Kahn, Shulamit. (1997), "Evidence of Nominal Wage Stickiness from Microdata," *American Economic Review* 87(5), 993-1008.

Katz,Daniel. (1964),"The Motivational Basis of Organizational Behavior,"*Behavioral Science* 9,131 - 146.

Kaufman,Roger. (1984),"On Wage Stickiness in Britain's Competitive Sector,"*British Journal of Industrial Relations* 22,101 - 112.

Keynes,John Maynard. (1936),*The General Theory of Employment, Interest,and Money.* London:Macmillan.

Kirchler,Erich,Ernst Fehr,and Robert Evans. (1996),"Social Exchange in the Labor Market:Reciprocity and Trust Versus Egoistic Money Maximization,"*Journal of Economic Psychology* 17,313 - 341.

Konovsky,Mary A. ,and Dennis W. Organ. (1996),"Dispositional and Contextual Determinants of Organizational Citizenship Behavior,"*Journal of Organizational Behavior* 17,253 - 266.

Lawler,Edward E. Ⅲ. (1971),*Pay and Organizational Effectiveness: A Psychological View.* New York:McGraw-Hill.

Lebow,David E. , Saks,Raven E. , and Wilson,Beth Anne. (1999), "Downward Nominal Wage Rigidity:Evidence from the Employment Cost Index,"Finance and Economics Discussion Series,Divisions of Research and Statistics and Monetary Affairs,Federal Reserve Board,Washington,DC,Paper No. 1999 - 31.

Lebow,David E. ,David J. Stockton,and William L. Wascher. (1995), "Inflation,Nominal Wage Rigidity,and the Efficiency of Labor Markets," Board of Governors of the Federal Reserve System,Finance and Economic Discussion Series,94 - 45.

Levine,David I. (1993), "Fairness, Markets, and Ability to Pay:Evidence from Compensation Executives,"*American Economic Review* 83. 1241 - 1259.

Likert, Rensis. (1961), *New Patterns of Management.* New York: McGraw-Hill.

Lindbeck,Assar,and Dennis J. Snower. (1988),"Cooperation. Harassment, and Involuntary Unemployment:An Insider-Outsider Approach," *American Economic Review* 78,167 - 188.

Locke,Edwin A. (1976),"The Nature and Causes of Job Satisfaction. " in M. D. Dunnette(ed.),*Handbook of Industrial and Organizational Psy-*

chology. Chicago:Rand McNally,1297 - 1356.

MacKenzie, Scott B. , Philip M. Podsakoff, and Michael Ahearne. (1998),"Some Possible Antecedents and Consequences of In-Role and Extra-Role Salesperson Performance,"*Journal of Marketing* 62(July),87 - 98.

MacKenzie,Scott B. ,Philip M. Podsakoff,and Richard Fetter. (1991), "Organizational Cit-izenship Behavior and Objective Productivity as Determinants of Managerial Evaluations of Salespersons' Performance,"*Organizational Behavior and Human Decision Processes* 50,123 - 150.

——. (1993),"The Impact of Organizational Citizenship Behavior on Evaluations of Salesperson Performance,"*Journal of Marketing* 57,70 - 80.

MacKenzie,Scott B. ,Philip M. Podsakoff,and Gregory A. Rich. (2001), "Transformational and Transactional Leadership and Salesperson Performance,"*Journal of the Academy of Marketing Science* 29(2),115 - 134.

Mathieu,John E. , and Dennis M. Zajac. (1990),"A Review and Meta-Analysis of the Antecedents,Correlates,and Consequences of Organizational Commitment,"*Psychological Bulletin* 108,171 - 194.

McLaughlin,Kenneth J. (1994),"Rigid Wages?"*Journal of Monetary Economics* 34,383 - 414.

——. (1999),"Are Nominal Wage Changes Skewed Away from Wage Cuts?"*Federal Reserve Bank of St. Louis Review* 81(3),117 - 132.

Mitchell,Daniel J. B. (1985),"Shifting Norms in Wage Determination," *Brookings Papers on Economic Activity*,575 - 599.

Mobley,William H. (1982),*Employee Turnover:Causes,Consequences, and Control*. Reading,MA:Addison-Wesley.

Moorman,Robert H. (1991),"Relationship between Organizational Justice and Organizational Citizenship Behaviors:Do Fairness and Perceptions Influence Employee Citizenship?"*Journal of Applied Psychology* 76(6), 845 - 855.

——. (1993),"The Influence of Cognitive and Affective Based Job Satisfaction Measures on the Relationship between Satisfaction and Organizational Citizenship Behavior,"*Human Relations* 46(6),759 - 776.

Moorman,Robert H. ,Brian P. Niehoff,and Dennis W. Organ. (1993),

"Treating Employees Fairly and Organizational Citizenship Behavior: sorting the Effects of Jobs Satisfaction, Organizational Commitment, and Procedural Justice," *Employee Responsibilities and Rights Journal* 6(3),209 - 225.

Nagin, Daniel, James Rebitzer, Seth Sanders, and Lowell Taylor. (1998), "Monitoring and Motivation in an Employmert Relationship: An Analysis of a Field Experiment," Discussion Paper, Carnegie-Mellon University.

Netemeyer, Richard G. , James S. Boles, Daryle O. McKee, and Robert McMurrian. (1997), "An Investigation into Antecedents of Organizational Citizenship Behaviors in a Personal Selling Context," *Journal of Marketing* 61, (July), 85 - 98.

Niehoff, Brian P. , and Robert H. Moorman. (1993), "Justice as a Mediator of the Relationship between Methods of Monitoring and Organizational Citizenship Behavior," *Academy of Management Journal* 36(3),527 - 556.

O'Reilly, Charles III, and Jennifer Chatman. (1986), "Organizational Commitment and Psychological Attachment: The Effects of Compliance, Identification, and Internalization on Prosocial Behavior," *Journal of Applied Psychology* 71(3),492 - 499.

Organ, Dennis W. (1988), *Organizational Citizenship Behavior*. Lexington, MA: Lexington Books.

——. (1990), "The Motivational Basis of Organizational Citizenship Behavior," in Barry M. Staw and L. L. Cummings(eds.), *Research in Organization Behavior* 12,43 - 72.

Organ, Dennis W. , and Mary Konovsky. (1989), "Cognitive Versus Affective Determinants of Organizational Citizenship Behavior. " *Journal of Applied Psychology* 74(1),157 - 164.

Organ, Dennis W. , and Andreas Lingl. (1995), "Personality, Satisfaction, and Organizational Citizenship Behavior," *The Journal of Social Psychology* 135(3),339 - 350.

Organ, Dennis W. , and Robert H. Moorman. (1993), "Fairness and Organizational Citizenship Behavior: What Are the Connections?" *Social Justice Research* 6(1),5 - 18.

Organ, Dennis W. , and Katherine Ryan. (1995), "A Meta-analytic Review of Attitudinal and Dispositional Predictors of Organizational Citizenship Behavior,"*Personnel Psychology* 48,775 – 802.

Podsakoff, Philip M. , Michael Ahearne, and Scott B. MacKenzie. (1997),"Organizational Citizenship Behavior and the Quantity and Quality of Work Group Performance." *Journal of Applied Psychology* 82(2), 262 –270.

Podsakoff,Philip M. ,and Scott B. MacKenzie. (1993),"Citizenship Behavior and Fairness in Organizations:Issues and Directions for Future Research,"*Employee Responsibilities and Rights Journal* 6(3),257 – 269.

——. (1994),"Organizational Citizenship Behaviors and Sales Unit Effectiveness,"*Journal of Marketing Research* 31,(August),351 – 363.

——. (1997),"Impact of Organizational Citizenship Behavior on Organizational Performance:A Review and Suggestions for Future Research,"*Human Performance* 10(2),133 – 151.

Podsakoff, Philip M. , Scott B. MacKenzie, and William H. Bommer. (1996),"Transformational Leader Behaviors and Substitutes for Leadership as Determinants of Employee Satisfaction,Commitment. Trust, and Organizational Citizenship Behaviors,"*Journal of Management* 22(2),259 – 298.

Podsakoff,Philip M. ,Scott B. MacKenzie,and Chun Hui. (1993),"Organizational Citizenship Behaviors and Managerial Evaluations of Employee Performance:A Review and Suggestions for Future Research,"in Ferris, Gerald R. (ed.),*Research in Personnel and Human Resources Management* 11,1 – 40.

Podsakoff, Philip M. , Scott B. MacKenzie, Robert H. Moorman, and Richard Fetter. (1990), "Transformational Leader Behaviors and Their Effects on Followers' Trust in Leader,Satisfaction,and Organizational Citizenship Behaviors,"*Leadership Quarterly* 1(2),107 – 142.

Podsakoff,Philip M. ,Scott B. MacKenzie,Julie Beth Paine,and Daniel G. Bachrach. (2000), "Organizational Citizenship Behaviors:A Critical Review of the Theoretical and Empirical Literature and Suggestions for Future Research,"*Journal of Management* 26(3),513 – 563.

Price,James L. (1977),*The Study of Turnover.* Ames, IA:Iowa State

University Press.

Puffer, Sheila M. (1987), "Prosocial Behavior, Noncompliant Behavior, and Work Performance Among Commission Salespeople," *Journal of Applied Psychology* 72(4), 615 – 621.

Rilling, James K. , David A. Gutman, Thorsten R. Zeh, Giuseppe Pagnoni, Gregory S. Berns, and Clinton D. Kits. (2002), "A Neural Basis for Social Cooperation," *Neuron* 35(2), 395 – 405.

Schaubroeck, John, Douglas R. May, and R. William Brown. (1994), "Procedural Jutice Explanations and Employee Reactions to Economic Hardship: A Field Experiment," *Journal of Applied Psychology* 79(3), 455 – 460.

Schnake, Mel. (1991), "Organizational Citizenship: A Review, Proposed Model and Research Agenda," *Human Relations* 44(7), 735 – 759.

Seashore, Stanley. (1954), *Group Cohesiveness in the Industrial Work Group*. Ann Arbor: University of Michigan Press.

Shapiro, Carl, and Joseph E. Stiglitz. (1984), "Equilibrium Unemployment as a Worker Discipline Device," *American Economic Review* 74, 433 – 444.

Smith, Jennifer C. (2000), "Nominal Wage Rigidity in the United Kingdom," *The Economic Journal* 110, C176 – C195.

——. (2002), "Pay Cuts and Morale: A Test of Downward Nominal Rigidity," Warwick Economic Research Paper No. 649, Department of Economics, University of Warwick.

Solow, Robert M. (1979). "Another Possible Source of Wage Stickiness," *Journal of Macro-economics* 1, 79 – 82.

——. (1990), *The Labor Market as a Social Institution*. Cambridge, MA: Basil Blackwell.

Staw, Barry M. (1984), "Organizational Behavior: A Review and Reformulation of the Field's Outcome Variables," *Annual Review of Psychology* 35, 627 – 666.

Steers, Richard M. , and Susan R. Rhodes. (1978). "Major Influences on Employee Attendance: A Process Model," *Journal of Applied Psychology*

63,391 - 407.

Tyler,Tom R. (1999),"Why People Cooperate with Organizations: An Identity-Based Perspective,"*Research in Organizational Behavior* 21,201 - 246.

Tyler,Tom R. , and Steven L. Blader. (2000),Cooperation in Groups: *Procedural Justice*,*Social Identity*,*and Behavioral Engagement*. Philadelphia,PA:Psychology Press.

——. (2001), "Identity and Cooperative Behavior in Groups,"*Group Processes and Inter-group Relations* 4(3),207 - 226.

Viteles,Morris S: (1953). *Motivation and Morale in Industry*. New York:W. W. Norton.

Vroom,Victor H. (1964),*Work and Motivation*. New York:John Wiley.

Walz,Sandra M. ,and Brian P. Niehoff. (1996),"Organizational Citizenship Behaviors and Their Relationship with Indicators of Organizational Effectiveness in Limited Menu Restaurants,"in J. B. Keys and L. N. Dosier (eds.), *Academy of Managementt Best Papers Proceedings*. Statesboro, GA:George Southern University,307 - 311.

Weiss, Andrew. (1980), "Job Queues and Layoffs in Labor Markets with Flexible Wages,"*Journal of Political Economy* 88,526 - 538.

——. (1990),*Efficiency Wages*,*Models of Unemployment*,*Layoffs*, *and Wage Dispersion*. Princeton,NJ:Princeton University Press.

Whyte,William Foote,et al. (1955),Money and Motivation:*An Analysis of Incentives in Industry*. New York:Harper and Brothers.

——. (1961),*Men at Work*. Homewood,IL:Corsey Press,Inc.

Wilson,Beth Ann. (1996),"Movement of Wages over the Business Cycle:an Intra-Firm View,"Federal Reserve Board,Discussion Paper.

12 互惠的逻辑：信任、集体行动和法

丹·M·卡亨（Dan M. Kahan）

12.1 引言

《集体行动的逻辑》为过去几十年来的公共政策分析提供了方法逻辑。[1]在这部关于公共选择理论的开创性应用著作中，曼库尔·奥尔森巧妙地提出了一个为各种政治理论所共享的前提，即个人能够根据其所属群体的利益而行动。他认为，由于没有外部施加的激励，所以财富最大化的个人将认为贡献对整个群体有利的产品很难符合他本人的利益，而对群体其他成员所做的"搭便车"则对他最有利。结果是，因为没有足够的人作出贡献，所以该群体

的福利将遭受损失。[2]这些假设现在支配了公共政策分析，并最终支配了众多管制领域中的公共政策——从征税到环境保护，从街头监管到互联网监管。

但是大量的社会科学证据（本书中也收录不少）表明，奥尔森的"逻辑"是错误的。在集体行动环境中，个人不仅做物质利益上的计算，而且还采取更为丰富的、更富有感情的措施。一旦预期其他人将采取合作行为，个人就将受到荣誉、利他主义以及类似情感的驱动而对公共产品作出贡献，哪怕没有物质利益的引诱。相反，当他们意识到别人偷懒或者或者利用他们的时候，个人将出于愤慨而实施报复。在那种情况下，他们将拒绝合作行为，哪怕这样做将给自己带来重大的物质损失。[3]

这一人类行为动机的现实表明，不仅集体行动问题可以有替代性的解释，而且还存在对解决（或者避免）这些集体行动问题的替代性方案。当集体行动的传统逻辑主张设立适当的外部激励时，新的互惠逻辑则建议要重视加强信任的做法。那些相信其他人乐意贡献其份额的个人将做出相同的回应。之后，当个人观察到其他人对公共产品作出贡献并由此而互惠时，将会引发更多的这类合作。在这种自发维持的信任气氛中，依赖高成本激励的方案显得多余。根据同一逻辑，不相信别人的个人将拒绝贡献公共产品，而这将导致更多个人以拒绝合作作为报复手段。在这种自我维持的不信任的气氛中，即使强烈的（同时高成本的）管制激励也可能无法产生所期望的结果。

事实是，这类激励可能会削弱信任的存在条件，而信任是解决集体行动问题的必要因素。过于显眼的报酬与惩罚本身意味着其他人不会自愿合作，这一信息将可能降低个人贡献公共产品的意愿。此外，激励计划往往掩盖了个人自愿贡献公共产品的意愿，削弱了其他人观察到合作后做出互惠合作的倾向。总之，物质激励在解决集体行动问题上也许并非是有效的管制策略，它往往弄巧成拙。

本章将详细阐述并应用这些观点。首先从关于互惠的文献中概括出一组可以用于集体行动问题分析的行为机制。其次证明这些机制可以用于分析和改善不同领域中的政策制定，并详细分析税收服从、有害设施布局和对街头犯罪的监管。

12.2 互惠的逻辑

不管是因为信念还是传闻，传统的集体行动理论已经被人们广泛接受了几十年，直到最近才接受了持续和严格的经验检验。我们认为替代性的"强互惠理论"在四个重要的方面区别于传统集体行动理论，如图 12—1 所示。传统理论与强互惠理论的每一处对立都需要我们特别关注。

	传统理论	互惠理论
行动者	财富最大化者	情感/道德互惠者
集体行为	唯一均衡	多个均衡
推动合作	激励	信任
偏好变异	同质的	异质的

图 12—1 行动者：财富最大化者对情感/道德互惠者

12.2.1 行动者：财富最大化者对情感/道德互惠者

第一组对立因素指个人效用函数的性质。传统理论假定，集体行动环境——采取标准的囚徒困境形式——中的个人就像财富最大化者那样行事。这就是说，他们拒绝贡献公共产品，相反期待对其他人的贡献搭便车，而后者作为财富最大化者当然也不会作贡献。强互惠模型则不这么看，而是将个人视为道德和情感上的互惠者。绝大多数人将本人视为也希望被别人视为乐于合作的和值得信任的，因此他们完全会乐意通过贡献他们的公平份额来实现集体物品的供给。而根据相同的逻辑，绝大多数人憎恨被人利用。相应地，如果他们看到绝大多数人在躲避责任，那么他们也将止步不前以避免被剥削。

那些只愿意最大化其财富的个人充其量只是弱互惠者（weak reciprocators）。如果一个理性的财富最大化者预期他将与另一位已知的行动者在一段足够长的时期内重复互动，并且两个人都可以观察和了解另一位的行动，那么他最好的策略是"礼尚往来"，如果对方合作则合作，如果对方背叛则背叛。[4]情感与道德互惠者则相反，他们是强互惠者。他们贡献集体物品的条件是别人也作了贡献，哪怕是在与众多行动者——他不能了解这些人的行为，也无法辨知他们的身份——的短暂交易中也会这样做。

强互惠普遍存在，这得到了许多证据的支持。绝大多数证据都是实验数据。所谓的"公共产品"实验——模拟集体行动问题的实验——持续证明了个人做出牺牲来贡献集体物品的意愿很大程度上受到他们对于另外一些人是否这样去做的认知的影响。[5]对真实世界的行为的经验研究支持了这一结论。比如，人们往往采取（或者不采取）善行[6]，拒绝随地（或者没有自我约束）扔垃圾[7]，耐心排队［或者插队][8]。事实上，他们即使在市场中也会如互惠者一样行事。比如，计量经济学和其他领域的研究表明，当企业对工人更为慷慨时，工人也自发地更加努力工作。[9]

12.2.2 集体行为：唯一均衡对多个均衡

强互惠理论还向传统理论的集体行为观提出了质疑。在典型的集体行动环境中，传统理论将背叛或搭便车视为每个人的占优策略。相应地，该理论预测只存在着一个集体行为均衡：普遍不合作。

强互惠理论则相反，认为并不存在"占优的"个人策略。如果个人相信别人也愿意贡献，那么他就会倾向于贡献；但如果他们相信其他人会搭便车，那么他也将搭便车。

这种相互依赖往往产生了各种集体行为模式，其特点是由触发点（tipping point）所分割的多个均衡的存在。[10]如果个人不管出于什么原因认为他身边的那些人都会作出贡献，那么他就会作出实际的贡献，并促使其他人也作出贡献，直到一个高度合作的状态得以确立。但是如果某些人认定其他人都是搭便车者，那么他就会以搭便车作为回应，并促使其他人也做同样的事情，直到大规模不合作的情况成为常态。

对这一机制曾有经验方面的记录。比如，在多轮公共产品实验中，贡献水平倾向于向社会最优贡献水平接近还是远离，取决于早期的实验对象是相对更合作些还是不合作些。[11]学者们还记录了这一现象，即扔垃圾、循环利用、公共场合吸烟、安全性行为和其他影响集体福利的行为也同样受到反馈效应和多个均衡的影响。[12]

12.2.3 推动合作：激励对信任

强互惠理论与传统理论在政策建议方面也存在着对立。传统理论将激励视为集体行动问题的解决方法：因为无法指望财富最大化者贡献公共产品，所以必须刺激他们这样做，办法就是用奖励或者惩罚来使得他们的利益与集体利益相一致。

强互惠理论则主张不同的政策——加强信任。如果能够让个人相信，其他人将乐意贡献公共产品，那么他也会被诱使作出贡献，即使这里没有任何激励。比如，在多轮公共产品实验中，如果实验对象可以相互交流，那么他们就会让对方相信他们会作出贡献而不是搭便车。尽管这一承诺是无法被强制执行的，但它确实大大提高了实验对象的贡献水平，当他们观察到另外一些人也这样做的时候，他们很快就会提高贡献水平并使其接近于最优水平。[13] 总之，面对面的承诺加强了人们的信任，而这种信任则引发了互惠合作。

事实上，实验室外调查和实验室研究认为激励不但不能解决集体行动问题，有时还由于驱散了信任而使该问题更严重。激励方案的存在本身往往被视为一种其他个人无意自愿合作的线索：如果他们愿意，那么激励就不是必要的。这一推论反过来抑制了自愿合作的意愿，削弱了激励的作用。此外，激励的存在还掩盖了自愿贡献公共产品的行为，从而削弱了这类本可引发互惠性合作的贡献的影响。相应地，激励还挤出了利他主义之类的态度，因为激励杜绝了个人（向他们自己或别人）展示他们乐意为公共产品而牺牲物质利益的机会。如果不管出于上述哪一种原因，激励都将导致更少的人贡献更少的公共产品，那么互惠机制将引发其他人也降低贡献水平，并引发越来越多的人这样做。那时即使去掉物质激励也无法改变这一新的非合作均衡。[14]

然而不能由此得出这一结论，即物质激励必然降低信任水平。研究表明，当个人最开始相信绝大多数其他人都会自愿贡献公共产品时，物质激励最有可能会具有这种效应，此时物质激励具有逆向暗示、掩盖和挤出作用。但如果在最开始人们相信绝大多数人会偷懒或搭便车，那么物质激励的作用则不是这样的。在这种情况下，可信的回报或惩罚将发挥作用，它不仅改变了个人的物质激励，而且还（积极地）改变了他们的想法，使他们认为集体行动环境下别人将合作而不是不合作。

一个事例就是工作场合中高于平均水平的工资可以导致高于平均水平的生产率。工人们很自然地怀疑，他们的公司不愿意让工人分享由工人劳动创造出来的公平份额。但如果一个企业提供超出行业平均水平的工资，那么工人们可能推断这家企业愿意公平地分享企业红利。因此，他们通过更有效率地生产来回报企业，这又使得企业维持甚至提高他们的工资。该结果是一种自我维持的互惠合作，它免除了对高成本的绩效监控体制的需要。

12.2.4　偏好变异：同质对异质

最后，传统理论与强互惠理论在个人之间的偏好变异问题上存在着对立。传统理论认为，集体行动环境中的搭便车倾向是相对一致的。相反，强互惠理论的证据则表明，合作倾向存在着差异。比如，公共产品实验中产生了多个均衡点，最后的结果并不是普遍的合作，也不是普遍的背叛。

因此，更为合理的做法是设想人群中存在合作倾向的差异（见图12—2）。

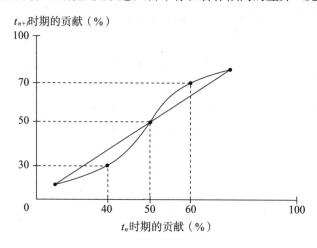

图12—2　集体行动倾向的异质性

占相对较少的人口比例的（也许是那些接受了新古典经济学思想的人）是坚定的搭便车者，不管别人做什么，他们都会偷懒；而另外一群占比较小的人口（也许是那些读过太多康德的道德哲学的人）则是忠诚的合作者，他们不管别人做什么都会作出贡献。但绝大多数人是互惠者，他们依别人对贡献的意愿而决定是否合作。此外，某些互惠者并不宽容，他们一看到别人搭便车就立即放弃合作。另外一些人则相对要宽容些，哪怕看到一些不那么严重的背叛也会坚持继续作出贡献。更多的人——我们把他们叫做中性合作者——则处于这两者之间。

在这些条件下，人们不大可能仅仅依赖互惠机制就完全解决集体行动问题。不管别人的行为有多合作，坚定的搭便车者只要有机会就会躲避责任。确实他们的偷懒很容易引发那些不那么宽容的合作者的非合作行为，而后者的背叛则反过来引发中性合作者的非合作行为，甚至会导致宽容的合作者也放弃合作，如此一直下去。一旦这个不幸的反应链条发生，一个本来可以是高度合作的状态就可能不可逆地转向一个非合作均衡，只留下天使般的无条件的合作者（徒劳地）贡献相关公共产品。

因此，最大程度的合作可能除了需要互惠动力之外，还需要适当程度的激励——最有可能的是针对屡教不改的搭便车者实施的惩罚。虽然信任和互惠引发了绝大多数参与人的合作，但对于那一小部分顽固的搭便车者来说，强迫机制仍然是不可少的。因为这部分搭便车者在广泛的自发合作出现时仍然不为所动，并因此会让那些相对不宽容的互惠者失望。而一旦面对可信的惩罚，顽固的搭便车者也不得不就范。这些惩罚的存在反过来确保较不宽容的互惠者相信他们不会被愚弄，这样他们会继续作出贡献，与其说是出于物质利益还不如说是出于实际的互惠动机。由于不宽容的互惠者都作出了贡献，所以中性的和宽容的互惠者也会这样做，因而产生了一个接近普遍合作的均衡。再一次，这些机制得到了经验证据的支持，尤其是在实验对象可以报复背叛者的公共产品实验中。[15]

惩罚在加强和削弱信任方面的不一致的效果引发了激励的表现维度问题。激励不仅影响个人对特定行为的成本与收益的计算，而且还影响个人对周围人的态度与意图的印象。[16]那些使用普遍可应用性激励（generally applicable incentives）的实验室和真实世界的研究方案往往蕴含了这一信息，即不合作是常态，抑制了甚至包括中性互惠者的合作动机，而后者的背叛也无疑会影响那些最宽容的互惠者。相反，有针对性的报复则蕴含了不同的信息。由于所有人根据其社会经验都明白这里存在着一些顽固的搭便车者，所以没有人对这些人遭受惩罚而感到惊讶或失望。相应地，这些惩罚并未像普遍激励体制一样产生暗示、掩盖或挤出效应。相反，这些惩罚被人们视为由于顽固搭便车者的存在而必不可少，并具有加强信任的作用。总之，有针对性的报复之所以能够发挥作用，是因为它在强迫顽固的搭便车者的同时，还让不宽容的互惠者得以心安，并避免了让中性互惠者和宽容的互惠者丧失士气。

12.3　税收服从

从公共政策的角度来看，税收服从是最大的集体行动问题。社会征税用以资助各类有益于其集体成员的事业——从教育到公路到国防。然而，每个公民的物质利益所在是自己去搭便车，让其同胞作出贡献，自己却拒绝作任何贡献。相应地，传统理论预测，作为财富最大化者的个人将会逃税，除非以威胁惩罚的形式激励他们，因为这将使得逃税的预期收益小于服从的预期收益。[17]

令传统理论难堪的是，这一关于逃税的描述几乎没有得到经验证据的支持。计量经济学研究的结论是，对逃税的预期惩罚基本上无法解释税收服从方面的空间与时间的差异。[18]调查数据也指出，调查得出的服从与个人对逃税预期收益的主观理解几乎没有相关性。[19]此外，有关逃税决策的实验结果认为，虽然稽查出逃税的可能性与惩罚的严厉程度可能会影响个人的逃税决策，但也只是在这些可能性与严厉程度远超出现实政策的时候才如此。[20]

经验研究还表明，实质上更重要的因素是经验信念与情感倾向的结合。因此，个人对逃税程度的预期是一个有力的对服从行为的预测指标：如果个人相信逃税率很高，那么他就更有可能去逃税。[21]羞辱前景（或潜在的耻辱）和犯罪感也有同样的效果。如果个人相信他被逮住时将受到其他人的谴责，那么他很可能会拒绝逃税。根据相同的逻辑，如果个人认为当他逃税后会心生遗憾或悔恨，那么他就不大可能会这样做。[22]

如果个人是作为具有道德和情感的合作者行事的话，那么这些就是影响税收服从的全部因素。虽然一个强互惠者希望公正地看待自己，也希望得到别人公正的对待，但是他憎恨被人利用。征税与其他的集体行动一样，其他人对集体物品的贡献程度决定了哪一种感觉将影响人的行为。如果绝大多数人似乎都在缴税，那么逃税将引发渴望获得别人和自己的尊敬的合作者的犯罪感或/和耻辱感。如果情形相反，绝大多数人似乎都在逃税，那么服从根本就不会让人感觉犯罪或者耻辱，而是感觉自己像是一个傻瓜。

　　对这些数据的解释得到了一次有关 1986 年的《税收改革法》如何影响税收服从水平的实验的证实。[23]根据传统理论可以假设，个人是否愿意逃税取决于该法令是增加还是减少了他们的相对税收负担。但研究并未发现两者之间的相关性。研究者发现，真正影响服从模式的是改革前几个月里个人与其他纳税人的互动模式：那些遇到别人对《税收改革法》予以正面评价并承诺将遵从它的人表现出更高的服从意愿，而那些遇到别人持负面态度的人则不那么乐意服从它。[24]此外，这一效应还可以从两群纳税人在未纳税时在耻辱感和犯罪感上的差异中得到解释。[25]换句话说，作为道德和情感互惠者，这些人是否会因为没有贡献税收服从这一公共产品而自觉感到犯罪与耻辱取决于他们对其他人是否贡献的认知。

　　不管是在个人之间的税收服从的差异问题上，还是在国家之间的税收服从的差异问题上，集体行动的传统理论的解释力都非常弱。各国之间的税收服从率差异很大。然而，所有这些差异都无法用关于逃税的预期惩罚来解释。研究者得出的结论是，公众对待税法的态度更重要。在某些国家（比如美国），个人往往视纳税为重要的公民义务并因此具有较高的纳税动机。而在另外一些国家（包括许多西欧国家），个人不那么看重税收义务（有点类似于美国人对待交通规则的态度），因此如果他们有机会避税的话，那么他们不会对此感到反感。[26]

　　强互惠理论可以很好地解释各国之间的"税收文化"差异。由于个人是互惠者，他们在集体行动环境下的决策彼此相关，所以引发了与合作或背叛的收益无关的多个高合作均衡或低合作均衡。如果个人相信他周围的人倾向于纳税，那么他（出于犯罪感、耻辱感、自豪感等情感）也更有可能做出服从行为，并强化有关个人普遍愿意纳税的认知。相反，如果个人认为周围的人更愿意逃税，那么憎恨感使得他拒绝纳税，并强化有关绝大多数人更愿意逃税的认知。换句话说，强互惠理论认为，我们所看到的正是我们所希望看到的——那些在税收服从问题上存在着对立的各种规范。[27]

　　经验证据还证明了强互惠理论中事与愿违的物质激励效应。经验证据表明，当纳税人听到太多有关逃税的惩罚信息时，他们的回应就类似于公共产品实验中实验对象遇到普遍物质激励时的反应一样——减少贡献。[28]研究者还发现，高度政治化的审计往往引发了更多的逃税行为。[29]

　　这些效应的内在机制看上去是一种社会暗示（social cueing）。当政府强烈促使个人意识到对逃税的惩罚力度将加大时，它也使得个人推断比他们想象的还多的人在逃税。对邻居的不信任引发了逃税的互惠动机，而这一互惠动机又促使政府加大惩罚力度。[30]

税收征管者是否有办法加强纳税人彼此之间的信任？一种似乎有效的办法是劝告公民，告诉他们绝大多数纳税人事实上是服从税法的。在由明尼苏达税务局资助的研究中，研究者给一群人发信件，告知他们税收服从率事实上要远高于民意调查中公民所认为的那样。接下来，收到这些信的人相比较于控制组的人申报了更多的收入，并提出了更少的减免。这恰恰就是强互惠理论所预测的：当他们得知其他人事实上也在贡献其公平的份额时，正如公共产品实验中的人一样，个体纳税人也以同样的合作方式回应。另一个也合乎强互惠理论而与传统经济理论相悖的是，明尼苏达的这项研究发现，那些被告知更高服从率的人要比那些获信被告知其收入将被更频繁地审核的人缴纳更多的税收！[31]

另一个似乎可以加强信任而推动合作的做法是推进大众改革。对1986年《税收改革法》的研究表明，这些改革推进了有关该法律的正面意见的表达。当个人看到这些观点后，他推断其他人也将会选择服从。这一结论反过来引发了互惠的倾向。结果，实施大众改革创造了一种面对面彼此肯定的环境，这有助于建立信任并产生合作倾向，正如公共产品实验中实验对象之间的讨论大大推动了合作一样。

我们不能根据强互惠理论在税收服从上的理论贡献而推断美国国税局（Internal Revenue Service，IRS）应该完全放弃对逃税的惩罚。这将是非常愚蠢的做法，因为集体行动环境中合作的倾向千差万别。如果没有惩罚的风险，那么在顽固的欺诈者那里逃税将十分常见，而接下来他们的背叛又会引发大量互惠纳税人中的非道德化的传播。

实验证据和经验证据认为，有效激励与无效激励的差别在于它们所表达的社会意义。执行者应当小心行事，以树立逃税者是一个异数的观念。[32]人们普遍认为，绝大多数人都遵纪守法，只有少数唯利是图的人才逃税。强制性激励的存在是用来对付这些人的，而不是散播人们的不信任的。相反，它还使人们确信，当他们纳税时他们没有受到剥削。在这个意义上，一个典型事例是在旅馆业大亨莱娜·海斯姆莱（Leona Helsmley）因逃税而被判罪时，她对所得税表达出了公开的愤恨："只有少数人才纳税"[33]。

此外，官员还应当将加强信任的信息与惩罚联系起来。证据表明，审计和许多高调行为事与愿违，因为它们构成了一种逃税无处不在的暗示。

要避免这一暗示，执行者至少应当做到让绝大多数公民自愿纳税的好消息与小部分公民没有纳税的坏消息受到同样的关注。他们应当尽可能利用高调处罚所获得的公众关注来引导正面积极的评价。

遗憾的是，税务当局往往做的是相反的事情。为了与其他机构或计划竞争财政拨款，美国国家税务局往往夸大其执法力度的弱小以及逃税的普遍存在。[34]往往在个人所得税申报的前一个星期，媒体报道的国家税务局执法不力的故事引发了那些一直守法的人的憎恨。[35]当《福布斯》报道了美国国家税务局执行能力的所谓下降时，其封面这样问纳税人读者："难道你是一个傻瓜？"[36]。

事实上，美国的税收服从率相对比较高。但这并不意味着事情不会恶化。与互惠机制中其他高合作均衡一样，美国人自愿纳税的倾向也可能会"翻转过来"。如果一边威胁采取制裁，另一边又同时哭穷，那么美国国家税务局可能会使许多纳税人认为欺诈行为十分普遍。这可能会导致一个新的低合作均衡，正如欧洲的逃税文化的持续性所表明的，这种低合作均衡很难逆转过来。具有讽刺意义的是，由于接受了传统理论的"激励、激励、进一步激励"的策略，所以国家税务局正将税收服从转变成那类棘手的集体行动问题，而这正是传统理论所预期的。

12.4 "别在我家后院"

各类公共设施——包括公路、机场、监狱、有害垃圾处理站等——对住在其附近的人们造成了不同的负担（噪音、已知的物理危害、健康风险）。因此，哪怕人们深知它们对于整个社会的好处，也会拒绝将它们安置在自己的社区。政治学家把这一现象称为"别在我家后院"（not in my backyard），简称为 NIMBY。[37]

集体行动的传统理论将 NIMBY 视为个人拒绝高成本地贡献公共产品而期望搭便车的倾向的表现。相应地，标准模型提出了一个基于激励的解决方案：对最适合设置某项设施的社区遭受的损失进行补偿，而补偿成本则来自那些因该设施获益的居住在别处的人纳的税。[38]

然而这一方案有不良记录。自马萨诸塞州实施一种广为人知的补偿方案以来的 20 年中，没有一个社区接受了——或者被迫接受了——有害垃圾处理工厂的设置。[39]在那些试图用补偿方案来诱使社区接受潜在有害设施建设的其他州和加拿大各省也出现了相似的结果。[40]

事实上，证据表明补偿方案至少有的时候加剧了 NIMBY 问题。根据某些研究的结论，居民们往往抱怨，"补偿方案……试图收买或者贿赂他们"[41]。瑞典经济学家布鲁诺·弗雷（Bruno Frey）和菲力克斯·奥布豪泽－基（Felix Oberholzer-Gee）的实验证实了激励所具有的逆向效应，他们指出，补偿出价急剧减少了同意在其社区设置废弃物存储工厂的实验对象的数量（从占比 50％以上降到占比 25％以下）。[42]

然而，我们不能因此得出补偿方案不起任何作用的结论。至少某些舆论调查显示补偿能够大幅提高人们接受有害设施的意愿。[43]此外，各种形式的补偿永远是最近几十年来美国和加拿大成功设置垃圾处理设施的措施的不可或缺的组成部分。[44]

由于在设施问题上普遍存在失败，所以我们有理由认为，"研究表明补偿在改变公众舆论的能力方面存在着高度的差异"[45]。但恰恰因为它们并非全部都是正面的效应，所以这些结果对于 NIMBY 的传统理论并未提供支持。显然，当社区决定拒绝还是接受有害设施的建设时，存在一些物质成本和收益之外的考虑因素。

舆论分析表明，这种多出来的因素就是居民对于布局建议的道德与情感方面的反应。人们将设施布局于社区的决定解释为其居民的社会地位比较低，他们认为社会在朝他们"倾卸"（既是象征意义也是字面意义）垃圾，因此他们很可能拒绝该方案。[46]那些不信任政府机构的人通常更不可能容忍在其附近设立这类有害设施[47]，而那些认为这类设施给所有人带来好处而负担则是不公平的人也同样无法接受。[48]社区的人种构成在一些社区发挥了较大作用，这些社区能够集聚必要的政治资源来反对强制性的布局。[49]

对那些在公民义务方面更类似于有道德的和富有情感的互惠者的人来说，还有一些能够影响他们的因素。当听到以公共利益的名义呼吁接受风险或不便时，他们认为本质上不公正的政治机构在不公平地分配收益与负担，因此给出可以预料的答案："不"。

互惠动机还可以解释另外一个与接受有害垃圾设施有关的因素：垃圾的来源。财富最大化模型认为，垃圾来源无关紧要，社区自产的垃圾与外面的垃圾一样有害。但事实上，人们更愿意接受处置本地出产的垃圾的设施。[50]这是因为当人们理解这些垃圾来自有益的社区活动时，他们愿意以积极互惠的态度来接受垃圾处理厂。

补偿方案的不平等效果也证实了互惠的逻辑。该逻辑认为，激励在加强或削弱信任方面的效果取决于公民的道德与情感倾向。设想一个社会，其公民起初相信社会负担通过正当的政治过程实现了公平的分配。我们可以认为，作为互惠者，人们比较能够接受在其社区设置这类设施的做法。然而，如果当局试图用激励来购买人们的同意时，那么同一批人却可能会反悔，因为他们推断其他社区事实上不会自愿接受这类安排。作为这样一种反常暗示的后果，NIMBY 现象会日益加剧，而个人对这些反对声音的反应就是强化自身的抵抗心理。

这种反应可以合理解释弗雷和奥布豪泽－基所得出的实验结论。作为一个同质的小型民主国家，瑞士有一个令人尊敬的传统，其中公民通过公平的协商交易过程来解决社会利益和负担的分配。因此实验中的瑞士籍实验对象将核废料处理中的现金出价理解成相互协调的机制的崩溃，并如事先所预期的那样，对这种收买他们的做法表示愤慨。

现在我们来探讨也许更为典型的美国或加拿大的社区的事例，其中居民最初的信念是，社会资源的不平等分配源于不公正的政治体制。作为互惠者，他们可能会拒绝在其附近设置有害设施。而在这种政治氛围中，至少会有潜在的补偿机会。补偿不但有助于抵消该设施带来的物质上的损失或风险，而且提供补偿这一行为本身也蕴含了某种程度上的尊重，而这种尊重是之前的权力当局和利益集团所否定的。

案例研究表明，当激励来自经过协商的"自下而上"的过程而不是中央集权的"自上而下"的过程时，补偿最有可能拥有这种积极的效应。[51] 即使有补偿，集权官僚的地点安排也仍然有可能引发负面的互惠动机。由管理当局决定该地点意味着其他人不愿意自愿接受设施，这是一种通过需要提供补偿这一行为来强化的信号。如果是自愿地接受，那么那些历史上处于弱势的社区就觉得受到了尊重和被赋予了权力，此时补偿不再被视为一种丢面子的行为。此外，协商过程有可能营造一种类似于公共产品博弈中的面对面讨论的气氛。当他们与遥远的政治当局讨论该情形，并被赋予了否决权时，地方社区有可能相信，在这个问题上其他人将乐意贡献其公平的份额。相应地，他们积极回应，展示出更高的接受度。

案例研究指出，这些效应之间相互增强，产生了多个行为均衡。马萨诸塞州在 20 世纪 80 年代实施了一种自上而下的命令加补偿的做法，结果各个社区纷纷抵制有害废弃物处理设施安置在其区域内，而威斯康星州采取了自下而上的协商加补偿的做法，结果许多社区表达出接受这类设施的意愿。[52]加拿大西部各省在采取协商加补偿的策略方面也有相似的成功经验。[53]

总之，解决 NIMBY 问题的关键是信任。各类证据表明，如果让个人相信社会尊重他们的利益，那么个人可以接受在其社区安置有害设施。恰当的自下而上的协商加补偿方案——它强调尊重相关主体社区的利益与自主性——可以逆转人们根深蒂固的厌恶感并使人们产生接受安置决定的互惠性。如果无法让人们相信接受有害设施的负担得到了公平的处理——或者是实质补偿或者是类似的支付，那么那种针对 NIMBY 问题的普遍厌恶情绪将难以改观，即使有资金上的补偿。

12.5　街头犯罪

传统理论将预防犯罪也视为一个集体行动问题。作为一个社会，如果所有人都不进行偷窃或类似的掠夺行为，那么我们都将因此获益。但作为个人，如果我们的邻居受到约束而我们却可以尽可能地进行掠夺行为，那么我们将因为搭便车而获益。简言之，公共秩序是一种公共产品，如果每个人都自行决定的话，那么它的供给将是短缺的。如果人们这样看待犯罪问题，那么显然出路就在于创建令个人利益符合集体利益的激励。这里，激励指对那些违反法律的人的惩罚威胁。

传统集体行动理论很自然地得出了威慑这一执法策略，并根据最早由边沁[54]提出、后来由贝克尔[55]精炼的术语对它进行了完整的建模。根据该理论，作为财富最大化者，个人在犯罪收益 G 大于预期惩罚时将实施犯罪，而预期惩罚等于具体刑罚 P 与确定性 C 的乘积。因此，当 $P \times C > G$ 时，可以阻止犯罪。[56]

当然，只有当社会成本 $P \times C$ 小于犯罪带来的社会损失时，威慑才是有效的。相应地，社会应当关注各种 $P \times C$ 组合的成本。社会往往更关注严厉性（severity）而不是确定性（certainty），因为维持高度的威慑和判决的可能性（C）意味着要在警察、法官、执行机构、公共防卫等方面进行持续投入，而高水平的惩罚（P）——假定它发挥了威慑效应因此并不需要被频繁使用——所需成本较小。[57]

这是对过去 25 年以来美国刑法执行的主要哲学的准确概括——它没有丝毫贬低传统理论的意思。惩罚力度的差异从来都难以解释不同地方和不同时期的抢劫、入室盗窃、杀人、贩毒和其他街头犯罪的差异。判罪的确定性发挥了作用，但相对较小。[58]

更重要的是社会条件与公共态度的不同组合。低"社会组织度"的社会——根据公民自愿协会的质量与活力来测量——往往发生更多的犯罪事件。[59]那些政府制度缺乏"合法性"的社区也是如此，这里合法性的测量指标是人们看待立法者和执法者是否值得尊敬的态度。[60]"社会影响"——人们的行为跟从周围的人的倾向——也影响了犯罪发生率，产生了多个与违法的预期惩罚无关的犯罪率均衡。[61]

由于存在着这些影响犯罪的因素，所以许多人在违法时根本不考虑惩罚的严厉程度。事实上，有理由认为，严厉的惩罚反而会产生那些导向犯罪的态度与社会条件：大规模关押（尤其是集中在少数族裔、内城社区的）、混乱的社会组织和税务制度的合法性。[62]

强互惠理论可以系统地解释和分析这类社会条件对街头犯罪的影响以及威慑策略对这些条件的潜在逆反效应。预期犯罪的各种心理和社会因素表明，互惠机制不是与一种而是与三种集体行动机制交互作用。第一种机制是守法行为的社会利益与犯罪行为的个人利益之间的冲突。这是一个公共秩序集体行动问题，它占据了传统理论的中心。社会影响在犯罪行为上的作用表明，在这类集体行动环境中，许多人以互惠者的方式行事——当他们认为别人在尊敬他们时，他们也会做同样的事情。[63]

第二种集体行动机制集中于社区自我监管的集体物品。个人可以观察别人的居所。当孩子们告诉父母他们看到邻里的孩子陷入了困境或者孩子们自己努力摆脱困境时，社区的人们将由此获益。[64]人们只要经常在社区的人行道或街头出现，尤其是晚上的时候，就会使社区更为安全。[65]如果每一个人都这样做，这将使社区整体获益。但每个人的私利所在是搭便车的意愿，以及仅专注于自己的私人事务。

社会组织对犯罪的影响说明，互惠机制也在很大程度上影响了公民回应社区自我治安困境的方式。当他们彼此在自愿协会——从教堂到学校团体，从邻里改进机构到地方商会——中经常碰面时，公民更有可能观察到其他人对共同事业的贡献，并因此做同样的事情来回报。相反，在分化的社区中，个人只能依赖自己，他们看不到富有公共精神的行为事例，因此不大可能会维持一种自我强化的共同关注模式。[66]

第三种集体行动机制涉及公民—警察合作的公共产品。当公民与警察合作提供有关犯罪信息的时候，警察将因此获益。[67]而当警察勤勉地关注他们的需要并且尊敬他们时，公民也将因此获益。但个人与警察的利益往往不是这样。如果个人报告犯罪，那么这会给他们带来不便，甚至可能冒被报复的风险。[68]在那些人们认为法律不具有合法性或者执法者往往武断或偏袒的地方，那些与警察合作的人往往带有一种负罪感，或者被社区的其他人看不起。[69]从他们的角度来看，警察应该认识到，对待公民的进攻性姿态可能会更难让公民吐露打击犯罪的必要信息。[70]他们期待能够避免这种风险与不便。

互惠机制可以很好地解释社区在协商这类集体行动问题方面的能力。当制度具有很高的合法性时，公民最愿意与警察合作。证据表明，制度是否具有合法性，在很大程度上取决于公民是否认为他们得到了警察和其他决策者的公平对待与尊敬。[71]事实上，公民在受到尊敬时就会选择合作与服从，而在受到不尊敬的对待时就会选择抵制。[72]而公民服从还是抵制以及尊敬还是鄙视的态度无疑反过来影响了警察对待他们的态度，后者在应对公民的需求时将据此采取或者更温和或者更强迫性的做法。[73]

传统威慑策略的无效应当归因于它忽略了这些集体行动环境中的互惠合作。分开地看，传统威慑策略在公共秩序集体行动问题上的效果是不确定的。我们不能认为惩罚威胁并没有约束力，尤其是对那些根本不受诸如耻辱感和负罪感之类社会情感影响的人来说。[74]但此外，正如高调的税收审计做法所表明的，我们可以合理地推断，针对街头犯罪的过于严厉的惩罚有时构成了一种犯罪极其普遍的暗示，这一推论通过互惠机制将削弱部分人尊重其他人权利的动机。

即使假定威慑策略在公共秩序困境问题上总体上是起积极作用的，但传统威慑策略显然在社区自我治安和警民合作关系困境问题上起着负面的作用。从经济的角度来看，公共执法与社区自我治安可以相互替代——在抑制犯罪方面社区承担了越多，对另一方的需要则越小。相应地，虽然政府采取了严厉的刑罚，试图承担更大的威慑负担，但它事实上削弱了（至少在一定程度上是如此）个人相互合作以防范社区犯罪的激励。[75]由于公共执法抑制了社区的自我治安，所以公民更难观察到别人在防范社区犯罪方面所做出的努力。由于观察、指导和待在街头的机会减少，所以个人（作为互惠者）更不愿意参与这类行为。[76]结果，严厉的刑罚可能会挤出和掩盖个人自愿参与维护社区治安的倾向，从而不得不依赖刑罚。

严厉的刑罚还打消了个人与警察合作的积极性。这类刑罚增加了被报复的可能性。事实上，如果用严刑来弥补侦查和判决的低成功率的话，那么绝大多数人会认识到，想从向警察报告中获益可能是徒劳的。此外，严刑还会造成这样一种认识，即体制是不公正的。结果，当政府严厉打击犯罪时，个人更加不愿意合作，这或者是出于负罪感或者是出于不愿被视为线人。而一旦面对不合作的公民，警察的回应手段是加大执法力度。而警察的这种行为则引发了公民更不愿意合作的倾向。由于失去了社区支持——事实证明这是对付帮派犯罪的最好武器[77]——所带来的好处，所以政府不得不寄希望于更为严厉的刑罚，从而进一步恶化了警民合作问题。[78]

归根结底，传统的威慑策略对社区自我治安和警民合作困境的负面效应损害了它给公共秩序困境所带来的正面效应。人们如果坚信社区居民在制止犯罪上是无所作为的，同时又憎恨政府出手过重，那么他们的回应可能是更多地违法，而这类行为导致犯罪猖獗。其结果是一个自我维持的高犯罪率均衡得到了不信任和各种负互惠的长期支持。

从互惠的角度来看，我们能否指望有一种更有效果的打击犯罪的策略？有，这就是私人反犯罪协会网络的执法与惩罚机制。

芝加哥已经实施了一种这类社区执法的形式。在芝加哥新型治安战略（Chicago Alternative Policing Strategy）的指导之下，芝加哥警察局将该市犯罪率最高的几个社区分别由多组"顾问委员会"管辖，这些委员会由两到三个城市街区组成。每个委员会都被任命了一位"辖区官员"（beat officer），他根据严格的指示（当时白人市长非常担心遭到少数族裔候选人的挑战）将委员会所提出的意见转变成程序上可以处理的问题，并以社区居民可以接受的监管策略来进行处理。[79]

这一后来证明是最受欢迎的战略蕴含了一些执法任务的私有化。其中一项就是关于秩序维持的监管。在一些被标为"巡逻底层"、"向和平进军"和"好人巡查"的事件中，顾问委员会组织大量的守法公民占据了混乱的街头。通过确立"积极的存在者"这一事实，这些公民将其转变为秩序良好的社区，而之前这里曾被视为犯罪活动的中心。[80]

芝加哥新型治安战略还将犯罪研究私有化。在顾问委员会的辖区会议上，公民经常抱怨并指出混乱的根源，而警察之前无力去探讨这些原因。当事情发生后，公民受到官方鼓励去收集必要的证据以获得法律上的援助。有一次，公民们因为收集了一家酒馆违背健康法令的证据，从而成功促成了这家经常有不好的人光顾的酒馆的关闭。还有一次，公民们收集了一位恶劣的房东"完全无视"公共安全的证据而把他送进监狱，因为该人的出租房已经成为吸毒犯和帮派活动的场所。[81]

此外，芝加哥新型治安战略还促成了一些私人因耻辱感而悔改的事例。其中一个是长达两年的纠察运动，业主们在一个恶劣房东的家庭外面示威，因为后者允许其房子成为凶恶黑帮的活动场所。示威者们已经"受够了这一问题建筑传出的噪音、犯罪、暴力和无尽无止的骚乱……他们希望以其人之道还治其人之身，令该房东能够对自己的做法感到不安"[82]。

这种高度参与性的和分散化的执法是非权威的，也被证明是成功的。犯罪学家韦斯利·斯科坎（Wesley Skogan）和苏珊·哈特奈特（Susan Hartnett）通过对犯罪和公众舆论的数据的研究发现，在实施芝加哥新型治安战略的区域里，人们对警察的信任度显著提高，而邻里之间的信任也是如此。各种形式的街头犯罪率——从毒品分发到抢劫到谋杀——有所下降。[83]

芝加哥新型治安战略的行为机制也同样可以用互惠来解释。事实上，在街头犯罪问题上涉及的集体行动环境中，该监管战略加强了信任，增强了互惠合作。芝加哥新型治安战略对社区自我治安困境产生了积极影响。传统的治安战略事实上抛弃了社区自我治安的做法，而芝加哥新型治安战略则将相当一部分重要的执行内容分给了社区居民本人。公民在居民们参加顾问会议——以及之后的秩序维护性的示威——并发言时看到了公共耻辱等内容，因此他们认识到他们的邻居事实上愿意积极行动，保卫社区不受犯罪侵扰。那些有这些印象的人将会通过参与互惠行动，或者是参与新型治安战略中的倡议活动，或者是参与那些不那么正式的活动来关照彼此的利益。

芝加哥在社区治安方面的做法还促成了警民合作中的正面互惠。很久以来，公民习惯于认为警察既不关心他们的需要，又不尊重他们的权利，现在则接触到具有高度回应性的友好的官员。正如意料之中的，公民更加拥有信任感，并更乐意与警察合作。此外，芝加哥新型治安战略还使得公民与警察更容易打交道，它否定了之前人们把这种行为视为耻辱或被社区看不起的社会含义。那些参与新型治安战略的人不再把自己看做——别人也不这么看——出卖公民同胞而获取权力的人。相反，他们在参与显然得到了其他社区成员支持的社区自治。同样，警察也对公民的积极意愿予以善意的回报，对待公民更加尊敬。

由于这些对于社区自我治安和警民合作问题的影响，所以新型治安战略对于公共秩序困境也有着积极的影响。在一个人们彼此信任并信任政府的环境中，他们更愿意遵守法律。此外，通过互惠机制，这种守法行为还得到了加强。

强互惠理论解释了为什么我们有理由指望选择性的私有化将导致一种自我维持的、高度合作的低犯罪率均衡。并且，它还说明了这一均衡有望稳定和持久。

12.6　其他含义

除了征税和有害设施布局问题之外，强互惠理论在政策问题上还具有广泛的应用含义。这里简要提及众多领域中的数个可能应用。

12.6.1　欺诈与腐败

与对个人逃税的态度一样，个人是否有参与欺诈和腐败的倾向似乎取决于他们是否认为别人也有类似行为。[84]这意味着高调反腐等行为与高调打击逃税等事例一样，可能会造成事与愿违的结果。[85]事实上，当政府投入更多的资源来威慑欺诈行为的时候，个人也因此没什么动机来投入可信的信号向他人来表明自己是诚实和值得信任的生意伙伴。由于个人是对诚实报之以诚实，所以这种对个人将诚实显示给别人的努力的压抑有望削弱个人诚信做事的态度，并削弱了惩罚不诚信的效果。这里再一次表明，更好的政策是让公民意识到他们周围的人从根本上来说是诚信的。

或者至少可以这样说，最好的政策是人们真正地普遍诚信。在充斥着不信任的环境下，比如在那些前东欧集团的社会里，对欺诈和不诚实行为予以严厉的惩罚是唯一可行的做法。此外，在这种气氛中，对不诚信行为的惩罚也许事实上加强而不是削弱了信任。那些憎恨欺诈和腐败的人有可能将这种可信惩罚解释成其他人也这样想的证据，因此也愿意做同样的事情。部分个人将会更为诚信，并引发其他人也这样做，直到实现一种新的自我强化的合作——在这一点上严刑也许不再有必要。[86]

12.6.2 信息与技术

观念可以被看成一种经典的公共产品。我们都获益于有用的发明、精妙的文学作品、高效率的机器等。但在我们可以免费地使用他人辛苦发明的成果时，我们为什么要承担生产它们的成本？传统理论再次求助于激励，知识产权允许发明者禁止那些没有付费的人使用他们的观点。[87]

但强互惠理论使这一图景复杂化了。大量的研究指出，在某些领域，包括基础研究领域和多种计算机软件研发领域，个人对合作事业作出自发的贡献，并且做出的创新可以媲美甚至超过那些通过产权生产方式发明的创新。[88]一旦发生这种情况，与知识产权相关的净福利损失与管理成本对于实现公共利益的发明来说就不再必要。事实上，大学科学家、计算机黑客等互惠合作者如果怀疑他们的合作者有意侵占这些发明的商业价值，那么他们就拒绝观点的免费交流。[89]如果知识产权制度对这类互惠规范的贡献无动于衷，那么它将会扼杀而不是刺激创新。

12.6.3 民主

传统集体行动理论在民主政治中的应用就是公共选择理论。根据该理论，公民是自利的财富最大化者，将拒绝参与富有公共精神的协商，他们是追逐租金的利益群体。[90]为克服这一机制，政策分析家们提出了各种各样的结构性工具，从有关政治运动资金的法律[91]到任期限制[92]再到部分复议权[93]及预算过程改革[94]，所有这些都致力于提高组织利益压力群体时的成本或降低其收益。

强互惠模型则提出了一种不同的分析。从实证层面来看，它指出大量的经验研究表明，当议员的行为受到非正式规范的约束时，这些非正式规范限制了那种将公共资源投入自己选区的赤裸裸的做法。[95]因此，互惠机制至少对利益群体政治学作出了部分贡献。

从规范研究的层面来看，强互惠模型警告我们，不要想当然地认为结构改革将必然加强这种情形下的互惠规范。用以缓解公共选择压力的政策不仅改变了政治行动者参与寻租的动机，而且它还向选民和议员传达了这样一种信息，即不管寻租是否符合政治行动者的利益，这都是我们预期到的政治行动者的行为。由于个人是互惠者，所以他们应对这一信息的做法可能是在民主政治生活中更加不受限制地追求物质利益。这样，改革本来是致力于阻止这种自利行为的，但现在却削弱了以互惠为基础的规范——这些规范至少现在对这类行为有约束作用——并净增加了追求特殊利益的寻租。强互惠模型强调指出，如果我们急切地接受公共选择理论所描述的图景，那么这将会使它成为我们政治生活中的现实。[96]

与此同时，强互惠理论还分析指出，反映不同假设的改革能够刺激公共精神的生长。比如，学者们建议，政府可以用两类货币资金来奖励公民：一类是对成年人的适当行为的"奖金"（stake）；另一类是对政治运动作出贡献的"爱国美元"（patriot dollars）。[97]首先，社会承诺要确保个人有公平的机会来实现他们的生活计划。其次，社会承诺要确保个人有公平的机会来影响政治过程而不受到其个人财富的影响。有理由相信，许多公民将对这类计划所蕴含的善意做出回报，更多地贡献社会福利而不是纯粹追求自利。而一旦公民观察到这类富有公共精神的行为，更多的公民也会这样做。

12.6.4　善行

美国一些州政府近年来通过了一些法律，这些法律规定，个人负有援助危难的陌生人的义务（当他们这样做而不必给自己带来风险的时候）。这类法律试图抑制所谓美国人对于陌生人的那种日益增强的冷漠——尤其是城市居民中的冷漠。[98]

但强互惠理论警告，这类法律的后果与其说是抑制这些冷漠，不如说是助长了冷漠。一些个人将会把这些不援助就施以惩罚的必要性解释成对绝大多数居民并未真诚关心陌生人的利益这一事实的证明。强互惠理论预测，这些个人将因此而更不愿意表示关怀。另外，援助他人的物质激励也掩盖了援助的道德动机。

大量实验证据表明，美国人并非不愿意对危难中的陌生人施以援手。[99]强互惠理论建议，强化人们援助动机的方法是纠正人们有关其他人缺乏这类决心的错误观念——我们可以通过宣传那些曾有英雄行为的人来实现这一目标。

12.7　结论

　　传统集体行动理论的主要——事实上是唯一——卖点是它所宣称的行为现实主义。它告诉我们，个人本质上是自私的。因此，我们无法指望他们会自愿为社会利益而牺牲其物质利益；相反，我们应该通过高成本的管制手段来贿赂和威胁他们。而这种管制手段本身不仅耗费了我们的共同资源，而且还创造了大量让自利个人和群体谋利的机会。因此，很难对我们的动机和前景抱美好的看法。但如果传统理论所描述的丑恶图景是正确的，那么我们绝不可傻乎乎地将眼睛转向别处。

　　然而，事实就是传统理论错了。集体行动环境中的个人虽然比不上圣徒，但他们也并不像仇人。许多有关强互惠的文献证明，我们可以指望他们贡献集体物品，只要他们相信别人也在这样做。贿赂与威胁并不像传统理论所讲的那样绝对必要。法律若能让我们相信其他人也在公平地贡献社会就可以争取到我们的合作。事实上，当法律仅依赖于贿赂或威胁时，它就孕育了这样一种印象，即在自愿贡献集体物品的问题上，公民彼此之间是不能信任的。这时法律就削弱了公民对彼此的公共精神施以互惠的动机。不管传统理论中有多少东西是真的，它本身就是该理论的各种悲观假设在被公共接受后的一个产物。

　　因此，我们现在必须拒绝它们。为取代传统的集体行动理论，我们应当在我们作为互惠者的本质的基础上建立一种新的更富有吸引力的理论。互惠的逻辑不仅反映了一种更为现实主义的对人类情感和道德的理解，而且还更为切实地点燃了希望，即公民将更富有道德和情感地贡献公共物品。

注释

　　[1]　参见 Mancur Olson，The Logic of Collective Action（1965）。
　　[2]　同注释 1，第 1—2 页。
　　[3]　参见 Herbert Gintis，Samuel Bowles，Robert Boyd，and Ernst Fehr，Moral Sentiments and Material Interests：Origins，Evidence，and

Consequences，chapter 1 of this volume；Ernst Fehr and Simon Gäcther，
Reciprocity and Economics：The Economic Implications of Homo Recipro-
cans，42 *Euro. Econ. Rev.* 845（1998）；Ernst Fehr and Urs Fischbacher，
The Economics of Strong Reciprocity，in chapter 5 of this volume。

［4］Robert Axelrod 在 *The Evolution of Cooperation* 中以各种不同的
方法巧妙地证明了这一结论。

［5］参见 Fehr 和 Gäcther，同注释 3。

［6］参见 Peter H. Reingen，Test of a List Procedure for Inducing
Compliance with a Request to Donate Money，67 *J. Applied Psy.* 110
（1982）；还参见 Robert B. Cialdini，*Influence：Science and Practice* 96—
97（该文描述了用来造成广泛施舍印象的技术）（3d ed.，1993）。

［7］参见 Elliot Aronson，*The Social Animal* 29—30（7th ed.，
1995）；Robert B. Cialdini，Raymond R. Reno，and Carl A. Kallgen，A Fo-
cus Theory of Normative Conduct：Recycling the Concept of Norms to Re-
duce Littering in Public Places，58 *J. Personality & Social Psy.* 1015
（1990）。

［8］参见 Stanley Milgram，Hilary James Liberty，Raymond Toldeo，
and Joyce Wackenhut，Response to Intrusion into Waiting Lines，51
J. Personality & Social Psy. 683（1986）；Bernd Schmitt，Laurette Dubé，
and France Leclerc，Intrusions into Waiting Lines：Does the Queue Consti-
tute a Social System? 63 *J. Personality & Social Psy.* 806（1992）。

［9］参见 Truman Bewley，Fairness，Reciprocity，and Wage Rigidity，
chapter 11 of this volume；George A. Akerlof，Labor Contracts as Partial
Gift Exchange，47 *Q. J. Econ.* 543（1982）；William Dickens and Lawrence
Katz，Inter-Industry Wage Differences and Theories of Wage Determina-
tion，NBER Working Paper No. 2271，at 25—26（1987）；Lawrence Katz
and Lawrence Summers，Industry Rents：Evidence and Implications，in
Brookings Papers on Economic Activity，Microeconomics 209（1989）。参见
Efficiency Wage Models of the Labor Market（George A. Akerlof and Janet
Yellen，eds.，1986）。

［10］这些模式可以用图 12—3 来描述。

在该图中存在着三个均衡点。一个是在占比 50％左右（本图中任意选

择）：如果集体行动环境中的参与者认为半数参与者在 t_n 期作出贡献，那么大约有半数将选择在 t_{n+1} 期作出贡献，而后者又意味着大体相同的人数在 t_{n+2} 期作出贡献，如此继续下去。然而这一中位均衡是相对不稳定的。如果作为外生震荡的结果，在 t_n 期有高出半数的人被诱致作出贡献（比如 60%），那么在 t_{n+1} 期就有更多的人作出贡献（比如 70%），从而引发在 t_{n+2} 期的更高比例的贡献，如此继续下去，直到贡献水平达到右上角点的高合作均衡。同理，出于某些原因少于半数的人在 t_n 期作出贡献（比如 40%），就将导致在 t_{n+1} 期有更少的人作出贡献（30%），并导致在 t_{n+2} 期的更低比例的贡献，如此继续下去，直到左下角点的低贡献水平均衡。而这些角点均衡要相对稳定：外生震荡也许会导致贡献水平的短期提高或下降，但除非它大到足够将贡献水平拉过 50% 的触发点，否则集体行动将很快回复至其最初的角点均衡。可参见 Thomas C. Schelling, *Micromotives and Macrobehavior* (1978)（该书提出了触发点和反馈效应的正式模型）；Randal C. Picer, Simple Games in a Complex World：A Generative Approach to the Adoption of Norms, 64 *U. Chi. L. Rev.* 1225 (1997) (same)。

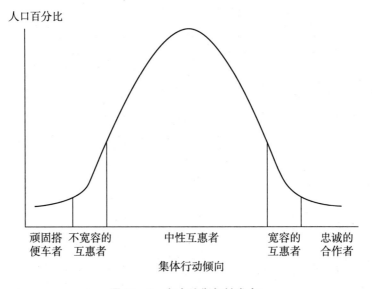

图 12—3　多个均衡与触发点

[11] 参见 Armin Falk and Urs Fischbacher, Modeling Strong Reciprocity, chapter 6 of this volume.

〔12〕比如参见 Robert Cooter, Normative Failure Theory of Law, 82 *Cornell L. Rev.* 947, 976—977 (1997); Timur Kuran and Cass R. Sunstein, Availability Cascades and Risk Regulation, 51 *Stan. L. Rev.* 683, 688 — 689, 746 (1998); Cass R. Sunstein, On the Expressive Function of Law, 144 *U. Pa. L. Rev.* 2012, 2032—2036 (1996)。

〔13〕参见 John O. Ledyard, Public Goods: A Survey of Experimental Research, in *The Handbook of Experimental Economics* 111, 156 — 158 (John H. Kagel and Alvin E. Roth eds. , Princeton University Press 1995); Elinor Ostrom, Collective Action and the Evolution of Social Norms, 14 *J. Econ. Perspectives* 137, 146 (2000)。

〔14〕参见 Elinor Ostrom, Policies that Crowd Out Reciprocity and Collective Action, chapter 9 of this volume。可参见 Bruno S. Frey, *Not Just for the Money: An Economic Theory of Personal Motivation* (1997); Uri Gneezy and Aldo Rusichini, A Fine Is a Price, 29 *J. Legal Stud.* 1 (2000) (该文发现罚款没有减少反而增加了父母滥用日托中心的机会); Uri Gneezy and Aldo Rushtichini, Pay Enough or Don't Pay at All (unpublished manuscript, April 1999) (该文发现激励没有提高反而降低了个人拉到善款的绩效); Richard M. Titmuss, *The Gift Relationship: From Human Blood to Social Policy* (1971) (该文认为激励抑制了献血); Bruno S. Frey and Reto Jegen, Motivation Crowding Theory: A Survey of Empirical Evidence, *J. Econ. Surveys* (forthcoming)。

〔15〕参见 Gintis 等, 同注释 3; Fehr 和 Fischbacher, 同注释 3; Ernst Fehr and Simon Gächter, Cooperation and Punishment in Public Goods Experiments, 90 *Am. Econ. Rev.* 980 (2000)。

〔16〕参见 Dan M. Kahan, Social Influence, Social Meaning, and Deterrence, 83 *Va. L. Rev.* 349 (1997)。

〔17〕参见 Micale G. Allingham and Agnar Sandomo, Income Tax Evasion: A Theoretical Analysis, 1 *J. Pub. Econ.* 323 (1972)。

〔18〕同注释 17, 第 842 页; Frank A. Cowell, *Cheating the Government: The Economics of Evasion* 74 (1994); Steven Klepper and Daniel Nagin, the Criminal Deterrence Literature: Implications for Research on Taxpayer Compliance, in 2 *Taxpayer Compliance* 126, 142 (J. Roth and

J. T. Scholz ed. , 1989)。

[19] 比如参见 Harold G. Cransmick and Wilbur J. Scott，Tax Evasion and Mechanisms of Social Control：A Comparison with Grand and Petty Theft，2 *J. Econ. Psych.* 213，225，226 table 2 (1982)。

[20] 参见 James Andreoni，Brian Erard，and Jonathan Feinstein，Tax Compliance，36 *J. Econ. Lit.* 818，841 (1998)。

[21] 参见 Robert B. Cialdini，Social Motivations to Comply：Norms，Values，and Principles，in 2 *Taxpayer Compliance* 215 (J. A. Roth and J. T. Scholz ed. , 1989)；James P. F. Gordon，Individual Morality and Reputations Costs as Deterrents to Tax Evasion，33 *Euro. Econ. Rev.* 797 (1989)；Klepper 和 Nagin，同注释 18，第 144 页；Steven M. Sheffrin and Robert K. Triest，Can Brute Deterrence Backfire? Perceptions and Attitudes in Taxpayer Compliance，in *Why People Pay Taxes* 193 (J. Slemrod ed. , 1992)。

[22] 比如参见 Grasmick 和 Scott，同注释 19，第 226 页及表 4；Wilbur J. Scott and Harold G. Grasmick，Deterrence and Income Tax Cheating：Testing Interaction Hypotheses in Utilitarian Theories，17 *J. Applied Behavioral Sci.* 395，403 table 1 (1981)。

[23] 参见 Marco R. Steenbergen，Kathleen M. McGraw，and John T. Scholz，Taxpayer Adaptation to the 1986 Tax Reform Act：Do New Tax Laws Affect the Way Taxpayers Think About Taxes?，In *Why People Pay Taxes* 9 (Joel Slemrod ed. , 1992)。

[24] 同注释 23，第 29—30 页。

[25] 同注释 24。

[26] 参见 James Alm，Isabel Sanchez，and Ana De Juan，Economic and Noneconomic Factors in Tax Compliance，48 *KYKLOS* 3 (1995)；Cowell，同注释 18，第 102—103 页。

[27] 参见 Steven M. Sheffrin and Robert K. Triest，Can Brute Deterrence Backfire? Perceptions and Attitudes in Taxpayer Compliance，in *Why People Pay Taxes* 193，194—195 (Joel Slemrod ed. , 1992) (该文认为纳税人决策的相互依赖将产生多个行为均衡点)；还参见 Cowell，同注释 18，第 112—113 页 (该文提出了一个理论模型，该模型预测基于纳税人逃税决

定的相互依赖将产生多个服从均衡点）。

［28］参见 Richard D. Schwartz and Soya Orleans，On Legal Sanctions，34 *U. Chi. L. Rev.* 274，298 (1967)。

［29］参见 Steven M. Sheffrin and Robert K. Triest，Can Brute Deterrence Backfire? Perceptions and Attitudes in Taxpayer Compliance，in *Why People Pay Taxes* 193，211—213 (J. Slemrod ed. ，1992)。

［30］同注释 29。

［31］参见 Stephen Coleman，*The Minesota Income Tax Compliance Experiment：State Tax Results* (1996)。

［32］参见 Cialdini，同注释 21，第 215 页。

［33］参见 the Wicked Witch Who Has Poisoned the Big Apple，*Times* (London)，Sept. 3，1989（星期三 100 多个在曼哈顿的联邦法庭外等待的人讥笑 Leona："她活该，她是一个人渣。"）。

［34］比如参见 David Cay Johnston，A Smaller I. R. S. Gives Up on Billions in Back Taxes，*N. Y. Times*，Apr. 13，2001, at A1。

［35］比如参见 Tom Brazaitis，Wimpy IRS Emboldens Cheats，*Plain Dealer* (Cleveland，OH)，Apr. 18，2001 at 11B；Amy Feldman and Joan Caplin，Should You Cheat on Your Taxes?，*Money*，Apr. 2001，at 108。

［36］Janet Novack，Are You A Chump?，*Forbes*，Mar. 5，2001，at 122.

［37］参见 Don Munton，Introduction：NIMBY Problem and Approaches to Facility Sitting，in *Hazardous Waste Sitting and Democratic Choice* 1 (D. Munton ed. ，1996)；Barry G. Rabe，*Beyond NIMBY：Hazardous Waste Sitting in Canada and the United States* 1—2 (1994)。

［38］这一分析的经典描述来自 Michael O'Hare，"Not on My Block You Don't"：Facility Sitting and the Strategic Importance of Compensation，25 *Pub. Pol.* 407 (1977)。

［39］参见 Kent E. Portney，Siting Harzardous Waste Treatment Facilities 28 (1991)；Rabe，同注释 37，第 36—37 页。

［40］同注释 39，第 39—44 页。

［41］Munton，同注释 37，第 17 页。

［42］参见 Frey，同注释 14，第 69—75 页。

[43] 参见 Howard Kunreuther and Doug Easterling, The Role of Compensation in Siting Hazardous Facilities, 15 *J. Policy Analysis & Management* 601, 605－606 (1996)；Howard Kunreuther, Douglas Easterling, William Devousges, and Paul Slovic, Public Attitudes Towards Siting a High-Level Nuclear Waster Repository in Nevada, 10 *Risk Analysis* 469, 480 (1990)。

[44] 参见 Munton, 同注释 37, 第 16 页；Douglas J. Lober, Beyond NIMBY：Public Attitudes and Behavior and Waste Facility Siting Policy 124－125 (Ph. D. Dissertation, Yale University, School of Forestry & Environ. Stud. , 1993)。

[45] 参见 Kunreuther 和 Easterling, 同注释 43, 第 605 页。

[46] Lober, 同注释 44, 第 120 页；还参见 Kunreuther 等, 同注释 43, 第 470 页；还参见 Paul Sovic, M. Layman, N. Kraus, James Flynn, J. Chalmers, and G. Gesell, Perceived Risk, Stigma, and Potential Economic Impacts of High-Level Nuclear Waste Repository in Nevada, in *Risk, Media, and Stigma* (James Flynn, Paul Slovic and Howard Kunreuther eds. , 2001)。

[47] 参见 Robin Gregory, Howard Kunreuther, Doug Easterling, and Ken Richards, Incentive Policies to Site Hazardous Waste Facilities, 11 *Risk Analysis* 667, 672 (1991)；Kunreuther 等, 同注释 43, 第 472 页；Lober, 同注释 44, 第 140－142 页。

[48] 参见 Kunreuther 和 Easterling, 同注释 43, 第 601－602 页；Lober, 同注释 44, 第 145 页。

[49] 同注释 48, 第 145 页；Rabe, 同注释 37, 第 21 页。

[50] 参见 Lober, 同注释 44, 第 126 页；Rabe, 同注释 37, 第 44 页。

[51] 参见 Kunreuther 和 Easterling, 同注释 43, 第 618 页；Munton, 同注释 37, 第 19－20 页；Rabe, 同注释 37, 第 59 页。

[52] 参见 Kunreuther 和 Easterling, 同注释 43, 第 618 页；Lober, 同注释 44, 第 222－223 页。

[53] 参见 Geoffrey Castle and Don Munton, Voluntary Siting of Hazardous Waste Facilities in Western Canada, in *Hazardous Waste Siting and Democratic Choice* 56－57 (D. Munton ed. , 1996)；Rabe, 同注释 37, 第

59 页。

[54] 参见 Jeremy Benthan, *An Introduction to the Principles of Morals and Legislation*, Reprinted *in The Utilitarians*（1961）。

[55] 参见 Gary Becker, Crime and Punishment：An Economic Approach, 76 *J. of Pol. Econ.* 169（1968）。

[56] 同注释 55。

[57] 同注释 56；Richard Posner, An Economic Theory of Crime, 85 *Colum. L. Rev.* 1193 (1985)。

[58] 参见 Daniel Nagin, Criminal Deterrence Research at the Outset of the Twenty-First Century, 23 *Crim.* & *J.* 1（1998）。

[59] 参见 Robert J. Sampson, Stephen W. Raudenbush, and Felton Earls, Neighborhoods and Violent Crime：A Mutlilevel Study of Collective Efficacy, 277 *Science* 918（1997）。

[60] 参见 Tom R. Tyler, *Why People Obey the Law*（1990）。

[61] 参见 Kahan, 同注释 16, 第 359—360 页。

[62] 参见 Jeffrey Fagan and Tracey L. Meares, Punishment, Deterrence, and Social Control：The Paradox of Punishment in Minority Communities（Columbia Law School Public Law & Legal Theory Working Paper No, 10, Mar. 25, 2000）。

[63] 参见 Kahan, 同注释 61。

[64] 参见 Elijah Anderson, *Streetwise：Race, Class, and Change in an Urban Community* 3, 70—77（文章讨论了一般的青年监管问题及其恶化的后果，其中涉及了内城的犯罪）；Tracey L. Meares, Social Organization and Drug Law Enforcement, 35 *Am. Crim. L. Rev.* 191, 204, 207（1998）（对经验证据的评述）。

[65] 参见 Jane Jacobs, *The Death and Life of Great American Cities* 29—35（1961）。

[66] 参见 Mears, 同注释 64；Robert D. Putnam, *Bowling alone：The Callapse and Revival of American Community*（2000）。

[67] 参见 Martín Sánchez Jankowski, *Islands in the Street：Gangs and American Urban Society* 193, 202—203（1991）（该文主张社区与警察合作是消灭黑帮犯罪的充分必要条件）。

〔68〕参见 George Akerlof and Janet L. Yellen, Gang Behavior, Law Enforcement and Community Values, in *Values and Public Policy* 180 (Henry J. Aaron, Thomas E. Mann and Timothy Taylor eds. , 1994)。

〔69〕同注释 68，第 181—182 页；Anderson，同注释 64，第 190、195—196、205 页。

〔70〕参见 Tom R. Tyler, Trust and Law Abidingness: A Proactive Model of Social Regulation, 81 *B. U. L. Rev.* 361, 368—369 (2001)。

〔71〕同注释 70，第 367—368、376—378、385—386 页。

〔72〕同注释 71，第 389 页。

〔73〕参见 Anderson，同注释 64，第 202—203 页；参考 Tyler，同注释 70，第 369、384 页（文中指出，警察与居民之间潜在的敌意可能会相互强化）。

〔74〕参见 Harold G. Grasmick and Donald E. Green, Legal Punishment, Social Disapproval and Internalization as Inhibitors of Illegal Behavior, 71 *Crim. L. & Criminology* 325 (1980)。

〔75〕参见 Tomas J. Philispon and Richard A. Posner, The Economic Epidemiology of Crime, 39 *J. L. & Econ.* 197 (1996)；Keith Hylton, Optimal Law Enforcement and Victim Precaution, 27 *Rand J. Econ.* 197 (1996)；Omri Ben-Shahar 和 Alon Harel, Blaming The Victim: Optimal Incentives for Private Precautions Against Crime, 11 *J. L. Econ. & Org.* 434 (1995)。

〔76〕参见 Anderson，同注释 64，第 57—58 页。

〔77〕参见 Jankowski，同注释 67，第 202—203 页。

〔78〕参见 Akerlof 和 Yellen，同注释 68，第 192—193、195 页。

〔79〕参见 Wesley G. Skogan and Susan M. Harnett, *Community Policing Chicago Style* (1997)。

〔80〕同注释 79，第 174—175、225 页。

〔81〕同注释 80，第 166—167、175—176 页。

〔82〕同注释 81，第 177—178 页。

〔83〕同注释 82。

〔84〕参见 Jon Elster, *The Cement of Society: A Study of Social Order* 278 — 270 (1989)；Peter H. Huang and Ho-Mou Wu, More Order without Law: A Theory of Social Norms and Organizational Cultures, 10 *J. L. Org.* 390 （1994）。

［85］ Elster，同注释 84，第 270 页。

［86］ 参见 Susan Rose-Ackerman，*Corruption and Government*: *Causes*，*Consequences*，*and Reform* （1999）。

［87］ 参见 Kenneth J. Arrow，Economic Welfare and the Allocation of Resources for Invention，*in The Rate and Direction of Inventive Activity*: *Economic and Social Factors* 609 （1962）；Harold Demsetz，The Private Production of Public Goods，13 *J. L. & Econ.* 293 （1970）。

［88］ 比如参见 Yochai Benkler，Coase' Penguin，or，Linux and the Nature of the Firm，*Yale L. J.* （2003）；Arti Kaur Rai，Regulating Scientific Research: Intellectual Property Rights and the Norms of Science，94 *Nw. U. L. Rev.* 77 （1999）。

［89］ 参见 Benkler，同注释 88；Rai，同注释 88。

［90］ 注释 1 中 Olson 的作品仍然是基础性的著作。还参见 James M. Buchanan and Gordon Tullock，*The Calculus of Consent*: *Logical Foundations of Constitutional Democracy* （1962）。

［91］ 比如参见 Ian Ayres and Jeremy Bulow，The Donation Booth: Mandating Donor Anonymity to Disrupt the Market for Political Influence，50 *Stan. L. Rev.* 837 （1998）。

［92］ 参见 Elizabeth Garrett，Term Limitations and the Myth of the Citizen-Legislator，81 *Cornell L. Rev.* 623 （1996） （该文批评那种以任期限制来反对公共选择机制的做法）。

［93］ 参见 Elizabeth Garret，Accountability and Restraint: The Federal Budget Process and the Line Item Veto Act，20 *Cardozo L. Rev.* 871 （1999）。

［94］ 参见 Elizabeth Garret，Rethinking the Structures of Decisionmaking in the Federal Budget Process，35 *Harv. J. Leg.* 1113 （1998）。

［95］ 参见 Donald P. Green and Ian Shapiro，*Pathologies of Rational Choice Theory*: *A Critique of Applications in Political Science* （1994）。

［96］ 参见 Jerry Mashaw，*Greed*，*Chaos*，*and Governance*: *Using Public Choice to Improve Public Law* （1997）。

［97］Bruce Ackerman and Anne Alstott，*The Stakeholder Society* (1999)；Bruce Ackerman and Ian Ayres，*Voting with Dollars* (Yale Univ. Press 2002).

［98］参见 Daniel B. Yeager，A Radical Community Of Aid：A Rejoinder to Opponents of Affirmative Duties to Help Strangers，71 *Wash. U. L. Q.* 1 (1993)。

［99］参见 Bibb Latene and John M. Darley，*The Unresponsive Bystander：Why Doesn't He Help?* (1970)（该文报告的实验结果表明，援助失败往往是认知错误的结果，这在群体环境中特别突出）。

参考文献

Ackerman, Bruce, and Anne Alstott, *The Stakeholder Society* (1999).

Ackerman, Bruce, and Ian Ayres, *Voting with Dollars* (2002).

Akerlof, George, and Janet L. Yellen, Gang Behavior, Law Enforcement and Community Values, in *Values and Public Policy* 180 (Henry J. Aaron, Thomas E. Mann, and Timothy Taylor eds. 1994).

Akerlof, George A. , and Janet Yellen. eds. , *Efficiency Wage Models of the Labor Market* (1986).

Akerlof, George A. , Labor Contracts as Partial Gift Exchange, 47 *Q. J. Econ.* 543 (1982).

Allingham, Micale G. , and Agnar Sandomo, Income Tax Evasion：A Theoretical Analysis, 1 *J. Pub. Econ.* 323 (1972).

Alm, James, Isabel Sanchez, and Ana De Juan, Economic and Noneconomic Factors in Tax Compliance, 48 *KYKLOS* 3 (1995).

Anderson, Elijah, *Streetwise：Race, Class, and Change in an Urban Community* (1990).

Andreoni, James, Brian Erard, and Jonathan Feinstein, Tax Compliance, 36 *J. Econ. Lit.* 818 (1998).

Aronson, Elliot, *The Social Animal* (7th ed. 1995).

Arrow, Kenneth J. , Economic Welfare and the Allocation of Resources for Invention, In *The Rate and Direction of Inventive Activity：Economic and Social Factors* 609(1962).

Axelrod, Robert, *The Evolution of Cooperation* (1984).

Ayres, Ian, and Jeremy Bulow, The Donation Booth: Mandating Donor Anonymity to Disrupt the Market for Political Influence, 50 *Stan. L. Rev.* 837 (1998).

Becker, Gary, Crime and Punishment: An Economic Approach, 76 *J. of Pol. Econ.* 169(1968).

Benkler, Yochai, Coase's Penguin, or, Linux and the Nature of the Firm, 112 *Yale L. J.* 369(2002).

Ben-Shahar, Omri, and Alon Harel, Blaming the Victim: Optimal Incentives for Private Precautions Against Crime. 11 *J. L. Econ. & Org.* 434(1995).

Bentham, Jeremy, An *Introduction to the Principles of Morals and Legislation*, reprinted in *The Utilitarians* (1961).

Bewley, Truman, Fairness, Reciprocity, and Wage Rigidity, chapter 11 of this volume.

Brazaitis, Tom, Wimpy IRS Emboldens Cheats, *Plain Dealer* (Cleveland, Ohio), Apr. 18, 2001 at 11B.

Buchanan, James M., and Gordon Tullock, *The Calculus of Consent: Logical Foundations of Constitutional Democracy* (1962).

Castle, Geoffrey, and Don Munton, Voluntary Siting of Hazardous Waste Facilities in Western Canada, in *Hazardous Waste SITING AND Democratic Choice* (D. Munton ed. , 1996).

Cialdini, Robert B. , *Influence: Science and Practice* (3d ed. 1993).

Cialdini, Robert B. , Social Motivations to Comply: Norms, Values, and Principles, in 2 *Taxpayer Compliance* 215(J. A. Roth and J. T. Scholz eds. , 1989).

Cialdini, Robert B. , Raymond R. Reno, and Carl A. Kallgren, A Focus Theory of Normative Conduct: Recycling the Concept of Norms to Reduce Littering in Public Places, 58 *J. Personality & Social Psy.* 1015(1990).

Coleman, Stephen, *The Minnesota Income Tax Compliance Experiment: State Tax Results* (1996).

Cooter, Robert, Normative Failure Theory of Law, 82 *Cornell L. Rev.* 947(1997).

Cowell, Frank A. , *Cheating the Government : The Economics of Evasion* (1990).

Demsetz, Harold, The Private Production of Public Goods, 13 *J. L. & Econ.* 293(1970).

Dickens, William, and Lawrence Katz, Inter-Industry Wage Differences and Theories of Wage Determination. NBER Working Paper No. 2271 (1987).

Elster, Jon, *The Cement of Society : A Study of Social Order* (1989).

Fagan, Jeffrey, and Tracey L. Meares, Punishment, Deterrence and Social Control: The Paradox of Punishment in Minority Communities (Columbia Law School Public Law & Legal Theory Working Paper No. 10, Mar. 25, 2000).

Falk, Armin, and Urs Fischbacher, Modeling Strong Reciprocity, chapter 6 of this volume.

Fehr, Ernst, and Urs Fischbacher, The Economics of Reciprocity, chapter 5 of this volume.

Fehr, Ernst, and Simon Gachter, Cooperation and Punishment in Public Goods Experiments, 90 *Am. Econ. Rev.* 980(2000).

Fehr, Ernst, and Simon Gachter, Reciprocity and Economics: The Economic Implications of Homo Reciprocans, 42 *Euro. Econ. Rev.* 845(1998).

Feldman, Amy, and Joan Caplin, Should You Cheat on Your Taxes? *Money*, Apr. 2001, at 108.

Frey, Bruno S. , and Reto Jegen, Motivation Crowding Theory: A Survey of Empirical Evidence, 15 *J. Econ. Surveys* 589(2001).

Frey, Bruno S. , *Not Just for the Money : An Economic Theory of Personal Motivation* (1997).

Garrett, Elizabeth, Accountability and Restraint: The Federal Budget Process and the Line Item Veto Act, 20 *Cardozo L. Rev.* 871(1999).

Garrett, Elizabeth, Rethinking the Structures of Decisionmaking in the Federal Budget Process, 35 *Harv. J. Leg.* 1113(1998).

Garrett, Elizabeth, Term Limitations and the Myth of the Citizen & Legislator, 81 *Cornell L. Rev.* 623(1996).

Gintis, Herbert, Samuel Bowles, Robert Boyd, and Ernst Fehr, Moral Sentiments and Material Interests: Origins, Evidence, and Consequences, chapter 1 of this volume.

Gneezy, Uri, and Aldo Rustichini, A Fine Is a Price, 29 *J. Legal Stud*. 1 (2000).

Gneezy, Uri, and Aldo Rustichini, Pay Enough or Don't Pay at All (unpublished manuscript, April 1999).

Gordon, James P. F., Individual Morality and Reputations Costs as Deterrents to Tax Evasion, 33 *Euro. Econ. Rev.* 797(1989).

Grasmick, Harold G., and Wilbur J. Scott, Tax Evasion and Mechanisms of Social Control: A Comparison with Crand and Petty Theft, 2 *J. Econ. Psych.* 213(1982).

Grasmick, Harold G., and Donald E. Green, Legal Punishment, Social Disapproval and Internalization as Inhibitors of Illegal Behavior, 71 *Crim. L. & Criminology* 325(1980).

Green, Donald P., and Ian Shapiro, *Pathologies of Rational Choice Theory: A Critique of Applications in Political Science* (1994).

Gregory, Robin, Howard Kunreuthe, Doug Easterling, and Ken Richards, Incentive Policies to Site Hazardous Waste Facilities, 11 *Risk Analysis* 667(1991).

Huang, Peter H., and Ho-Mou Wu, More Order without Law: A Theory of SOCIAL Norms and Organizational Cultures, 10 *J. L. Econ. Org.* 390 (1994).

Hylton, Keith, Optimal Law Enforcement and Victim Precaution, 27 *Rand J. Econ.* 197(1996).

Jacobs, Jane. *The Death and Life of Great American Cities* (1961).

Jankowski, Martin Sanche, *Islands in the Street: Gangs and American Urban Society* (1991).

Johnston, David Cay, A Smaller LR. S Gives Up On Billions in Back Taxes, *N. Y. Times*, Apr. 13, 2001, at Al.

Kahan, Dan M., Social Influence, Social Meaning, and Deterrence, 83 *Va. L. Rev.* 349(1997).

Katz,Lawrence,and Lawrence Summers,Industry Rents:Evidence and Implications,in Brookings Papers on Economics Activity, Microeconomics 209(1989).

Klepper,Steven,and Daniel Nagin,The Criminal Deterrence Literature: Implications for Research on Taxpayer Compliance,in 2 *Taxpayer Compliance* 126(J. Roth and J. T. Scholz eds. ,1989).

Kunreuther,Howard,and Doug Easterling,The Role of Compensation in Siting Hazardous Facilities,15 J. *Policy Analysis & Management* 601 (1996).

Kunreuther,Howard,Douglas Easterling,William Desvousges,and Paul Slovic,Public Attitudes Toward Siting a High-Level Nuclear Waste Repository in Nevada,10 *Risk Analysis* 469(1990).

Kuran, Timur, and Cass R. Sunstein, Availability Cascades and Risk Regulation,51 *Stan. L. Rev.* 683. (1998).

Latene, Bibb, and John M. Darley, *The Unresponsive Bystander : Why Doesn't He Help?* (1970).

Ledyard,John O. ,Public Goods:A Survey of Experimental Research,in *The Handbook of Experimental Economics* 111(John H. Kagel and Alvin E. Roth eds. ,Princeton University Press 1995).

Lober,Douglas J. ,Beyond NIMBY:Public Attitudes and Behavior and Waste Facility Siting Policy 124－125(Ph. D. Dissertation,Yale University, School of Forestry & Environ. Stud. ,1993).

Mashaw,Jerry,*Greed,Chaos,and Governance :Using Public Choice to Improve Public Law*(1997).

Meares,Tracey L. ,Social Organization and Drug Law Enforcement,35 *Am. Crim. L. Rev.* 191(1998).

Milgram,Stanley, Hilary James Liberty, Raymond Toldeo, and joyce Wackenphut,Response to Intrusion into Waiting Lines,51 *J. Personality & Social Psych.* 683(1986).

Munton, Don, Introduction: The NIMBY Problem and Approaches to Facility Siting,in *Hazardous Waste Siting and Democrafic Choice* 1(D. Munton ed. ,1996).

Nagin, Daniel, Criminal Deterrence Research at the Outset of the Twenty-First Century, 23 *Crim. & J.* 1(1998).

Novack, Janet, Are You a Chump?, *Forbes*, Mar. 5, 2001, at 122.

O'Hare, Michael, "Not on My Block You Don't": Facility Siting and the Strategic Importance of Compensation, 25 *Pub. Pol.* 407(1977).

Olson, Mancur, *The Logic of Collective Action* (1965).

Ostrom, Elinor, Collective Action and the Evolution of Social Norms, 14 J. Econ. Perspectives 137(2000).

Ostrom, Elinor, Policies that Crowd Out Reciprocity and Collective Action, chapter 9 of this volume.

Philipson, Tomas J., and Richard A. Posner, The Economic Epidemiology of Crime, 39 *J. L. & Econ.* 405(1996).

Picker, Randal C., Simple Games in a Complex World: A Generative Approach to the Adoption of Norms, 64 *U. Chi. L. Rev*, 1225(1997).

Portney, Kent E., *Siting Hazardous Waste Treatment Facilities* 28 (1991).

Posner, Richard, An Economic Theory of Crime, 85 Colum. L. Rev. 1193 (1985).

Putnam, Robert D., Bowling Alone: *The Collapse and Revival of American Community* (2000).

Rabe, Barry G., Beyond NIMBY: Hazardous Waste Siting in Canada and the United States(1994).

Rai, Arti Kaur, Regulating Scientific Research: Intellectual Property Rights and the Norms of Science, 94 *Nw. U. L. Rev.* 77(1999).

Reingen, Peter H., Test of a List Procedure for Inducing Compliance with a Request to Donate Money, 67 *J. Applied Psy.* 110(1982).

Rose-Ackerman, Susan, *Corruption and Government: Causes, Consequences, and Reform* (1999).

Sampson, Robert J., Stephen W. Raudenbush, and Felton Earls, Neighborhoods and Violent Crime: A Multilevel Study of Collective Efficacy, 277 *Science* 918(1997).

Schelling, Thomas C., *Micromotives and Macrobehavior* (1978).

Schmitt, Bernd, Laurette Dube, and France Leclerc, Intrusions into Waiting Lines: Does the Queue Constitute a Social System? 63 *J. Personality & Social Psych*. 806(1992).

Schwartz, Richard D., and Soya Orleans, On Legal Sanctions, 34 *U. Chi. L. Rev*. 274(1967).

Scott, Wilbur J., and Harold G. Grasmick, Deterrence and Income Tax Cheating: Testing Interaction Hypotheses in Utilitarian Theories, 17 *J. Applied Behavioral Sci*. 395(1981).

Sheffrin, Steven M., and Robert K. Triest, Can Brute Deterrence Backfire? Perceptions and Attitudes in Taxpayer Compliance, in *Why People Pay Taxes* 193(J. Slemrod ed., 1992).

Skogan, Wesley G., and Susan M. Hartnett, *Community Policing Chicago Style*(1997).

Slovic, Paul, M. Layman, N. Kraus, James Flynn, J. Chalmers, and G. Gesell, Perceived Risk, Stigma, and Potential Economic Impacts of High-Level Nuclear Waste Repository in Nevada, in *Risk, Media, and Stigma* (James Flynn, Paul Slovic & Howard Kunreuther eds., 2001).

Steenbergen, Marco R., Kathleen M. McCraw, and John T. Scholz, Taxpayer Adaptation to the 1986 Tax Reform Act: Do New Tax Laws Affect the Way Taxpayers Think About Taxes? in *Why People Pay Taxes* 9 (Joel Slemrod ed. 1992).

Sunstein, Cass R., On the Expressive Function of Law, 144 *U. Pa. L. Rev*. 2021. 2032−2036(1996).

Titmuss, Richard M., *The Gift Relationship: From Human Blood to Social Policy*(1971).

Tyler, Tom R., Trust and Law Abidingness: A Proactive Model of Social Regulation, 81 *B. U. L. Rev*, 361, 368−369(2001).

Tyler, Tom R., *Why People Obey the Law*(1990).

The Wicked Witch Who Has Poisoned the Big Apple, *Times*(London). Sept. 3, 1989.

Yeager, Daniel B., A Radical Community of Aid: A Rejoinder to Opponents of Affirmative Duties to Help Strangers, 71 *Wash. U. L. Q*. 1(1993).

13 社会资本、道德情操与社区治理

塞缪尔·鲍尔斯 (Samuel Bowles)
赫尔伯特·金蒂斯 (Herbert Gintis)

13.1 引言

社会资本 (social capital) 通常指信任、对亲友的关怀以及尊重社区规范和惩罚那些违背规范者的意愿。从亚里士多德到托马斯·阿奎那再到爱德蒙·柏克的所有思想家都认为，这些行为是善治的本质成分。然而自 18 世纪晚期以来，政治理论家和宪法思想家开始将经济人视为一个出发点，并强调其他因素——尤其是竞争性市场、清晰的产权和有效的善意政府。这样，博弈的良好规则就取代了良好公民而成为了良好政府的必要条件。

在 19 世纪和 20 世纪初出现的对立的理论阵营中，一方主张理想政府应当自由放任，而另一方主张全面的政府干预，它们共同制定了 20 世纪的绝大部分制度与政策。为了解决社会问题，务实的人们往往持不那么教条的态度，他们从来就不认可这一争论中的狭隘的知识眼光。而在学术界，我们只需一瞥 20 世纪晚期关于比较经济制度的文献便可知，这场争论非常激烈。这一争论中极端化的立场所共同拥有的隐含假设是，市场与国家的适当混合能够恰当地治理经济过程。但争论中的主流意见——极力主张自发秩序——在现在看来已经过时了。当 20 世纪结束的时候，左或右的理想色彩褪去。当人们寻求不那么具有英雄色彩的方案时，许多人开始相信，市场失灵是一种普遍现象而不是特例，同时相信政府无法获得充分信息，并且不足以充分纠正所有的市场失灵。结果，社会资本的概念不是因为其自身的价值而是因为对手的缺陷而很快流行。

偏左的思想之所以为社会资本所吸引，是因为它强调了信任、慷慨和集体行动在解决社会问题时的重要性，因此用它来反击这一看法，即清晰的产权、竞争性市场能够约束自利动机以服务公共为目的，以至于公民美德完全没有必要。自由放任的支持者之所以接受社会资本，是因为它承诺在市场失灵的地方政府不得涉足。

如果不是因为世界各地官僚的傲慢和计划的虚妄所明确显示的政府能力和责任心的局限，美国自由主义者又怎么会与社会民主主义者和市场社会主义者一道来提倡社会资本？如果保守主义者的理想制度还能够表现更好一点的话，那么他们也不会那么热心地关注社会资本。但过去的大萧条，再加上对环境问题的关注和不平等的加剧，褪去了教科书里乌托邦式的资本主义的光芒。20 世纪自由主义与保守主义幻想的消退为社会资本的登场扫清了障碍。

这样，十多年前，本来多少有些怀疑的知识分子和精疲力竭的政策制定者以令其同道吃惊的方式行事，在意大利托斯卡纳，他们将合作式社会与有效政府合在一起，警告独自打保龄球所蕴含的国家风险，并且频频引用亚历西斯·德·托克维尔有关美国是一个联合国度的论述。老乔治·布什总统希望美国人背离政府而转向"点燃千万盏灯"的活跃的市民社会，第一夫人希拉里·克林顿则告诉我们，"养育一个孩子需要一个整个村子"。

社会资本热反映了对政策圈和学术圈中人们的真实价值观的重新认知（这些价值观并不等于经济人那种经验上不合逻辑的效用函数），研究者们开始探讨人们在日常生活中如何与家庭、邻居和工作群体互动，而不只是把他们看做购买者、销售者和公民。

也许社会资本与伏尔泰的上帝一样，如果不存在那么就必须创造它。它真的是一个不错的观念，但它并不是一个好术语。资本指一种能够被拥有的事物——哪怕像鲁宾逊·克鲁索这样的孤独者也拥有一把斧子和一张渔网。相反，社会资本的属性所描述的是人们之间的社会关系。"社区"（community）恰当地描述了让社会资本得以流行的善治因素，因为它所关注的是人们所做的事情而不是人们所拥有的东西。这里的社区指一群直接、频繁和多面向互动的人。因此，在这个意义上，那些一起工作的人就是一个很普通的社区。上述说明表明了联系而不是情感是社区的定义特征。不管人们是因为出生还是因为选择而进入一个社区，从一个社区移到另外一个社区通常都蕴含了很高的成本。

下一节我们提出了一种替代性的解释框架，我们把它称做"社区治理"（community governance）。首先，我们给出一些事例，并利用一些实验证据证明其基本行为假设的合理性。我们怀疑，通常使用的观察工具是否是实际行为的可靠指示。比如，格莱泽等人（2000）发现，福山（Fukuyama，1995）等人所概括的流行的标准信任问题既不能说明用真实货币所进行的信任实验中受访者的实验行为，也不能说明受访者的日常行为（比如，是否愿意将财产借给他人）。其次，我们转向社区治理的特有问题，以及那些与我们持相同观念——即政策设计应当意识到并提高市场、国家和社区的互补性——的人所致力于解决的挑战。奥奇（Ouchi，1980）、速水（Hayami，1989）、奥斯特罗姆（Ostrom，1997；本书第9章）以及青木（Aoki）和速水（2000）提出了一些类似的建议。最后，我们对社区治理的重要性提出了一些看法。

我们的分析建立在第1章和第5章所提出的事实之上，即个人支持社区治理的同辈监督等方面的动机既不是传统的经济人中的自利偏好，也不是对同社区成员的无条件利他主义。相反，它可以由强互惠来预测，强互惠是一种在集体事业中的合作的倾向以及对那些违反合作规范的人的惩罚的倾向，这两者都给个人带来了成本，但都有助于强社会资本的产生。

我们将致力于证明：

（1）社区治理可以应付市场失灵和政府失灵，虽然它通常以在道德上让人难以接受的局内人—局外人（insider-outsider）的差异为基础；

（2）设计良好的制度使社区、市场和政府相互加强，而不是彼此削弱，如第9章所描述的那样，设计糟糕的制度将社区治理挤出；

（3）在促进社区治理和实现社区、政府和市场之间的和谐方面，某些产权分配要比其他的产权分配更好；

（4）随着社区治理所能够管理好的经济问题变得日益重要，作为社区特征的小规模地方互动的重要性也在增强。

13.2 社区治理

社区是善治（good governance）的组成部分，因为它所治理的问题是难以由个人、市场交易或者政府管制来解决的。比如，在罗伯特·桑普森、斯蒂夫·劳登布什和费尔顿·厄尔斯（Robert Sampson, Steven Raudenbush and Felton Earls，1997）所研究的一些芝加哥邻里社区中，人们严厉地斥责逃学、捣乱和到处涂鸦的年轻人。居民们还乐意主动维护受到预算削减影响的诸如地方消防站之类的社区设施。这些都是被我们称为"集体效率"（collective efficacy）的东西。而在其他社区，人们往往袖手旁观。

桑普森、劳登布什和厄尔斯发现，社区层面上的集体效率差异很大，不管是富裕的社区还是贫穷的社区，也不管白人聚居的社区还是黑人聚居的社区，都存在着截然相异的集体效率水平。尤其突出的是，种族的异质性对于集体效率的影响要远低于经济劣势、低住房拥有率以及其他居民不稳定性所造成的影响。一旦邻里达到了一个高水平的集体效率，那么在控制了其他各方面的社区和个人特征（包括以前的犯罪率）之后，暴力犯罪率就显著降低。芝加哥的邻里社区堪称社区规范的非正式执行的典型。

埃丽卡·濑木（Erika Seki）和让－菲利浦·普拉特（Jean-Philippe Platteau）（2001）研究的日本富山湾的捕渔合作社则体现了社区问题解决的另外一个方面。由于所捕鱼类不一，再加上所需技术因之而改变和高技术的必要性，所以一些渔民选择了共同分享收入、信息和培训的做法。有一个合作社自 35 年前组建以来就一直非常成功，它由 7 条捕虾船的船长和船员组成。这些船只共享收入，共同支付成本，一起修复破损的渔网，并分享经常变化的有关虾的位置和存量的信息。老年人将他们的技术传授给其他人，而受过较高教育的年轻人则彼此传授关于无线电导航系统和声呐系统的技术。合作社分担其收入与成本，这样他们就可以在风险更高但产出也更高的海域捕鱼，而技术与信息的分享则提高了收益，并减小了船只之间的产出差异。这些船只同步出海捕鱼，同步卸货并且同步销售，这样提高了分享过程的透明度，也使得相互间容易对违反协议的欺骗行为进行监督。

俄勒冈州和华盛顿州某些拥有自己工厂的胶合板工人的获益方式则综合了芝加哥邻里社区的同辈监督和渔民风险共担的长处（Craig and Pencavel，1995）。他们通过选举产生各个管理者，并以成员拥有股份作为雇佣条件，而企业的雇用又是拥有股份的条件。在该产业转移至美国东南部之前，这些合作社在长达两个世纪的时间内成功地与该行业中的传统企业竞争。他们的成功很大程度上应当归功于他们的工作热忱和管理层监督工人成本的节约（当一个企业转变为合作股份制时，可以节约占比 3/4 的管理层人员）。本·克雷格和约翰·彭卡威尔（Ben Craig and John Pencavel，1995）的经济计量分析表明，其全要素生产力（每单位劳动力和资本的共同产出）要显著高出传统的对手。当面临着胶合板周期性的需求衰落时，与竞争者不一样的是，合作企业没有解雇工人，而是决定削减工资或减少工作时间，从而让所有成员共渡难关而不是将这一成本加于一小部分人之上（参见 Pencavel［2001］，其他事例可见 Hansen［1997］、Ghemawat［1995］以及 Knez 和 Simester［2001］）。

这些事例说明，社区可以解决那些典型的市场失灵或政府失灵问题，以及地方公共物品的供给不足问题，这类问题有邻里设施、保证和其他风险共担机会的缺乏（哪怕存在双方互利）、信贷市场对穷人的排斥、对工作努力的过高监督或无效监督。社区之所以能够做政府与市场所不能做的，是因为其成员不是外部人，他们对其他成员的行为、能力和需求拥有关键的信息。成员使用这一信息来维持规范（胶合板工人和渔民的工作规范、芝加哥社区的行为规范），并且采取了有效的保证安排而不至于为（胶合板工人和渔民的）道德风险和逆向选择所破坏。内部人信息绝大多数情况下是多边传播的而不是集中利用的——其形式可能是一次挑起眉毛、一句友善的言语、一句警告、一些闲言碎语或者讥讽，当一位我们用"我们"而不是"他们"来称呼的邻居或工友这样做时，它们都具有一些特殊的意义。

这样，在市场和政府失灵的地方，社区为治理作出了重要的贡献，尤其是在社区成员的持久关系有助于维持信任、相互关怀的时候。这种观念在社会学那里是早已存在的见解，但直到最近才引发经济学家的兴趣。经济学家肯尼思·阿罗（Kenneth Arrow）和杰拉德·德布鲁（Gerard Debreu）对亚当·斯密两个世纪以前有关看不见的手的猜想第一次给出了完整的证明。然而福利经济学的基本定理所需要的公理条件如此严格，以至于阿罗必须强调当前被称为社会资本的东西来应对其失败：

> 在缺乏信任的条件下——不得不放弃双方互惠合作的机会……社会行为的规范，包括伦理和道德命令在内［也许是］——对补充市场失灵的反应（Arrow，1971，22）。

社区就是使这些规范得以维持的方式之一（Bowles and Gintis，1998，1999）。

13.3 社区与激励

今天，比较制度分析的任务早已放弃了关于计划与市场的争论，而是致力于研究针对问题采取不同制度的组合。契约理论、机制设计、博弈论和相关领域的进展让经济学家在这个问题上有了更多深入的了解。市场的好处在于它对于私人信息的利用。只要能够撰写综合性的契约并以较低的成本执行，市场往往就比其他治理结构更好。此外，在剩余索取权与控制权紧密结合的地方，市场竞争提供了一种分散化的和难以腐化的纪律机制，惩罚了那些不灵活的人并奖励了表现好的人。

与市场一样，政府在应付某些问题上也相对有效。具体来说，政府的好处是在那些私人行动者的互动问题上，政府单独拥有决策权和博弈规则的执行权。因此，在那些经济过程有效但参与必须是强制性的地方（比如参加社会保障计划或为国防付费），政府的工作卓有成效。

而社区则可以解决政府与市场都难以应付的问题，尤其是在那些社会互动的本质或者交易产品与服务的性质使得缔约需要付出很高的成本的问题上。社区治理有赖于那些政府、雇主、银行和其他大型的正式组织难以获得的分散化的私人信息，以此对成员遵守与违背社会规范的行为予以相应的奖励和惩罚。相当比例的强互惠者的存在提高了这类分散化信息的价值，并且有助于实现发自内心的合作与惩罚反社会行为。与政府和市场相比较，社区能够更有效地利用人们传统上用以管理其共同行为的激励因素，如信任、团结、互惠、声誉、个人荣誉、尊敬、报复、惩罚等。

有几个因素可以解释社区作为治理结构的独特能力。第一，社区今天互动的成员在未来还继续互动的可能性非常高，因此成员有强烈的激励在今天就以对社会有益的方式行事，以避免未来的报复。第二，社区成员互动的频率将降低用于发现其他社区成员的特点、最近行为以及未来可能行动的成本，并提高相关收益。这些信息越容易获取，并且分散程度越高，则社区成员越有动机以导致对集体有益的结果的方式行事。第三，社区解决搭便车问题的办法是其成员直接惩罚其他成员的"反社会"行为。在个人行为影响他人福利同时并不存在可执行契约的时候，工作团队、信用合作社、伙伴和地方公共资源以及居民邻里中的监督与惩罚是一种有效地缓解激励问题的办法（Whyte，1955；Homans，1961；Ostrom，1990；Tilly，1981；Hossain，1988；Dong and Dow，1993；Sampson，Raudenbush and Earls，1997）。

在经济学家试图理解社区如何运转的问题上，他们一直将个人视为自利的，并且一直着眼于自利个人如何合作的模型，即那些第一眼看上去合作无法成为占优策略的互动情形。我们在其他地方已经说明为什么我们认为这些解释是不合适的（Gintis，2000；Bowles，2004）。相反，.许多经济学之外的行为科学家通过利他主义关系、情感和其他非自利动机来解释社区。然而，这其中的许多方法虽然以有机的方式探讨社区，却没有探讨其结构性特征是否合乎基于意向行动的均衡概念。我们强调非自利动机是因为我们相信，在解释社区通过互相监督而执行规范的问题上，必须超越传统的个体行动者的模型。贝斯利和科特（Besley and Coate，1995）对社会惩罚的研究和坎德尔和拉齐尔（Kandel and Lazear，1992）对同辈压力的研究反映了对传统行为模式的类似不满。我们认为，社区通常是能够执行规范的，因为相当比例的社区成员是强互惠者，他们乐意对偷懒者予以高成本的惩罚，而不指望个人从中得到回报。

13.4　社区失灵

与市场和政府一样，社区也会失灵。社区契约的个人性和持久性要求成员规模相对较小，而社区中对待同胞的偏好往往限制了成员在更广泛的基础上获益的能力。此外，社区有一种发展成同质的倾向，这使得它不可能从那些因为不同技术和不同产出的强互补而导致的经济多样性中获益。这些限制并非不可克服。比如，通过共享信息、设备、技术，日本合作社的渔民实现了小型合作社所没有达到的规模经济，并从成员的技术的差异性中获得了充分的好处。在所谓"第三个意大利"的地方商业网络中的类似合作（他们与当地政府合作）使得一些小企业可以从销售、研发和培训的规模经济中获得本来无从获得的好处，让它们在与一些企业巨头的竞争中生存下来。官僚和市场在应对陌生人的方面富有经验，与之相较，社区的范围的限制往往引发无法避免的成本。

另一类"社区失灵"则不那么明显。当群体成员是个体选择而不是群体选择的结果时，群体的组成往往在文化和人口方面更为同质化，从而丧失了重要的多样性。为理解这一情景，不妨想象大部分居民都由两类很容易根据外貌和口音辨识出来的人组成，每个人都渴望加入一个整合群体而不是成为少数派。如果个人自行在社区内拉帮结派，那么所有社区之间最终将完全隔绝，理由正如托马斯·谢林（Schelling，1978）在有关邻里触发点（neighborhood tipping）的分析中所述，整合社区使得每一个人都获益，但如果个人可以自由移动，则社区是不稳定的。扬（Young，1998）和鲍尔斯（2003）用模型证明了这一结论。

经济学家使用"市场失灵"和"政府失灵"的术语来描述这些治理结构所蕴含的配置无效率，我们这里所使用的社区失灵也具有同样的含义。绝大多数个人往往期望成为一群类似的人中的一员，并且如果没有成为就感觉被孤立了。然而，归属感往往意味着对那些群体之外的人的忽略。如果社区的同质性源于13.3节所叙述的邻里触发性社区失灵，那么这个问题就更加严重。当内部人—外部人的差异极其重要，而一些基于道德上难以接受的因素——诸如种族、宗教、国籍或性别——的社区治理将因此助长精神狭隘和种族敌意时，这方面社区显然不如市场与政府。当内部人有钱有权而外部人受剥削成为社区的结果时，社区这一沉沦因素尤其令人困惑。

这个问题是内生的。社区有效是因为它们在执行规范方面得力，至于其结果的好坏则取决于规范的具体内容。最近鲁特沃彻特（Ruyterwacht，开普敦附近）的白人居民对种族融合的抵制就是我们不难想象的社会资本的坏事例（Jung，1998）。而更令人震惊的是多夫·柯亨（Dov Cohen）对美国各地区暴力与社区稳定性的相关性的研究。与理查德·尼斯比特（Richard Nisbett，1996）一样，柯亨的描述指出，美国南部和西部（而不是北部）的"荣誉文化"往往将公开污辱和争论演变成男性白人之间的决一死战。柯亨的研究还证实了这一看法，即在美国北部，具有更高的居住稳定性——用居住在同一房子和居住在同一县超过五年的人所占的比例来测量——的地方，争论所导致的杀人案要较少。但这一数据在南部和西部则恰恰倒转过来，在荣誉文化非常强烈的地方，居住稳定性与因争论而导致的杀人案的数量呈显著正相关。

13.5　改善社区治理

自由主义哲学传统的许多类别——不管是自由放任的保守主义鼓吹者还是批评自由放任的社会民主主义者和自由社会主义者——将社区视为一种缺乏产权、市场和政府的那些适宜于管制制度的时代的残余。根据这种看法，社区并非市场失灵和政府失灵的灵药，而只是关于地方民粹主义和传统原教旨主义的问题。许多持这种看法的人很早就拒绝了任何教条式的计划或市场的极端主张。但这些概念仍然是维系善政之船的锚，而争论则集中于市场与政府之间的最优点。

另外一些人认为社会资本——用我们的术语就是社区治理——具有重要的政策制定和制度建设的意义，他们对这种看法非常不满意。他们怀疑（与肯尼思·阿罗一样），不管政府与市场如何组合也不能做到如此完美，以至于让规范成为多余，并且他们还相信，可以通过适当的社会政策来弥补这第三种治理形式的缺陷。许多人还提到这样的事例：当致力于完善市场或确保政府干预成功的举措破坏了不完善但却重要的基于社区治理的系统时，那些局限于政府和市场的政策模式的效果往往事与愿违。

与教科书中新古典经济学的乌托邦资本主义和其分支福利经济学（在

20世纪，福利经济学想象政府具有克服市场失灵的信息与倾向）的乌托邦国家主义不一样，理想的社区治理并没有现成的蓝图。正如埃莉诺·奥斯特罗姆（Ostrom，1990；volume，chapter 9）、詹姆斯·斯科特（1998）等田野研究者强调的，社区解决问题的方式令人眼花缭乱，有数百种各自有别的成员规则、事实产权和决策程序。本章所描述的案例仅仅只是提及了几个治理有序的社区中所经常发现的因素，并且这些因素可以融入公共政策来改善社区治理。

首先，第一个因素是社区成员应当享有他们解决其集体问题——无论成败——时的成果，这一因素得到了实验证据的强烈支持。日本渔民（船长和船员一样）拥有其合作社的产出，因而可以直接从其成功中受益，并有别于拿固定工资的雇员。在芝加哥居民中，即使控制了许多人口和经济变量，那些拥有产权的社区仍具有更高水平的"集体效率"。最直接的解释是，房屋所有者从其邻里环境的改善中充分受益——不仅改善了生产的质量，而且也提高了其房屋的价值。这一解释也符合西德尼·维尔巴和其同事（Verba，1995）所指出的事实，即在控制了人口和其他变量之后，美国的房屋所有者更有可能参与地方政治而不是国家政治。这一解释也可以说明爱德华·格莱泽和丹尼丝·德帕斯奎尔（Glaeser and Denise Depasquale，1999）对德国人抽样调查时的发现，即家庭所有权的改变意味着公民参与水平的变化。此外，在胶合板工人的案例中，如果不是每个人都可以享有其他人努力的成果，那么他们的成功就无法解释了。所有这些案例说明，为了享有自己努力的成功果实，社区成员应当普遍拥有其工作场所的资产或者其资产应受到社区现状的影响。

其次，正如我们在带有惩罚的公共产品实验中所看到的，如果可以把相互监督的机会和对不合作者的惩罚融入社会互动的结构，那么人们就可以逆转通常困惑社区的合作解体问题。因此，提高社区同辈行动的可见性的政策，再加上提高对偷懒者的多边制裁的有效性的政策，有助于合作问题的解决，哪怕绝大多数成员都是自私的。那些分享食物的游猎—采集者群体通常在公共场合饮食，这样那些违反分享规则的行为将无法逃过所有人的眼睛。富山湾渔民在同一时间卸货的做法也同样有助于其分享规则的透明化。

在一个大规模群体通过惩罚偷懒者维持合作的模型中，一个重要特征是通常存在着多个均衡。当合作是常态的时候，富有公民精神的惩罚者所付出的成本是较小的，并且他们可以在群体中维持下去。而当合作不是常态的时候，那些惩罚偷懒者的人将付出较大的成本并且可能被某个可行的演进路径所排除（本书第7章）。这意味着一个包含富有公民精神的成员（愿意惩罚那些违规者）和自私的成员的异质群体既可能有较高的合作水平，也可能有很低的合作水平，这取决于不同类型的成员在群体中的分布，而不是该群体的最近历史。

再次，还有第三个改善社区治理的因素。本章所描述的案例以及数百个类似的故事说明，运转良好的社区需要一个有利的法律与政府环境。如果没有警察局的随时待命，那么芝加哥的打击犯罪的成功是难以想象的。日本渔民合作社受到国家和县的环境等方面的管制，其相关条例有1 000多条，对此他们可以根据自己制定的规则来自由补充，但不允许取代这些政府条例。一次对中国台湾与印度南部的农民管理的灌溉组织的研究表明，前者取得的更大的成就应归功于当局政府的有效干预，因为政府提供了有利的法律环境并在社区的非正式制裁不起作用的时候提供帮助（Lam，1996；Wade，1988）。类似的社区—政府协同案例还可参见滕德勒对卫生服务的研究（Tendler，1997）以及奥斯特罗姆对城市基础设施的研究（Ostrom，1996）。政府干预有时破坏了社区治理这一事实并不意味着自由放任政策就是可取的。

社区的面对面的地方互动并不是对有效政府的替代，而只是一个补充。对这个问题的忽略显然可以解释社会资本这个概念的流行。最近一次盖洛普民意测验向抽样出来的许多美国人提出了这样的一个问题："你认为下列哪一个群体最负有责任来帮助穷人：教会、私人慈善、政府、穷人的家人与亲戚、穷人自己、其他人？"该调查还包括另一个问题，即收入与财富的不平等是"可以忍受的"还是"有待解决的一个问题"。在第一个问题上，受访人员刚好平均分成了两派，一派主张政府，而另一派则主张非政府。而在第二个问题上认为不平等问题不重要的人要比另外一些人更有可能支持私人解决方案而不是政府解决方案，其可能性要比后者高出2倍（本书第10章）。这些数据说明了这样一个事实，即许多社会资本的支持者更多的是希望它能够精减政府而不是希望它能够缩小不平等差距。

因此，可以补充社区的独特治理能力的法律与政府环境和令成员因社区成功而受益的产权分配是推动社区问题得以解决的重要方面。但是，发展一种令政府、市场和社区相互促进的制度结构，可谓任重而道远。比如，在产权不清晰（并且非正式的契约执行对于相互有利的交换来说至关重要）的地方，更为精确地界定的产权有可能会削弱多方面的、重复的人际交往这一社区治理的基础（Bowles and Gintis，1998）。同样，大量证据表明，许多利用罚款和制裁来实现更高的工作努力水平、规范的服从或环境保护的做法也许会削弱互惠和其他社会动机（参见本书第 1 章和第 9 章以及 Bowles［1998］和 Bowles［2004］所引用的资源）。

最后，社会治理（或善治）的第四个因素是传统自由主义的对平等对待（equal treatment）伦理的积极宣传与传统的反歧视政策的执行。我们有理由期待，社区可以有效地治理那些有利于"我们"、反对"他们"的令人生厌的行为，因为有许多社区并没有这类丑恶狭隘的分裂性的治理形式的案例，包括前面所提到的案例。

还有许多其他授权社区的方式，其中有一些并不可取，因为它涉及本章前面提到的善治与狭隘之间的权衡。比如，阿莱西那和拉费拉拉（Alesina and La Ferrara，2000）发现，在美国的许多地方社区，在控制了其他影响变量的情况下，当收入分配更加平等时，居民上教堂、参与公共服务、加入政治团体和其他社区组织的可能性也大幅提高。他们的结论意味着促进收入平等的政策将改善社区治理。但他们也发现，族裔多样性——用社区随机选择的两个人为两个不同的族裔的概率来测量——高的社区却有着显著低的参与率。有人认为，促进社区治理的公共政策不可以因为这个理由而提高社区的族裔同质性。

但仅拒绝那些同质化的政府政策还不够。阿莱西那和拉费拉拉的结论（和其他类似的看法）认为，成功的社区其同质化的程度可能更高，在缺乏适当的应对政策时，过多依赖于社区治理将导致更高水平的地方同质性，而这仅是因为群体的成功与长久持续与其同质化的程度有关。如此，一个工人拥有合作社的非常普遍的竞争经济要比由传统企业组成的竞争经济具有更高的工作场所的同质性。群体内同质与群体间竞争的这种组合虽然能够有效地改善治理的某些可取的地方，但似乎孕育了"我们对他们"这种敌意情操。这种类似的困境不大可能消失。

13. 6　经济演进与社区治理的未来

商业和民主时代的到来曾被广泛认为是社区衰落的标志。持各种观点的作者们认为，市场、国家或者仅仅是"现代化"将根除那些充斥于历史的基于熟人关系和先赋因素的治理形式。浪漫保守主义者埃德蒙·柏克（Burke，1995［1790］）曾这样论述道：

> ……骑士的时代一去不复返。诡辩家、经济学家和会计算的人的日子已经来临……没有人怀着对王国这部分的眷恋……从而可以在我们的心中创造出爱、尊敬或者眷恋。

19世纪30年代，亚历克西·德·托克维尔（Tocqueville，1958［1832］）在评论美国的民主文化时也呼应了柏克的担忧：

> 每一个［人］……对所有其他人的命运来说都是陌生人……他的孩子和他的朋友构成了整个人类；而对于其余的同胞公民来说，他与他们走得很近，却无法看到他们……他接触到了他们却不能感受到他们；他存在但仅仅以他本人的形式存在，并仅仅只为他本人而活着……

对于卡尔·马克思和弗里德里希·恩格斯而言（Marx and Engles，1971［1848］，475）：

> 资产阶级……把一切封建的、宗法的和田园诗般的关系都破坏了。它无情地斩断了把人们束缚于天然首长的形形色色的封建羁绊，它使人和人之间除了赤裸裸的利害关系，除了冷酷无情的"现金交易"，就再也没有任何别的联系了……用一种没有良心的贸易自由代替了无数特许的和自力挣得的自由。

许多人预测社区的衰落是基于这一理由，即社区之所以存在是因为它的前现代的"价值观"，这些价值观必将在市场与现代国家的经济与政治竞争中消亡，或用马克思的话来说，"淹没在利己主义打算的冰水之中"。现代作家还强调，社区兴盛的宗法关系中包含着一种与现代社会制度不能共存的文化内容。一个有名的事例是，塔尔科特·帕森斯的社会体系理论前后一贯地将"特殊主义"价值观归为文明的原始阶段，而将"普遍主义"

价值观归为更为先进的文明阶段。

弗雷德·赫希（Fred Hirsch）用类似的笔法描述了前资本主义道德观的衰落：

> 随着时间的流逝和资本主义活跃的价值观的衰败，这一遗产日见衰亡。当个人行为日益只为个人利益考虑时，那些基于社区取向和目标的习惯与本能就迷失殆尽了（Hirsch，1976，117 – 118）。

我们并不怀疑，市场和民主国家意味着某些价值观兴盛而另外一些将衰落的文化环境。事实上，柏克、马克思和托克维尔等人一直以来所表达的对这种后果的失望，在今天仍然非常突出。但如果我们是正确的，那么社区的兴起、衰落和转型的基础并不能在更早时期的残留价值观中被寻找到，它存在于社区为解决当代社会协调问题提供解决方案的能力之中，与市场和国家一样。

这绝不是一个时代错误，社区治理在未来应当有可能承担更多而不是更少的责任。理由就是可以应用社区得心应手地解决的某些类型的问题——这些问题难以通过政府和市场解决——的数量正在增加，这时由于互动的复杂性或者相关交易信息的私人性或者难以证实的特征，个人的互动无法通过完全的契约或者外部的命令来协调。现代经济中这类互动日益增多，因为信息密集性（informational intensive）的团队生产取代了流水线等容易通过契约和命令来处理的技术，而难以被测量的服务占据着重要的位置，其投入与产出都无法像若干千瓦能量或若干吨钢铁这种数据一样容易被测量。在一个日益建立在质量而不是数量基础上的经济中，社区的优异的治理能力将会越来越多地体现在本章事例所说明的各类多边监督和风险共担方式中。

但社区解决问题的能力可能会因其成员的等级分工和经济不平等而受到阻碍。比如，许多人观察到，标准的日本企业中经理们与工人们的有限不平等是造成管理层与生产工人之间进行信息分享的重要因素（Aoki，1988）。代顿－约翰逊和巴德汗（Dayton-Johnson and Bardhan，2002）发现，印度泰米尔纳德邦（Tamil Nadu）和墨西哥瓜纳华托州（Guanajuato）的灌溉组织中农民之间的地位差异较小时，他们为有效利用水资源而合作的可能性比较大。我们还可以在巴兰、巴德汗和鲍尔斯（Baland，Bardhan and Bowles，2002）和巴德汗、鲍尔斯和金蒂斯（Bardhan，Bowles and Gintis，2000）中找到支撑这些观点的证据。这些结论可以反映出实验结论中的行为规律，即两人非重复囚徒困境中的支付矩阵中隐含的利益冲突的程度增大时，合作的可能性急剧下降（Axelrod，1970；Rapoport and Chammah，1965）。

如果任务是定性的和难以用显性契约界定的，并且成员之间的冲突是有限的，那么社区相对于市场和政府更有优势。如果这一观点成立，那么我们可以推断，那些极端不平等的社会未来将处于竞争的劣势之中，因为它们的特权与物质回报的结构限制了社区治理发挥其促进现代经济中的定性互动的能力。

参考文献

Alesina,Alberto,and Eliana La Ferrara,2000. "Participation in heterogeneous communities. "*Quarterly Journal of Economics* 115,3:847 - 904.

Aoki,Masahiko,*Information. Incentives,and Bargaining in the Japanese Economy*. Cambridge:Cambridge University Press,1988.

——,and Yujiro Hayami,"Introduction,"in Masahiko Aoki and Yujiro Hayami(eds.),*Communities and Markets in Economic Development*. Oxford:Oxford University Press,2000.

Arrow,Kenneth J. ,"Political and Economic Evaluation of Social Effects and Externalities,"in M. D. Intriligator(ed.),*Frontiers of Quantitative Economics*. Amsterdam:North Holland. 1971,3 - 23.

Axelrod,Robert,*Conflict of Interest:A theory of Divergent Goals zvith Applications to Politics*. Chicago:Markham,1970.

Baland,Jean Marie,Pranab Bardhan,and Samuel Bowles,*Inequality,Cooperation and Environmental Sustainability*. New York:Russell Sage,2005.

Bardhan,Pranab,Samuel Bowles,and Herbert Gintis,"Wealth Inequality,Credit Constraints, and Economic Performance,"in Anthony Atkinson and Francois Bourguignon(eds.),*Handbook of Income Distribution*. Dortrecht：North-Holland,2000.

Besley,Timothy, and Stephen Coate,"Group Lending, Repayment Incentives, and Social Collateral,"*Journal of Development Economics* 46 (1995):1 – 18.

Bowles,Samuel,"Endogenous Preferences：The Cultural Consequences of Markets and Other Economic Institutions,"*Journal of Economic Literature* 36(March 1998):75 – 111.

——,*Microeconomics：Behavior, Institutions,and Evolution*. Princeton：Princeton University Press. 2004.

——, and Herbert Gintis,"the Moral Economy of Community：Structured Populations and the Evolution of Prosocial Norms,"*Evolution & Human Behavior* 19,1(January 1998):3 – 25.

——,in Erik Olin Wright(ed.),*Recasting Egalitarianism：New Rules for Markets ,States,and Communities*. London：Verso,1999.

Burke,Edmund,*Reflections on the Civil War in France*. New York：Bobbs-Merrill,1955(1790).

Cohen,Dov,"Culture, Social Organization, and Patterns of Violence,"*Journal of Personality and Social Psychology* 75,2(1998):408 – 419.

Craig,Ben,and John Pencavel,"Participation and Productive：A Comparison of Worker Cooperatives and Conventional Firms in the Plywood Industry."*Brookings Papers：Micro-economics*(1995):121 – 160.

Dayton-Johnson,J. , and Pranab Bardhan. "Inequality and the Governance of Water Resources in Mexico and South India,"in Jean Marie Baland, Pranab Bardhan,and Samuel Bowles(eds.),*Inequality,Cooperation and Environmental Sustainability*. New York：Russell Sage,2002.

de Tocqueville,Alexis,*Democracy in America ,Volume II*. New York：Vintage,1958(1832).

Dong,Xioa-yuan,and Gregory Dow,"Monitoring Costs in Chinese Agricultural Teams,"*Journal of Political Economy* 101,3(1993):539 – 553.

Fukuyama,Francis. *The Social Virtues and the Creation of Prosperity*. New York：Free Press,1995.

Ghemawat,Pankaj,"Competitive Advantage and Internal Organization：

Nucor Revisited,"*Journal of Economic and Management Strategy* 3,4(winter 1995):685 – 717.

Gintis,Herbert,*Game Theory Evolving*. Princeton,NJ:Princeton University Press,2000.

Glaeser,Edward,David Laibson,Jose A. Scheinkman,and Christine L. Soutter,"Measuring Trust,"*Quarterly Journal of Economics* 65(2000): 622 –846.

Glaeser,Edward L. ,and Denise DiPasquale,"Incentives and Social Capital:Are Home-owners Better Citizens?"*Journal of Urban Economics* 45,2 (1999):354 – 384.

Hansen,Daniel G. ,"Individual Responses to a Group Incentive,"*Industrial and Labor Relations Review* 51,1(October 1997):37 – 49.

Hayami,Yujiro,"Community,Market and State,"in A. Maunder and A. Valdes(eds.),*Agriculture and Governments in an Independent World*. Amherst,MA:Gower,1989,3 – 14.

Hirsch,Fred,*Social Limits to Growth*. Cambridge,MA:Harvard University Press. 1976.

Homans,George,*Social Behavior*:Its Elementary Forms. New York: Harcourt Brace,1961.

Hossain,M. ,"Credit for Alleviation of Rural Poverty:The Grameen Bank in Bangladesh,"International Food Policy Research Institute Report. 65. 1998.

Jung,Courtney. "Community is the Foundation of Democracy:But What If Your Community Looks Like This?"Working paper,Yale University. 1998.

Kandel,Eugene,and Edward P. Lazear," Peer Pressure and Partnerships. "*Journal of Political Economy* 100,4(August 1992):801 – 817.

Marc Knez and Duncan Simester,"Firm-Wide Incentives and Mutual Monitoring at Continental Airlines," *Journal of Labor Economics* 19, 4 (2001):743 – 772.

Lam,Wai Fung. "Institutional Design of Public Agencies and Coproduction:A Study of Irrigation Associations in Taiwan,"*World Development* 24, 6(1996):1039 – 1054.

Marx,Karl,and Friedrich Engels,"The Communist Manifesto,"in Robert Tucker(ed.),*The Marx-Engels Reader*,*2nd edition*. New York:W. W. Norton & Company,1972(1848).

Nisbett,Richard E. ,and Dov Cohen,*Culture of Honor:The Psychology of Violence in the South*. Boulder,Westview Press,1996.

Ostrom,Elinor,Governing the Commons:*The Evolution of Institutions for Collective Action*. Cambridge:Cambridge University Press,1990.

——,"Crossing the Great Divide:Coproduction, Synergy and Development,"*World Development* 24,6(1996):1073 – 1087.

——,"The Comparative Study of Public Economies,"Workshop in Political Theory and Policy Analysis:Center for the Study of Institutes,Population and Environmental Change,Indiana University. 1997.

Ouchi, William, "Markets Bureaucracies and Clans," *Administrative Sciences Quarterly* 25(March 1980):129 – 141.

John Pencavel,Worker Participation:*Lessons from the Worker co-ops of the Pacfic North-West*. New York:Russell Sage Foundation,2001.

Platteau,Jean-Philippe,and Erika Seki, "Community Arrangements to Overcome Market Failure:Pooling Groups in Japanese Fisheries,"in M. Hayami and Y. Hayami(eds.),*Communities and Markets in Economic Development*. *Oxford*:Oxford University Press,2001,344 – 402.

Rapoport,Anatol,and Albert Chammah,*Prisoner's Dilemma*. Ann Arbor:University of Michigan Press,1965.

Sampson,Robert J. ,Stephen W. Raudenbush. and Felton Earls,"Neighborhoods and Violent Crime:A Multilevel Study of Collective Efficacy,"*Science* 277(August 15,1997):918 – 924.

Schelling,Thomas C. ,*Micromotives and Macrobehavior*. New York:W. W. Norton & Co. ,1978.

Scott,James,*Seeing Like A State:How Certain Schemes to Improve the Human Condition Have Failed*. New Haven:Yale University Press,1998.

Tendler,Judith,*Good Government in the Tropics*. Baltimore:Johns Hopkins Press,1997.

Tilly,Charles,"Charivaris,Repertoires and Urban Politics,"in John M.

Merriman (ed.), *French Cities in the Nineteenth Century*. New York: Holmes and Meier,1981,73 - 91.

Verba,Sidney,Kay Lehman Schlozman,and Henry Brady,*Voice and Equality:Civic Voluntarism in American Politics*. Cambridge,MA:Harvard University Press,1995.

Wade,Robert,"Why Some Indian Villages Cooperate,"*Economic and Political Weekly* 33(April 16 1988):773 - 776.

Whyte,William F. ,*Money and Motivation*. New York:Harper & Row, 1955.

Young,H. Peyton,*Individual Strategy and Social Structure:An Evolutionary Theory of Institutions*. Princeton,Nj:Princeton University Press,1998.

译名对照表[①]

Adverse selection 逆向选择
Altruism 利他主义
Altruistic behavior 利他主义行为
Altruistic punishment 利他主义惩罚
Anonymity 匿名性
Assortation / assortative interaction 分类、类聚/类聚性互动
Attitudinal survey 态度调查

Bargaining game 讨价还价博弈
Bounded rationality 有限理性
Samuel Bowles 塞缪尔·鲍尔斯

① 顾晓波、冯丽君、梁婧姝、马幕远、胡安荣、曾景、王晓、孙晖、程诗、付欢、王小芽、马慕禹、张伟、李军、王建昌、王晓东、李一凡、刘燕平、刘蕊、范阳阳、秦升、程悦、钟红英、赵文荣、覃福晓、王博、刘伟琳、周尧、刘奇、李君、李果、张小军、余志洁、王忠玉、罗宇、刘兴坤、蔡彤娟、许飞虎核对了书中的参考文献，在此表示感谢。

Robert Boyd 罗伯特·博伊德
Bravery 勇敢
British Household Panel Study 英国家庭追踪调查
Broadcast efficiency 广播效率
Byproduct mutualism 副产品相互作用

Capitalism 资本主义
Charity 慈善、善行
Cheap talk 廉价磋商、廉价讨论
Coalition 同盟
Collective action 集体行动
Collective good 集体产品
Collusion 合谋、串通
Common pool resource 公共资源
Complete contracts 完全契约
Conditional cooperation 有条件的合作
Conditional reciprocity 有条件的互惠
Conformist transmission 服从传播
Consequentialist 结果主义者、结果主义的
Cooperation among nonkin 非亲缘合作
Costly signaling 高成本信号传递
Crowding out 挤出
Cultural evolution 文化演进
Cultural group selection 文化群体选择
Cultural norms 文化规范

Richard Dawkins 理查德·道金斯
Frans de Waal 弗兰斯·德瓦尔
Decentralized sanction 分散化制裁
Density-dependent competition 密度相关性竞争
Deserving poor 应当获得救济的穷人
Distributional equity 分配公平

Dictator game 独裁者博弈

Dominance hierarchy 支配性等级制

Dominant strategy 占优策略

Double auction 复式拍卖

Economic incentives 经济激励

Efficiency 效率

Effort level 努力水平

Egalitarian redistribution 平等主义再分配

Enforcing cooperation 执行合作

Equity 公平

Ethnographic data 人种学数据

Evolution of cooperation 合作的演化

Evolutionary puzzle 演化之谜

Evolutionary stability 演化稳定

Excess supply of labor 劳动供给过剩

Experimental games 实验室条件下的博弈

Explicit contract 显性契约

External incentives 外部激励

Fairness 公平

Armin Falk 阿尔明·福尔克

Ernst Fehr 恩斯特·费尔

Marc Feldman 马克·费尔德曼

Urs Fischbacher 乌尔斯·菲施巴赫尔

Food sharing 分享食物

Free-rider 搭便车者

Simon Gächter 西蒙·加希特

Gains from cooperation 合作收益

Gallup Social Audit 盖洛普社会审计报告

Game theory 博弈论

Gene-cultural coevolution 基因—文化共生演化

Gift exchange 交换礼物

Martin Gilens 马丁·吉伦斯

Herbert Gintis 赫尔伯特·金蒂斯

Edward Glaeser 爱德华·格莱泽

Gossip 谣言

Grooming 梳理毛发

Group extinction 群体灭绝

Group selection 群体选择

William Hamilton 威廉·汉密尔顿

Hamilton's Rule 汉密尔顿规则

Homo economicus 经济人

Honest signaling 真实信号传递

Horticulturists 园艺师

Human peak net production 人类最高净产出

Hunter-gathers 游猎—采集者

Hyper-fair offer 极其公平的出价

Implicit contract 隐性契约

Incentive compatibility 激励相容

Incentive contracts 激励性契约

Incentive effect 激励效应

Inclusive fitness 总括适应度

Incomplete contracts 不完全契约

Indirect reciprocity 间接互惠

Inequity aversion 公正偏好

Insiders 局内人

Intentions 意向

Inter-group conflict 群体内冲突

Internalized norm 内化的规范

Intrinsic motivation 内在动机

Involuntary unemployment 非自愿失业
Irrigation association 灌溉协会

Joint ownership 共同所有

Kindness 善意
Kinship 亲缘

Labor market 劳动力市场
David Laibson 戴维·莱布逊
Local commons 公地
George Loewenstein 乔治·勒文斯泰因
Lump-sum transfer 转移支付总数

Material payoff 物质收益
John Maynard Smith 约翰·迈纳德·史密斯
Median voter model 中位投票者模型
Migration 移民
Moonlighting game 偷袭博弈
Moral hazard 道德风险
Moral sentiments 道德情操
Morale 风气
Multilevel selection 多层次选择
Mutualism 互助、互利、互惠

Nash equilibrium 纳什均衡
Natural selection 自然选择
Neoclassical economics 新古典经济学
NIMBY 别在我家后院（译者补充：NIMBY 为 not in my back yard 的缩略语，往往用于指一些人反对在其附近开发项目）
No shirking theory 不偷懒理论
Nominal wage 名义工资

One-shot 一次性
Organizational citizenship 有组织的公民
Ostracism 放逐
Elinor Ostrom 埃莉诺·奥斯特罗姆
Outsiders 局外人

Parochialism 狭隘主义
Pastoralist 田园诗人
Peer pressure 同辈压力
Performance incentives 绩效激励
Piece rates 计件工资率
Positive reciprocity 正互惠
George Price 乔治·普里斯
Price's Equation 普里斯方程
Primate 灵长类动物
Principal-agent model 委托代理模型
Property rights 产权
Prosocial norms 亲社会性规范
Public Agenda 公共议程
Public goods game 公共产品博弈
Punishing defectors 惩罚违规者
Punishment condition 惩罚条件

Rational behavior 理性行为
Rational egoist 理性自我主义者
Real wage 实际工资
Relatedness 关联性
Relationship specific investment 关系专用投资
Repeated game 重复博弈
Repeated interaction 重复互动
Reproductive success 繁殖成功
Resource regime 资源管理体制

Retaliation 报复

Revenge 报仇

Risk-neutrality 风险中性

Rule-of-thumb behavior 凭经验行事

Sanctioning behavior 制裁行为

Scrounging 索要

Self-interest 自利

Self-interest hypothesis 自利假设

Self-regarding 涉己的

Sharing norms/ systems 分享规范、分享制度

Shirking 偷懒，怠工

Signaling cost 信号传递成本

Small-scale societies 小规模社会

Adam Smith 亚当·斯密

Eliot Sober 艾略特·索伯

Social dilemma 社会困境

Social dominance 社会统治

Social policy/ public policy 社会政策、公共政策

Social preferences 社会偏好

Spiteful/ envious preferences 恶意偏好、嫉妒偏好

Stake size 赌注规模

Standing model 固定模型

Strategy sanctions 策略制裁

Strong reciprocity 强互惠

Structured population 结构化的人口

Tax evasion 避税、逃税

The Edda《埃达》，古冰岛散文集或古冰岛诗集

Tolerated theft 可以容忍的偷窃、无伤大雅的盗窃

Trait-group selection 特征群体选择

Robert Trivers 罗伯特·特里弗斯

Trust game 信任博弈

Ultimatum game 最后通牒博弈
Unconditional altruism 无条件的利他主义
Unconditional generosity 无条件的慷慨
Unconditional sharing 无条件分享

Wage differentials 工资差异
Wage formation 工资构成
Wage rigidity 工资刚性
Warfare 战争
Welfare recipient 福利接受者，福利受益者
Welfare state 福利国家
David Sloan Wilson 戴维·斯隆·威尔逊
Edward Wilson 爱德华·威尔逊
World Values Survey 世界价值观调查

Zahavi，Amos 扎哈维，阿莫斯

本书翻译分工

前言、第 1 章至第 4 章、第 8 章、第 12 章和第 13 章及译名对照表　李风华

第 5 章至第 7 章　彭正德

第 9 章至第 11 章　孙毅

全书由李风华统一定稿。

图书在版编目（CIP）数据

道德情操与物质利益：经济生活中合作的基础/（美）金蒂斯等主编；李风华等译. —北京：中国人民大学出版社，2015.1
（当代世界学术名著）
书名原文：Moral sentiments and material interests：the foundations of cooperation in economic life
ISBN 978-7-300-20719-3

Ⅰ.①道…　Ⅱ.①金…②李…　Ⅲ.①经济-关系-社会生活-研究　Ⅳ.①C913.3

中国版本图书馆 CIP 数据核字（2015）第 021941 号

当代世界学术名著
道德情操与物质利益：经济生活中合作的基础

赫尔伯特·金蒂斯　塞缪尔·鲍尔斯　罗伯特·博伊德　恩斯特·费尔　/主编
李风华　彭正德　孙毅　/译
Daode Qingcao yu Wuzhi Liyi：Jingji Shenghuo zhong Hezuo de Jichu

出版发行	中国人民大学出版社		
社　址	北京中关村大街 31 号	**邮政编码**	100080
电　话	010—62511242（总编室）		010—62511398（质管部）
	010—82501766（邮购部）		010—62514148（门市部）
	010—62515195（发行公司）		010—62515275（盗版举报）
网　址	http：//www. crup. com. cn		
	http：//www. ttrnet. com（人大教研网）		
经　销	新华书店		
印　刷	北京东君印刷有限公司		
规　格	155 mm×235 mm　16 开本	**版　次**	2015 年 4 月第 1 版
印　张	25　插页 2	**印　次**	2015 年 4 月第 1 次印刷
字　数	396 000	**定　价**	78.00 元